比较民法与判例研究 第二卷

Comparative Civil Law and Case Study Vol.2

詹森林　朱晓喆　主编

法律出版社
LAW PRESS·CHINA

卷首语

《比较民法与判例研究》(第二卷)出版在即,编者谨就本卷文章的形成和主旨略作说明。本卷的两组主题文章分别是2014年、2015年在上海财经大学召开的“比较民商法与判例研究两岸学术研讨会”上的案例比较研究主题报告。其他文章也曾在会议上进行论文报告。如果把这些文章和会议的报告比喻为一场学术盛筵,那么首先要感谢制作这些美味佳肴的“厨师”们。于此不妨交代一下研究报告的设计和组织的考虑。

虽然每次会议的组织者名义上是“比较民法与判例研究所”,但从选题的设计到具体的报告人选,实际上较多依赖于与国内一些优秀的中青年民法学者的沟通、建议,甚至亲自“下厨”的支持。我们在讨论确定选题和组织研究力量时,首先是考虑问题的重要性,即它应该具有理论上的探讨价值,最好是有一定难度的争议性话题,例如,本卷“见义勇为”主题就反映了我国整个社会都在争论的“扶不扶”难题。其次要考虑主题案型在实践中发生的可能性和普遍性,因为既然是案例比较的国别报告,就必须考虑该类案型在该国实际发生的情况,倘若该国没有此类案例纠纷,无疑会给研究报告者造成无米之炊的窘境,研究的意义也将大打折扣。再次要考虑主题报告者的研究领域与主题的相关度和熟悉度。幸运的是,我们迄今每次都能荣幸地邀请到各该法域的优秀专家。最后要考虑选题的受众接受度。因为主题研究报告最终在学术期刊上发表,供全国的法律学习研究者阅读和批评,为激起大家对这一研究模式的关注和兴趣,鼓励对这些主题进一步的研究讨论,选题既不能太细微琐碎,也不能太空泛,最好是能给更多的研究者“置喙”的机会,例如,本卷的“人工胚胎案”在会议研讨时,我国宪法和民事诉讼法的学者,甚至医疗伦理界的学者,都参与到讨论中来。

当然,不论是主题选择还是组织实施,都还存在诸多不足,其中最为遗憾的莫过于在发表这些比较法研究报告后,我们尚未来得及总结和提炼有关主题的各国民商法制对我国当下的立法和司法活动的意义。尽管查阅“中国知网”上我们曾组织的案例比较研究文章,论文的引证数量逐渐上升,基于这些报告的进一步深入研究也渐渐增多,但尚未观察到我们这些研究的实践性运用,因此编者也时常自问“比较民法与判例研究向何处去”。事实上,作为实践理性学问的法学,不论研究方法千差万别,但始终是以解决实践问题为旨归,唯其距离远近不同而已,此处不便展开论证。于此,编者权以本丛书第 1 卷的绪言《比较民法与判例研究的立场和使命》谈到的观点,即比较法研究很大程度上只是提供“解决方法的库存”,而不是直接解决问题的对策研究,作为可能面临实践意义追问的回应吧。

编者　谨识

2016 年 2 月 21 日

目　录

主题案例研究之一

见义勇为民事责任的比较法研究*

德国比较法学家恩斯特·拉贝尔(Ernst Rabel)曾说过:“有法律而无相关判决,犹如仅有骨骼而无肌肉。”对于后进的中国法制而言,比较法的力量不仅在于立法上的制度借鉴移植,而且从比较法的角度考察相同案件的处理机制,对于司法实践更具有直接的现实影响力。在《华东政法大学学报》2012 年和 2013 年年度分别刊出“第三人惊吓损害侵权责任的比较研究”和“第三人侵扰婚姻关系法律问题的比较法研究”两期主题案例比较研究基础上,本期编辑部协同上海财经大学法学院“比较民法与判例研究所”组织民法学界中青年学者就“见义勇为民事责任”的问题,分别基于德国、法国、意大利、英国、美国、日本、我国台湾地区以及我国大陆的法律实践和法学理论,对一起见义勇为的民事案件进行研究评析,以期丰富学理上对于见义勇为的理论认识,并助益我国司法实务的发展。于此感谢上海财经大学法学院朱晓喆教授所做的组织研究工作,更感谢各位研究者奉献出精彩的国别报告。

【专题导引】

本组专题选择《中国审判案例要览(2005 年民事审判案例卷)》上的一起见义勇为民事责任的案例[河南省南阳市中级人民法院(2004)南民一终字第 75 号民事判决①]作为研究对象。为便于研究和读者理解,现将案情、裁判理由以及待研究问题概括如下:

本案中法院查明案件事实如下:原告郑花阁是死者张国林之妻。2003 年 7 月 19 日下午,被告张鹏与本村周小军、周迅等人一起到南阳市淅川县城西边灌河洗澡。当日 19 时许,被告张鹏落入深水中,大呼救命,原告的丈夫张国林闻声即去救助,但不幸溺水死亡,张鹏则被推到浅水处得救。为此原告要求被告张鹏支付安葬费 3000 元、死亡补偿费

---

* 本组稿件原载《华东政法大学学报》2014 年第 4 期,引用请注明出处。

① 国家法官学院、中国人民大学法学院编:《中国审判案例要览(2005 年民事审判案例卷)》,人民法院出版社、中国人民大学出版社 2006 年版,第 526 页以下。

20,671元、被抚养人抚养费8859元,合计32,530元。

河南省南阳市淅川县人民法院认为:"公民应当遵守社会公德,提倡危难相助,见义勇为;社会公德是树立良好的社会风尚的道德要求,而法律则是实现良好的公共秩序的规范手段。张国林舍身救人,其风尚应当颂扬,其精神为人们学习的楷模,这是难以用金钱衡量的。张国林的见义勇为行为相当于无因管理,从而使张国林与张鹏之间存在衡平的客观基础,基于公平原则的考虑,获救人张鹏应给予张国林的妻子郑花阁适当的经济补偿,而不是全部的赔偿。张鹏给予郑花阁的适当经济补偿,应以张鹏本人的获益情况和本人的经济承受能力综合考虑。"遂根据《中华人民共和国民法通则》第109条、最高人民法院《关于贯彻执行〈中华人民共和国民法通则〉若干问题的意见(试行)》第142条的规定,作出如下判决:被告张鹏一次性补偿原告郑花阁人民币18,000元,其补偿责任由被告张鹏的法定监护人张宏业承担。

案件经一审宣判后,原被告均不服上诉至河南省南阳市中级人民法院。河南省南阳市中级人民法院经审理查明:二审法院认定的事实与一审情况相同,并认为:"张国林对张鹏溺水实施的救助行为系没有法定的或者约定义务的无因管理行为,按照我国民法通则的规定,张鹏及法定代理人应对张国林因此而付出生命代价给其亲属造成的损失承担赔偿责任。……原审法院判决根据本案的实际情况确定一定的补偿数额,而非全部赔偿,上诉人称其赔偿数额过高的理由本院不予支持。综上所述,张国林为救助张鹏无私地奉献出宝贵的生命,弘扬了舍己为人的社会公德,其近亲属郑花阁理应得到赔偿。原审法院判决事实清楚,适用法律正确,处理适当。河南省南阳市中级人民法院依据《中华人民共和国民事诉讼法》第一百五十三条第一款第(一)项的规定,作出如下判决:驳回上诉,维持原判。"

就本案裁判,研究者可围绕如下议题展开国别报告:

1. 在何种情形下,见义勇为者负有施救义务?

2. 见义勇为的施救者在施救过程中,自身受到人身或财产损害,是否可向被救者主张补偿或赔偿请求权?其请求权基础何在?

3. 施救者实施救助活动未成功(如未挽救被救者的生命),但自身却遭受损害,是否仍可请求上述权利?

4. 如危难事件由第三人导致,施救者可否请求该第三人承担赔偿责任?

见义勇为与无因管理

——从德国法及台湾地区规定评河南省南阳市中级人民法院(2004)南民一终字第75号判决*

吴从周**

目　　次

一、案例事实与问题之提出

河南省南阳市中级人民法院(2004)南民一终字第75号判决(以下简称“郑花阁案”)之案例事实可以简化为:张国林于2003年7月19日在河边工作时,听闻当时14岁之张鹏落水后呼喊“救命”,随即跳入水中将被告张鹏救出,但张国林则因救助而溺水死亡(本件诉讼由其妻即原告郑花阁提起)。与张鹏同行者尚有周小军和周迅,但二人则另

---

* 本文初稿曾发表于2014年4月26~27日在上海财经大学法学院主办之“比较民商法与判例研究两岸学术研讨会”,经会后修改润饰而成。感谢中国政法大学朱庆育教授与会评议,并提供诸多宝贵意见与参考文献。

** 台湾大学法律学院助理教授。

由他人(一位汽车司机)救起。[①]

一审河南省南阳市淅川县人民法院依据《民法通则》第109条[②]及最高人民法院《关于贯彻执行〈中华人民共和国民法通则〉若干问题的意见(试行)》第142条[③]之规定,判准原告之请求:"公民应当遵守社会公德,提倡危难相助,见义勇为;社会公德是树立良好的社会风尚的道德要求,而法律则是实现良好的公共秩序的规范手段。张国林舍身救人,其风尚应当颂扬,其精神为人们学习的楷模,这是难以用金钱衡量的。张国林的见义勇为行为相当于无因管理,从而使张国林与张鹏之间存在衡平的客观基础,基于公平原则的考虑,获救人张鹏应给予张国林的妻子郑花阁适当的经济补偿,而不是全部的赔偿。张鹏给予郑花阁的适当经济补偿,应以张鹏本人的获益情况和本人的经济承受能力综合考虑。因被告张鹏的法定代理人张宏业在事后已主动到原告家表示谢意,故原告提出的让被告张鹏赔礼道歉的请求不予支持"。

二审河南省南阳市中级人民法院则维持一审法院之判决,认为:"张国林对张鹏溺水实施的救助行为系没有法定的或者约定义务的无因管理行为,按照我国民法通则的规定,张鹏及法定代理人应对张国林因此而付出生命代价给其亲属造成的损失承担赔偿责任。张国林的近亲属郑花阁未对周迅、周小军及其法定代理人提出诉讼请求,应当尊重当事人的选择起诉权,其选择向张鹏及其法定代理人请求赔偿并无不当。上诉人请求三人分担给付义务的理由不能成立。原审法院判决根据本案的实际情况确定一定的补偿数额,而非全部赔偿,上诉人称其赔偿数额过高的理由本院不予支持。综上所述,张国林为救助张鹏无私地奉献出宝贵的生命,弘扬了舍己为人的社会公德,其近亲属郑花阁理应得到赔偿。原审法院判决事实清楚,适用法律正确,处理适当"。

---

① 本案判决事实对于周小军及周迅二人是由何人救起,是否亦由张国林所救助,在当事人间有争论。应先说明者有二:(1)被告张鹏方面主张周小军及周迅二人亦系由张国林救起,故三人应共同负赔偿责任,但原告方面并未如此主张,然而一审法院在诉讼上却许可由"被告张鹏"方面申请"追加"周小军及周迅二人为共同被告。其是否依据2007年《中华人民共和国民事诉讼法》第119条(2012年新修正《民事诉讼法》第132条)规定"必须共同进行诉讼的当事人没有参加诉讼的,人民法院应当通知其参加诉讼",由于判决中未载明,故不得而知。不过,与《德国民事诉讼法》(第263条)及台湾地区"民事诉讼法"(第255条第1项第5款)不同,其均只能由"原告"声请追加当事人。(2)此点事实虽然一审法院以证据不足未能证明为由,不采被告张鹏方面之主张,被告张鹏上诉,上诉理由中仍然如此主张,虽然最终二审法院亦不采此事实认定,然而如果假设,张鹏等三人均为张国林所救起,或者均由张国林及另一名汽车司机所共同救起,即发生复数管理人或本人之问题,值得在下文中进一步研究。

② 《民法通则》第109条规定:"因防止、制止国家的、集体的财产或者他人的财产、人身遭受侵害而使自己受到损害的,由侵害人承担赔偿责任,受益人也可以给予适当的补偿。"

③ 最高人民法院《关于贯彻执行〈中华人民共和国民法通则〉若干问题的意见(试行)》第142条规定:"为维护国家、集体或者他人合法权益而使自己受到损害,在侵害人无力赔偿或者没有侵害人的情况下,如果受害人提出请求的,人民法院可以根据受益人受益的多少及其经济状况,责令受益人给予适当补偿。"

本案虽然一审和二审法院都准许了原告之请求，但尚有下列问题值得讨论：

（一）见义勇为者何时有救助义务？倘“郑花阁案”因救人而身亡之张国林见张鹏落水后呼喊“救命”之际，仍见死不救，是否构成侵权行为？此涉及作为义务发生之依据为何？

（二）本案得支持原告向被告请求赔偿之请求权基础为何？

一审法院虽然认为本案事实“相当于无因管理”，但却又认为“从而使张国林与张鹏之间存在衡平的客观基础，基于公平原则的考虑”。查“无因管理”系以《民法通则》第93条“没有法定的或者约定的义务，为避免他人利益受损失进行管理或者服务的，有权要求受益人偿付由此而支付的必要费用”作为请求权基础，但“公平原则”所指为何，并不清楚，除了在《民法通则》第4条有“民事活动应当遵循……公平……原则”原则性宣示外，似乎系指《民法通则》第132条“当事人对造成损害都没有过错的，可以根据实际情况，由当事人分担民事责任”规定而言，[④]但无论如何，二者并不相同；此外，在一审的判决书最后却又引用《民法通则》第109条“因防止、制止国家的、集体的财产或者他人的财产、人身遭受侵害而使自己受到损害的，由侵害人承担赔偿责任，受益人也可以给予适当的补偿”作为判决之依据，造成本案在请求权基础上不够明确。

二审法院则仅强调“张国林对张鹏溺水实施的救助行为系没有法定的或者约定义务的无因管理行为，按照我国民法通则的规定”，未明确引用条文，不知是否即指《民法通则》第93条而言，而不含一审法院所提及的上述规定，亦值悬揣。

（三）无因管理之制度目的与法律性质为何？

本案“郑花阁案”判决引无因管理作为“适当经济补偿”之依据，是否正确？进而影响到的问题是，如果救人的张国林是不具“完全行为能力”之未成年人时，是否亦构成无因管理？

（四）无因管理之构成要件为何？

在本案“郑花阁案”判决中特别可能涉及者系，如果见义勇为之行为救助无效果，被救助人仍然死亡时，是否影响无因管理之成立？

此外，假使本案管理人张国林除救助张鹏外，同时亦救助周小军及周迅，则复数被救助之本人间，对于本案张国林之赔偿应如何负责？

---

④ 王利明著：《民法总则研究》，中国人民大学出版社2003年版。该书第115页诠释公平原则时指出，我国《民法通则》第4条规定，民事活动应当遵循公平原则，是将公平原则确立为一项基本原则。此一原则在合同法、物权法及侵权法中均有其适用。第120页进一步指出：在侵权法的运用上，“公平责任又称衡平责任，是指当事人双方在对造成损害均无过错的情况下，由人民法院依据公平的观念，在考虑当事人的财产状况及其他情况的基础下，责令加害人对受害人的财产损失给予适当补偿”。我国《民法通则》第106条第3款规定“没有过错，但法律规定应当承担民事责任的，应当承担民事责任”，第132条规定“是公平责任原则的重要法律依据”。

(五)无因管理之法律效果为何?

管理人依据无因管理之法律关系,得向本人为何种请求?费用偿还请求权或报酬请求权?是否包括本案判决所判令给付之安葬费、死亡补偿费及被扶养人扶养费?

本文拟从德国法及我国台湾地区相关规定的文献角度出发,评析本案见义勇为之判决,并试图证立透过德国法与我国台湾地区有关"无因管理"制度的完整规定,足以解决中国大陆所发生见义勇为的基本问题⑤。

二、见义不勇为与侵权行为

(一)见义不勇为与纯粹不作为

以积极"作为"加害他人,侵害权利,固然得成立侵权行为。但孩童落水不伸援手,邻宅失火坐视不管,见人车祸不送就医,此等见义不勇为之纯粹"不作为",则不构成侵权行为,盖"原则上不能强迫应帮助他人,而使危难相济的善行成为法律上义务"。⑥ 旁观者并不负有法律上救助义务。虽然有少数国家以刑法处罚单纯不作为,但大多数国家对于不作为成立民事之侵权行为,均必须以当事人有基于法律规定或契约或先行行为或者实务判决发展出来之交易安全义务等作为义务(参见下述)存在为前提。在我国台湾地区亦同,"关于危难救助,刑法未设规定,原则上亦不成立侵权行为;其为救助时,得成立无因管理。"⑦

(二)见义不勇为违反作为义务?

不作为要构成侵权行为,而与积极的作为同视,以有作为义务为前提,且有结果回避之可能性。亦即,不作为之人对于被害人有义务防免其法益受损。这些责任法上重要之作为义务,可能来自法律规定或契约或先行行为⑧或者实务判决发展出来⑨之交易安全义务⑩等。民法上将其区分为二种:

1. 保护义务之违反

保护义务系指从契约约定或者法律规定之保护义务可以直接得出,不作为之人有行为之法律义务。例如,父母对子女之保护义务(我国台湾地区"民法"第 1084 条)、雇主

---

⑤ 中国大陆对此问题讨论之基本文献,可参见曾大鹏:"见义勇为立法与学说之反思",载《法学论坛》2007 年第 2 期;张谷:"论侵权责任法上的非真正侵权行为",载《暨南学报》(哲学社会科学版)2010 年第 3 期。

⑥ 王泽鉴著:《侵权行为法》,2009 年 7 月,自版,第 111 页。

⑦ 同上注,第 112 页。

⑧ 刑法上所谓的保证人地位(Garantenstellung)。

⑨ 可回溯到 1902 年帝国法院之判决 RGZ 52, 373。

⑩ 交易安全义务因此由法官法发展出来成为补充传统作为义务来源三分法(法律、契约、先行行为)之另一种类型。参见李昊著:《交易安全义务论——德国侵权行为法结构变迁的一种解读》,北京大学出版社 2008 年版,第 243 ~ 245 页。乃对此论题深入研究值得参考之著作。

对员工之契约上保护照顾义务。

2. 交易安全义务(Verkehrssicherungspflicht od. Verkehrspflicht;或译交易往来安全义务)之违反

交易安全义务主要是针对某一个支配与获得利益之领域之安全确保义务,亦即,“任何创造与持续某一危险来源之人,应采取必要且可期待之防范措施,以保护第三人免于遭受此种危险”之义务。[⑪] 因此,交易安全义务之规范对象,是创造与持续某一危险来源之人,原则上是对于危险来源有决定力之支配者。[⑫] 其主要情形有三:[⑬](1)因自己行为致发生一定危险,而负有防范义务,如驾车撞伤人,纵无过失亦有将被害者送医之行为义务;(2)开启或维持某种交通或交往,应为必要之警告或照明等防范措施(开启交通型Sorgfaltspflichten ausVerkehrseröffnung),如在自宅举办选举造势晚会,应防范腐朽枯树压伤参加之宾客,出租民宿应注意楼梯及照明;(3)因从事一定营业或职业而承担对该危险物危险防范之义务(对危险物事实上支配型),如百货公司应确保安全门通畅,运动场所应确保观众安全,商品制造人应承担该商品损害责任等。

中国侵权责任法亦借鉴了最高人民法院《关于审理人身损害赔偿案件适用法律若干问题的解释》第 6 条针对交易安全义务之规定即“从事住宿、餐饮、娱乐等经营活动或者其他社会活动的自然人、法人、其他组织,未尽合理限度范围内的安全保障义务致使他人遭受人身损害,赔偿权利人请求其承担相应赔偿责任的,人民法院应予支持”,而于该法第 37 条规定了交易安全保障义务。[⑭]

如上所述,见义勇为是以道德义务为前提,见义勇为者既无保护义务,亦无交易安全义务,似难认其有何施救之行为义务存在。

三、见义勇为与无因管理

(一)请求权基础

1. 公平原则?

《民法通则》第 132 条规定:“当事人对造成损害都没有过错的,可以根据实际情况,

---

⑪ 这是德国联邦最高法院一再出现的表述语句,参见 BGHZ 5,378,380f.;14,83,85;BGH NJW 1990,1236;Larenz/Canaris,SR II/2,§76 III 1,13. Aufl.,1994,S. 400. 中文论述参见林美惠:“侵权行为法上交易安全义务之研究”,台湾大学法研所 2000 年博士学位论文,第 37 页。

⑫ 王泽鉴著:《侵权行为法》,2009 年 7 月,自版,第 336 页;Schwarz/Wandt,Gesetzliche Schuldverhältnisse,2. Aufl.,2006,§16 Rn. 115。

⑬ 王泽鉴著:《侵权行为法》,2009 年 7 月,自版,第 114 页;Schwarz/Wandt,Gesetzliche Schuldverhältnisse,2. Aufl.,2006,§16 Rn. 112 - 114。

⑭ 周友军著:《侵权法学》,中国人民大学出版社 2011 年版,第 107 页。

由当事人分担民事责任。”该条规定的体系位置是在第六章第三节“侵权的民事责任”内,故学说上均指该条是有关《民法通则》第4条确立之公平原则在侵权行为法上的具体化规定,[15]与无因管理应无关联。

此外,如果公平原则指的是“衡平责任”在具体个案的适用,则以抽象的公平原则或者衡平原则(Billigkeit)[16]作为请求权基础,亦嫌空泛。

哲学家亚里士多德最早提到衡平思想的内容,在今日仍然足以作为参考。亚里士多德当时称之为正义之善(Güte in der Gerechtigkeit),他说:“……正义之善……是对法律正义的修正。理由在于:每个法律都是普遍性地被规定。但在许多个案中却不可能据此正确地作成普遍性决定。很多案件必须普遍性地宣示法律,但却不是全部都是正确的,特别是当法律对某些个案没有办法综观整体,因而存在着错误时。尽管程序是正确的,因为这些错误并非存在于法律或者立法者本身,而是存在于事物本质中,这是生活会一再带来的。……此时在立法者的意义下,自己去修正这样的欠缺,是完全没有问题的;……这就是‘正义之善’的本质:修正法律在其普遍性规定上的不足之处。”[17]

由此可知,衡平思想涉及的是个别正义或实践个案正义的问题(Einzelfallgerechtigkeit),乃为调和普遍适用的法律之严格性与形式僵硬性而生,不在于提供一般性的法律规定作为请求权基础。[18] 本案判决将应属侵权行为规定之我国《民法通则》第132条并列为无因管理之请求权基础,已非无疑;以抽象之“公平原则”一并作为请求权基础,亦非允当。

2. 无因管理

参与德国民法的制定者Windscheid在德国民法制定前即曾说:“任何人介入他人事务之事实,就足以为他自己,也为事务所属之该他人创造义务,即使……原本没有任何义务关系存在。”[19]这段话后来就成为德国民法继受德国普通法,进而继受罗马法negotiorum gestio(无因管理)制度的前身,而在《德国民法典》第677条到第687条成为一个有体系而独立的法律制度。

我国台湾地区“民法”在第172条仿《德国民法典》第677条“未受委任,并无义务,

---

⑮ 王利明著:《民法总则研究》,中国人民大学出版社2003年版,第115~120页。

⑯ “Billigkeit”这个德文字,在德国民法中,除了被翻译成中文的“衡平”外,也常被译成“公平”,关于衡平原则的内涵、与正义和公平之关系、具体化案型之详细分析讨论,请参见王泽鉴:“举重明轻、衡平原则与类推适用”,载《民法学说与判例研究》(第8册),1996年10月,第34页以下。

⑰ Aristotles, Nikomachische Ethik, Buch V, 1137b, 转引自 Klaus F. Röhl, Allgemeine Rechtslehre. Ein Lehrbuch, 2. Aufl., 2001, S. 272。并参见 Heinrich Henkel, Einführung in die Rechtsphilisophie, 2. Aufl., 1977, S. 420ff...

⑱ 王泽鉴:“举重明轻、衡平原则与类推适用”,载《民法学说与判例研究》(第8册),1996年10月,第62页。

⑲ Vgl. Bernhard Windscheid, Lehrbuch des Pandektenrehts, 7. Aufl., FFM, 1891, Bd. II, 562f.

而为他人管理事务者,其管理应依本人明示或可得推知之意思,以有利于本人之方法为之”之规定,并在第172条到第178条规定此制度。

《民法通则》则在第93条以单一条文规定无因管理之法律依据:“没有法定的或者约定的义务,为避免他人利益受损失进行管理或者服务的,有权要求受益人偿付由此而支付的必要费用。”规定较台湾地区的规定简略,但学者认为解释适用上与台湾相关规定并无不同。[20]

本案管理人无法律上义务,而为见义勇为之管理他人事务行为,构成无因管理,应以之作为请求权基础,应毋庸置疑。但值得就无因管理之制度目的、法律性质、构成要件及法律效果等,连结系争“郑花阁案”进一步分析检讨。

(二)无因管理之制度目的

无因管理制度乃典型罗马法的遗产,为德国民法立法时所继受者。[21] 随着时代的演变,一直扩大到其他不同的案型。特别在其规定的制度目的上,学说上有着诸多看法。

罗马法以来所谓的“客观论”(objektive Theorie),强调只要客观上实施对他人事物的管理,不必具有任何主观的因素,即构成无因管理。但此一见解在德国民法立法阶段的第一次委员会(Erste Kommission)时就被否定了,未被采纳,虽然德国学说上不乏支持者。[22]

其次是“人类互助论”(Theorie der Menschenhilfe),认为无因管理是纯粹人类彼此无私地舍己相助,故依此说,无因管理之构成要件不得有利己性,管理他人事务不得同时也管理自己事务。虽然在其后的法院判决论证上不乏引用人类互助行为等用词,但在德国民法立法时亦未采取此一理论。[23]

最后是“准契约说”(Quasikontraktstheorie),也没有被德国民法采用。此说强调无因管理接近契约,因此当事人间必须有意思的合意。当事人间非契约关系的正当性建立在

---

⑳ 谢哲胜主编:《中国民法》(许凌艳撰写),2007年9月,新学林,第157页。

㉑ 德国民法从制定公布以来超过100年,从不曾修正过无因管理的条文规定内容。2001年德国债法在现代化修正时,也只有调整该节的编排,从第11节变成第13节而已。应附带说明的是,德国民法之草案本来跟法国民法一样,都是将无因管理与不当得利放在一起,只不过法国民法是用“准契约”做标题,德国民法草案是用“其他债之关系发生原因”做标题。但到了第二次委员会时,才将之脱离出来,不再作为准契约的一种,而是放到委任契约之后作规定。学说上一般肯定这样的体系位置,也说明了无因管理与委任契约的极大相似性。有人强调委任契约是以“法律行为为基础”的利他的事务管理,而无因管理则是“事实上承担”的利他的事务管理,二者之基本关系在“利他的事务管理”之性格上(Der Charakter der fremdnützigen Geschäftsbesorgung),有着法律规定上的类似性,因此绝对有理由放在相同的体系位置(Staudinger/Bergmann, 2006, Vorbem zu §§677ff. Rn. 7f.)。

㉒ MünchKomm/Seiler, BGB, 5. Aufl., 2009, vor §677 Rn. 2.

㉓ Erman/Dornis, 13. Aufl., 2011, §677 Rn. 5.

假设的或拟制的意思合致上,特别是管理人的意思更具有重要性。虽然德国民法未采取准契约说之结论,但此说之理论并非对于无因管理的个别条文没有影响,例如,《德国民法典》第683条管理人之费用偿还请求权(相当于台湾地区"民法"第176条),必须以"利于本人,且符合本人明示或可得推知之意思"为前提,就被认为是双方必须有完全的意思合致。[24] 不过,就无因管理法律关系的成立而言,并不以管理人与本人拟制合意为必要,只要管理人有管理之意思而为管理行为即可。

明确地被采用在德国民法中的是学说上所谓的"严格主观说"(streng subjektive Theorie)。也就是说,取决于关键性的"管理人个人的主观意思"最为重要,不论其客观上的理智为何,也不管本人所正确理解的利益为何。至于与本人的意思是否一致,则仅是区别是否为适法的无因管理或者不适法的无因管理而已,[25]并非成立要件。简言之,无因管理的核心要件即为"基于管理意思,无依据地承担对他人事务之管理"(Unlegitimierte Übernahme der Besorgung eines fremden Geschäfts mit Fremdgeschä ftsfü hrungs bewusstsein)。[26]

应再强调者系,在此种制度目的与法律结构下,学说上进一步指出:无因管理制度是法定的补偿债之关系(gesetzliche Ausgleichsschuldverhältnisse)——它不是基于契约,而是基于法律而生的法定债之关系,它构成了对管理他人事物的特殊补偿规定(die spezielle Ausgleichsordnung der Geschäftsbesorgung)。[27] 这种补偿规定,其实是法律针对两个相对立的利益冲突(gegenläufiger Interessenkonflikt)——奖励管理人主动善意救助而避免本人损害之义行,以及保护本人免于管理人不利干预事务之风险——所做的"负担与风险之适当分配"。[28] 从这个角度出发,本件"郑花阁案"的法院判决引用无因管理,强调是对见义勇为的行为人"适当的经济补偿",基本上是切中无因管理之制度目的的。

也因此,无因管理之规定仅在于规范管理人与本人间的债之补偿关系,也就是所谓的"内部关系",与第三人之法律关系并不在规范的范围之内,[29]是否经由管理人与第三

---

[24] Staudinger/Bergmann,2006,Vorbem zu §§677ff. Rn. 21.

[25] Erman/Dornis,13. Aufl.,2011,§677 Rn. 7.

[26] MünchKomm/Seiler,BGB,5. Aufl.,2009,vor §677 Rn. 2.

[27] MünchKomm/Seiler,BGB,5. Aufl.,2009,vor §677 Rn. 3.;Schwarz/Wandt,Gesetzliche Schuldverhältnisse,2. Aufl.,2006,§2 Rn. 4(无因管理是特殊补偿与负担规定的明文化)。

[28] Soergel/Beuthien,BGB,13. Aufl.,2012,vor §677ff Rn. 4. 类似说法,参见王泽鉴著:《债法原理》,2012年3月增订3版,自版,第370页(调和"禁止干预他人事务"及"奖励人类互助精神"二项原则)。

[29] Erman/Dornis,13. Aufl.,2011,vor §677 Rn. 2,15.

人缔结之法律行为,也会在第三人与本人之间产生法律关系(外部关系),则应依代理之规定来判断,非无因管理所要处理。[30]

(三)无因管理之法律性质

相应于无因管理在制度目的上的理论变迁,也影响着无因管理的法律性质在德国法上的讨论。

早期曾有强调无因管理是一种"法律行为"者,但今日通说已经完全不采此种见解,因为无因管理的法律效果来自于法律规定(ex lege),而非当事人之意思(ex voluntate)。

德国学说上另一种曾经相当广泛被采取的见解(学说上强调称其为早期的通说[31])则是"准法律行为说"(rechtsgeschäftsähnliche Handlung),因此法律行为的相关规定有类推适用之必要。这样的看法显然是继受前述罗法马以来以"准契约说"论述无因管理之制度目的与归类其法律性质之影响。[32] 因为罗马法的观念就是认为债之发生原因完全是一种认知或意志上的行为,因此管理人之意思(Wille)即为重要。而且德国民法立法阶段的第一次委员会就是接近这样的看法,认为无因管理虽然不是法律行为(Rechtsgeschäft),但却是所谓的广义的法律行为(Rechtshandlung),准用狭义法律行为之规定,须以行为人有意的行为为前提。这样的见解其实还遗留在德国民法所特有、台湾地区"民法"所无的第682条规定上:"管理人为无行为能力或限制行为能力者,仅依关于侵权行为损害赔偿或关于返还不当得利之规定,负其责任"。因为依该条规定无因管理之本人对于无完全行为能力人,根本没有无因管理之请求权。[33]

如果贯彻对无因管理之性质采取罗马法上准契约之观念,把无因管理看作准法律行为,因此认为应适用意思表示的一般性规定,则管理人将必须以有行为能力为必要。准此,不具完全行为能力之管理人的管理行为固然(在法定代理人不同意其事务承担行为时)根本未发生无因管理的法定债之关系,因而不仅不必依《德国民法典》第677条以下规定负无因管理之义务,仅须依前述《德国民法典》第682条明文规定的不当得利及侵权行为之法律关系负责而已,但却也使得无完全行为能力之管理人,因此也不能依《德国民法典》第683条规定主张费用偿还请求权。[34] 但这样的结论显然被诸多学

[30] MünchKomm/Seiler, BGB, 5. Aufl., 2009, vor § 677 Rn. 6.

[31] Soergel/Beuthien, BGB, 13. Aufl., 2012, § 682 Rn. 2.

[32] Staudinger/Bergmann, 2006, Vorbem zu §§ 677ff. Rn. 42.《意大利民法典》第2029条仍采准契约说。

[33] Staudinger/Bergmann, 2006, Vorbem zu §§ 677ff. Rn. 42; Erman/Dornis, 13. Aufl., 2011, § 677 Rn. 14.

[34] Fikentscher, SR, 8. Aufl., 1992, Rn. 933.

者认为非常不公平。[35]

把无因管理理解为准法律行为的准契约说,已经过时。[36] 今日的德国通说[37]已经不再采取准法律行为说的见解,而改采“事实行为说”(tatsächliches Handeln od. Realakt)或者说“无真正主观因素的事实行为”(Realakt ohne echtes subjektives Element)。采此说符合德国立法者立法当时之意思。因为虽然如前所述,在立法阶段第一次委员会采取“准法律行为说”,但在第二次委员会时,就明确表示不采取会被认为是法律行为的准契约说。[38] 照“事实行为说”之见解,无因管理是为确保他人之利益的事实行为(realgeschäftliche Interessenwahrnehmung für einen anderen)而生的法定要件,无因管理的债之关系只是基于“为他人而为事实上实施管理”(tatsächliche Geschäftsführung für einen anderen)而生。管理人是基于管理意思(Geschäftsführungswille)或管理意图(Geschäftsführungsabsicht),或者自然的意思(natürliche Wille),而承担对他人事务之管理。[39]

最近,亦有强调无因管理作为事实行为并无“真正主观的因素”存在,故不必去探求行为人主观上的管理意思或者自然意思。至于事务管理的实施是否为他人而为,只能从行为的目的方向(Zweckrichtung)来探求。管理人的管理意思或者管理意图作为整个无因管理法律制度的结构类型之主要构成要件要素,应该理解为一种纯粹规范的构成要件要素(normative Tatbestandsmerkmal),应依据其行为的社会意义来加以确认,而不是一种管理者自然的意思或者法律行为的意思。它是一种需要评价的而非单纯主观的构成要件要素。所以无因管理也可以说是一种“无真正主观因素的事实行为”。[40] 对此说而言,管理人之管理意思反而不重要,颇有回归前揭罗马法以来“客观论”的意味,值得观察。[41]

㉟ Staudinger/Bergmann,2006,Vorbem zu §§677ff. Rn. 43(在该处甚至举一个极端的例子:有一个精神病患者在疗养院中,因为疗养院大火而救了同伴,如果此时采取准法律行为说,还必须精神病患者的法定代理人承认该精神病患者的无因管理救助行为,始得产生债之关系取得费用偿还请求权,否则就有可能因为不被同意而使得该精神病患者丧失请求的可能性);Fikentscher,SR,8. Aufl.,1992,Rn. 933;Soergel/Beuthien,BGB,13. Aufl.,2012,§682 Rn. 2.

㊱ Staudinger/Bergmann,2006,Vorbem zu §§677ff. Rn. 44.

㊲ 包括 Fikentscher, Larenz, Palandt/Sprau, Erman/Dornis, MünchKomm/Seiler, Soergel/Beuthien, Staudinger/Bergmann 等重要教科书及注释书(详细出处请参见 Soergel/Beuthien,BGB,13. Aufl.,2012,§682 Rn. 2 FN. 6. 所引文献,兹不重复引用)。

㊳ 参见立法数据汇编之 Mugdan II 1201 §756 E I. 转引自 Staudinger/Bergmann,2006,Vorbem zu §§677ff. Rn. 44。

㊴ Fikentscher,SR,8. Aufl.,1992,Rn. 933. 由于因此仍然混有主观因素,故台湾地区学者有称之为混合的事实行为者(参见下文引述)。

㊵ 力主此说者 Staudinger/Bergmann,2006,Vorbem zu §§677ff. Rn. 28,31ff.,44。

㊶ Schwarz/Wandt,Gesetzliche Schuldverhältnisse,2. Aufl.,2006,§4 Rn. 93.

相同于德国通说之"事实行为说",无因管理的法律性质在台湾地区通说也认为并非法律行为,故无适用民法总则关于意思表示之规定余地,而采取所谓"事实行为说"㊷或者"混合的事实行为说"。㊸

（四）连结问题：管理人须具有"管理事务能力"(Gestionsfähigkeit)

连结于无因管理之性质究系准法律行为或者事实行为说之争论,一并涉及的问题为:事务管理之人是否应该以具有行为能力为要件? 如前所述,如采准法律行为说,管理人自须具备完全行为能力,但此已不为德国学说所采。

对此,台湾地区学者通说㊹采取与前揭德国现今通说相同,㊺认为管理人不以有行为能力为必要,无行为能力或者限制行为能力人,只要具备"管理事务能力"(Gestionsfähigkeit),有能力辨别是纯粹事实上的他人利益者,或者说,具备某种自然意思(natürliche Wille)与辨别能力(Einsichtsfähigkeit)而在为他人管理事务的意图中行动者,即足以发生无因管理的法律关系。㊻

申言之,除了在德国法上,无完全行为能力人依《德国民法典》第 682 条规定限制,在法律关系解消时依关于不当得利负返还之责及对实施管理时造成之损害负侵权行为之责外,其余管理人依无因管理而生之基本义务(包括下述的《德国民法典》第 677 条之谨慎管理义务以及第 681 条通知、计算义务),以及其依第 683 条之费用偿还请求权,均不

㊷ 王泽鉴著:《债法原理》,2012 年 3 月增订 3 版,自版,第 382 页引述德国通说;邱聪智著:《新订民法债编通则上》,2003 年 1 月新订 1 版,自版,第 85 页简单提及为事实行为。

㊸ 孙森焱著:《民法债编总论》(上册),2008 年 8 月,自版,第 111 页强调混合管理行为/管理事实以及管理意思;林诚二著:《债法总论新解——体系化解说》(上),2010 年 9 月,第 233 页亦同。

㊹ 王泽鉴:《债法原理》,2012 年 3 月增订 3 版,自版,第 382 页。

㊺ Staudinger/Bergmann, 2006, Vorbem zu §§677ff. Rn. 47f. 及该处所引德国学说之文献。

㊻ Schwarz/Wandt, Gesetzliche Schuldverhältnisse, 2. Aufl., 2006, §3 Rn. 4; Staudinger/Bergmann, 2006, Vorbem zu §§677ff. Rn. 48. 中国大陆的文献上通说对于无因管理之性质也采取事实行为说,而非法律行为说,并且强调不要求管理人要有行为能力,但要有认识能力或者识知能力者。例如,江平主编:《民法学》,中国政法大学出版社 2000 年版,第 722 页;魏振瀛主编:《民法》,北京大学出版社 2000 年版,第 579 页;柳经纬主编:《债权法》,厦门大学出版社 2000 年版,第 356 页;马俊驹、余延满著:《民法原论》(下),法律出版社 1998 年版,第 777 页。但梁慧星教授主编:《中国民法典草案建议稿附理由:债权总则编》,法律出版社 2013 年版,第 40 页。该建议稿第 687 条第 2 项(第 1 项规定与现行《民法通则》第 93 条完全相同)则明文规定:"管理人应当具有行为能力。"理由第三段谓:"无因管理要求管理人必须具有行为能力。未成年人与成年人障碍者,因其不具有意思能力或完全意思能力,从而无法具有为他人利益进行管理的意思,也不能准确地判断其所管理的事务是否为他人事务。在无因管理之债中,管理人为债之当事人,并对本人承担法定之通知义务和计算义务,没有行为能力的人不能独立实施管理行为,以致不能独立履行以上义务。"此段理由如果连结理由第一段开宗明义谓:"在古罗马,无因管理被视为准合同。后为德国普通法、法国民法所继受",似乎就无因管理的性质,采取旧德国通说之准法律行为说,而与现今德国通说所采之事实行为说不同。另外,王利明教授则不采准契约说,而将无因管理之性质单纯定性为一种独立的债之发生原因(参见王利明:"无因管理制度探讨",载《民商法研究》(第 4 辑),法律出版社 1999 年版,第 663 页以下,特别是第 666 页)。但在王利明主编:《中国民法案例与学理研究》(债权篇),法律出版社 1998 年版,第 99 页同样强调其性质为事实行为而非法律行为。

受影响。一般认为此种见解较符合社会现实以及有利于对于未成年人之保护(特别是费用偿还请求权之赋予)。[47]

相应于此,被管理事务之"本人"即使是无行为能力或限制行为能力人,也不影响无因管理之成立,无完全行为能力人仍然有依《德国民法典》第683条负有费用偿还义务。当然,这仍取决于事务之管理是否符合本人利益以及意思,而本人意思之决定则由法定代理人扮演重要决定角色。[48] 就此点而言,本件"郑花阁案"之本人为限制行为能力人,得成立无因管理,尚不生理论上之疑问。

四、无因管理之构成要件

如前所述,无因管理的核心要件是:基于管理意思,无依据地承担他人事是之管理,台湾地区"民法"第172条仿《德国民法典》第677条规定:"未受委任,并无义务,而为他人管理事务者,其管理应依本人明示或可得推知之意思,以有利于本人之方法为之"。因此,一般认为无因管理之构成要件可以包括:(1)客观上管理他人事务;(2)主观上则有为他人管理事务之意思;(3)无任何法律义务。[49]

(一)客观要件:管理他人事务

1. 管理事务

(1)案型特色

管理事务之概念与委任契约处理事务一样,德国通说均采广义解释,除了单纯容忍或者不作为不属之外,其余可能包括各种事务,可能是事实行为(如"郑花阁案"的跳入水中救人,或是常见的救助车祸受伤之人),也可能是法律行为(如招救护车送医或招工修缮),而且不必是独立的经济活动(如为避免撞及他人而在道路上自我牺牲、为他人担任保证人等)。[50]

应特别说明者系,管理"他人"事务只要不是专为管理自己事务即可,此项事务之管理可以同时兼顾自己与他人之双方利益而为管理行为(自己事务与他人事务并存)。换言之,除了专为他人利益而管理事务(不论是从客观外在观察属于他人事务 objektiv fremdes Geschäft,抑或客观上中性但主观上认为是他人事务 subjektiv fremdes Geschäft)

---

[47] Larenz, Larenz, SR II/1, 13. Aufl., 1986, § 57 I a(S. 446); Soergel/Beuthien, BGB, 13. Aufl., 2012, § 682 Rn. 2.

[48] Fikentscher, SR, 8. Aufl., 1992, Rn. 933; Schwarz/Wandt, Gesetzliche Schuldverhältnisse, 2. Aufl., 2006, § 4 Rn. 23.

[49] 这三个构成要件要素(1)及(3)这两个是客观要素,(2)是主观要素(Vgl. Soergel/Beuthien, BGB, 13. Aufl., 2012, § 677 Rn. 1)。

[50] MünchKomm/Seiler, BGB, 5. Aufl., 2009, § 677 Rn. 2.

外,管理自己事务而同时兼为管理他人事务(Auch-fremdes Geschäft od. Handeln im Doppelinteresse)者亦属之。[51]

德国法上实务案型丰富,有人统计100多年来已经超过1100件,案例遍及各样,包括:为他人清偿债务、出卖他人之物、为他人排除土地上或道路上之危险状态、救助处于危险之人、医治病人等,不胜枚举。[52] 值得注意者系,德国学说上强调,这1000多件的案型最多只有1/10是属于无私的救助行为,故真正属于"人类互助"的"见义勇为型"之无因管理,反而不是德国法院实务上最重要的。[53]

本件郑花阁见义勇为案,如果代表着中国大陆无因管理制度在实务上应用的主要类型,则相较于德国案型,似乎更能表现无因管理奖励人类互助的制度目的。

(2)台湾地区实务之主要案型

相较于此,台湾地区的无因管理案型并不多,[54]归纳起来似乎多集中在"代缴款项型"之案型[55]上,"见义勇为型"之无因管理似亦仅流于理论探讨,未曾于法院案例中出现。可举两个台湾地区"最高法院"之判决作为代表。

在"最高法院"1997年台上字第1820号判决(代缴农会利息案[56]),高等法院详述本件成立无因管理之理由谓:按未受委任,并无义务,而为他人管理事务者,其管理应依本人明示或可得推知之意思,以有利于本人之方法为之,"民法"第172条定有明文。本件被上

---

[51] 此已为德国通说 Schwarz/Wandt, Gesetzliche Schuldverhältnisse, 2. Aufl. , 2006, § 4 Rn. 13f. ; Erman/Dornis, 13. Aufl. , 2011, § 677 Rn. 4. 并参见刘昭辰:"论无因管理中的'为他人事务管理'",载《台北大学法学论丛》,第180页以下。

[52] 详细整理参见 Wollschläger, Die Geschäftsführung ohne Auftrag, 1976, S. 31ff. ; MünchKomm/Seiler, BGB, 5. Aufl. , 2009, § 677 Rn. 2 也整理近年判决来诸多案型。

[53] Soergel/Beuthien, BGB, 13. Aufl. , 2012, vor § 677ff Rn. 4 及该处注6之说明。

[54] 以关键词"无因管理"在台湾地区"司法院"法院信息系统查询"最高法院"判决,虽然"案件数"显示339笔,但是扣除不属于法院判决理由论述的部分(仅当事人主张),实际有研究价值之判决"案型"并不多。主要集中在"代缴款项型"(依无因管理请求返还代垫款项),而此种案型因为多同时构成不当得利,使得台湾地区法院在论述理由上几乎都偏重在不当得利的论述上,使得无因管理之理由论述显得空洞化。

[55] 除了本文中所引述的两则判决外,此类型案例归纳而言尚有台湾地区:"最高法院"2012年度台上字第1693号判决(代他人缴纳遗产税)、2011年度台上字第2163号判决(代他人垫缴医疗费用及看护费用)、2011年度台再字第4号判决、2010年度台上字第851号及2010年度台上字第533号判决(夫妻一方代垫他方应分担之扶养费)、2009年度台上字第1701号判决(代偿银行抵押借款)、2009年度台上字第1055号判决(代垫搬迁补偿费)、1984年度台上字第4239号及1983年度台上字第3476号判决(代缴土地增值税)。此外,早在1967年之"最高法院"1967年台上字第1815号判例中,亦强调代缴罚款成立无因管理。该判例谓:"被上诉人未得上诉人之同意,擅自代向警局缴纳罚缓,旨在善意代理他人履行义务,系属事务管理,核与侵害他人权利之情形有间,上诉人遽指被上诉人之代收裁决书及代缴罚缓为侵权行为,谓其自由及名誉已受损害,据以请求被上诉人赔偿慰藉金,应为无据。"

[56] 本件被上诉人(甲)将其所有之A地信托登记在诉外人陈石津某名下,陈石津以该A地设定抵押权予东石乡农会,提供作为上诉人(乙)向东石乡农会借款之担保,乙因未清偿借款,甲乃代为缴纳利息及违约金以避免农会拍卖其实际所有之抵押物。甲清偿乙之债务后即依无因管理向乙请求返还。

诉人向东石乡农会代缴上诉人所积欠该农会之上开利息及违约金,既未受上诉人委任,亦无代缴之义务,则被上诉人代为缴纳,主观上非无为上诉人缴纳之意思,显有为他人管理事务之主观意思,而代为缴纳上诉人积欠东石乡农会之利息及违约金,始为所管理之事务。则上诉人以被上诉人与陈石津间就系争土地有所有权纠纷,而否认被上诉人有为其管理事务之意思,已非可信。再者,被上诉人代上诉人向东石乡农会缴纳所积欠之利息及违约金,事实上已使上诉人免于再负给付迟延之责任,并免于实时为东石乡农会追偿,当有利于上诉人,且此项有利于上诉人之事项,上诉人既未明示不许被上诉人为之,而依一般客观之社会常情,亦恒为常人所得接受,当可据此推知并不违反上诉人之意思。"最高法院"除维持高院见解外,又自己补充一段判决理由:"按无因管理固须有为他人管理之意思,惟为他人之意思与为自己之意思不妨并存,故为图自己之利益,若同时具有为他人利益之意思,仍不妨成立无因管理。本件被上诉人为系争土地之信托人,代上诉人清偿前开欠东石乡农会之债务,既为上诉人,亦为自己免去系争土地被实行抵押权予以拍卖。致无法向第三人即受托人陈石津请求返还土地,对上诉人而言,仍不妨成立无因管理"。

在另一个台湾地区"最高法院"2008 年台上字第 1543 号判决(代缴合伙税款案[57]),法院亦谓:查"民法"第 176 条第 1 项规定所称之"利于本人",系指客观利益而言,至于本人是否认为有利,并非决定标准。又无因管理之管理人,系为本人尽公益上之义务,其管理虽违反本人之意思,仍有"民法"第 176 条第 1 项规定之费用偿还请求权,此观同条第 2 项之规定自明。而管理人垫款为本人缴纳税捐,系为本人尽公益上之义务,其管理在客观上难谓对于本人不利,纵违反本人之意思,依上说明,管理人仍得就其垫款请求本人偿还。本件被上诉人为上诉人缴纳系争税款,乃原审确定之事实,自得请求上诉人偿还并加给利息。原审本此见解,为上诉人不利之判决,经核于法洵无违误。

(3)台湾地区的争议案例:玻璃娃娃致死案

在台湾地区值得一提,与本件"郑花阁案"类似的见义勇为案件,则可举"玻璃娃娃案"为例。

在该案中,被害人颜某原为台北市私立景文高级中学(以下简称景文高中)二年级之学生,患有先天性染色体异常、肢体重度残障、全身骨骼松软易碎、行动不便、无法行走(俗称玻璃娃娃)之症(成骨不全症),须避免碰撞。2000 年 9 月 13 日下午上体育课,因天雨,该班之体育老师白某即将上课地点改在该校地下室,并指示颜某之同学陈某将其抱负下楼至上课地点。唯因天雨造成楼梯地板湿滑,陈某于抱负过程中自楼梯

---

[57] 本件甲与乙丙丁合伙经营舞厅,因逃漏税款而遭台湾地区"国税局"裁定应补缴所得税,甲代缴完毕后乃依无因管理之规定向乙丙丁请求返还代缴款项。

跌落,造成颜某头部钝创、颅骨破裂及四肢多处骨折,因颅内大量出血不治死亡,被害人之父母依民法关于侵权行为之规定,请求陈某与其法定代理人连带负赔偿责任。

陈某热心助人,管理本人事务,原构成无因管理,[58]但因本人死亡,因此诉讼之争执反而集中在侵权行为之注意义务的讨论上,无因管理之管理人与本然间之权利义务关系,反而完全不是本案的重点。

本案一审法院原以下列理由驳回原告之请求:"被告陈某基于热心,始自愿于当日负责推送颜某……系为发挥同学间彼此照顾之美德,其行为并无可非难性,亦无任何强迫行为或故意可言。……陈某既不负有何特别之注意义务,则其以平常之方式单独抱负颜某……至多对防止一般伤害须注意,超过此一程度应非属其注意义务之范围。……难认陈某有何过失可言。"

但台湾地区高等法院(2004 年年度上字第 432 号判决)则以下列理由认定陈某有过失:陈某应非学校指定平日负责照顾颜某之人,其对颜某并无特别照护之义务,仅应负一般人之注意义务。事发当日天雨,一般常人均会注意楼梯湿滑,应小心行走,抱负他人时更应小心谨慎,陈某当时已满 16 岁,应有此认知及判断能力,当时亦无不能注意之情事,讵其不注意楼梯地板湿滑,不慎跌倒,致颜某跌落头部钝创、颅骨破裂及四肢多处骨折,送医不治死亡,自欠缺一般人之注意义务,而应负过失责任。故被上诉人依"民法"第 184 条第 1 项规定,请求上诉人陈某赔偿损害,尚属正当。[59]

台湾地区"最高法院"(2005 年度台上字第 2374 号判决)则又以高院未说明被告应负注意义务之依据及过失程度为何,废弃原判决发回更审。

更一审高院判决[台湾地区"高等法院"2006 年度上更(一)字第 6 号判决]嗣始以要求被告尽善良管理人之注意义务,显失衡平,而降低被告之注意义务,而驳回原告之请求。理由略为:"被上诉人丙某于事故发生时,仅系未成年人,如课以善良管理人较重注意义务,显失衡平,被上诉人丙某之过失注意义务,仅应以同年龄、具有相当智慧及经验之未成年人所具注意能力为标准,以及出于热心无偿助人且攸关公共利益者之特性,应从轻酌定,以免伤及青少年学生爱心之滋长……丙某之行为,并无恶意或重大过失之情形,自不负赔偿责任。"

其实,此等注意义务降低之结果,透过适用或类推适用台湾地区"民法"无因管理第 175 条之规定[60]:"管理人为免除本人生命身体或财产上急迫危险而为事务管理者,对于

---

[58] 王泽鉴著:《侵权行为法》,2009 年 7 月,自版,第 118 页。

[59] 二审判决改判被告热心助人却应该赔偿后,舆情哗然。网络上相关消息显示:有人责难承审法官,认为"他乱判,让全台湾觉得好心没好报",讥讽法官来自"黑暗星球";有人开始担心"寒蝉效应",将来不会有人再愿意热心助人;也开始有人质疑法官的养成背景与专业素养,也有人认为社会价值已经遭到扭曲!

[60] 王泽鉴著:《侵权行为法》,2009 年 7 月,自版,第 118 页。

因其管理所生之损害,除有恶意或重大过失外,不负赔偿责任”;或者依据无因管理之规定,类推适用台湾地区“民法”第535条关于委任契约之规定[61]“受任人处理委任事务,应……与处理自己事务为同一之注意”,均可达成目的。

2. 无关结果(erfolgsunabhängig)

管理他人事务是否须达成管理之目的,发生管理之结果?对此,王泽鉴教授强调:“须注意的是,无因管理重在管理事务本身,目的是否达成,与无因管理之成立无关。例如乙宅失火,甲持灭火器参加救火,身负重伤,纵火势未灭,乙宅全毁,救火目的虽未能达成,无因管理仍可成立”。[62] 孙森焱教授亦谓:“在支出当时系必要或有益,则纵在嗣后未能获得预期之效果,或因情事变更,致其效果消灭或减少,仍有偿还请求权。例如救火而无效果,治病仍未愈之情形是。”[63]准此以解,在“郑花阁案”中,即使溺水之孩童张鹏之生命未能被救助者张国林之实施救助活动成功救助,仍无碍于管理人张国林对本人张鹏成立无因管理,而有下述之费用偿还请求权等。换言之,无因管理要求的是“由本人承担结果风险”(Erfolgsrisiko beim Geschäftsherrn),“无因管理的本人所负的费用偿还义务,与管理人管理事务努力之结果无关,即使本人客观上未因事务之管理而取得任何利益,或者本人甚至因此而受到损害,亦在所不问”。[64]

(二)主观要件:为他人管理事务之意思

1. 管理意思

除了管理事务之客观要件外,无因管理的另一个核心概念乃其主观要件“为他人管理事务之意思”,目的在决定无因管理之当事人,并限定其范围。[65]

所谓为他人管理之意思(Fremdgeschäftsführungswille),系指管理人认识(wissen)或者意识到(ist bewusst)其所管理者为他人事务,并意欲(wollen)将其管理事务之成果归属于本人。[66] 据此定义,一般又可将其进一步分成两部分,[67]一为该定义前段之“管理意

---

[61] 黄立:“玻璃娃娃案的民事法律责任”,载《月旦法学教室》第45期,第15页。

[62] 王泽鉴著:《债法原理》,2012年3月增订3版,自版,第376页。

[63] 孙森焱著:《民法债编总论》(上册),2008年8月,自版,第126页。

[64] Fikentscher, SR, 8. Aufl., 1992, Rn. 936.; Erman/Dornis, 13. Aufl., 2011, vor § 677 Rn. 24.

[65] 王泽鉴著:《债法原理》,2012年3月增订3版,自版,第377页。

[66] 两要素的细分,主要来自 Wollschläger, Die Geschäftsführung ohne Auftrag, 1976, S. 72ff.; K.-H. Gursky, Der Tatbestand der Geschäftsführung ohne Auftrag, AcP 185(1985), 13, 29. 学说上亦有强调管理人只要主观上有将其管理行为所生事实上之利益,归属于本人之意思,即为已足,“此意思并非法效意思,仅属人的精神作用而已”。参见孙森焱著:《民法债编总论》(上册),2008年8月,自版,第111页、第115页。

[67] Schwarz/Wandt, Gesetzliche Schuldverhältnisse, 2. Aufl., 2006, § 4 Rn. 24; Erman/Dornis, 13. Aufl., 2011, § 677 Rn. 7...

识”(Fremdgeschäftsführungsbewusstsein),此为认识之要素,[68]二为该定义后段之“目的的管理意思”(finaler Fremdgeschäftsführungswille 或者狭义的管理意思 Fremdgeschä ftsfü hrungswille i. e. S.),此为目的的或意志的要素。[69] 不具备为他人管理之意思者,应即不构成无因管理,但通说则称之为不真正的无因管理(unechte GoA),以便与真正的无因管理(echte GoA)做区分。[70]

2009 年台湾地区“最高法院”2009 年度台上字第 2364 号判决亦宣示此点:所谓无因管理,系指无法律上之义务,而为他人管理事务之行为而言,且不论适法无因管理或不法管理(笔者按:似应为“不适法无因管理”之误)行为,均须管理人有为本人管理事务之意思,即以其管理行为所生事实上之利益,归属于本人之意思,始能成立。上诉人既自承与被上诉人间有委托购买定额公司股票之委任关系存在,且被上诉人以溢价充作其本身购买股票之部分股款,亦无为上诉人管理事务之意思,显非无因管理,自无“民法”第 177 条第 2 项之适用。

管理意思决定了无因管理的本人,但管理人之管理意思只要指涉跟事务有关之人而为其管理事务即为已足,不必真正去认识本人为何。即使对于本人认识有错误,亦无关紧要,管理事务的权利义务会在真正的本人间发生(此为《德国民法典》第 686 条明文规定)。

2.“复数”管理人或本人

管理人为复数而共同实施事务之管理时,应共同负连带债务之责。就其报告计算义务(特别如处理事务之金钱物品交付义务、权利移转义务),因给付本身不可分,一般认为应成立连带债务(《德国民法典》第 431 条、我国台湾地区“民法”第 292 条),德国联邦最高法院之判决则曾提出下列理由作为连带债务之依据:“复数管理人为满足本人之请求,在一个目的共同体之意义下,管理人间具有‘内在关连性’”。[71]

---

[68] 《德国民法典》第 687 条第 1 项规定之误信管理(误信他人事务为自己事务而加以管理),即欠缺此一要素。也因此可以由该条向反面推论出“管理意识”此一要素。

[69] 《德国民法典》第 687 条第 2 项规定之不法管理,亦即台湾地区“民法”第 177 条第 2 项规定“管理人明知为他人之事务,而为自己之利益管理之者”,即欠缺此一要素。台湾地区“民法”于 1999 年增订第 177 条第 2 项之修正理由即谓“无因管理之成立,以管理人有‘为他人管理事务’之管理意思为要件。如因误信他人事务为自己事务(误信的管理);或误信自己事务为他人事务(幻想的管理)而为管理,均因欠缺上揭主观要件而无适用无因管理规定之余地。同理,明知系他人事务,而为自己之利益管理时,管理人并无‘为他人管理事务’之意思,原非无因管理”,亦清楚描述此点。一般认为从德国民法第 677 条(台湾地区“民法”第 172 条)之文义“为他人”(für einen anderen)即可得出此目的要素。

[70] 严格来说,“不真正的无因管理”因为欠缺无因管理中“为他人管理之意思”之要件,根本就不是无因管理才对,因此学者有批评这个“不真正的无因管理”用语是极为不当的(Vgl. Schwarz/Wandt, Gesetzliche Schuldverhältnisse,2. Aufl. ,2006, § 2 Rn. 9)。

[71] Staudinger/Bergmann,2006,Vorbem zu § § 677ff. Rn. 235.

但复数管理人违反适当谨慎管理义务而负债务不履行损害赔偿,以及对于本人之费用偿还请求权,则因系可分之给付,各复数管理人依《德国民法典》第420条、我国台湾地区“民法”第271条规定,均属平均分担或分受之债务人或债权人。[72]

反之,如果管理人基于单一管理行为管理复数本人之事务,则在德国法院判决实务上亦较为常见(如为共有人或区分所有权人管理事务或为遗产共同共有关系管理事务)。此时,就复数本人所负之费用偿还义务而言,究应如何负担,有其困难。理论上有两种可能性,一种是将各个本人视为可分之债的债务人,仅就事务管理实际上受益之部分分别负担费用偿还义务;另一种可能性则是,将所有因为单一管理行为而受益之本人,要求依连带债务负责。德国联邦最高法院曾经在管理人为共有物为适法无因管理行为时,认定共有物之复数本人应就费用偿还负连带债务人责任,盖此时对每位本人而言均是受益于“整体的事务管理措施”,德国通说亦多赞成此种见解。[73]

准此以解,假设“郑花阁案”之被告三人均由张国林救助之情形下,被告三人对于费用偿还之负担即可能依连带债务负责,被告张鹏之法定代理人抗辩其余二位被告之法定代理人亦应承担补偿责任,恐非无据。

(三)无法律上义务

无因管理是以无任何现有之约定的(可能包括委任、雇佣或承揽等)或法定的(如监护人或破产管理人等)法律关系或法律上义务存在为前提,我国台湾地区“民法”第172条“未受委任,并无义务”规定以及《德国民法典》第677条“无受他人委任或其他权限”规定,法条用语均用“无受委任”,学者认为过于狭隘。[74] 我国《民法通则》第93条规定“没有法定的或者约定的义务”,而进行管理或者提供服务的,用语反而相对较为完整。准此,如果当事人间有法定或约定之法律上义务,即无无因管理适用之余地。反之,只要不属于处理他人事务关系之情形,均可能属于无因管理之法律关系,学说上因此称无因管理在今日社会,对于各样不同之案件具有“补遗规定”之性格(Charakter eines Sammelbestandes od. Auffangtatbestand),[75]或者称其具有辅助功能。[76]

对此,例如,台湾地区“最高法院”2010年台上字第1114号判决曾谓:“系争土地系由被上诉人借名登记为甲名义,为原审所合法认定,则双方间有类似委任关系存在,甲擅

---

[72] Staudinger/Bergmann,2006,Vorbem zu §§677ff. Rn. 236;Soergel/Beuthien,BGB,13. Aufl.,2012,vor §677ff Rn. 13.

[73] Staudinger/Bergmann,2006,Vorbem zu §§677ff. Rn. 238;RGRK/Steffen,BGG,12. Aufl.,vor §677 Rn. 98f.;Schwarz/Wandt,Gesetzliche Schuldverhältnisse,2. Aufl.,2006,§4 Rn. 93...

[74] Larenz,SR II/1,13. Aufl.,1986,§57;Soergel/Beuthien,BGB,13. Aufl.,2012,vor §677ff. Rn. 1.

[75] Larenz,SR II/1,13. Aufl.,1986,§57.;Erman/Dornis,13. Aufl.,2011,§677 Rn. 1.

[76] MünchKomm/Seiler,BGB,5. Aufl.,2009,vor §677 Rn. 1.

将系争土地出卖予乙，乃违反借名登记之本旨，并无为被上诉人管理事务之意思，自属无权处分，而非无因管理。”又 1999 年之“最高法院”台上字第 1866 号判决亦谓：“关于被上诉人请求上诉人给付其所代缴之营建工程空污费六万三千零三元、代付佑宏公司营造使用执照费六十六万零一百九十二元部分，原审认为被上诉人主张依委任关系、无因管理、不当得利等法律关系为据，于法尚非无据，因而命上诉人为给付。惟查就该代缴费用如系因系争工程契约第二十二条约定，及因上诉人之指示，而由被上诉人代为缴纳，既系依契约约定或依委任而为之，即与无因管理法律关系无涉，原审就上开法律上之意见，自有未合。”可供参考。

五、无因管理之法律效果

(一)适法无因管理人之义务[77]

1. 适法与不适法无因管理之区分

在具备上述未受委任，并无义务，而管理事务，且具备管理他人事务之意思时，即成立真正的无因管理，已如前述。倘管理事务之承担本身[是指管理人“是否”(Ob)应该承担该管理行为]，有利于本人且合乎本人明示(之真正意思)或可得推知之意思者，则构成学说上所谓的适法之无因管理。反之，管理事务不利于本人，或违反本人明示或可得推知之意思者，则为不适法无因管理。因此“事务承担之本人利益与意思”(Interesse und Wille des Geschäftsherrns bezüglich der Übernahme der Geschäftsführung)乃成为适法与不适法无因管理之主要区别标准。[78] 而适法与不适法无因管理的区别实益，则在于下述的管理人是否得请求费用偿还请求权或者是应依不当得利请求权主张。[79]

适法无因管理人在成立无因管理后，应尽适当管理义务(或称谨慎管理义务或者善良管理人注意义务)，[80]此为主给付义务。同时，管理人有通知义务(台湾地区“民法”第

---

[77] (真正的)无因管理被区分为“适法无因管理与不适法无因管理”两种类型之用语区别，乃台湾地区实务上与学者通说之用法。但王泽鉴教授后来参考德国通说的通行用语(vgl. Schwarz/Wandt, Gesetzliche Schuldverhältnisse,2. Aufl. ,2006, § 2 Rn. 11.)改称为“正当的无因管理与不正当的无因管理”(Berechtigte und Unberechtigte Geschäftsführung ohne Auftrag)，参见王泽鉴著:《债法原理》,2012 年 3 月增订 3 版，自版，第 374 页;并参见氏着经典论述:“无因管理制度基本体系之再构成”，载《民法学说与判例研究》(第 2 册)，1983 年 10 月第 5 版，第 75 页以下。另也有学说将之称为“适当的无因管理与不适当的无因管理”，参见林诚二著:《民法债编总论体系化解说》，瑞兴，第 175 页;孙森焱著:《民法债编总论》(上册)，2008 年 8 月，自版，第 118 页。

[78] Schwarz/Wandt, Gesetzliche Schuldverhältnisse, 2. Aufl. ,2006, § 2 Rn. 10.

[79] Schwarz/Wandt, Gesetzliche Schuldverhältnisse, 2. Aufl. ,2006, § 5 Rn. 6.

[80] 适当管理(或谨慎管理)义务之标准应解为抽象轻过失(善良管理人注意义务)之标准，故未尽此义务应负债务不履行责任，此为台湾地区通说。参见王泽鉴著:《债法原理》,2012 年 3 月增订 3 版，自版，第 388 页;邱聪智著:《新订民法债编通则》(上)，2003 年 1 月新订 1 版，自版，第 91 页(又特别强调:无因管理人并未取得报酬，属无偿性质之债，将其解释为应负抽象轻过失责任，显有提高标准，加重无因管理人责任之意)。

173 条第 1 项)、报告计算义务(台湾地区“民法”第 173 条第 2 项准用第 540 ~ 542 条)等从给付义务。违反时均应负债务不履行损害赔偿责任。[81]

2. 费用偿还请求权

相应于此,适法无因管理人则因此取得对本人的费用偿还请求权(我国台湾地区“民法”第 176 条、《德国民法典》第 683 条)。[82] 据德国学者研究统计,适法无因管理之法律关系中,也是以管理人对于本人的此种费用偿还请求权(Aufwendungsersatzanspruch des Geschäftsführers;actio contraria)在实务上最为重要,至少占了法院判决的 70% ~ 80%。费用偿还请求权之规定,也成为无因管理这个法律制度最重要的条文规定。[83] 而这样的实证情形也符应了前述无因管理制度是一种法定的补偿债之关系,是对管理他人事务者的特殊补偿规定。

关于费用偿还请求权,我国台湾地区“民法”第 176 条第 1 项规定:“管理事务利于本人,并不违反本人明示或可得推知之意思者,管理人为本人支出必要或有益之费用,或负担债务,或受有损害时,得请求本人偿还其费用及支出时起之利息,或清偿其所负担之债务,或赔偿其损害”。内容即明文包括费用偿还请求权、债务清偿请求权及损害赔偿请求权三者在内,适用上较无疑问。

《德国民法典》第 683 条规定之内容则较为简要“管理事务之承担利于本人,并符合本人明示或可得推知之意思者,管理人得如同受任人,请求偿还其费用。在第 679 条规定之情形,[84]事务管理之承担虽违反本人之意思,管理人仍有前项之请求权”,仅就费用偿还请求权有所规定。而且此项“费用”,德国学说及实务上亦参考该国委任契约(第 670 条)之规定,限缩为并非指所有的费用,亦非仅限于客观上完成事务之费用,而是指根据主观及客观判断上所需之必要费用:是一个理性的管理人在事务管理之时(主观判断标准)所作的合理的预测(客观判断标准)。[85] 显然无益的费用支出、违反本人指示的费用支出或者单纯管理人自己需要的费用支出,均不属之。至于该费用是否已达成事务管理之目的则非所问,盖如前所述地(无关结果之无因管理构成要件),无因管理的结果

---

[81] Schwarz/Wandt, Gesetzliche Schuldverhältnisse, 2. Aufl., 2006, § 5 Rn. 63, 86.

[82] 有学者因而称无因管理是一种“不完全之双务关系”(unvollkommen zweiseitiges Rechtsverhältnis),因为由适法无因管理之权利义务内容可以看出,主要均由管理人负义务,本人只在某些情形下始负义务,二者并非处于对称关系(Vgl. Erman/Dornis, 13. Aufl., 2011, vor § 677 Rn. 22.)。

[83] Wollschläger, Die Geschäftsführung ohne Auftrag, 1976, S. 32; Schwarz/Wandt, Gesetzliche Schuldverhältnisse, 2. Aufl., 2006, § 2 Rn. 10...

[84] 《德国民法典》第 679 条规定:“非该管理行为,本人无法尽公益上义务或本人未适当履行法定扶养义务者,事务之管理无庸考虑本人相反之意思。”

[85] BGH 1989, 1285; RGZ 149, 205, 207.

风险是归由本人承担,而非由管理人承担。[86]

《民法通则》第93条主要亦针对管理人之费用偿还请求权而规定:"没有法定的或者约定的义务,为避免他人利益受损失进行管理或者服务的,有权要求受益人偿付由此而支付的必要费用。"最高人民法院《关于贯彻执行〈中华人民共和国民法通则〉若干问题的意见(试行)》第132条并相应补充得请求费用之范围:"民法通则第九十三条规定的管理人或者服务人可以要求受益人偿付的必要费用,包括在管理或者服务活动中直接支出的费用,以及在该活动中受到的实际损失。"

3. 典型之风险伴随损害

德国法并没有规定是否得请求因管理事务而生之损害赔偿,单纯从《德国民法典》第683条(自愿性的)"费用"(支出)的文义也无法包含管理人非自愿性地发生的偶然之财产损害。不过,这是立法者有意交由司法者在个案判断,而非故意排除不得请求,因为为他人管理事务,除了管理人可以推认其系无偿地愿意投入劳力外,不应再要求管理人承担偶然发生的典型的事务风险。因此德国通说认为,"典型之风险伴随损害"(risikotypische Begleitschäden)此种随着事务管理之危险(风险)伴随而生之损害等不利益(如人身或财产损害),原则上也应该予以填补。[87] 照德国联邦最高法院的看法,此种典型的风险,是指依据管理事务之行为种类,以及管理事务实施当时的情状可得认识,并且有某程度发生概率之危险而言,基此典型风险而伴随发生之损害即属之,至于事务管理与损害之间单纯具有相当因果关系,尚不足够。[88] 此项损害赔偿亦包含慰抚金请求权在内。[89]

有疑问的是,在救助者因而不幸死亡时,已死亡之管理人的继承人得对被救助之本人,除依得无因管理之规定请求支出之费用外,是否得请求给付扶养费及殡葬费?对此,德国通说强调,此乃德国立法者有意不作具体规定,而将其留给学说及实务发展。[90] 此时应属法律漏洞,并得类推适用《德国民法典》第844条及第845条规定(相当于我国台湾地区"民法"第192条)予以填补该漏洞,请求赔偿支出之殡葬费及扶养义务,盖无因管理之本人既然有义务赔偿受害之管理人因管理事务而生之典型风险伴随损害,则更有理由应该赔偿管理人因此所受到的更大的生命损害,否则将产生荒谬之结论。[91]

---

[86] Schwarz/Wandt, Gesetzliche Schuldverhältnisse, 2. Aufl., 2006, § 5 Rn. 35.

[87] Schwarz/Wandt, Gesetzliche Schuldverhältnisse, 2. Aufl., 2006, § 5 Rn. 37.

[88] BGHZ 52, 115; BGH NJW 1993, 2234, 2235.

[89] Schwarz/Wandt, Gesetzliche Schuldverhältnisse, 2. Aufl., 2006, § 5 Rn. 39.

[90] Schwarz/Wandt, Gesetzliche Schuldverhältnisse, 2. Aufl., 2006, § 5 Rn. 40 注101引用之德国立法资料。

[91] Schwarz/Wandt, Gesetzliche Schuldverhältnisse, 2. Aufl., 2006, § 5 Rn. 39. 并参见王泽鉴著:《债法原理》,2012年3月增订3版,自版,第392页亦论及此点。

准此以解,本件原告郑花阁基于已死亡之管理人张国林之妻即继承人之地位,请求法院为适当之补偿,除请求赔礼道歉外,并请求判令给付安葬费、扶养费,在德国法之理论探讨上,尚属有据。可惜一审法院仅以"一次性补偿"为由判准原告请求,但未再细究其准许之项目为何,二审亦仅维持该判决而未进一步说明,因而无法得知其依据,甚属可惜。

4. 报酬请求权?

尚有争议者系,适法之无因管理人能否请求因管理事务而减少收入之工作损失?对此,台湾地区通说原则上倾向否定见解,一般认为,无因管理原为人类义举,若许享有报酬请求权,反贬损其道德价值,同时易酿成纠纷;[92]此种可能取得而未取得之利益,属于消极损害,为管理人自始甘愿牺牲,应不得请求赔偿;[93]况无因管理是从他益行为之角度衍生之制度,当不得请求管理报酬。[94] 但也有采肯定者认为无因管理除保护本人,亦谋取社会利益,赋予管理人报酬请求权有其重要意义。[95] 不过近年来,多倾向肯定见解,采取与德国通说及实务相同之见解,认为如管理之事务即属管理人之营业或职业范畴(die Tätigkeit gehört zum Gewerbe oder Beruf des Geschäftsführers)者,例如,医师救助遭受车祸之人、出租车司机载送病倒之人至医院,则其管理事务本属有偿之营业行为,医生之报酬或司机之车资,非不得认为是费用之一种,故亦得请求本人赔偿,得依一般标准计算之。[96] 盖此时没有任何被管理事务之本人会期待,这些在交易市场上只有付出报酬才能获得的营业或职业上的劳务提供,会为他而免费支出也,也无法推认管理人此时已放弃报酬之主张![97]

(二)不适法无因管理人之义务?

1. 通说见解(旧通说?)

至于不适法无因管理之"本人"所负之义务为何?台湾地区通说及实务强调,不适法无因管理之"管理人"依照台湾地区"民法"第 177 条有关"不当得利之原则负其责任",[98]

---

[92] 王泽鉴:"无因管理制度基本体系之再构成",载《民法学说与判例研究》(第 2 册),1983 年 10 月第 5 版,第 88 ~ 89 页。

[93] 孙森焱著:《民法债编总论》(上册),2008 年 8 月,自版,第 127 页所列之否定理由。

[94] 黄茂荣著:《无因管理》(增订版),2006 年,自版,第 394 页。

[95] 郑玉波著:《民法债编总论》,台湾三民书局 1985 年版,第 82 页。

[96] 王泽鉴著:《债法原理》,2012 年 3 月增订 3 版,自版,第 392 页;孙森焱著:《民法债编总论》(上册),2008 年 8 月,自版,第 127 页;黄立著:《民法债编总论》,台湾元照出版公司 2006 年版,第 189 页;Schwarz/Wandt, Gesetzliche Schuldverhältnisse, 2. Aufl., 2006, § 5 Rn. 42. 及该处注 100 引述之实务判决及文献。

[97] MünchKomm/Seiler, BGB, 5. Aufl., 2009, § 683 Rn. 24f.

[98] 梅仲协著:《民法要义》,1959 年 12 月,自版,第 128 页。

本人如有损害时，管理人则依侵权行为对其负赔偿责任。[99]

但除上述外，虽与本案“郑花阁案”未直接关涉，但在中文文献上却较少被进一步讨论的一个争议问题是：[100]不适法无因管理人是否亦应履行与适法无因管理人相同之因法定债之关系而生之义务（包括谨慎管理之善良管理人注意义务、通知义务或报告计算等义务）？如有违反亦应负债务不履行责任？

对于此点，德国通说采否定见解认为：基于不适法而生之无因管理根本没有法定债之关系产生。[101] 在无因管理当事人之间并没有任何义务存在，因此，也就没有《德国民法典》第677条[102]（相当台湾地区“民法”第172条）之适当管理（或谨慎管理）义务（或善良管理人注意义务）及第681条[103]之通知义务（相当台湾地区“民法”第173条）适用之余地。“因为要求根本不可以承担事务的管理人，以符合本人利益及意思的方式实施事务之管理，这将是互相矛盾的”。[104] 因此，在不适法管理人管理事务无过失的情况下，管理人没有谨慎管理义务存在。债务不履行或者缔约上过失，因此没有存在之余地。[105] 换言之，不适法无因管理的管理人只负“管理事务承担的过失”（Übernahmeverschulden），不负“管理事务实施的过失”（Ausführungsverschulden）。[106]

---

[99] 关于不适法无因管理之判决，可参见台湾地区“高等法院”2010年度上更（一）字第120号判决谓：唯按“民法”第176条第1项规定：“管理事务，利于本人，并不违反本人明示或可得推知之意思者，管理人为本人支出必要或有益之费用，或负担债务，或受损害时，得请求本人偿还其费用及自支出时起之利息，或清偿其所负担之债务，或赔偿其损害”、第177条规定：“管理事务不合于前条规定时，本人仍得享有因管理所得之利益，而本人所负前条第1项对于管理人之义务，以其所得之利益为限。前项规定，于管理人明知他人之事务，而为自己之利益管理之者，准用之”可知为他人管理事务，并管理事务不利于本人，或违反本人明示或可得推知之意思（学说所称“不适法无因管理”），本人以其所得利益为限，应对于管理人负“民法”第176条第1项之偿还责任。本件上诉人依约负有修复系争边坡坍滑之义务，而被上诉人在上诉人拒绝修复之情形下，进行修复，客观上即属为上诉人管理事务，并该管理事务利于上诉人，虽违反上诉人明示或可得推知之意思，仍得向上诉人请求返还其所支出之费用，准此，被上诉人依无因管理之法律关系，请求上诉人返还其所支付系争护坡整治费用2,397,320元，自属有据。

[100] 基本讨论可参见吴从周：“不适法无因管理是否成立法定债之关系？”载《台湾法学杂志》2013年第221期。

[101] Schlechtriem, Schuldrecht BT, 7. Aufl., Rn. 711. 主此说者主要为：Larenz, II/1 §57 II a; Fikentscher, §83 II 2 a aa; Staudinger/Wittmann vor §677 Rn. 1; RGRK/Steffen, vor §677 Rn. 3.; Erman/Ehmann, 11. Aufl., §677 Rn. 16.

[102] 第677条为《德国民法典》无因管理一节的第一个条文，规定：“未受委任或其他有权处理本人事务，且无义务而为他人管理事务，应考虑本人真正的或可得推知的意思，以合乎其利益之方式，为事务管理之实施。”

[103] 《德国民法典》第681条规定：“管理人开始管理事务之承担时，只要可能，应即通知本人，如无急迫情事，应俟本人决定。其余管理人之义务准用第666至668条有关受任人义务之规定。”

[104] 这是Esser/Weyer, II 2, §46 I 2 b. 所特别强调。

[105] Erman/Ehmann, 11. Aufl., §678 Rn. 2.

[106] Jauernig/Mansel, BGB, 11. Aufl., 2004, vor §677 Rn. 5.

相应于此,不适法无因管理人只有停止管理事务之不作为义务。[107] 管理人对于本人所造成之损害,因此只能基于侵权行为,以及依据不当得利之法则请求返还因事务管理所取得之物(《德国民法典》第684条第1项[108];相当台湾地区"民法"第177条)。因此,《德国民法典》第684条第1项规定有关不当得利之准用,系构成要件之准用。《德国民法典》第678条[109](相当台湾地区"民法"第174条)及第680条[110](相当台湾地区"民法"第175条)不是责任加重的补充规定,而是独立的构成要件规定。

台湾地区学说见解有采与德国通说同者。王泽鉴教授指出:"民法"第173条第1项通知义务之规定,于"民法"第177条之情形无适用余地。管理事务不利于本人,或违反本人之意思者,应即停止管理,不发生管理人开始管理时以能通知为限,应即通知本人……的问题[111];黄立教授亦谓:"不适法管理人"并无谨慎管理义务,亦无履行第173条第I项(通知义务)、第173条第II项规定准用第540~542条之义务;其与本人关系原则上适用第184条以下"侵权行为法"(因为不能阻却违法),及第177条。或者有时也可适用"不当得利法"(第179条以下)。[112]

2. 少数说见解(新通说?)

相对于此,德国少数说则认为,基于不适法的(不正当的)无因管理也可以产生法定债之关系,[113]故《德国民法典》第684条(相当台湾地区"民法"第177条第I项)准用不当得利之规定为法律效果之准用,并非构成要件之准用。准此以解,管理人亦有义务为本人之利益,善良管理事务(善良管理人义务);同时本人有依《德国民法典》第681条(相

[107] Larenz, II/1 §57 II a.

[108] 《德国民法典》第684条规定:"不具备第683条(相当于我国《民法》第176条)要件时,本人有义务依关于不当得利之规定,对管理人返还其因事务管理所得之全部利益。本人承认事务管理者,管理人得享有第683条所定之请求权。"

[109] 《德国民法典》第678条规定:"管理事务之承担违反本人真正的或可得推知之意思,管理人因事务管理之实施所生之损害,虽无过失,亦应对本人负赔偿之责。"

[110] 《德国民法典》第680条规定:"事务之管理以避免本人之急迫危险为目的者,管理人仅就故意或重大过失负责。"

[111] 王泽鉴著:《债法原理》,2012年3月增订3版,自版,第398页(第397页并强调不适法无因管理不阻却违法,应构成侵权行为),此说可谓为我国通说。

[112] 黄立著:《民法债编总论》,台湾元照出版公司2006年版,第191页。

[113] 主少数说者包括 MünchKomm/Seiler, vor §677 Rn. 8, 12; Wollschläger, Die Geschäftsführung ohne Auftrag: Theorie und Rechtsprechung, Berlin 1976, S. 45ff.; Soergel/Beuthien vor §677 Rn. 3; Bamberger/Roth, §677 Rn. 7; Palandt/Sprau, §677 Rn. 4; PWW/Fehrenbacher, 4. Aufl., 2009, §677 Rn. 7(有趣的是,在该处作者强调此种说法才是通说,除了也引用 MünchKomm/Seiler, vor §677 Rn. 50 为据外,并引用 Staudinger/Bergmann, vor §677 Rn. 98.),且有越来越多人赞同之趋势。Schwarz/Wandt, Gesetzliche Schuldverhältnisse, 2. Aufl., 2006, §5 Rn. 5 则根本就称呼本文所谓的通说见解为"以前之通说见解",并称呼本文所称的少数说见解为"今日之通说"且为正确之见解。

当台湾地区“民法”第 173 条)通知其已为管理事务之承担(通知义务);且本人得要求管理人报告及交还取得之物(从给付义务)。

台湾地区学说亦不乏类似看法。史尚宽先生早在其“债法总论”一书中即曾扼要指出:“管理事务非利于本人或违反本人明示或得推知之意思……管理人对于本人,仍应负关于无因管理之义务(‘民法’第 172 条、第 173 条、第 174 条)”。[114]

本文认为,通说见解将使得不适法管理人所处之法律地位优于或者较利于适法管理人,显不合理。[115] 因此,举轻以明重(当然推论),适法无因管理之一般规定(特别是谨慎管理义务及通知、计算义务等给付义务)也应该适用于不适法无因管理,故不适法无因管理人更应该负善良管理人的注意义务,一旦违反即应负债务不履行责任。[116] 少数说颇有参考价值。申言之,不适法无因管理的本人与管理人之间也同样成立法定的(类似委任的)债之关系,以免适法管理人之地位较不适法无因管理人处于不利地位。[117]

六、结论

本文从德国法文献及我国台湾地区之规定,对照评析“郑花阁案”涉及之见义勇为与无因管理之诸多问题。提出如下结论供参:

第一,单纯不作为要构成侵权行为,与积极作为同视,以有保护义务或者交易安全义务为前提。见义不勇为,应仅违反道德义务,尚难构成侵权行为。

第二,见义勇为之人得向被助救之本人请求补偿之依据应为无因管理,而非抽象之公平原则或衡平原则。无因管理之制度目的本在于对“基于管理意思,无依据地承担对他人事务之管理”(严格主观说)而见义勇为之人,进行特殊之补偿,本有衡平思想在内。

第三,无因管理是一种事实行为(或混合的事实行为),管理人仅须有“管理事务能力”为已足,不必有行为能力;相应而言,被管理人不具完全行为能力,当然亦无碍无因管理之成立。

第四,无因管理以管理意思为核心要件。只要管理人意识到所管理者为他人事务,并意欲将管理事务之成果归属于本人,而管理事务,即构成无因管理之法律关系,管理人得向本人请求支出费用之偿还,管理事务之目的即结果是否达成,则无关紧要。无因管

---

[114] 史尚宽著:《债法总论》,1990 年 8 月,自版,第 66 页。同说邱聪智:《新订民法债编通则》(上),2003 年 1 月新订 1 版,自版,第 92 页;孙森焱著:《民法债编总论》(上册),2008 年 8 月,自版,第 117 ~ 118 页。

[115] Brox/Walker, Besonderes Schuldrecht, 30. Aufl., § 35 Rn. 51.

[116] 这是借用 Erman/Ehmann, 11. Aufl., § 677 Rn. 16. 对少数的叙述方式(但 Erman/Ehmann 是采多数说之见解)。

[117] Schwarz/Wandt, Gesetzliche Schuldverhältnisse, 2. Aufl., 2006, § 5 Rn. 5.

理之结果风险，由本人承担。倘本人为复数，因每位本人均是基于单一而整体之事务管理措施而受益，应就费用之偿还负连带债务人责任。

第五，管理事务之承担符合本人利益与意思者，构成适法无因管理，管理人应负谨慎管理、通知、报告计算等义务，而本人亦应负费用偿还、典型之风险伴随损害之赔偿义务。管理人因管理事务而死亡时，德国通说认为，其继承人得类推适用关于侵权行为法之规定，对本人请求扶养费及殡葬费。至于管理人之报酬请求权，则在管理之事务即属管理人营业或职业范畴内，得请求本人赔偿。

第六，至于不适法无因管理（管理事务之承担符合本人利益或意思者），德国通说原认为管理人不生与适法无因管理相同之法定债之关系之义务，但近年来已逐渐改采肯定见解，以免适法管理人之地位较不适法无因管理人更不利之地位，台湾地区通说似乎亦同。

法国法上的见义勇为

叶名怡*

目　次

一、"扶不扶":一个有中国特色的问题

或许是从南京"彭宇案"开始,去扶摔倒的人俨然成了一项"高危作业",一不小心就可能引火上身。2014年3月18日一名公交司机差点被讹诈的新闻,①证明此言不虚。另外,见危不救导致摔倒者不治身亡的事例,也并不罕见。2014年2月17日,35岁的外企女经理梁娅倒在深圳地铁口台阶上,长达50分钟无人施救,最终死亡;这一原本因低血糖而造成的晕厥若能及时救治,不幸或可避免。② 这样的悲剧一再上演,无疑令对中国见义勇为传统美德抱有强烈认同感的人痛心疾首,哀叹人心不古。两种选择两种命运,"扶不扶"在某种程度上类似于哈姆雷特式疑问,时时拷问当代国人的良心。

当公众的麻木冷漠和无动于衷被视为一种无价值、反秩序的行为时,当伦理道德规范不足以引导人们积极向善时,人们自然将目光移向法律规范。刑法学界持续多时的见

---

* 西北政法大学副教授,法学博士。

① 林清容:"公交司机扶跌倒老太被指肇事者　警方公布监控视频",资料来源"中新网",http://www.chinanews.com/sh/2014/03-19/5969643.shtml,2014年3月19日访问。

② 陈思福:"外企女经理地铁口晕倒后死亡,卧地长达50分钟",载《南方都市报》2014年2月27日。

危不救犯罪化争论,[③]即为明证。令人略感讶异的是,民法学者鲜少谈及救助义务是否应被纳入民事义务、不救助是否应受侵权责任规制的问题。实际上,从法律责任的层次性和刑法谦抑性的视角出发,对无价值行为课以民事责任或行政责任,是否必要和可行,系一种前提性思考。当然,不管是哪一种法律责任,都会涉及道德之法律强制的正当性问题。

见义勇为这样一种道德义务应否转化为法律义务?争执不下时,比较法考察成了法治后发国家的必由之路,本文的考察对象是深具影响力的法国法,需要厘清的问题包括:救助义务是否为法律义务,施救行为造成被救者或第三人损害时是否须赔偿,救助者自身受损时可否获得赔偿,[④]救助无效果时是否仍可索赔,救助者可否就其损害向危险制造者(第三人)索赔,等等。鉴于法国法的特点,本文首先介绍法国刑法上的救助义务,再讨论民法上见危不救的责任,继而论述救助后的各种赔偿问题,最后是结论,兼对中国式"扶不扶"问题给出原则性建言。

二、刑法上的救助义务

《法国民法典》没有明文规定救助义务,但《法国刑法典》却对此早有规制,并产生了丰富的理论和判例,进而对民法产生了直接而重大的影响。因此,本部分先对刑法领域的相关问题予以阐述。

(一)历史与现状

与许多其他国家一样,法国对不作为犯罪的接受也历经了漫长过程。1810年《法国刑法典》几乎没有不作为犯罪。仅有的例外是对叛国罪和铸造假币罪故意不予告发,不过,它们在1832年被废除,其原因似乎正是它不讨人喜欢的特点。[⑤] 直至19世纪末,有过错的不作为(通常是违反法定义务)才逐步被犯罪化。"若每个人都会因为其过失而有责任,则不作为只有在他有应当作为之义务时才能导致责任。"[⑥]换言之,其基础并非是社会连带义务(devoir de solidarité sociale)这种道德义务,而是保卫公共秩序的个体法定职责。

关于违反社会连带道德义务行为的犯罪化之论争始自20世纪初,其背景是围绕"不纯正不作为犯"(l'infraction de commission par omission)理论而产生的争议,后者则是源

---

③ 赞成见危不救犯罪化观点,参见黎宏:"'见危不救'行为定性的法律分析",载《法商研究》2002年第6期;反对者的观点,参见池应华:"'见死不救'行为的事实认定与法律评价",载《法商研究》2005年第6期。

④ 我国类似的真实案例纠纷,参见"河南省南阳市中级人民法院(2004)南民一终字第75号"判决书。

⑤ V. A. Laingui, La responsabilité pénale dans l'ancien droit, LGDJ, 1970, p. 108.

⑥ Cass. civ., 8 avr. 1932, DH 1932. 297.

于著名的Monnier案件。[7] 通过此案,人们看到了法律制裁的不足,开始探讨惩罚那些最丑陋的不救助行为,即在施救行为既不危险也不会令救助者付出很大代价的场合。[8]

不过这项主张遭到两个反对理由的阻击,从而使见危不救入罪的时间大大推后。第一项理由是,此举会侵犯个人自由。19世纪晚期是一个自由主义色彩浓厚的时代,它对于不作为犯罪中的作为义务深恶痛绝;古典刑法理论认为刑法没有命令而仅有禁止的使命,因而不作为犯罪这种极个别例外,仅限于行为人负有法定作为义务的场合。一般性救助义务中的那种道德性"只能激发起捍卫道德和法律严格界限之自由时代的不安"。[9] 甚至直到今天,仍有少数学者坚持以个人自由为名限制社会连带道德义务的犯罪化。[10] 随着社会主流思潮的变迁,这项担忧逐渐褪去。

第二项反对理由借自于不纯正不作为犯的争论,即不作为无资格、无能力作为致害原因;不作为无法与作为进行类比,作为可以改变外部事物发展进程,而不作为却不足以引发一个事件,眼睁睁看着别人死亡的人,不是死亡的原因,倘若目击者没有看到经过,死亡仍会发生。但因果关系上的疑虑如今也不复存在,因为此罪重点在于打击违反义务的行为。

上述两项理由迟滞了不救助行为犯罪化的步伐,直至《1941年10月25日法律》,这部法律受到纳粹占领当局的授意,在维希(Vichy)治下获得通过,是"被一个对个人自由缺乏任何尊重、因而对自由施加限制毫不在意的政权所决定的"。[11] 该法引入了三个不作为犯罪:不告发特定犯罪、不阻止这些犯罪以及见危不救。其立法动机不外乎强迫个体合作,以维持维希政权的秩序。其具体方式是:一方面,课以他们作为义务,告发或阻止抵抗行动;另一方面,课以他们作为义务,以救助行刺事件的占领军受害者。"这个可憎立法的唯一优点是,它终结了对不遵守特定道德义务的犯罪化,因为其原则不再受到质疑。"[12]

随着法国解放,该法被《1945年7月25日法律》废除,但后者继受了前者的三个不作为犯罪(还补充了"拒不为无辜者作证罪"),规定于1945年《法国刑法典》第63条第1

---

⑦ Blanche Monnier因有残疾,被囚禁在黑屋子里长达数年,她母亲将其托付给其兄长,但其兄长任由其日趋衰亡。普瓦提埃(Poitiers)轻罪法院判其兄长有罪,但上诉法院撤销该判决,认为刑法对此无明文规定,并认为,"若某些法学专家认为有时也应当补充不作为犯罪,那么,它只应当在行为人有法律义务时才存在"。V. Trib. corr. Poitiers 11 octobre 1901,(D. 1902¬ II 81).

⑧ V. P. APPLETON, L'abstention fautive en matière délictuelle, civile et pénale, RTD civ. 1912, pp. 593, 604.

⑨ V. J. Ortolan, Éléments de droit pénal, 1886, Plon, no 598.

⑩ V., Ph. Conte, P. Maistre de Chambon, Droit pénal général, 5e éd., Armand Colin, 2000, no 5.

⑪ H. Donnediu de Vabres, Commentaire de la loi du 25 octobre 1941, DC 1942, L. 33.

⑫ Dalloz, Répertoire de droit pénal et de procédure pénale, Dalloz, 2013, no 8.

款和第 2 款。不同的是,新法不采列举法,改采概括法,即一切侵害人身完整的犯罪,均应被阻止。不过,对于缺乏任何法定义务场合下的不作为,法国判例在随后弱化了制裁。[13]

1992 年《法国刑法典》对上述不作为犯罪进行了形式上的重组,不告发犯罪被认为是损害司法,而非危害公共秩序,故置于别处。而第 223 - 6 条完全继承了旧刑法第 63 条第 1 款和第 2 款,差别仅在于刑罚有所加重。

现行《法国刑法典》第 223 - 6 条规定:“(第 1 款)任何人能够通过其即刻行动阻止针对他人人身完整的重罪或轻罪,且该行动对其自身或第三人不会造成危险,却有意不这样做的,处 5 年监禁并处罚金 7.5 万欧元。(第 2 款)任何人对于处于危难中的人有意不提供对其本人或第三人不会带来任何危险的帮助,则处以与前款相同的刑罚;这种帮助可以是其本人的行为,也可以是唤起救助的行为。”同法第 223 - 7 条规定:“任何人在不危及自身或他人安全的情况下故意不采取救助措施,或不唤起救助措施,以对抗能够给他人安全带来危险的灾害的,处两年监禁,并处 3 万欧元罚金。”

综上,现行法国刑法上,有三种法定的救助义务,三种不救助将构成犯罪:(1)不阻止犯罪罪(Omission d' empêcher une infraction);(2)见危不救罪(Omission de porter secours);(3)不抗灾罪(abstention de combattre un sinistre)。[14] 法国刑法理论认为,上述三种犯罪均属纯正的不作为犯,[15]这与我国部分学者观点有所不同。[16] 这三种不救助犯罪既属于三个不同罪名,其构成要件自然不同,但它们仍有共性,以下即根据《法国刑法典》的规定对它们予以概括归纳。

(二)要件之一:他人处于危境

不阻止犯罪罪和见危不救罪,均要求他人处于危境中,只不过具体含义不同。对于不阻止犯罪罪而言,必须存在针对他人人身的犯罪。具体而言,第一,存在犯罪风险,未能阻止他人自杀,不构成此罪。[17] 当然,如果是有意激起对方自杀,则另当别论。第二,这种犯罪是针对人身完整的犯罪。因此,针对他人财产或针对民族、国家或公共和平的犯罪,不在此列。针对人身的一切犯罪如故意杀人、纵火、强奸以及将他人抛弃在危险境地等。在法国最高法院刑事庭 2013 年审理的一起案件中,一名医生被控犯有不阻止犯罪

---

⑬ J. Carbonnier, Le silence et la gloire, Recueil Dalloz, 1951, p. 119.

⑭ 按照徐国栋教授的分类,阻止犯罪和抗灾属于积极的好撒马利亚人,救助危难中的受害人属于消极的好撒马利亚人。参见徐国栋:“见义勇为立法比较研究”,载《河北法学》2006 年第 7 期。

⑮ B. Bouloc, Droit pénal général, Dalloz, 2011, no 227.

⑯ 有学者将不救助致死构成故意杀人罪,故认为它是不纯正不作为犯。参见黎宏:“‘见死不救’行为定性分析——兼论不真正不作为犯的作为义务的判断”,载《国家检察官学院学报》2011 年第 4 期。

⑰ Cass. crim., 23 avr. 1971; Bull. crim. 1971, n° 116; D. 1971, somm. p. 21.

之罪。该案中,某医院一名寄宿的老年病患者遭到很多医务人员的虐待,但犯罪嫌疑人对此漠然视之;上诉法院指出,他原本可以向护士长反映情况,也可以在此无果时向医院领导投诉,但他什么都没做。最高法院判定,"犯罪嫌疑人在不可能不知道这个医疗秘密的情况下原本可以有所行动,因而他符合《法国刑法典》第 223 - 6 条第 1 款的构成要件"。⑱

对于见危不救罪来说,其首要构成要件是他人处于危险之中。首先,必须是活着的自然人遭受到一个现实的危险。胎儿或动物面临危险,不受本条保护。不过,待产胎儿是一个例外。在 1992 年的一起案件中,某待产妇女告知医生必须马上做剖腹产手术,但医生迟延耽搁导致胎儿死亡,医生被判见危不救罪。⑲ 其次,这种危险必须是威胁到人的生命或身体完整的现实危险,危害到其他法益的或者只是可能的或想象的危险,不符合条件。再次,危险必须具有严重性和紧迫性。这种严重性应在利害关系人知晓该危险当日进行评估,即便后来因其他原因危险已消失,受害人已脱险,也不能免除未救助者的责任。而且,即便后来的情况表明,纵然行为人真的去救助亦徒劳无益,也不构成未救助者免责的理由。⑳ 危险的紧迫性意味着,救助义务人立刻介入的必要性。如果他人面临的危险消失,则不可能构成此罪。但若受害人遭受到致命伤,却未立刻死亡,此时,他人仍有救助义务。㉑ 最后,危险的来源并不重要,它可能是源于疾病、事故或者受害人自己不谨慎之过错所致。最常见的情况是第三人的行为。例如,交通事故之后,驾驶员目睹受害人需立刻救助的危险状况。㉒ 另外,受害人自己造成的危险,如试图自杀,或者不小心自伤。例如,某人吸食合成麻醉药剂后出现严重精神问题,他人未将其送到精神病院,也构成本罪。㉓ 不过,如果处于危险中的人自己拒绝或中断就医,医生该如何行动,判例一度有过反复。法国最高行政法院(Conseil d'Etat)在 2002 年曾判决,如果说患者拒绝医疗是其基本自由,那么,医生为了挽救患者,采取了对于救治其生命不可或缺的、与其状态相称的医治行动,并未不法侵犯这种基本自由。㉔ 不过,随着《2002 年 3 月 4 日法律》(公共健康法)及《2005 年 4 月 22 日关于生命终结法之律》对个人医疗拒绝权的确认和

---

⑱ Cass. crim. ,23 oct. 2013,n° 12 - 80. 793;JurisData n° 2013 - 023280.

⑲ Cass. crim. ,2 avr. 1992 ;Juris-Data n° 1992 - 001946. 当然这不意味着,在法国刑法中胎儿一律被视为人。在 1999 年的一起案件中,两名妇女做同一项妇科检查,其中一名已怀孕 6 个月,另外一名要取出避孕环,由于二者姓名发音相同,医生发生混淆,导致怀孕者被迫流产;法国最高法院否认其构成过失杀人罪。V. Cass. crim. ,30 juin 1999 ;Juris-Data n° 1999 - 002903 ;Bull. crim. 1999,n° 174 ;D. 1999,p. 710,note D. Igneau.

⑳ Cass. crim. ,21 janv. 1954 ;Bull. crim. 1954,n° 25.

㉑ Cass. crim. ,23 mars 1953 ;Bull. crim. 1953,n° 104.

㉒ Cass. crim. ,7 mars 1991 ;Dr. pén. 1991,comm. 246,obs. M. Véron.

㉓ CA Aix-en-Provence,13 avr. 2006 ;Juris-Data n° 2006 - 307939.

㉔ CE,ord. réf,16 août 2002 ;JCP G 2002,II,10184,note P. Mistretta.

强调,上述立场越来越受质疑。

若危险是由救助义务人自己造成的,后来又无视了这种危险,是否构成见危不救罪?这里分两种情形,其一,过失犯罪和故意见危不救可以并存。如海船商人过失引发海难,同时还存在见危不救,最终两名船员死亡。[25] 其二,故意犯罪和故意见危不救二者之间如有明显时间间隔,则也可能构成两罪。在2002年的一起案件中,某人殴打了其同居者之后离开,晚些时候回来后看到受害人躺在饭厅的地板上,奄奄一息、不能言语,但他只是叫来受害人年仅14岁的女儿,他自己却无任何救助行动;后来,受害人死亡;法国最高法院认定,这两个犯罪可以并立。[26] 不过,学界主流见解认为,故意暴力犯罪与见危不救罪二者是择一关系。[27]

最后,即便是没有任何特定的人处于危险之中,也可能成立不抗灾罪。[28] 从构成要件上看,灾难可以是自然灾难(如地震),也可以是事故性的或者不谨慎引起的,甚至是犯罪所致,如故意纵火或者抽雪茄而过失引发火灾。[29]

(三)要件之二:救助无危险

法律并非强求英雄主义,只有当行为人的介入行为对自己或第三人无风险时,法律才会课予其积极作为的救助义务。很显然,风险评估是一个事实问题,要由事实审法官来判定。能够免除救助义务的危险必须具有现实性和严重性。一般认为,只有对人身完整的风险才应当被承认,才能作为免罪事由。在一起案件中,一名妇女面对其情人谋杀其丈夫却没有阻止,其辩称理由是,害怕其情人因此离开她,这项理由被法院否定。[30] 本案中显然并不存在针对人身的现实危险。

在法国最高法院2013年审结的一起案件中,Z和A发生口角,有一个留胡须的男人过来殴打Z,一场混战之后,人都退出去,A躺在地板上,旁观者Y被控犯有见危不救罪。但法国最高法院指出,A受伤的严重性和多重性表明,当时的暴力程度使个人干预不可行;“上诉法院认定Y犯有见危不救罪仅仅是基于没有救助显然处于危险状态中的A,而没有确认,上诉人提供救助不会对自己或第三人造成危险……上诉法院判决没有正当依据”。[31] 本案中危险的严重性排除了见危不救罪的存在。

如何评估有无危险以及危险现实性和严重性的程度?判例是根据具体个案的情况

---

[25] Cass. crim.,13 mars 2007,n° 06-86.210 ;JurisData n° 2007-03844.

[26] Cass. crim.,24 juill. 2002,n° 02-83.677.

[27] J. Pradel et M. Danti-Juan,Droit pénal spécial,5è éd,Cujas,2010,n° 161,p. 164.

[28] D. Rebut,Omissions de porter secours et entrave aux mesures d'assistance,art. cité supra n° 1,n° 155.

[29] CA Paris,27 oct. 2005 ;Juris-Data n° 2005-303963.

[30] Cass. crim.,16 nov. 1955 ;Rec. dr. pén. 1956,43.

[31] Cass. crim.,20 févr. 2013,n° 11-86.824 ;JurisData n° 2013-004834.

来综合评估的。比如同样是事故的受害人，由于赶去寻求即刻医疗，而没有救助事故的其他受害人，此时不构成见危不救罪。[32]

（四）要件之三：故意不救助

所有意识到危险的人都是救助义务人。这个义务首先课予在现场的人。有义务提供救助的人，是事件的目击证人（temoin des faits），他极可能是直接的，也可能是间接的。间接的目击证人（temoins indirects），如通过电话联系到的医生，在了解到病情危急后，他也是负有救助义务的主体。[33] 要件三包含两个方面：其一，义务人没有适当的救助行为；其二，义务人的不作为是故意的心态。

首先，对于正在发生的犯罪，行为人应及时介入以阻止犯罪。一旦犯罪计划被知晓，就要立刻介入。介入的形式并不重要，可以是个人行为，也可以是求助第三人，具体要看哪一种更恰当更有效。义务人在这两种救助方式之间并无专断的选择权，而是要根据危险的性质以及当时的综合情况来履行义务；如果必要，那么这两种模式可能同时被要求。[34]

简单的口头阻止，通常被认为是不够的。在2002年的一起案件中，Y目睹了其同伴X割断了洞穴学者用于上下洞穴的绳索，明知此举可能危害到他人人身安全（洞穴学者无法再通过绳索攀爬出洞穴），仍故意不予有效地阻止，而仅仅是口头阻止X切断绳索；法国最高法院判定，"犯罪嫌疑人并不怀疑其同伴要实施犯罪的紧迫性，同时也能够通过一个即刻的本人行动来阻止犯罪，或者通过预防行动来阻止损害的实现，但犯罪嫌疑人仅仅满足于发出口头抗议，上诉法院关于其有罪的判决公正合法"。[35]

当然，这种阻止犯罪的义务是手段义务（obligation de moyens），而非结果义务（obligation de résultat）。换言之，义务人应尽其所能来阻止犯罪，但如果犯罪最终还是发生，阻止失败者也不负刑责。相反，若行为人未阻止犯罪，但最后犯罪也未发生，行为人仍有可能构成犯罪。[36]

其次，故意要素体现为两点，其一，对他人犯罪计划或现实危险的认识；其二，对介入的可能有效的认识。对于第一点，判例确认，见危不救罪从犯罪嫌疑人对于危险的严重性不可能发生误解，却仍然没有提供救助时开始。[37] 一般说来，此项判断经常需考虑到职

---

[32] CA Rouen, 31 mars 1949 ; D. 1950, somm. p. 9.

[33] Cass. crim., 15 mars 1961 ; JCP G 1961, II, 12226 ; D. 1961, jurisp. p. 610.

[34] Cass. crim., 26 juill. 1954 ; Bull. crim. 1954, n° 276 ; D. 1954, p. 666.

[35] Cass. Crim., 26 mars 2002, pourvoi n°01 – 83032.

[36] J. Pradel et M. Danti-Juan, Droit pénal spécial, Cujas, 3ᵉ éd. 2004, n° 156, p. 159.

[37] Cass. crim., 26 avr. 2006 ; Juris-. Data n° 2006 – 033676.

业类型和救助义务人的身份等因素。总地说来,判例的立场比较严格。例如,在2001年的一起案件中,受害人之前有过试图自杀的经历,现又服用大量药品后失去知觉并伴有呕吐,但其丈夫和岳母仍然没有及时寻求救护,争议焦点在于犯罪嫌疑人是否对受害人危险严重性有认识,法院最终确认罪名成立。㊳

故意的第二个认识,是对救助措施有用性的判断,尤其是救助的可能性、方式及其有效性的判断。这种判断不是完全基于行为人的主观情况,而是由法院来判断。见危不救罪在行为人意识到其干预是可能之时,罪即成立,它的存在源于救助义务的瞬时性。故意绝大多数时候是从行为以及案件的综合情况中推得。在此,动机无关紧要。

三、不救助的民事责任

(一)不救助构成民事侵权?

既然刑法上对不救助设定了三种犯罪,那么,在民法上不救助会导致侵权责任,似乎不言而喻。但此问题并非看上去那么简单直观。

从理论上说,首先,刑事过错(faute pénal)与民事过错(faute civile)存在差异,这尤其体现在过失不法行为中,越来越多的人主张这两种过错的二元论。㊴ 如果一个行为同时构成民事过错和刑事过错,那么,考虑到刑事责任和民事责任的主旨不同(压制和赔偿),这种二元性会导致过错不可化约的二元性。其次,民事责任显然和刑事责任不会同步。例如,不能引发他人损害的刑事过错(乞讨或携带武器),或者事实上并未引发损害(缺乏杀人或盗窃的故意),均不会引发民事责任,因为损害只是民事责任的构成要件。而这个不是刑事责任的要件。㊵

在实务上,审判实践长期拒绝《法国刑法典》第223-6条犯罪的受害人在刑事法院享有损害赔偿请求权。因为曾经的通说主张,科以刑罚的不作为之道德训诫属性,表明了该犯罪构成了对总体利益(interet general)而非对私人利益的侵犯,㊶因为它的对象是一个严格意义上的道德义务。㊷ 但该理由后来遭到批评和否定,在不救助犯罪中,事实上

㊳ CA Paris, 23 mai 2001 ; JCP G 2001, IV, 3095.

㊴ G. Viney, Introduction à la responsabilité, 3ᵉ edition, LGDJ, 2008, no 138 et s.

㊵ F. Terré/P. Simler/Y. Lequette, Droit civil, Les obligations, 10ᵉ éd., Paris 2009, no 723.

㊶ 此论与德国民法学界的通说较为接近。该通说认为,《德国刑法典》第323条(见危不救罪)不是保护性法规,因为该条不是为了确保个人利益不受侵害,而是为了维持公共秩序的公民合作义务。换言之,第323条根本不是保护性法规。vgl., Wilhelm Dütz, Zur privatrechtlichen Bedeutung unterlassene Hilfeleistung, 23 NJW 1970, 1825.

㊷ T. corr. Béthune, 19 oct. 1950 ; JCP éd. G 1951, II, n° 5990, note Pageaud ; Rev. sc. crim. 1951, p. 272, note L. Hugueney.

不仅总体利益受损,个人利益同样直接受损。见危不救受害人的民事诉讼第一次正式获得承认,是1972年3月16日的一个判例,该案中,一名女患者的女儿及其未婚夫到医生家里求助,告知后者女患者病情紧急,但医生没有及时出诊;法国最高法院指出,“如果(旧)刑法典第63条第2款的规定旨在保护集体的总体利益,压制由侵害性不作为而引发的对公共秩序的妨害行为,那么,它同样也有保护私人利益的目的”。[43] 这也导出了一项原则:当受害人提出证据证明,在行为人不作为和受害人所受损害加重直接因果关系时,民事诉讼即可获得承认。受害人被抛弃不管后产生的精神损害,也可以获赔。[44]

不阻止犯罪罪的受害人首次民事索赔获得胜诉,其时间点更为靠后。[45] 拒不抗灾同样也会导致民事责任,不过案例较为罕见。[46] 不抗灾可能引发民事赔偿诉讼,但只有直接源于拒不抗灾之犯罪的损害才是可赔偿的,如源于火灾本身的损害部分不可赔偿。巴黎上诉法院于2005年10月27日的判决,既确认了民事诉讼的可受理性,也指出赔偿额的限定模式(本案中未救助人赔偿1500欧元)。[47]

上述民事责任的基础何在?答案是《法国民法典》第1382条这个最宽泛的一般侵权条款。依据本条,只要是过错行为(不管是作为还是不作为)导致他人损害,都会有侵权责任的产生。在纯粹不作为(1' abstenction pure et simple)场合,只要同样情境下一般合理人会有作为,那么该不作为也会被认定为有过错。[48] 这种侵权过错以存在义务为前提,这种义务的来源首先是法律和法规。其中,刑法是一个重要的“民事责任中不法行为的揭示器”(revelateur)。[49]“作为犯罪构成要件的刑法过错必然同时也构成民事过错……尤其是《法国刑法典》第223-6条、第434-1条……这些是打击侵权性不作为最重要的情形。”[50]“违反设立特定行为规范义务的法条,构成一个可导致民事责任的不作为过错。例如《法国刑法典》第223-6条规定违反见危不救义务。”[51]“当行为人负有特定的作为义务时,最常见的就是《法国刑法典》第223-6条规定的救助义务,此种纯粹不作为可引发民事责任。”[52]“大量的法律和法规规定课予个体采取这样或那样预防行为的义务,以

---

[43] Cass. crim. ,16 mars 1972 ; Bull. crim. 1972, n° 109 ; D. 1972, p. 394, note J. -L. Costa ; JCP G 1973, II, 17474, note Moret ; Gaz. Pal. 1972, 2, p. 564, note J. – P. Doucet.

[44] CA Paris, 11 juill. 1969, JCP 1970. II. 16375, note P. Chambon.

[45] Cass. crim. 1er févr. 1995, Gaz. Pal. 1995. 2, somm. 334.

[46] Dalloz, Répertoire de droit pénal et de procédure pénale, Dalloz, 2013, no 180.

[47] CA Paris, 27 oct. 2005 ; Juris-Data n° 2005 – 303963.

[48] F. Terré/P. Simler/Y. Lequette, Droit civil, Les obligations, 10e éd. , Paris 2009, no 689.

[49] J. Carbonnier, Droit Civil, Tome 4, Les Obligations, 22e édition, PUF, 2000, no 95.

[50] F. Terré/P. Simler/Y. Lequette, Droit civil, Les obligations, 10e éd. , Paris 2009, no 721.

[51] M. Bacache – Gibeili, La responsabilité civile extracontractuelle, 1re édition, ECONOMICA, 2007, no 134.

[52] P. Brun, responsabilité civile extracontractuelle, 2e édition, LexisNexis SA, Litec. , 2009, no 308.

避免给他人带来损害。这些措施的不作为肯定构成该人的过错。更不必说当立法对行为规则还辅之以刑事制裁时,例如见危不救、不告发或阻止犯罪……"[53]

在法国最高法院2013年审结的一起民事诉讼中,某女在从1971年到1999年期间受到其父的强奸和性虐待,后者死于1999年,犯罪人的配偶被控犯有故意不阻止犯罪之罪,同时受害人对其提起民事索赔,上诉法院判决后者赔偿受害人6000欧元。[54]

见危不救罪同时导致民事责任最典型的场合之一是交通事故中,行为人既可以是机动车的驾驶员,也可能是机动车上的乘客,或是骑自行车的人,甚至是行人。[55] 例如,某人无证驾驶导致他人严重受伤,肇事车辆中乘客事后逃走,从而被控犯有见危不救罪,受害人的父母针对该乘客提起精神损害赔偿,获得法院认可。[56]

(二)不救助侵权责任的赔偿

未获救助的受害人要想从救助医务人处获得赔偿,仍须满足相应的侵权责任要件,如损害、因果关系、过错等。其中,首要的难题在于损害的评估确定。无论是不阻止犯罪场合,还是见危不救场合,受害人的损害原则上都是由两部分组成,即源于危险实现的损害(如交通事故所致损害),以及义务人不救助导致的损害(如由于车内乘客逃走而导致伤者未获及时医治而扩大的损害)。这两种损害明显有别,正如最高法院在1972年3月20日判例中指出的那样,"受害人因过失伤害犯罪所遭受的损害,以及因故意见危不救犯罪所遭受的损害并不具有同一的基础,对这两种损害的赔偿,也必须依据不同的理由,进行不同的损害评估"。[57] 当然,要准确给出见危不救者应赔偿的数额,还是相当困难的,因为这个数字显然是根据个案情况的不同而有所变化。审判实践中,这个数额从1500~25,000欧元不等。[58]

另一个问题与此相关,即上述两种损害赔偿的责任形态问题。原则上,见危不救犯罪人与前一个犯罪的犯罪人或危险制造者,他们的赔偿责任不具有连带性(Solidarité);除非有证据证明,这两个犯罪或致害行为之间存在关联关系(lien de connexité),[59]如满足《法国刑法典》第55条或《刑事诉讼法典》第203条规定的条件,此时,也可能存在连带责

---

[53] G. Viney, Les conditions de la responsabilité, 3e édition, LGDJ, 2006, no 452.

[54] 但受害人企图依据《法国刑事诉讼法典》第706-3条获得国家赔偿的目的落空,因为这里的未救助犯罪并未导致受害人完全丧失劳动能力一个月以上,或永久性部分丧失劳动能力。Cass. civ. 2, 16 mai 2013, N° 12-16.320, 797.

[55] JCl. Responsabilité civile et Assurances, Fasc. 130-10 ou Civil Code, Art. 1382 à 1386, fasc. 130-10.

[56] Cass. crim., 19 juin 1996: Bull. crim. 1996, n° 261; D. 1997, somm. p. 142, obs. J. Pradel.

[57] Cass. crim., 20 mars 1972: Bull. crim. 1972, n° 112; D. 1972, p. 394, note J.-L. Costa.

[58] Juris Classeur Pénal Code > Art. 223-5 à 223-7-1, Fasc. 20: Entraveaux mesures d'assistance, omission de proter secours, no 88.

[59] Cass. crim., 27 sept. 1995: Bull. crim. 1995, n° 290; JCP G 1996, IV, p. 46.

任的情形。[60]

第三个问题是犯罪受害人的与有过错问题,它同样发挥作用。在法国最高法院2004年审结的一起案件中,某人及其朋友在其中一人的母亲家里喝了很多酒,后在楼梯处摔倒,其朋友见其不再说话,并开始打鼾,就自行睡去,接近午夜时分离开聚会地点,对受害人的救助直到第二天中午11点才开始;受害人的父亲指控其儿子的这些朋友见危不救,并提起民事赔偿之诉;法院认定受害人自己有过错行为,对于其朋友见危不救所致损害的发生具有促成作用,故判令损害赔偿扣减到原告请求的一半。[61]

不仅受害人可以索赔,其近亲属同样可以。当后者遭受精神损害时,可以对救助义务人索赔,如受害人死亡而导致其近亲属精神痛苦,[62]或是,受害人的近亲属在等待确认受害人是否获救期间经历的严重焦虑不安。[63]

最后一个问题涉及诉讼模式的选择。在法国法上,因犯罪而遭受损害的人,既可以在刑事法庭选择刑事附带民事诉讼,也可以在刑事诉讼结束后选择在民事法庭另行提起民事诉讼。不管哪一种模式,刑事法官对于事实的认定都具有终局性,这是由先刑后民(la primauté du criminel sur le civil)原则决定的。[64] 如果选择刑事路径,则须先启动公诉,才能启动民事诉讼。受害人很多时候愿意选择刑附民,是指望借助公诉机关或者刑事法官的力量,简化程序,能获得举证上的便利,降低诉讼成本,减小败诉的风险。不过,有些主体如受害人的债权人、赔偿请求权的让与人、保险人等不得作为原告提起刑附民诉讼,或者只能作为诉讼参加人(社保机构或保障基金等)。另外,刑附民获得胜诉的前提是刑事部分必须获得有罪判决。[65]

四、救助所致民事责任

救助所致民事责任主要包括两种情形:其一,救助行为导致被救助人或第三人损害;其二,救助行为导致救助者损害。以下分而叙之。

(一)救助者对被救助者或第三人的责任

原则上,设定了一般救助义务的《法国刑法典》第223-6条,排除了救助义务人在施救过程中造成他人损害的一切责任,只要这种救助对于被救助者而言是不可或缺的。[66]

---

[60] Cass. crim. ,20 mars 1972 ;Bull. crim. 1972,n° 112 ;D. 1972,p. 394,note J. -L. Costa.

[61] Cass civ. 2,10 juin 2004;Bull. civ. II,no 284.

[62] Cass. crim. 19 juin 1996,Bull. crim. ,no 260 ;D. 1997,somm. 142,obs. J. Pradel.

[63] T. corr. Saint-Brieuc,18 sept. 1997,Gaz. Pal. 1997. 2,chron. crim. 233.

[64] G. Viney,Introduction à la responsabilité,3e edition,LGDJ,2008,no 77.

[65] F. Terré/P. Simler/Y. Lequette,Droit civil,Les obligations,10e éd. ,Paris 2009,no 877.

[66] Cass. civ. ,8 janv. 1894 ;DP 1894,1,p. 403.

例如,为救助一名危重病人而不法行医的人;[67]相反,如果不存在危急状况,不法行医致人损害要承担责任。[68]

这种责任排除还可用紧急避险(l'état de nécessité)理论来获得完美解释。所谓紧急避险,是指为了避免某种损害,唯一的办法是造成第三人较小的损害。紧急避险作为刑法上一项独立的抗辩,迟至1994年刑法典修订才出现。现行《法国刑法典》第122-7条明文规定:"当某人自身、他人或财产遭受到现实的或迫近的危险威胁,为了救助人身或财产而完成一个必要行为时,行为人不负刑事责任,除非其所采取的行为与威胁的严重性不成比例。"紧急避险在民法上获得承认的时间点则早得多。[69]

见义勇为可构成紧急避险的一种特殊适用,因为紧急避险虽并非都是见义勇为,但见义勇为无一不是紧急事态下发生的,若见义勇为造成了救助人、被救人或第三人的新损害,则构成紧急避险。详言之,存在三种交集情况:其一,当救助人为了救助受害人而宁愿牺牲自己利益时,在法国法上称为献身行为(l'acte de dévouement),[70]约同于德国法上的牺牲(Opfer);其二,当救助人为了救助受害人而有意造成第三人损害时;其三,当救助人为了救助受害人更重要的利益而牺牲受害人较不重要的利益时。

在救助行为导致他人损害(后两种情形)时,紧急避险会取消民事过错和刑事过错,因之,救助人无须承担任何过错责任。[71] 审判实践认为,紧急状态能够有免责效果的前提是,行为人对于这种紧急状态的形成并没有过错。[72] 此外,若救助者对于危险状态的造成之前就具有过错,则作为受害人的被救助人可以根据《法国民法典》第1382条和第1383条来索赔。[73]

须注意的是,紧急事态能够消除的过错仅仅是一般过错(粗心、鲁莽或缺乏预防),若救助行为存在过分不谨慎,即具有重大过失或不可原谅的过失时,则仍不能免除其责任。[74] 例如,某路人看到某个孩子遭到其同伴拿着石头威胁,于是立刻上前扭住后者的胳

---

[67] T. corr. Orléans, 29 nov. 1950 : D. 1951, p. 246, note A. Tunc.

[68] T. corr. Orléans, 3 déc. 1953 : D. 1954, p. 333, note F. G.

[69] R. Savatier, L'état de nécessité et la responsabilité civile extracontractuelle in Mélanges Capitant, Dalloz 1939, p. 729 et s.

[70] V. M. Riou, L'acte de dévouement : RTD civ. 1957, p. 221.

[71] P. Jourdain, Fasc. 121-20 : Droit à réparation. -Responsabilité fondée sur la faute. -Faits justificatifs, no 54.

[72] Cass. crim., 22 sept. 1999 : Bull. crim. 1999, n° 193. -Cass. crim., 1er juin 2010, n° 09-87. 159. 主流刑法理论对此持有异议,认为紧急事态是客观的,并不取决于行为人先前的行为。V. J. Pradel, Droit pénal : Cujas, 18ᵉ éd. 2010, n° 348.

[73] CA Colmar, 17 avr. 1928 : Gaz. Pal. 1928, 2, p. 266.

[74] Cass. civ. 2, 8 avr. 1970, : D. 1970, somm. p. 203.

膊,由于用力过猛导致其骨折。⑦⑤ 此种情况下的责任产生也可以根据紧急避险理论来获得解释,紧急避险要求行为具有社会有用性,被救助的利益不应当低于被牺牲的利益。⑦⑥

尽管救助人不承担任何过错责任,但所有的学者都认为紧急避险的受害人(第三人)应当获得补偿。对此,学者们设计了许多责任基础,审判时间使用最多的是献身行为请求权,此外还有侵权、准合同理论、不当得利等其他责任基础。⑦⑦

由于救助人可能对受损害的第三人承担补偿责任,同时,根据《法国民法典》第 1382 条,被救助人若无过错,则救助人不能向其追偿。这显然会降低救助意愿。为改变这种情况,默示的救助合同(convention d'assistance)理论应运而生,根据救助人和被救助人之间的默示救助合同,救助人对于自身损害或对第三人造成的损害,有权从被救助人处获得赔偿。

(二)受损害的救助者的索赔权

当施救行为导致救助者自己受损害时,其损害可以向被救助人或第三人索赔。即便救助人在救助时存在普通过错,判例一般也认为不适用与有过错规则,即救助者的索赔权不受任何影响。⑦⑧ 但是,当救助人有重大过错时,其赔偿权利就会全部或部分被剥夺。⑦⑨ 总体上,判例对鲁莽的救助者十分宽容和友好,尽可能地承认其救助行为的有益性,从而尽量使其满足无因管理的要件。⑧⓪ 这就会形成这样一种状况,在另外相同情形下的相同的行为可能会被认定为有过错,但是在紧急事态下或救助人有见义勇为意图时,对该行为予以责任豁免。⑧①

在受损害的救助人无重大过错时,他该以何种基础向受害人索赔呢?概括起来,主要有侵权、无因管理、不当得利、默示救助合同等四种责任基础。

(1)侵权责任。倘若救助者的损害是由于阻止犯罪而受到犯罪人的伤害,或者是因为被救助者或第三人的过错或者他们所造成的危险而受伤害,那么,此时救助者可以依据《法国民法典》第 1382 条、第 1383 条、第 1384 条或第 1385 条来索赔。在法国最高法院 1969 年 6 月 25 日审结的一起案件中,X 树立了一根临时电线杆(线头裸露),一阵风吹

---

⑦⑤ CA Alger, 9 nov. 1953 : D. 1954, p. 369, note Pageaud.

⑦⑥ Cass. crim., 4 nov. 1971 : JCP G 1972, II, 17256.

⑦⑦ P. Jourdain, Fasc. 121 – 20 : Droit à reparation – Responsabilité fondée sur la faute. – Faits justificatifs, no 55 et s.

⑦⑧ Cass. civ. 1re, 21 mars 1955 : D. 1955, p. 654 ; – Cass. civ. 2e, 11 juill. 1962 : D. 1963, p. 40, note P. Azard.

⑦⑨ 重大过失令其索赔权全部被剥夺。CA Rennes, 7e ch., 10 mars 1999, n° 9705321 : JurisDatan° 1999 – 113457.

⑧⓪ V. JCl. Civil Code, Art. 1372 à1375, fasc. 10 ou Notarial Répertoire, V° Quasi-contrats, fasc. 20.

⑧① V. A. Tunc, obs. RTD civ. 1963, p. 32.

过,电线杆摇摇欲坠,Y 在此危急关头赶来帮助 X 及其助手 Z 努力稳住,但无济于事,Y 触电受害;本案中,由于 X 对于危险态势的形成有过错,最终以侵权责任作为救助人 Y 的索赔基础。[82]

不仅在救助关系中,而且在更一般的好意施惠关系中,帮助人遭受损害时,也常以侵权责任作为索赔基础。在 1994 年 1 月 26 日审结的一起案例中,某人自愿帮助邻居修剪树木不料受伤,法国最高法院认同上诉法院的如下判断——“在自愿帮助者和接受帮助者之间并没有建立起某种形式的合同关系,他们之间毋宁是好意施惠关系,故而适用《法国民法典》第 1382 条侵权责任的规定”。[83]

在 2013 年 10 月 3 日审结的一起案件中,房屋所有人与保险公司签订一份住房保险合同,后者对前者可能负担的侵权责任予以承保,并排除合同责任的保险责任;某日,投保人的侄女前来帮忙,不料由于屋顶过于单薄而摔下受伤;上诉法院认定,投保人与其侄女之间成立自愿帮助合同,根据契约责任与侵权责任不竞合原则,保险公司对后者损害不承担责任;法国最高法院撤销了该判决,认为本案中应当适用侵权责任。[84] 有学者对此表示谨慎乐观,并强调,最高法院应进一步明确自愿帮助合同的辅助性、从属性特征,“自愿帮助合同的适用只能是为了有利于受害人,而绝不能有害于他。这与当代民事责任法的伦理是相符的”。[85]

(2)准合同(无因管理与不当得利)。倘若救助者的损害不能归咎于任何人的过错,而是由于危险本身造成时,受害人无法诉诸侵权责任规则获得赔偿。对此,有学者建议将救助关系解释成准合同(quasi-contrat)。[86] 这也符合最近的判例立场。[87] Viney 教授对此也持肯定态度:“这样的路径选择可以让法官建构一个适应这种情势的特别制度,而不会遭遇到与侵权合同不竞合原则相抵触的困境。”[88]准合同主要包括无因管理(gestion d'affaires)和不当得利(enrichissement sans cause)两种。

如前所述,在符合《法国刑法典》第 223－6 条、第 223－7 条的条件下,救助者负有救助义务;救助人出于法定义务而施救,此种行为在法国也不属于无因管理。因为依据《法国民法典》第 1372 条,无因管理的构成有三要件:第一,心理因素,必须具有为他人服务

---

[82] Cass. crim. ,25 juin 1969 ; D. 1969, p. 688.

[83] Cass. civ. 2, 26 janvier 1994, Resp. civ. et assur. 1994, Com. No 114, obs. G. Viney.

[84] Cass. civ. 2, 3 oct. 2013, n° 12 – 19. 320.

[85] Cass. civ. 2, 3 oct. 2013, n° 12 – 19. 320, La Revue Numerique en Droit des Assurances, Publication n° 33, Nov – Dec 2013.

[86] Ph. Le Tourneau, Rép. civ. Dalloz, V° – quasi contrat, n° 58.

[87] Ch. Mixte 6 septembre 2002, D. 2002, p. 2531, note A. Benabent, JCP E 2002, no 1687.

[88] G. Viney, Introduction à la responsabilité, 3e edition, LGDJ, 2008, no 184.

的意图;第二,经济因素,这种介入必须是有益的;第三,法律因素,介入必须是自发的(volontairement),即介入者没有法定或约定义务。因此,“负有法定或约定义务完成某项行为的人,不能主张是无因管理的事务管理人”。[89] 阻碍成为无因管理的义务还包括职业伦理义务。例如,警察基于职责按住发狂之马的头儿导致自己受伤,这种情况下也不存在无因管理的关系。[90] 类似的还有医生、消防队员、游泳教练等。

从逻辑上说,一旦救助义务从道德义务转变为法定义务,救助他人者从此无资格成为无因管理的事务管理人。但事实并非完全如此。判例表明,见义勇为在今天同样很容易被认定为无因管理。这并不奇怪,因为救助义务的存在以救助行为对救助人或第三人无危险为前提,一旦存在这样的危险,法定义务即告终止,无因管理开始发挥效用。

更重要的是,对自己或第三人有无危险,这个标准相当不精确,这种不精确给了法官更大的操作空间。事实上,判例几乎未拒绝过赋予救助者以无因管理之管理人的资格,因为既然救助行为被提交到法官那里,则对于被救助者而言,此时必然存在很大的人身损害风险;那么这种风险对于作为目击者和参与者的救助者而言,没有理由不同样存在。一旦存在危险,救助者实际上就处于行为自由状态,亦即,此时救助已经不是义务,而是一种利他主义的见义勇为。例如,救助一名正在燃烧的机动车里的驾驶员,[91]救助被罪犯攻击的加油工。[92] 此时,救助人若亲自进行营救,显然已不再是履行法定义务,而是一种英雄般的献身行为。相反,那些满足于打电话叫消防员的人,的确尽到了“善良家父和明智市民”的义务,他履行了法定义务,但不是为他人的无因管理。[93] 当然此时救助者几乎不可能有什么损害,故而也不存在索赔基础的问题。

在一起典型案件中,X 先生正在某商场购物,突然一伙武装歹徒偷了商场的钱款后逃跑,X 先生与另外几个人一道追赶窃贼,并成功迫使其中一名窃贼放开部分钱款,但在此过程中被另外一名窃贼开枪打伤;X 就其损害基于无因管理向商场索赔,获得胜诉。商场对此提出上诉,理由包括:X 没有管理他人事务的意图,而是为了公共利益;商场曾公告,遇到武装袭击请勿抵抗,因而救助的有用性存疑;不能认为该救助应该会得到商场的同意;X 在追逐行动中遭受的损害不应该完全由商场来承担。法国最高法院指出,“如果说 X 的第一反应是因为歹徒的不法行为而激起,那么后来,他冒着巨大危险仍继续追

---

[89] Soc. 11 oct. 1984, Bull. civ. V, no 369 ; JCP 1984. IV. 346.

[90] T. paix Paris, 26 sept. 1913 : DP 1913, 2, p. 345, note Lalou.

[91] Cass. civ. 1, 16 nov. 1955 : JCP G 1956, II, 9087, note P. Esmein.

[92] TGI Paris, 25 oct. 1971 : Gaz. Pal. 1972, 1, p. 124.

[93] CA Bordeaux, 5e ch., 29 févr. 1996 : JurisData, n° 1996 - 041280.

下去,则肯定具有为商场利益考虑的目的和意志……他可以基于无因管理提起索赔”。[94] 不过,需注意的是,如果行为人被证明对紧急状态有过错,则不能适用无因管理。[95]

此外,根据某些学者的观点,至少应当承认如下场合的不当得利赔偿:当受害人所遭受损害只是为了避免其他人遭受的损害,如避免行为人或第三人的损害。[96]

(3)帮助合同。晚近以来,对于自愿救助者因救助所遭受损害的赔偿,判例中运用最多的损害赔偿基础是“默示帮助合同”。[97] 在1969年的一起案件中,Veidt的一辆汽车和Martin的一辆摩托车碰撞,引擎着火,目击者Sandrock试图用灭火器扑灭火焰时因为油箱爆炸而受伤;上诉法院判定Martin赔偿Sandrock的损害,因为在他们之间存在帮助合同;被告不服,认为不存在被救助者的同意;法国最高法院指出,当救助行动的唯一目的是为了被救助者利益时,推定被救助者同意。[98]

在1986年的一起案件中,X目睹Craeye公司员工正在极其艰难费力地将另外一辆卡车推到车库的检修槽上方,于是自告奋勇加入推车队伍,不料滑到槽底身受重伤,于是向Craeye公司索赔并胜诉;被告不服,主张损害事故是在推车完毕后发生的,默示帮助合同已不复存在;法国最高法院社会庭指出,“既然Craeye公司的工人们同意X的自愿帮助,那么事故是在推车过程中发生的还是在刚刚结束推车后发生的,便不再重要……Craeye公司作为X帮助的受益人,有义务对此场合下的损害予以填补”。[99]

在1995年10月10日审结的一起案件中,X作为庆典组委会的组织活动的志愿者,在其提供帮助过程中因车祸受伤,上诉法院以默示帮助合同为由判定组委会责任成立;被告不服提起上诉,主张“对于自愿帮助,受助人若无明确同意,则只有在紧急事态下才可以推定其同意,因为这种紧急事态使得这种自发帮助明显具有不可或缺性或有用性”;法国最高法院以救助者对于默示帮助合同有信赖为由驳回上诉。[100] 为了避免受助者的违约责任因合同法规则而被豁免,判例还特意强调,自愿救助者因救助所遭受的损害,并不构成《法国民法典》第1150条意义上的一个不可预见的损害。[101]

在2013年的一起案件中,Z女士凌晨4点发现其母亲Y女士,摔倒在地,满头是血,

---

[94] Cass. civ 1,26 janvier 1988,86 – 10. 742 86 – 12. 447.

[95] CA Grenoble,7 déc. 1959 :D. 1960,p. 213,note F. Goré ;JCP G1960,II,11598,note P. Esmein. -Adde en ce sens,R. Savatier,Traité,op. et loc. cit.

[96] M. Bacache,Les obligations,La responsabilité civile extracontractuelle,2e éd. ,Economica,2012,n° 155.

[97] S. Hoquet-Berg,Remarques sur la prétendue convention d'assistance :Gaz. Pal. 1996,p. 34.

[98] Cass. civ. 1,21 déc. 1976 :Bull. civ. 1976,I,n° 422.

[99] Cass. soc. ,21 juill. 1986 :Gaz. Pal. 1986,2,pan. jurispr. Page 21,p. 268.

[100] Cass. civ. 1,10 octobre 1995,no 93 – 19142.

[101] 《法国民法典》第1150条规定:债务不履行丝毫不失因债务人有欺诈行为时,债务人仅对订立契约时所预见的或可预见的损害负赔偿责任。

于是叫来邻居X夫妇;X先生在施救过程中发生不适,并导致双耳完全重听;上诉法院判决Y基于帮助合同承担赔偿责任,Y女士不服上诉称,“X夫妇和Z之间存在帮助合同,而她自己仅仅是受益第三人”;法国最高法院指出,“帮助合同无须受助人明确表达同意,更何况本案中受助人年事已高且身受重伤,不可能明确表达接受救助的同意……帮助合同不是指向Z的,Z根本不需要救助,Y才是唯一受助人……她默示地同意接受救助,因而有义务赔偿救助人X夫妇在施救过程中遭受到的损害”。[102]

在救助行为而导致第三人受到损害时,通过帮助合同,救助人也能就此而承担的赔偿责任向被救助人追偿。法国最高法院承认,受助人有义务对救助人因救助行为而可能对第三人承担的损害赔偿责任予以保障,并且这种责任是无过错责任。在1996年的一起案件中,Y小姐邀请一班好友来家里进行地面平整工作,其间在搬动十字镐时X女士伤到了Z先生,法国最高法院指出,“在X女士和Y小姐之间成立一个默示的帮助合同,由此可以准确地推导出,那样的契约必然包含一个受助人的义务,即当帮助行为酿成事故导致第三人受伤(此第三人也可能为其他帮助人),从而应承担责任时,受助人对该责任应予以保障”。[103]

救助合同尽管目前应用最普遍,但仍然有不少学者提出质疑,特别是当承认救助合同反而不利于救助者时。因为原来是希望让受害人享受到合同责任的好处,但今天看来,合同责任并非总是优于侵权责任。Viney教授认为,应当区分无偿帮助中受害人是谁,索赔人是谁;如果受助者受到损害,应当考虑《法国民法典》第1105条,承认合同有效性。而当受害人是帮助人时,合同原则要想正当地适用,就不仅要确认存在无偿合同,还必须确认,对于安全保障有合意,受助人承诺保障帮助人的安全。[104]

最后,就算救助没有效果,但只要救助人进行了救助,并且在过程中遭受到了损害,而且没有重大过错,受助人就应当对其损害予以赔偿。例如,在1969年6月25日审结的一起案件中,Y看到X及其助手Z扶着一个临时电线杆摇摇欲坠,于是上前帮忙,但其自身也只是穿着皮鞋,其救助行为不仅对于消除危险状态没有任何实益,而且自身也面临着危险;但法院认为,“这种即刻的帮助,尽管救助人明知其可能给自身带来危险,尽管这种救助行为实际上并无效果,但救助人并无任何过错……X是危险局势的制造者,Y的见义勇为并不能排除X的责任”。[105]

倘若危险由第三人造成,受伤的救助者还可以基于侵权法向该第三人索赔。《法国

---

[102] Cass, civ, 2, 12 septembre 2013, 12 - 23. 530.

[103] Cass. civ 2., 17 déc. 1996 ; Bull. civ. 1996, I, n° 463.

[104] G. Viney, Introduction à la responsabilité, 3e edition, LGDJ, 2008, no 184.

[105] Cass. crim., 25 juin 1969 ; D. 1969, p. 688.

刑法典》第121－3条第4款规定:“未直接造成损害的自然人,但为实现损害创造了条件或者没有采取措施避免损害发生,如果他们蓄意违反法律或法规规定的谨慎或安全之特殊义务的事实成立,或者他们犯有过错并将他人置于应知的特别严重的危险之中的事实成立,将负刑事责任。”本条同样设定了行为人侵权法上的注意义务,以及违反该义务所致赔偿责任。[106] 在2006年6月14日的一起案例中,某公司对于其所属的露台(plate-forme)所具有的危险性没有设立任何警告标志,也没有采取有效防护(栏杆太矮),受害人跨越栏杆时出现致命的意外事故,最高法院判定公司负责人刑事责任和民事责任均成立。[107] 另外,《法国刑法典》第223－1条规定,“明显蓄意违反法律或法规规定的安全或者审慎之特别义务,直接致他人面临死亡或足以造成身体毁伤或永久性残疾的紧迫危险的,处1年监禁并科处一万五千欧罚金。”本条系危险犯的一般条款,同样设定了侵权法上的义务及相应赔偿责任。

最后,见义勇为者若受伤还有可能诉诸国家基金赔偿。在一起案件中,某女士的包被窃贼偷,其丈夫追逐窃贼,过程中受伤,此时可诉诸国家基金赔偿。[108] 但这种模式的赔偿,必须是可归责于第三人的犯罪。

五、结论

在扶不扶问题日益需要迫切解决之际,探讨见义勇为的比较法经验具有毋庸置疑的意义。通过上文叙述,关于法国法上的见义勇为,有如下结论可以得出。

第一,救助义务从道德义务转换为法定义务,这一运动最早始于法国刑法领域。不救助入罪源于不纯正不作为犯的讨论,并经历了激烈的观念斗争。对个人自由的侵犯,以及对不作为致害之因果关系的否定,这两项反对理由大大延缓了不救助犯罪化的进程。

第二,第一部规定救助义务的法国法是《1941年10月25日法律》,此部法律是纳粹支配下的维希政权通过的,其目的是为了压制人民反抗。法国解放后,《1945年7月25日法律》承继了这一规定;1992年《法国刑法典》第223－6条、第223－7条同样予以实质性继承,规定了三种不作为犯罪(不制止犯罪、见危不救、不抗灾),沿用至今。

第三,上述三种不救助犯罪的构成要件各不相同,但其共性为:他人人身完整性遭受到侵害或面临危险;目击者或知悉者有可能提供救助,且该救助对其或第三人没有危险;

---

[106] Dalloz, Code pénal 2014, Paris, Dalloz 2013, no 27.

[107] Cass crim., 20 juin 2006, no 05－85.255.

[108] Cass. 2e civ., 9 avr. 2009, n° 08－16.424; JurisData n° 2009－047865; Bull. civ. 2009, II, n° 93; Resp. civ. et assur. 2009, comm. 218, obs. H. Groutel.

目击者或知悉者故意不救助。

第四，刑法上设定救助义务的行为规范，同样构成民法上的行为规范，违反该规范不仅构成刑事过错，也构成民事过错（侵权过错）。因此，符合救助条件的人拒不救助，构成侵权，对受害人应承担损害赔偿；当然，应当将这种损害与危险造成的损害区分开来，两个赔偿义务人之间原则上无连带责任。

第五，救助者在施救过程中造成被救者或第三人损害的，除非有重大过错，否则不承担任何基于过错的赔偿责任；若造成无辜第三人损害的，应承担补偿责任，这是紧急避险原理适用的必然结果。不过，救助者承担补偿责任后可基于默示帮助合同向被救者追偿，这是一种无过错责任。

第六，救助者在施救过程中，自身受到损害，可以向被救者主张赔偿；同时，即便前者有一般过错（非重大过错），其请求权也不适用与有过错规则。请求权基础根据具体案情不同，有侵权责任、无因管理、不当得利以及适用广泛的默示帮助合同。

第七，救助者实施救助活动纵使未成功，但自身还是遭受损害时，仍然可以请求损害赔偿。不论救助是否成功，不存在报酬请求权的问题。

第八，倘若危难事件由第三人导致，救助者可以请求第三人承担侵权责任。因为在救助义务为法定义务时，制造了该危险与救助人最后受损害，二者之间具有了明晰的因果关系。宽泛的《法国民法典》第 1382 条在此发挥了重要作用。

由上可知，法国法设定的一般性救助义务，[109]逻辑清晰，轻重合理，利益均衡，既强调了社会连带的基本道德，也不强人所难，逼迫公民作不顾自身安危的英雄之举，同时也对见义勇为的救助者提供各种救济途径，免除其后顾之忧。这种立法观念与欧陆其他国家在此问题上的立场基本一致，非常值得我们借鉴。

一般救助义务从道德义务走向法律义务，可称为道德的法律强制；这种强制之所以发生，是因为存在“社会崩溃”危险，[110]这一论断非常符合当下中国的现实。[111]“社会状态下人的行为的多维性和多样性……使社会有必要协调统一人们的行为，而协调的标准就

---

[109] 在法国法上，除适用于所有公民的一般性救助义务，还存在特殊领域的特殊救助义务，如在劳动法领域，雇主或劳动救助员（SST）在紧急场合（劳动事故或雇员突发疾病）的第一救助义务（《劳动法典》第 R. 4224 – 15 条）等。

[110] 道德的法律强制代表人物德富林（Devlin）认为，腐蚀公共道德的行为若不以法律制止，将会引发社会整体坍塌和崩溃。参见［英］哈特著：《法律、自由与道德》，支振锋译，法律出版社 2006 年版，第 49 ~ 50 页。

[111] 清华大学孙立平教授在一篇著名文章中指出，“社会的溃败首先表现在权力的失控……这种社会的溃败蔓延到社会生活的各个领域：潜规则盛行于社会……社会底线失守，道德沦丧；强势利益集团已经肆无忌惮，社会生活西西里化趋势出现……”参见孙立平：“对中国最大的威胁不是社会动荡而是社会溃败”，资料来源中国战略管理与研究会网站 http://www.cssm.org.cn/view.php? id = 25083，2014 年 3 月 20 日访问。

只能是……带有外在强制性的道德律。”[112]因此,将救助义务法律化,是目前一个可行的思路。“安全和秩序的追求是刑事法治目标与伦理的契合”,[113]因而不救助犯罪化可以探讨。如果步伐太大不易接受,则在此之前,我们能否借鉴法国法的经验,在民法上首先完善相关制度?例如,对自己或第三人毫无危险的不救助者应承担相应的侵权损害赔偿责任;[114]除重大过错外,施救过程中导致被救者或第三人损害的,救助者无须承担最终责任;[115]施救过程中自身受伤的,除重大过错外,一律可以获得全部赔偿;为制止犯罪而受伤的,还可以申请国家特定基金赔偿等。若能将这些内容形成立法,则即便不将见危不救入罪,也会使目前这种不愿扶的情形改善很多。当然,还需要对恶意诬陷者予以法律制裁,达到一定数额的,应以诈骗罪论处。[116] 诬陷之风不刹,不敢扶的问题难有真正解决的可能。

[112] 严存生:“人性的两个层次与法”,载《华东政法大学学报》2012 年第 1 期。

[113] 孙晋琪:“刑事法视角下的法治与伦理关系的思考”,载《华东政法大学学报》2008 年第 2 期。

[114] 在罗马法上虽无一般性救助义务,但对于医生规定有积极治疗义务。参见杨垠红:“罗马法之不作为侵权责任及其启示”,载《华东政法大学学报》2011 年第 4 期。

[115] 有学者建议将重大过失标准改为善意标准,认为更易操作。笔者认为,在交易法上,善意固然内涵明确(不知情),但在责任法上却并非如此,善意甚至算不上一个法定概念,善意标准当然也谈不上更容易操作。前述见解参见桑本谦:“利他主义救助的法律干预”,载《中国社会科学》2012 年第 10 期。

[116] 诉讼诈骗是典型的三角诈骗,此行为构成诈骗罪,而非其他罪。参见张明楷:《刑法学》(第 4 版),法律出版社 2011 年版,第 894 页。

意大利法中私人救助研究

——兼谈见义勇为的债法基础建构

肖　俊*

目　次

引言

虽然见义勇为所生的关系处于道德与法律之间的模糊地带,但从大陆法系的债法视角进行观察分析,并非难事。罗马法已经规定,为客死他乡的陌生人提供丧葬费用的人,可以向其家属要求费用返还。① 到了《普鲁士邦法典》时期,评注者就提出英勇的救助行为是产生无因管理的事实。② 第二次世界大战之后,法国与意大利民法开始改变传统的立场,逐渐认同无因管理从物的照顾向人的保护的扩张。而2006年《欧洲民法典共同参考框架》(Draft Cornmon Frame of Reference,DCFR)也已经明确讨论救助关系所产生的

* 上海交通大学凯原法学院讲师,法学博士。

① D.3,5,9,1.

② Ricca Barberis, Gestione d'affari e soccorso alpino, in Foro italiano., 1959, IV, p.64.

无因管理之债。③

然而,从微观层面上看,体系化地梳理救助人、被救助人以及加害人之间的复杂关系,却并非易事,它涉及一国独特的文化环境和法律体系所导致不同的法教义学层面上的讨论。在意大利法中,与我国的见义勇为最为相似的道德—民法现象是私人救助(soccorso privato),它指的是市民以保护他人利益为目的,自愿介入危险状态帮助他人,使其人身或财物免受损害的行为。两者都体现出团体本位和利他主义的价值观,不过相较于见义勇为所蕴含的浓烈正义感,私人救助更着重于市民间彼此的援助以及权利义务的平衡。本文的研究重点就是当代意大利法学家在法规与案例解读基础上所建构出的在现代民法体系中的私人救助法律关系,希望能够对我国见义勇为的民法问题研究有所助益。

一、私人救助范畴的建构:从宪法到民法演绎

在意大利法中,刑法、航运法以及道路交通法中,都明文规定了救助义务及其效果。尤其是《意大利刑法典》第593条,对公私法都有着重要的影响。该条第1款规定:"发现不满10岁的儿童或者精神疾病、身体疾病、年老或者其他原因而不能生活自理的人被遗弃或者丢失而不立即向主管机关报告的,处以1年以下有期徒刑或者2500欧元以下罚金";第2款规定:"发现某人昏迷、似乎昏迷、受伤或者处于其他危险之中而不提供必要的救助,或者不立即向主管机关报告的,处以同样的刑罚。"这种基于人道互助的至高伦理义务,不是因为法律的规定义务,而是源于一种会带来不可避免的事故的特殊情势。④

与此相反,《意大利民法典》没有对救助制度明确规定。该法典第1914条明确使用了"施助"(salvataggio)一词,不过这是一个没有技术含义的词语,表示保险人要尽一切可能避免或者降低损失。该法典第1447条提到,在危险状态下缔结的救助合同,如果显失公平,可以撤销。

此外,还有一些体现团体主义色彩的规定,比如《意大利民法典》第1900条规定,投保人、被保险人或者受益人故意导致的灾害,保险人不承担保险义务。但如果是由于人类互助行为或为包含共同利益而实施的行为所导致的损害,保险人要承担责任;第2045条的紧急避险中,在危险状态下为保护别人减少损害的救助行为可以减免责任。

显然,在意大利民法中,缺乏一个整体的私人救助制度。对于救助人的权利的保护,

---

③ DCFR, tradotto da Universita Osnabruck, versione di 15 maggiore 2012, p. 810.

④ Enrico Altavilla, Delitti contro la persona; Delitti contro la integrità e la sanità della stirpe, Milano, 1934, p. 220.

仅仅依靠刑法的规定是完全不够的。为了在方法论上维持一个民法上统一的私人救助制度,法学家将目光转向意大利宪法,从中寻求一般性的私人救助制度的基础。1948 年的《意大利宪法》第 2 条规定:共和国无论对个人还是对表现其个性的社团成员,均承认并保障其人权之不可侵犯,并要求履行政治经济和社会团结方面的不可违背的义务。其中"社会团结方面的不可违背的义务"可以作为统一的私人救助的基础。

这里的"团结"一词,意大利语是 solidarietà,最早在罗马法中意为"连带",表示归属于一个群体的权利和义务,在 19 世纪后被用来表示社会意义上组织体存在的基础。而《宪法》第 2 条中"社会团结方面的义务"则是以意大利著名的政治家《人的责任》的作者朱塞佩·马志尼的共和思想为基础。在现代,这种社会连带主义不是单纯要求公民负担各种义务,而是倡导一种积极的合作,使他人摆脱危险或者严重困难的状态。它是不同思想的交汇点,无论是马志尼主义、马克思主义还是天主教都可以汇聚于此,由此使得伦理观念被置于权利—义务的架构上。⑤ 虽然《宪法》第 2 条没有明确的关于救助者权利的规范,但基于社会连带主义的要求,介入了他人的事故,尽到这种互助义务时,连带主义中的相互性就构成了救助者权利的基础:他对于一个危险之中的人完成了一个团体的行为,应该为所受的损失获得补偿。⑥ 在宪法法院 1990 年第 207 号判决中,法院就指出这种连带义务是一种相互的义务,这是在私人自愿介入和追求社会一般利益之间的一种平衡。基于这种连带义务的相互性,履行团体主义所要求的义务的人在受损时必须得到补偿。⑦ 在 1993 年的一个宪法判决也强调,按照现代的社会连带主义的思想,践行社会连带主义不仅是国家、团体的责任,而且是所有的市民合作的方式。⑧

基于宪法上这种相互的社会连带主义,可以把散落民法各处关于救助的条文整合起来,形成一个抽象的民法中的私人救助的概念:私主体使他人或者财物摆脱当下或潜在危险状态,避免对于身体的损害或者物的价值的灭失或者严重减损的行为。其中实施行为者称为救助的积极主体,被救助人或者被救助的财产的所有权人是消极主体。⑨ 与之对应的是公共救助,是由警察、宪兵、消防队、国家武装力量在危险状况下所做的救助,同样不包括的是海上救助和航空救助。私人救助的概念中提到的危险状态的界定,可以援

⑤ D'Amico Paolo Il soccorso privato, Edizioni Scientifiche Italiane, 1981, p. 30.

⑥ D'Amico Paolo Il soccorso privato, Edizioni Scientifiche Italiane, 1981, pp. 32 – 33.

⑦ Corte costituzionale, sent. 14 giugno 1990, n. 307. Vedi, Luca Mezzetti, Diritto costituzionale. Casebook., Maggioli Editore, 2013, pp. 204 – 205.

⑧ Corte costituzionale, sent. 14 dicembre 1993, n. 500. Vedi, Luca Mezzetti, Diritto costituzionale. Casebook., Maggioli Editore, 2013, p. 203.

⑨ D'Amico Paolo Il soccorso privato, Edizioni Scientifiche Italiane, 1981, pp. 33 – 34.

用《意大利民法典》第2045条对于紧急避险的规定。[10] 民事上的私人救助所包含的范围要比刑法宽泛,但仍然处于法律的范围中。从主体的划分看,可以有一般市民、职业人士乃至于团体组织;从客观方面上看,包括了比如灾难、公路、交通、高山上的救助等,对人和对物的救助等。同时,在这个范畴中,救助的范围比刑法更为宽泛,但它与现有的意大利法中的救助概念是兼容的,无论《意大利刑法典》第593条还是道路交通法规或者航海法。

这种市民自愿进行的私人救助制度与紧急避险制度中的"必要救助"概念在事实构成上是一致的。[11] 但是《意大利民法典》第2043条关注的只是救助人对于第三人的损害,而不是对于救助人的保护。因此在救助人受损的时候,如何补偿所受的损失,是一个需要解释的问题。

虽然不当得利也涉及双方的权利平衡,但救助行为的前提是自愿性,它排除了不当得利的适用。比如,1967年高院的判决写道:"如果在损害的承担中存在同意,那么一方获利一方受损的失衡也不会产生无因管理。自愿的行使排除了得利的不当性。作为财产经济行为的后果,无论有利还是受损,都是意志自由决定的。"[12]

目前意大利学界的通说认为,此时应当类推适用无因管理制度。[13] 能够在紧急避险中类推适用无因管理的前提在于,两种制度在价值基础和制度构成上存在一致性。紧急避险中的救助行为的基础是社会连带主义,为了使他人不承受严重损失,即便在没有先在法律义务的情况下,救助人也可以合法地介入他人的生活,比如意大利高院认可在危险情况下,可以排除患者的同意就可以进行救治手术。[14] 这种社会连带主义同样是无因管理的价值基础,这无论是在理论还是司法时都已经得到确认。无因管理的"管理行为所体现是纯粹道德特征的满足"。[15] 它的构成要件同样体现为在缺乏先在义务的情况下,介入他人事务。虽然在救助发生时,从物理意义上看,利害关系人是在场的,但是在危险状态中,他是不能自我管理的。因此,通过《意大利民法典》第2028条的适用补充了第2045条的空白,使救助人获得了保护。

二、无因管理与私人救助的衔接与解释

虽然前文已经初步论证了在危险状态中的救助行为所产生的法律关系可以适用无

---

⑩ 根据《意大利民法典》第2045条的规定,危险具有非意愿性,不是由救助人的意愿造成的;不可避免性,将会不可避免性地带来严重损害;以及危险状态的现实性,是指危险马上就要发生,而不是基于恐惧心理。Vede Bianca Massimo, Diritto civile. Vol. 5: La responsabilità, Giuffrè, 2012, pp. 668 – 669.

⑪ D'Amico Paolo Il soccorso privato, Edizioni Scientifiche Italiane, 1981, p. 34.

⑫ Cass., sez. III, 22 gennaio 1959, in Masimario annotato della cassazione, 1959, p. 57.

⑬ Cass. 13. dicembre, 1966, n. 2913, in Gciv. 1967, I, p. 951.

⑭ Cass., 15. novembre, 1999, n. 12621, in Giust. civ. mass., 1999, p. 2248.

⑮ Ferrari, Gestione diaffari altrui e rappresentanza, Milano, 1962, p. 49.

因管理,但是在构成要件上仍然存在一些需要解释的问题。

(一)无因管理与刑法一般注意义务的冲突

根据《意大利民法典》第2028条的规定,无因管理的产生是以不存在先在义务为前提。但是在《意大利刑法典》第593条规定了一般的救助义务及其不履行义务时的惩罚,因此要适用无因管理,必须对两者间的矛盾进行解释。

这里首先要区分刑法义务与民事义务在性质上的差别。刑法规范要求救助者介入他人事务,并不是一种规范意义上与被救助人有关的民事协议。这种义务性的救助,是对于社会和道德的义务服从,否则必须承担一种特别的刑事责任。从无因管理制度上看,义务应该指的是一种与被管理人的请求权相对应的义务,可以明确要求管理人为特定行为;但是在刑法上的救助义务中,被救助的主体,在陷入特殊状态前,是不能要求可能的救助者承担这种义务。⑯

其次,两者在功能上的差异。刑法旨在惩罚救助义务的违反,而民法上的无因管理制度是在尽到刑法上的义务后,才在两者之间开始形成法定之债,这也导致了刑法规范不再适用,转而适用私法的规范。⑰《意大利刑法典》第593条既能产生公法的义务,也能产生私法的义务。它与《意大利民法典》第2028条是衔接关系而不是冲突关系。在完成了救助义务的两人之间,双方形成了一种私法性质的关系。救助者在这种情况下的行为不会使得救助缺乏自愿性。⑱

(二)作为事务管理的人身救助行为

在意大利语中,"管理"一词用的是"affare",表示对财产的管理,与《意大利民法典》第2029条的管理人的缔约能力以及第2030条管理人的义务类推委托合同相结合,显然从技术意义上看,它是指可管理的法律行为,特别是关于经济事务的管理。把无因管理制度适用于人的救助受到了德国法的影响。而战后的法国,在法院中也出现了很多适用无因管理的案例,但是在法典的评注者那里并没有被大范围接受,意大利的趋势与此相反,没有对实在法产生什么影响,但在理论上意义重大。⑲ 因此,对于危险状态下人的救助,已经成为无因管理的现代形态。比如,1956年意大利最高院第3843号案例,自行车

---

⑯ Spunti ricostruttivi per l'inquadramento del soccorso privato nell'ambito della gestione d'affari altrui. Europea e dir. priv. 2009, f. I, p. 150.

⑰ Spunti ricostruttivi per l'inquadramento del soccorso privato nell'ambito della gestione d'affari altrui. Europea e dir. priv. 2009, f. I, p. 150.

⑱ Spunti ricostruttivi per l'inquadramento del soccorso privato nell'ambito della gestione d'affari altrui. Europea e dir. priv. 2009, f. I, p. 151.

⑲ Pietro Sirena, La gestione di affari altrui. Ingerenze altruistiche, ingenze egoistiche e restituzione del profitto, Giappichelli, 1999, pp. 287 – 288.

失窃,路人用自己的汽车载着所有权人追及,也认为构成无因管理。[20] 由此,“管理”(affare)一词应该有更宽广的含义,不仅包括财产,而且包括对人的救助,既包括法律行为又包括事实行为。

(三)对利害关系人意愿的违反

根据无因管理的规定,管理人不能为利害关系人所禁止的行为。但是在有些情况下,处于危难之中的人拒绝接受救助,比如自杀或者在登山中为独自完成行为的荣誉感无视健康状况,而拒绝救援;又或者救助人与被救助人对于危险的认知完全不同。在这样的情况下,救助者可以诉诸《意大利民法典》第2031条,在利害关系人决然拒绝接受救助的行为违背了法律、公序良俗的情况下,违背其意愿的救助行为仍然构成无因管理。因此在自杀的情况下,虽然有明确的反对意见,但是第三人为之请求良好的医护,该人必须报销第三人的费用。即便没有成功获救,他的继承人也必须给予补偿。[21]

三、救助人的请求权类型分析

(一)必要且有效救助的费用返还请求权

根据《意大利民法典》第2031条规定,利害关系人应当履行管理人以他的名义承担的债务,偿付全部的必要或有益的费用。在私人救助的场合,承担债务的情形较为少见,因此主要是有效救助的必要费用返还请求权。从抽象的角度上看,所有的救助都可以是“有效”的,因此,判断这种有效性必须与所救助的物相对应。此时救助人支出的费用不仅应该在具体环境中是“必须的”,而且相对于物的价值是“有效益的”。如果救助者承担的债务对于所达到的目的过于沉重,在这种情况下,让被救助者承担这种义务是不正当的。[22]

但是在考虑到对人的拯救时,如果单纯基于经济价值的考量而把救助费用排除在报销范围之外,是有违人道主义精神的。考虑到人的生命,只要结果上有利于拯救生命的方法,就不应该被排除在可报销的范围之外。但如果根据当时的情况判断,救助行为已经变得无效,就不应该违背诚信原则,使得救助者要承受不必要的经济负担。判断的标准是,救助行为从技术和法律的角度上看,是否有利于达到目的,无助于目的实现就是无效的费用。

1956年,两个法国的登山者迷失在意大利的比昂卡山(Monte Bianco)。当时派出直

---

⑳ Cass.,19 gennaio 1956,n. 146,in Mass. Foro. it.,1956,p. 28.

㉑ D'Amico Paolo Il soccorso privato,Edizioni Scientifiche Italiane,1981,p. 64.

㉒ D'Amico Paolo Il soccorso privato,Edizioni Scientifiche Italiane,1981,pp. 75 – 76.

升飞机营救,其花费在总共300万里拉的救助费用中占了120万里拉,由于连续两天天气恶劣,没能及时地发现遇难者。从生命救助的角度上看,似乎可以认为这是合理和必须的费用。但学者对此提出异议:"现代设备的贡献,比如飞机,如果使营救变得迅速,可以减少等待时间,但当时天气恶劣,步行或者滑雪,虽然貌似缓慢,但都能更为迅捷地克服山地的障碍。"[23]由此有学者提出更为细致的区分,如果有两种方法都能实现目的,那么效果更差、价格更为昂贵的做法就不能被视为必要有效的费用。[24]

(二)救助所受损害的补偿请求权

《意大利民法典》第2031条规定了利害关系人的必要有利费用的返还义务,但没有提到损害补偿义务,基于对这一规范的遵守,1955年1月米兰地方法院的一个案例中,管理人所受的损害就得到补偿。[25] 这种观点饱受批判,学界普遍认为在损害与救助存在着直接的因果关系,应该依据制度的目的扩张解释"必要的费用",从而给予救助人损害补偿金请求权。

因为在特殊形式的救助下,一些损害可以说是典型和必须的。比如在火灾中为了抢救他人被烧伤或者在运送伤员中被捆绑物划伤,这是不可避免或者说在危险状态下进行的救助会频繁发生的。因此救助者为了保护他人的财物或者人身受到损伤,可以看作救助行为的自然结果,应当构成必要和有益的费用。[26]

但是,这种救助过程中损害的可赔偿性只包括在根本上与救助行为有直接关系,而不是来源于不可抗力,第三人的行为或者救助人自己的过失。补偿义务是对法律为受害人施加一种法定之债。经过因果关系的损害的证明,如果和救助行为直接有关。虽然社会连带主义能够构成补偿请求权的基础,但不能准确解释在救助者的努力中,哪些是不能要求返还,哪些是要承担的费用以及哪些是必要的损伤,因此必须以救助行为的直接相关性作为标准。[27]

(三)对引发危险状况的人的损害赔偿请求权

如果危险状态是由第三人造成,从既有的判例来看,法官倾向于让危险环境制造者承担损害赔偿责任。1958年,罗马地方法院有一个判决,一个非常深的池塘,虽然岸边安装了非常专业的警报器,但它没有发现有人落水的险情,而救助人在抢救朋友中死亡。

---

[23] G. Bertoglio, In tema di soccorso alpino, in Club alpino italiano, rivista mensile, 1957, LXXVI, 50.

[24] Ricca Barberis, Gestione d'affari e soccorso alpino, in Foro ital., 1959, IV, 64.

[25] App. Milano, 2 gennaio 1955, in Giust. civ. 1995, Vol. I, p. 1962.

[26] D'Amico Paolo Il soccorso privato, Edizioni Scientifiche Italiane, 1981, p. 76.

[27] D'Amico Paolo Il soccorso privato, Edizioni Scientifiche Italiane, 1981, pp. 76 - 77.

池塘的主人必须对其父母承担赔偿责任。[28] 类似的例子还有,雇主由于事先没有设置灭火器,导致园丁在灭火中身亡,最高法院判决雇主必须承担赔偿责任。[29] 显然根据法院的逻辑,如果第三人进入危险之中,为了抢救面临动物威胁的儿童,救助者显然可以从对危险状况负有责任的人获得补偿。1964 年在一起青年抢救落水儿童的案件中,法院认为救助人所受损害与池塘所有人之间存在心理上的因果关系,因为在意大利制度中存在着一个道德和社会义务之外的法律性义务,它要求人们介入特定的环境以消除危险,这种源于刑法的原则使得救助人介入危险之中,因此应当让制造危险的人承担严重的以及超过原损害比例的费用。[30]

这种观点遭到学者们的批判,他们认为这里不存在因果关系。因为是受损者的介入导致了直接的损害。虽然第一个危险状态是由第三人制造,而救助人的损害也来自这一危险状态,但是救助者是自愿进入危险的状况。这种自愿性,使得救助人的诉权被排除。

在这种情况下,虽然在自然的因果关系上没有一个直接的联系,但是意大利的法学家认为应该承认一个法律意义上的因果关系。这种想法源于 1961 年法国最高法院的一个判例。在这个案件中,在危险环境有第三人制造的情况下,救助人疏忽而不谨慎地展开救援行为,导致自己受伤,是一个受害人和侵权人与有过失的情形。法官认为应由制造危险环境的人承担全部责任,因为他使得第三人被迫进入了危险的环境,然后由于环境的急迫性,导致救助者的疏忽,这是可以原谅的错误。

由此意大利法学家认为在这种情况下,不应当依靠直接的因果关系,而是追求一种法律上的因果关系。重要的不是谁制造了损害,而是根据法律的标准进行归责。第三人实行了一个损害行为,如果第一个事实在社会意义上足以引发一个第三人的介入,而且这种介入目的在于消灭或者减少危险,在这种情况下,第三人受到损害。这样的观点有利于从逻辑上解释并非由第三人直接造成的损失,把第二次损害吸收到第一次损害中。因此,应该有第三人来承担责任。[31]

(四)对被救助人的报酬请求权

从情理上看,救助人在险境中抢救他人,应该获得酬金。但是从无因管理的制度上

[28] Trib. Roma,27 marzo 195,in Temi rom. ,1957. p. 30.

[29] Cass. ,2 ottobre 1963,in Rep. Foro it. ,1964. pp. 115 – 116.

[30] G. Beccari, Responsabilità aquiliana per il danno del terzo che si adopera onde impedire un evento di pericolo?,in Rin. giuri. circol. trasp. ,1965,p. 442s. vede. D'Amico Paolo Il soccorso privato,Edizioni Scientifiche Italiane,1981,p. 150.

[31] vede. D'Amico Paolo Il soccorso privato,Edizioni Scientifiche Italiane,1981,pp. 151 – 154.

看,给予救助人酬金请求权是与无因管理制度的团体本位精神相违背的。意大利最高法院也明确强调无因管理人不能在救助他人的同时,取得报酬为自己谋利,“绝不改变管理人的行为具有利他主义的特征”。[32] 法院认为行为的受益者并没有直接委托职业者进行工作行为,而酬金的请求权不是由职业者的无因管理行为,而应该由受益人的职业任务托付所产生。

对此,学者深有异议,认为自愿的救助行为与酬金是不矛盾的。理由有二,第一,根据《意大利民法典》第2030条规定,对于管理人应类推受托人的义务。由此可以认为,救助人处于委托人的地位。那么根据《意大利民法典》第1709条的“委任推定”,在双方当事人没有确定的情况下,委任被推定为有偿,报酬的范围根据价目表或惯例而定,或者在没有价目表或惯例的情况下由法官决定。第二,在意大利法中,对于他人之物的保存行为,都可以获得酬金。比如,第930条规定的拾得物条款,如果拾得物品的人提出请求,则物品的所有权人应该得到拾得物价值或者价款的1/10作为奖金奖励给拾得物品之人。如果拾得物价值超过10万里拉,则超过部分是1/20。类似的还有第936条,第三人利用自己的材料在他人土地所做的建筑物,所有权人愿意保留,那么支付的除了材料费还有人工费。而且基于《宪法》第3条所规定的平等原则,私人救助应该类推海商法关于海上救助的规定,给予完全的报酬金请求权。[33]

另一种更为保守的观点认为,只有在救助人是专业人士的情况下,才可以要求报酬。如果无因管理人是专业人士,比如,律师或者医生,此时无因管理活动是由救助行为构成的,在这种情况下,可以超越不能求偿的障碍。专业人士的时间是有其经济价值。如果是暂停了自己的工作进行救助,可以看作减少所得的费用,因此是合理的费用。[34]

类似的情形还有登山救助的问题。按照“登山救助者的国家组织”(Corpo nazionale del soccorso alpino)的规定,意大利俱乐部的向导和领路人,根据《向导和领路人国家协会规定》(Regolamento del Consorzio nazionaleguide e portatori)第22条,在救助中,可以向被救助的登山者、其继承人或者利益相关组织要求给予按照专业费用为理由的相对应的补偿,如果对此有异议的,组织将为之提起诉讼。据此,一些法国学者认为,这里存在无因管理的报酬请求权的基础,或者是说超出传统的无因管理之外的一个辅助形式,基于所完成的有利于特定人的服务,可以要求报酬。

---

[32] Cass. 13 marzo 1964, n. 550, in Foro it. Vol. I, p. 866ss.

[33] La remunerazione del soccorso tra interesse pubblico ed interessi privati. Vo2: Profili sistematici e lineamenti evolutivi, Giuffrè, 2005, pp. 215 – 219.

[34] R. Chabod, Spedizioni di soccorso e C. S. A., in / cento anni del Club alpino italiano, a cura della Commissione per il centenario, Milano, 1964, p. 504.

对此,意大利学者则持反对立场,基于无因管理制度的统一性,不承认在通常情况下的无因管理中存在这样的请求权。按照向导和领路人国家组织的规定,必须支付与履行职业行为同等的价款,但是在无因管理的范围,救助人在无因管理中的费用返还请求权仅仅是涉及金钱的减少,而不是使得救助人的经济利益增加,这与《意大利民法典》第2031条的精神是相违背的。[35] 否则,就会产生在无因管理中,在等量的时间中,是否开展职业活动会有不同的后果。当然在登山的向导有他的职业,给予报酬请求权是应该的,但此时的依据是关于专门职业活动的规定。[36]

因此,私人救助的权威学者阿米格(Amico)提出对专业人士救助行为进行阶段划分的主张。在以专业行为开展无因管理活动的过程中,应该按照法律的逻辑分为两个阶段(虽然从日常生活的角度上看,它们是合并在一起的)。首先,是把受难者从危险中立即抽离出来的行为,看作一个真正的无因管理的救助;其次,后续的行为,可以看作职业工作展开。比如,有人落水,一个医生把他从水中救出来,然后照顾他以防止事故中有害的后果。由此可以认为,在第一种情况下,实施的是一个无因管理性质的救助,在后续的行为是基于独立的劳动关系所代表的一个职业行为。因此,区分无因管理的停止时间和职业行为的起算时间是有意义的。[37]

虽然现在的《欧洲统一私法框架》已经明确规定,专业人士在无因管理中的酬金请求权已经得到承认,只要他按照职业团体的标准和能力来完成救助活动。[38] 但是在此条与无因管理的衔接上,仍然可以沿用阿米格的解释。

四、救助人的继续履行义务与善良家父注意义务

(一)继续履行义务

《意大利民法典》第2028条规定,在利害关系人能自己掌控事务之前,无因管理人必须继续履行他的义务。这一义务来源于罗马法。在罗马法的无因管理中,首先存在的诉权是所有权人之诉(actio negotiorum gestorum directa),要求管理人继续他的行为,其后管理人才能提起无因管理的反诉(actio negotiorum gestorum contraria)要求费用赔偿。

在救助活动,这一规定有利于保护无因管理中的受害人,因为完成已经开始的救助行为可能要遇到更大的困难。在他人处于危险的情况下,如果仅仅是出于好管闲事的心

---

[35] Barbero, Sistema del diritto private italiano, II, Torino 1965, p. 798.

[36] D'Amico Paolo Il soccorso privato, Edizioni Scientifiche Italiane, 1981, pp. 81 – 82.

[37] D'Amico Paolo Il soccorso privato, Edizioni Scientifiche Italiane, 1981, pp. 83 – 84.

[38] DCFR, tradotto da Universita Osnabruck, versione di 15 maggiore 2012, p. 1487.

态而介入随后遇到困难就退出,或者缺乏必要的解脱困境的技能,非但不利于救助,而且会带来更多的麻烦。尤其是在非常复杂的情况下。避免这些行为,才能更符合社群主义的精神。

对于第2028条的行使,有两方面的限制。第一,如果救助者在救助过程中,遇到了同样的危险,则不需要履行继续义务。虽然立法者设定了刑法上的一般救助义务,但是并非希望救助人同样地陷入危险之中。因此一个人在邻居家着火的时候,如果在灭火中被烧伤,就迅速撤离火场,在这种情况下即使没有完成整个工作,但是仍然可以说是完成有利的管理,并且可以得到损害赔偿请求权。

(二)善良家父注意义务

救助者在主观上必须达到一定的注意义务,否则由于疏忽和无技术会给受害者带来更多的损害。救助行为是否属于有效的无因管理,要从技术和法律的角度上判断是否有利于达到目的。在民法典的无因管理部分,第2030条规定管理人的义务可以类比于受托人。而受托人的义务,根据第1710条的规定,是善良家父的注意义务。从罗马法以来,善良家父义务所代表的的行为标准就高于一般人的注意义务。如果对于救助行为无因管理制度的话,救助者也必须承担同样的义务,特别是如果救助者的不当行为有可能给受害人带来不可补救的损害。

对这一问题,在学界中是存在争议的,虽然善良家父义务的内容具有弹性,但是他的标准比一般人的注意义务更为严格,行为人要对轻过失承担责任。在无因管理中强调这一制度,是因为体现出了这一制度所具有的利他主义和社会性,要求介入他人时,必须以一种安全的方式来完成它的行为。[39] 有学者认为,在私人救助中引入这一标准是不合适的。因为考虑到情况的紧急性,救助人没有时间判断环境估计自己的注意义务的程度,而且,如果救助人将自己置于危险中,作出牺牲,这本身就达到了一定的勤勉义务。这是一种可以原谅的错误,支持没有经验和没有技能的人不会产生责任,因为他们的行为是为了避免正在发生的危险。此时,救助者的行为不是从客观上来衡量,而是从主观上,重要的是他的态度,而不是关于他们在救助的恰当性上判断他们的过错。[40]

但是意大利学者认为,这种趋势体现了对见义勇为精神的支持,但未必是合适的方式,如果过分鼓励的话,会导致缺乏谨慎的救助行为,反而加重救助人的损害或者负担。在一些特别的场合,比如登山,如果救助人自己缺乏经验和技术或者没有良好的身体素

---

[39] G. Semo, voce Gestione di affari altrui(diritto vigente), in Noviss. dig. it., vol vii, Utet, Torino, 1967, p. 827.

[40] 这种观点源于法国的判决和学理。Cour de Metz, 14 aprile 1975m in Sem. Jur, 1977, II, 18624. vede D'Amico Paolo Il soccorso privato, Edizioni Scientifiche Italiane, 1981, p. 109.

质,救助者的过错会给被救助者带来严重的负担。在救助的场合,应该要求一种更高的注意义务,不仅考虑到自己的安全也要考虑到他人的安全。救助者不应该给被救助者增加无益的费用或者加重情势的危险,为了微小的风险承担过于重大的风险,比如,跳到海里救一条狗或者为了货物的保持承担生命危险。因此,救助者不得让被救助的人承担更多的风险,这被认为是恶意的无因管理。[41]

不履行善良家父义务,会导致两种后果。第一,不能对被救助者主张权利;第二,必须对自己造成的损害负责。当然,从意大利现有的规范来看,在帮助他人以及满足注意义务的行为中是存在平衡的,《意大利民法典》第2030条第2款给予法官自由裁量权。

在继续履行义务和善良家父注意义务之外,救助人还必须承担作为合同履行随附义务的保护义务。根据《意大利民法典》第2030条的规定,在救助人和被救助人之间产生了一种合同关系,所以,救助人必须以《意大利民法典》第1218条正确履行义务为基础承担保护义务,它在学理中发展出来,并被判例所接收。现在的判例已经承认在缺乏主债务情况下的保护义务。[42]

五、救助人的损害补偿责任

《意大利民法典》在第2043条侵权赔偿之后,在第2045条规定了紧急避险制度。学理认为在这种危险状态下,保护他人安全的行为称为"紧迫救助"(soccorso necessitato)。紧急避险状态能够豁免救助人的侵权责任,但不排除他承担补偿受害人的要求。[43] 1966年意大利最高法院的判决认为,"在紧急的危险状态中保护自己或者他人的行为,不可避免且并非有意造成了对第三人的严重的人身损害,救助人必须承担责任,因为这是他经由自由意志违反了法律规范或者避免他人受伤的行为规范。从民事关系上看,即使存在着紧急避险的行为,也必须承担补偿责任"。

在这种情况下,救助人必须承担受害人在财产与精神方面的损失。在一般的损害赔偿的情况下,金额是由法官根据受害人的状况进行全面的赔偿,但是在紧急救助的情况下,是按照所得利益与所失利益的比较来判断的。因此,必须基于具体的环境,双方的经济水平,避免造成损失的严重性,尤其是从道德社会层面,考虑救助行为是否具有利他动机。[44]

---

[41] D'Amico Paolo Il soccorso privato, Edizioni Scientifiche Italiane, 1981, pp. 110 – 111.

[42] Spunti ricostruttivi per l'inquadramento del soccorso privato nell'ambito della gestione d'affari altrui. Europea e dir. priv. 2009, f. I, pp. 156 – 157.

[43] Bianca Massimo, Diritto civile. Vol. 5: La responsabilità, Giuffrè, 2012, p. 666.

[44] Bianca Massimo, Diritto civile. Vol. 5: La responsabilità, Giuffrè, 2012, p. 675.

在第三人引发危险状况的救助人侵权的情况下，意大利法院在法条适用上有两种立场：第一，根据1950年8月23日的一个判决，第三人责任吸收并排除了救助人的补偿责任，此时适用的是《意大利民法典》第2043条的损害赔偿责任而不是第2045条的紧急避险时对救助人的诉权[45]；第二，认为受害人可以就第2043条和第2045条进行选择，他既可以对危险状态有过错的第三人要求承担全部的赔偿责任，也可以向救助人要求最低限度的赔偿，然后再向第三人要求全部的赔偿。[46] 后一种观点在后续的案例中得到一致的遵循，已经成为学界主流的观点。[47]

结论：对于中国的借鉴意义

基于前文的分析，可以看到在意大利民法中，私人救助制度的价值基础在于宪法的社会连带义务，其债法基础是对于紧急避险的私人救助中无因管理的类推适用。由此决定了救助人的支出费用返还请求权、损害赔偿请求权、专业人士酬金请求权，以及相应的继续义务、善良家父勤勉注意义务和保护义务。

与意大利民法中的私人救助相比，我们的立法，从《民法通则》到《侵权责任法》都明确规定了救助者的损害赔偿请求权，但是，至今为止，对于见义勇为的民事法律关系的思考仍然没有到达成熟期。

从现行法的规定上看《民法通则》第93条规定的无因管理，管理人可以要求返还支出费用。而《民法通则》第109条，规定了救助人可以要求侵害人要求赔偿，受益人给予适当补偿。后来的最高人民法院《关于贯彻执行〈中华人民共和国民法通则〉若干问题的意见(试行)》(以下简称《民通意见》)第142条补充到在没有侵害人或者侵害人无力清偿时，可由受益人进行适当的补偿。2004年最高人民法院《关于审理人身损害赔偿案件适用法律若干问题的解释》(以下简称《人身损害赔偿解释》)第15条发展了《民通意见》第142条的规定，确定受益人赔偿的前提是：没有侵权人、不能确定侵权人或侵权人没有赔偿能力，而赔偿限度是受益范围。2011年《侵权责任法》第23条重申了《民法通则》第109条的规定，将受益人的补偿条件限定为侵害人逃逸或者无力偿还。无论是赔偿请求权的行使条件还是赔偿范围上都存在冲突。[48]

笔者认为，其原因在于缺乏从民体系化的视角来分析见义勇为，对它的内涵、义务、

---

[45] Cass., 23 agosto 1950, n. 2531, in Rep. foro it., 1950, p. 1728.

[46] Cass. 21 febbraio 1953, n. 427, in rep. foro. it., 1953, p. 1957.

[47] Bruno Troisi, Lo stato di necessità nel diritto civile, Edizioni scientifiche italiane, 1988, p. 65.

[48] 曾大鹏："见义勇为立法与学说之反思——以《民法通则》第109条为中心"，载《法学论坛》2007年第2期；王雷："见义勇为行为中的民法学问题研究"，载《法学家》2012年第5期。

责任缺乏一个整体债法上的把握。通过意大利法中私人救助制度的研究,笔者提出这样一个关于见义勇为的债法基础的分析框架。

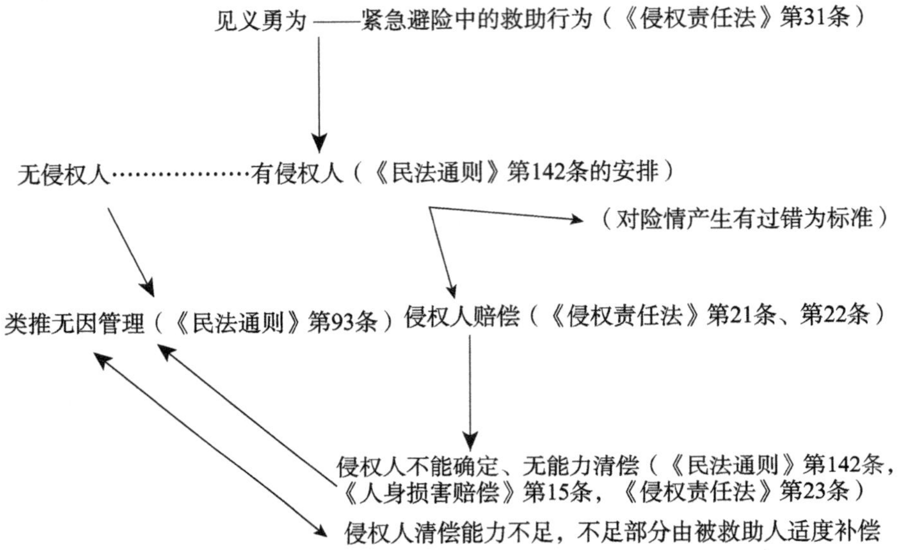

第一,对于危险状况中的救助行为认定可以适用《侵权责任法》第 31 条紧急避险中救助他人行为的构成要件来判断。

第二,在紧急避险的前提下,类推适用《民法通则》第 93 条的无因管理制度,《民法通则》第 142 条衔接了《民法通则》第 93 条与《侵权责任法》第 15 条。因此,如果只是支出费用,依照无因管理返还费用;如果受损,且没有侵权人,按照救助人请求,给予适度补偿。补偿范围应考虑受益范围、经济条件以及救助人的受损范围。虽然救助人的补偿范围会受到限制,但如果受救助的是生命权,这种利益范围也是巨大的,反之如果只是财物,那么救助只能以受益为限。只考虑被救助人的获利状况而忽视救助人的受损状况,是不平衡的。

第三,对于侵权人的存在与否,不能以对救助人的直接损害作为判断标准,其因果关系的建构应该是对于危险状态的形成有过错的人。

第四,侵权人能够确定,并具有清偿能力,由侵权人承担,此时适用的是《侵权责任法》第 21 条和第 22 条。

第五,侵权人不能确定或者无能力,由救助人承担适度赔偿责任。如果是不能确定,同步骤二的第二种情形。如果能够确定侵权人,但其财产不足清偿,则由侵权人和受救助人承担连带责任。《侵权责任法》第 23 条规定逃逸就要被救助人承担,这与以往的立法精神是不符的,应该先强制执行,执行后仍不能清偿,才应该由被救助人共同清偿。

与此同时,需要强调的还有救助人的义务。虽然避免英雄流血又流泪是研究见义勇为的民法问题的缘起,但民法强调权利义务的平衡,好心也有可能办成坏事,比如见义勇为者的危难救助行为没有使他人受益,甚至有可能在救助中不慎损害了他人的利益,因此必须规定救助者义务。基于从罗马法以来,无因管理与委任合同的内在联系,可以类推适用委托合同的义务以及附随义务,一方面保证救助行为的质量;另一方面也可以作为报酬请求权的基础。

见义勇为的民事责任

——日本法的状况及其对中国法的启示

章　程*

目　　次

一、问题的所在

在许多大陆法系国家民法中，见义勇为均位列无因管理范畴之中，但我国法上关于见义勇为则专设《民法通则》第 109 条，"因防止、制止国家的、集体的财产或者他人的财产、人身遭受侵害而使自己受到损害的，由侵害人承担赔偿责任，受益人也可以给予适当的补偿"，单列于无因管理之外，为专门规定。

在此条专门规定之下，见义勇为者①是否存在施救义务？见义勇为者就费用请求权和报酬请求权的法理基础是否有别于普通无因管理？上述两项请求权是否包含损害补偿/赔偿请求权？在法解释上要处理这一系列问题，必须厘清《民法通则》第 109 条和第 93 条（无因管理）、第 132 条（公平责任）以及最高人民法院《关于贯彻执行〈中华人民共和国民法通则〉若干问题的意见（试行）》（以下简称《民通意见》）相关条文之间的关系。而对于我国见义勇为特别规定在民法体系乃至公私法体系中的地位，则尚需要与他国比

---

* 台湾政治大学博士研究生。

① 本文中见义勇为者、施救者、（无因管理关系中）管理人、受害人均为同义，被救者、（无因管理关系中）本人、受益人亦为同义，下文视语境不同而用不同表述，特此说明。

较始可确定。

因此，下文首先将分析上述相关条文的构造及其立法沿革，并考察司法实务关于上述问题的立场，确定比较的对象与方法。其次将以日本法为比较对象，介绍日本学说和实务的见解。最后将从比较法的角度重新进行分析上述问题，解析见义勇为规定在我国法中的体系定位。

二、中国法上的状况

（一）条文构造与历史沿革

1.《民法通则》的不同规范

《民法通则》第 93 条位列“债权”一节，为无因管理一般条款，在学界并无疑义，而第 109 条则通常被看作见义勇为的专门规定。因此在两者关系上，究竟采法条竞合说还是请求权竞合说，乃至规范统合说，多所疑问。②

事实上如果细读条文，就可以发现第 93 条是“要求受益人偿付由此而支付的必要费用”，而第 109 条则是在制止侵害而自身损害时，“受益人也可以给予适当的补偿”。质言之，仅就条文本身而言，第 93 条的“必要费用”并不可以当然解释出“损害补偿”，而第 109 条也并没有赋予见义勇为者以请求权，见义勇为者所有的只是“受益人适当补偿”的给付保持力（抗辩权）而已。因此从《民法通则》的文意上看，此二者究竟何种关系，尚难定论。

2.《民通意见》的划一处理？

《民通意见》的出台，让两者一般法和特别法的关系趋于明朗。《民通意见》第 132 条明确规定，《民法通则》第 93 条的必要费用包括“受到的实际损失”；而《民通意见》第 142 条则规定“在侵害人无力赔偿或者没有侵害人的情况下，如果受害人提出请求的，人民法院可以根据受益人受益的多少及其经济状况，责令受益人给予适当补偿”，说明见义勇为者对“适当补偿”不仅是有给付保持力，还有胜诉权（乃至实体上的请求权）。③

因此，在《民通意见》出台之后，至少从文意上来看，《民法通则》第 93 条和第 109 条似乎已变成了单纯的法条竞合，只要符合第 109 条的构成要件，原则上应当适用该条，如不符则回到第 93 条无因管理的一般条款。但这种一般法和特别法的关系并不能解决的理论问题是：在民法体系上，第 109 条究竟是一种“限定必要费用请求额”的特殊无因管

---

② 请求权竞合、规范竞合等法理论，参见朱庆育著：《民法总论》，北京大学出版社 2013 年版，第 552 ~ 554 页。

③ 严格说来，此条从人民法院角度讲，受益人有的也只是程序上的胜诉权，而非当然有实体上的请求权，两者区别在于是否要通过诉讼进行主张，只是实务和学界在此条上多不严格区别两者。

理,还是根本就是无因管理之例外?④

3. 历史上的差异定位

如果回顾20世纪80年代初《民法通则》起草的立法史,就可以发现第93条和第109条的关系并非如此简单。

在1980年的《民法草案》征求意见稿第一稿和第二稿中,都并没有无因管理的规定,无因管理条文的第一次出现,是在第三稿的第322条,当时位于“委托合同”目下,规定原文为“没有受人委托,也没有法律上的义务,主动代为管理有利于他人的事务的,应当受到表扬。因管理事务所支出的必要费用,受益人应当偿还”。⑤ 其后的第四稿中,此条条文号有所变动,但内容未变。在第四稿后,因为当时领导人贯彻“宜粗不宜细”的立法政策,以简明扼要的《民法通则》取代力求完备的民法典,无因管理的规定才从委托合同目下脱身而出,成为“债权”一节下的单独条文。

而反观第109条,反倒可以说是由来已久,在《民法草案》征求意见稿第一稿中,就有第439条规定:“公民在社会主义公共财产和他人的人身、财产遭受损害或者有遭受损害危险的时候,不顾个人安危,积极援救或者设法防止的,应当收到表扬或鼓励。公民因防止他人受损害而使自己遭受损害的,有关单位或受益人应当给予补偿。”⑥需要注意的是,与此条紧接的第438条规定“公民和法人有义务防止和避免对社会主义公共财产和他人的人身、财产造成损害”,第440条更规定了对“负有直接保护责任的人员”的责任追究。在第三稿和第四稿中,不过只是删除了第一稿第439条中“表扬”一款,其余条文尽数被保留下来,直到在《民法通则》中被简化为第109条。⑦

因此从立法史来看,脱身于委任合同规范下的无因管理条款,似乎从未想要处理紧急情况下的“见义勇为”,从“偿还”这一用语来看,文意上也意不在包括见义勇为所产生的人身损害,而只是通常管理的必要费用,从其一直放置于委托合同目下,也可佐证。

在此基础上,再对比见义勇为的条文的话,可以看到见义勇为条文之所以不归列于无因管理之下,一是因为立法者比较倾向限定无因管理于通常情况,在紧急情况——维护公共或他人人身财产免受侵害时,则设特别规定;二是因为见义勇为并非“无法律上之原因”,其义务规定乃由相邻条文明文予以规定之,也正因此,在《民法草案》中无因管理

---

④ 我国学者多数认为见义勇为中虽有其他法律问题,但其核心还是一种特殊的无因管理,参见徐武生、何秋莲:“见义勇为立法与无因管理制度”,载《中国人民大学学报》1999年第4期;陈林林、姚春芳:“无因管理中的损害赔偿问题探讨——兼及见义勇为行为的‘法律救助’”,载《浙江学刊》2004年第5期;王雷:“见义勇为中的民法学问题研究”,载《法学家》2012年第5期。

⑤ 何勤华等编:《中国民法典草案总览》(下卷),法律出版社2003年版,第536页。

⑥ 同上书,第427页。

⑦ 同上书,第553页、第615~616页。

必要费用的用语是基于“无因”的“偿还”，而对见义勇为者的损害，用语则是履行“有因”义务之后的“补偿”。

由此可以看出，从立法史来看，见义勇为在我国法上并非一种特殊的无因管理，立法者毋宁是将其无因管理的例外情况，予以另外规定、特别处理的。

（二）司法实务的立场

1. 条文适用状况概览

那么司法实务上对见义勇为的适用条文又是如何规定的呢？笔者利用“北大法意”查询后发现至今为止的案例中，2001～2005 年有 5 例见义勇为案例收于《中国审判案例要览》，除最近 2005 年的 1 例并未写明适用条文之外，⑧适用第 93 条⑨和第 109 条⑩的各有 2 例，甚至同收录于《中国审判案例要览（2002 年民事审判案例卷）》这一本的 2 个案例，也分别适用了不同的条文。在法条适用上司法立场之混乱，可见一斑。

然而如上文所述，第 93 条原则上是全额偿付，而第 109 条则只是“根据受益人受益的多少及其经济状况”补偿，因此纯从文意而言，两条文适用结果应当不同。事实上，在上述 5 个案例中，以第 93 条为判决理由的 2 个案例，是全额赔偿，适用条文不明的 1 例和以第 109 条为判决理由的 2 例，则是半额补偿。然而，笔者查询至 2011 年一共 12 例案例中，包括上述 5 例在内，以第 109 条（包括重复使用两条文在内）为判决理由的在多数，最近几乎再无以第 93 条为判决理由者，而从第 109 条的判决结果中大部分又都是半额补偿。

2. 第 93 条的适用正当性

从上文的分析可以看出，在见义勇为中适用《民法通则》第 93 条无因管理的一般条款对见义勇为者的损害进行全额偿付，在司法实务意见中并非主流，在法解释上似乎也违反了《民法通则》立法者当年的立法计划。

但事实上并不尽然如此，第 93 条的适用空间的存在，其实在一定程度上补足了侵权行为法的漏洞。登载于《中国审判案例要览（2003 年民事审判案例卷）》的浙江省绍兴市越城区公民法院民事判决书（2002）越民初字第 767 号，就是巧妙适用第 93 条的实例。该案例中被救助人实为自杀，见义勇为者因救助行为而受伤，法院适用第 93 条，判令被

---

⑧ 福建省泉州市洛江区人民法院民事判决书（2005）洛民初字第 150 号，收录于《中国审判案例要览（2006 年民事审判案例卷）》。

⑨ 江苏省南通市中级人民法院民事判决书（2001）通民终字第 1521 号，收录于《中国审判案例要览（2002 年民事审判案例卷）》；浙江省绍兴市越城区人民法院民事判决书（2002）越民初字第 767 号，《中国审判案例要览（2003 年民事审判案例卷）》。

⑩ 江苏省句容市人民法院民事判决书（2002）句后民一初字第 1112 号，收录于《中国审判案例要览（2003 年民事审判案例卷）》；河南省南阳市中级人民法院民事判决书（2004）南民一终字第 75 号，收录于《中国审判案例要览（2005 年民事审判案例卷）》。

救助人需要偿付见义勇为者所有损失。

也就是说,当陷入紧急情况或危险处境的原因可以归责于被救助人之时,此时见义勇为者如因救助行为受损害,可依照第93条的必要费用求偿全额损失。因为在此情况,见义勇为者的自甘风险构成被害人承诺,[11]从而会阻却侵权行为的违法性,其并无可能依侵权行为向有责的被救助人求偿。而按《民通意见》第142条的文意,“在侵害人无力赔偿或者没有侵害人的情况下”——只有在“非自陷危险型”见义勇为的情况,始有《民法通则》第109条的适用;而在“自陷危险型”见义勇为的情况,自然要回到作为无因管理一般条款的第93条,事实上该条也不失为补足侵权行为法漏洞的适当条文。

3. 第109条的补偿额度与公平责任

(1)补偿额度的左右因素

而在绝大部分“非自陷危险型”见义勇为的情况,法院正确的选择是应该适用第109条,补偿额度则需要考虑“受益人受益的多少及其经济状况”两项。

事实上在上述12例判决中,有10例均涉及人命救助,在这10例中,“受益人受益”实际上就是可能被挽回生命价值——不论救助本身成功与否——而可能被挽回的生命价值其实难以计算,因此法官在判决时仅仅考虑“经济状况”。只有在2例为财产救助的情况,法官考量到即使救助成功,受益人的全部受益不过是被救助财产之全部,因此可能会再去考虑“受益人受益”的多少——通常是限定在受益范围内负补偿责任。[12]

因此,理论上确定补偿额度的真正难点,在于确定受益者的经济状况。如上文所述,一般而言,司法实务的立场基本都是补偿额在半数左右,实际是否考虑受益者的经济状况,并无法从判决书中推知。

(2)公平责任的类型之一?

可以确定的一点是,法院在判断补偿额度时,从未明文引用《民法通则》第132条双方无过错条件下公平责任的条款[13]——当然“公平责任”本身的理论争议并不少,但在今日无过错责任堪称完备的我国,公平责任在我国民法应严格区别于通常的无过错责任,

---

[11] 严格来说,在刑法和民法的学理上,被害人承诺是否能阻却重伤害和生命侵害的违法性,都还有争论,但是在此处自甘风险的行为中,被救者并不主动对救助者进行侵害,因此在阻却违法性这一要件上应无任何疑问。

[12] 广东省广州市中级人民法院民事判决书(2008)穗中法民一终字第2843号。

[13] 截至2010年年底,有关见义勇为的司法实务中仅有一例言及第109条的基础是公平责任,为重庆市第四中级人民法院民事判决书(2009)渝四中法民终字第00274号。而在《侵权责任法》施行之前,其实有关第109条的大部分司法判决并非见义勇为,有21例都是立足于公平责任的角度来补强侵权行为法,数量多过纯粹的见义勇为,而现行《侵权责任法》完备之后,这些案件其实都可依侵权行为来处理。

应已是学界的共通认识。⑭

至于在理论上，第109条是否可以归于公平责任，需要看公平责任本身的定位问题，肯否意见也是多有论争。⑮ 但过去讨论《民法通则》第132条、今日《侵权责任法》第24条的公平责任之时，通常将其限定在侵权行为领域，如果承认此条有独立存在的价值，至少会去谈到被害人和加害人之间经济地位的不平等，也即一般会去比较双方的经济状况。⑯ 而第109条的适用，仅会去考虑受益人一方的经济状况，并不会考虑见义勇为者，因此这是两者之间的显著差别。

然而两者之间的共性在于，均已经在一般法的层面去触及分配正义的问题，通过给予民事法官以裁量权的方式实现一定价值下的资源分配正义。⑰ 因此广义来说，可以说第109条是旨在实现分配正义的公平责任的一种，但与第132条传统侵权法中考虑双方经济状况的公平责任相较，并非同一类型。

（三）比较法方法论的注意点

1. 交易成本降低与民法功能比较

民事法律，特别是一般民法之所以在世界范围内容易进行比较，就是因为其功能单纯，只要是用降低交易成本这个功能去定位相关的制度，几乎一定是可以找出在另外一个民法体系中相关论述。⑱

也就是说，一般民法的一个隐含的前提，在于从单纯效率的角度观察，无论立法或解释均致力于交易成本的最小化。因此无论是采登记生效的德国物权法还是合意生效的法国物权法，只要仔细去考量背后的交易风险防范机制——统一登记或分散公证人制度，总也能找出其努力降低交易成本的那个基本功能。⑲ 只要这一功能被定位好，在不同

---

⑭ 郭明瑞："关于公平责任的性质及适用"，载《甘肃社会科学》2012年第5期。

⑮ 持肯定说者，参见汪渊智：《侵权责任法学》，法律出版社2008年版，第59页；持否定说者，参见张金海："公平责任考辨"，载《中外法学》2011年第4期。但后者将见义勇为完全归于无因管理类型之一，殊值疑问。

⑯ 当然有学者认为高空抛物责任、紧急避险责任等都属于公平责任，虽有类型化之功，但既然其内涵已经被其他条文道尽，公平责任条文本身恐怕就连补充的意义也丧失殆尽，沦为赘文，更不用说诸种公平责任有何价值上的统一性，参见注14"郭明瑞文"。另外，前注"张金海文"对此类观点的批判颇值参考，笔者敬表赞同。

⑰ 分配正义在宪法上涉及财产权的内涵和侵害，在一般民法的司法层面处理分配正义问题，是否符合财产权侵害的层级化法律保留，不无疑问。不过考虑到1982年《宪法》其实是在《民法草案》诸稿起草过程中施行，直至《民法通则》，在见义勇为立法上有一贯立场，因此在思考此条是否构成财产权侵害时，需要注意到民法作为现行宪法先理解这一因素。当然，1982年之后我国宪法历经修改，总体上对私人财产权保护日盛，从而对此类涉及由民事司法决定分配正义的条文，也提出了更高的方法论和正当性要求。有关民法构成宪法先理解的论述，参见苏永钦："财产权的保障与大法官解释"，载《违宪审查》，台北学林出版社1999年版，第85页以下。

⑱ 这里的民法基本指的是有偿行为法，无偿行为法则因为目的多有不同难以进行简单的功能比较。See Richard Hyland, Gifts: A Study in Comparative Law 69 (New York, Oxford, 2009).

⑲ 关于德法制度在此的功能比较，参见鎌田薫，「フランスにおける不動産取引と公証人の役割（一）」，早稲田法学，1980年第56卷第1号，第66～69页。

的民法体系中,总不难找到对应的比较对象。

2. 全法体系的广义功能比较

然而,相对于降低交易成本的交换正义,或者立足于其反面的矫正正义,上文的分析已经揭示《民法通则》第109条会在一般民法的意义上触及分配正义问题。也正因此,下文不得不从更广义的功能比较的角度去考察一些问题——比如,就见义勇为而言,是否还有其他实现分配正义的立法,可以补强或限定《民法通则》第109条属于民事法官的裁量权?将一般私人之间的分配正义赋予司法、赋予民事法官的处理方式,在比较法上究竟处于何种地位,在各项国家权力的功能分配上是否最适?

换个角度来说,我国民法在见义勇为的个别条文上,或民法整体的功能定位上,是否与其他国家的民法有所不同?质言之,在"公私领域"的划分上,我国民法与其他国家是否本就不同?而非仅仅民法制度外观和论证方式的差异?

带着以上这些问题脉络,下文将不仅从民法条文和民法解释,更会从民法功能与体制角度来介绍和探讨日本法的状况。

三、日本法上的状况

(一)紧急无因管理的概况

1. 历史沿革与条文构造

众所周知,现行日本民法受德国法深刻影响,而作为现行法底本的旧民法,则受法国民法的影响。但无论是旧民法还是现行民法,都并没有如我国一样在无因管理制度之外设有见义勇为的特别规定,比较类似于见义勇为的规定,是紧急无因管理的规定,规定于现行《日本民法典》的第698条,更远则可追溯到旧《日本民法典》的第362条。

旧民法对于无因管理的规定只有旧《日本民法典》财产编的第362条,其仅将"当不在者的财产遭受侵害之时,无合意上、法律上或裁判上之委托,而以进行事务管理",[20]归为无因管理。从此可以看出,日本旧民法相比后来的德国民法而言,采取了相当自由主义的立场,仅在遭受负面损失的情况下始承认必要的无因管理的成立,对一般的有益无因管理则未予规定,而在无因管理的对象上,也以"财产"为限,并不涉及人身。

现行民法一反旧民法对一般性的有益无因管理的消极态度,参照德国民法订立了较为完整的无因管理条文。[21] 而其中第698条规定了紧急无因管理,"管理人为使本人能够

---

[20] 参见矶村哲「不当利得・事务管理・転用物诉権の关连と分化(1)」,法学论丛1944年50卷4号第65页以下的分析,在比较法上,19世纪的普鲁士州法,奥地利民法有同样的立法例。

[21] 新旧民法从必要无因管理到有益无因管理立场转变的分析,参见谷口知平、甲斐道太郎编集『新版注釈民法18』,有斐阁1991年版,第129页以下(高木多喜男执笔)。

避免其身体、名誉或财产遇到的紧急危害而做出的事务管理,除非有恶意或重大过失外,对因此发生的损害不负赔偿责任”。[22] 也就是说,紧急无因管理除了赔偿责任降低之外,其他的法律构造都要回归到一般无因管理。

2. 判例/判决的缺位

不过日本现行民法历经 110 多年,至今只有一件因为成立财产的紧急无因管理而阻却违法性,从而不构成侵权行为的下级审判决[新潟地判昭和 33 年(1958 年)3 月 17 日],[23]人命救助等紧急无因管理至今未见诉至法院者。

(二)紧急事务管理的要件与效果

1. 构成要件

(1)何为他人遭受侵害

①紧急危害的客体

如条文所述,我国法上的见义勇为的对象仅包括“财产、人身遭受侵害”的情况,而日本法则单列出“名誉”,而理论上我国法上从“人身”的文意虽能解释出包括名誉在内的人格权,但我国法上无论学说实务,在《民法通则》第 109 条的操作中都未曾看到过这种解释。[24] 实际上无论中日,就名誉等人格权尚未发生过紧急无因管理或见义勇为的案例。

②紧急危害的原因与程度

至于日本法上的“紧急危害”与我国法上的“侵害”相比,解释上除了包括第三人侵害与无侵害人(天灾)的情况之外,文意上应该还包括本人自己造成紧急危害的情况。

至于紧急危害的程度,学说原则上认为与《日本民法典》第 720 条侵权行为中紧急避险与正当防卫的程度相当。[25]

(2)无法律上的原因

紧急无因管理作为无因管理的一例,除“紧急危害”之外,在构成要件上与一般无因管理并无不同,也必须符合“无法律上原因”这一构成要件。也就是说,在日本法无因管理一元构造的体系下,紧急无因管理者也不可能负有救助义务,一旦负有救助义务,也就不成立紧急无因管理。

---

[22] 本文若无特别说明,现行日本民法典的翻译均取自渠涛译:《最新日本民法》,法律出版社 2006 年版。

[23] 『下级裁判所民事裁判例集』9 卷 3 号,第 415 页。

[24] 日本现行民法的起草者梅谦次郎就指出,为防止本人名誉受损,在本人不在的情况下登报反驳他人的情况,构成此处的紧急无因管理。但此类情况如果在中国,至少应该已不在见义勇为的范畴。参见梅谦次郎『民法要义卷之三(债権编)』(大正元年版复刻),有斐阁 1984 年版,第 824 页以下。

[25] 前注 21 书,第 239 页(金山正信执笔)。

2. 法律效果

(1)是否阻却违法性

在日本法上,除非恶意或重大过失,紧急无因管理本身就会阻却违法性,侵权行为也因此不会成立,此为鼓励民众进行他人紧急无因管理的一项规定。我国法上并无类似规定,但赔偿责任涉及立法政策问题,立法若未表明态度,法官很难逾越立法和司法的分权,以法解释的方法让轻过错的见义勇为者免于侵权责任。

(2)受损害的求偿权

《日本民法典》第650条第3款规定:"受托人在处理委托事务中,非因自己过失而受到损害时,可以请求委托人对其赔偿",也就是说,如果有委托合同存在,受托人有损害赔偿请求权。与此相对,无因管理并没有类似明文规定,日本多数学说也并不认为此处应当如德法民法一样类推委托合同的规定。因此管理人/被救者自身受损之后的求偿权,在日本法上则还是要回到无因管理的一般规定,也即看其是否属于《日本民法典》第702条的"有益费用"。[26]

①多数说:预见可能的类型化说

日本学说上多数说认为,"有益费用"并不概括受人身损害。多数学说认为,民法的无因管理制度只是在被救者预见可能的范围内处理费用返还的问题,而并不概括性地处理被救者和被救者之间的人身损害分配。[27]

具体来说,应当看施救者/无因管理人在实施管理行为之时,是否预见到可能发生的损害,并将其计算在内进而决定进行施救。比如为抢救溺水者的衣物污损,一般就属于"有益费用",至于说因此受伤的医疗费用,一般则被认为是"偶发的费用",不在被救者预见可能并计算在内的范围之内。[28] 因此"有益费用"概念下究竟包含多大的求偿权,应当根据具体情况类型化处理,但多数学说均认为,因此死亡而产生的费用及一般情况下因受伤产生的费用并不在"有益费用"之中。[29]

②少数说

与上述多数说相对,早期的少数学说认为应当无因管理对于损害赔偿的处理与委托

㉖ 鸠山秀夫『增订日本債権法』,岩波書店1924年版,第776页;末弘厳太郎『债権各论』,有斐阁1918年版,第920页;我妻荣『债権各论下Ⅰ』,岩波書店1972年版,第922页。

㉗ 前注21书,第239页(高木多喜男执笔)。

㉘ 前注26末弘书,第920页注31;我妻荣书,第922页。

㉙ 四宫和夫「委任と事務管理」,『谷口知平教授還暦記念不当利得事務管理の研究2』,有斐阁1971年版,第315页以下。

合同相同,承认本人的赔偿义务。[30] 另外,早期的一些民法大家如末弘严太郎教授和我妻荣教授,其虽然认为在解释论上无法在有益费用概念下尽数认可损害赔偿,但在立法论上,应当无因管理在此处应当考虑与委托合同的关系,在损害赔偿上或应与委托合同相同,[31]或略低于委托合同即可。[32]

(3)报酬请求权

原则上依照无因管理的规定,通说认为被救者并无报酬请求权。除非有特别法上的规定(如海难救助,参见《日本商法典》第800条),一般认为只有被救者自身的职业或营业范围内实施的行为(如医生),才可能有报酬请求权的问题。[33] 但是在法理上,通说认为此种报酬请求权也应当归于被救者所支出的"有益费用"之中。

(三)公法上的补偿与救济

跳脱单纯的民法无因管理框架,在广义上上述施救行为应该如何救济,民法/警察法学者广中俊雄教授的意见颇具代表性。广中教授认为,类似救助活动属于必须站在社会整体的角度去考虑之事,因此国家应当首负其责,完善公共救助活动体系,警察、消防等部门有公法上之义务,应成为第一位的责任承担者。而当一般人承担本该属于警察、消防的责任之后,对其损失也应该利用公法层面补偿制度来对其进行救济。[34] 换言之,如果被救者是警察、消防等,在其职务过程中因其负有公法义务而无法成立无因管理,而现行法上一般人实施救助行为遭受损害时的公法救济,则经历了如下阶段。[35]

1. 对正在执行职务的警察进行协助

按照《警察职务协力援助者灾害给付法》(警察官の職務に協力援助した者の災害給付に関する法律)(1952年),协力援助警察职务者在此过程中——对事实上正在执行职务的警察进行协助——遭受损害,中央或地方国家机关负有灾害给付之责任,按照该法第5条规定,给付内容包括疗养给付、伤病给付、残障给付、遗属给付、丧葬给付、误工给付等。对海警进行职务上之协力援助者,亦有设有相同制度(《海警职务协力援助者灾害给付法》(海上保安官の職務に協力援助した者の災害給付に関する法律)(1953年)。

---

[30] 小池隆一『准契约及事务管理の研究』,慶應義塾大学法学研究会,第352页;松坂佐一『事務管理不当利得』,有斐阁1973年版,第6页。

[31] 前注26末弘书,第920页注30。

[32] 前注26我妻荣书,第922页。我妻荣在无因管理有益费用的解释上,比较有积极,在救助溺水人的情况,其认为因此受损而生的医疗费用都应该在可预见的范围内,当然此说也是少数说。

[33] 前注29四宫文,第313页;小脇一海「事務管理の効果」,『谷口知平教授還暦記念不当利得事務管理の研究1』,有斐阁1970年版,第380页以下。

[34] 広中俊雄「人命救助と救助者の损害」,『民法论集』,有斐阁1971年版,第181页以下。

[35] 前注21书,第182~183页(高木多喜男执笔)。

2. 有故意侵害人但警察不在场时的救助

上述两部法律在1959年修改之后,进一步扩张了其适用范围:对于杀人、抢劫盗窃等侵害生命、身体、财产的现行犯,在普通警察和海警不在场之时,一般人对受害人如果实施救助,其损害补偿有上述二法的适用。

3. 一般性的人命救助行为

《警察职务协力援助者灾害给付法》在1961年进一步修改,对一般性的救助行为全面适用。按照修改后的第2条第2款,"对因水灾、山难、交通事故等事故陷于或即将有生命危险之人,不顾自身危险,并非基于职务进行人命救助者",均可适用该法。当然,作为公法上补偿的前提,被救者是否该当协力援助者,需要由该救助者所在的都道府县的公安委员会进行认定。

4. 消防法的特殊情况

依照《消防法》第25条第1款、第2款规定,火灾发生时,火灾现场附近的人对消防、人命救助等消防工作负有协力义务,因此并不该当无因管理,如因此死亡、受伤,则依市町村条例规定对其本人或遗属进行损害补偿。

5. 小结

总结上述各点,可以看出,除《消防法》的特殊情况之外,在一般性人命救助和重大财产犯罪现行犯的情况,公法上对施救者都会有相应的行政补偿。对于行政补偿不足的部分,多数民法学者认为,应考虑修改特别法以增加给付额的方法来,而不应回归到民法无因管理中"有益费用"做扩张解释。

但是需要注意的一点是,此处的救助行为,均是自主性的救助行为,而不限于被动的"自我牺牲"。德国法上有将道路交通上的自我牺牲归为无因管理(但是限制赔偿额)进行处理的判决,在日本法上因为并未发生过类似案例,是否可依回归到无因管理处理,颇有疑义,但如果按照上述主流的"预见可能性"说,此处解释为"预见并预先计算入"的"有益费用"应当不无可能。㊱

(四)小结:规范内外的差异

1. 日本法的基本架构

(1)体系架构:行政补偿+无因管理救济

从以上的分析可以看出,日本法与我国法有相当大的体系差异。对见义勇为在制度上基本分两部分处理,最主要的一部分还是通过较为严密的行政补偿网络,对人命救助

㊱ 前注30松坂书,第19页以下;四宫和夫『事务管理不当利得不法行为(上卷)』,青林书院新社,第15页。

型见义勇为所生之损害进行广泛的公法救济。

在民法领域,则是通过操作“有益费用”的概念,类型化地承认自身的财产损害可以通过无因管理进行救济,至于对身体乃至生命损害的救济,通说则认为已经超越无因管理的制度本意,持消极态度。

(2)施救义务与其他救济方式

因为日本法上存在公法和民法两种应对方式,因此对见义勇为人的施救义务,也可以从公法(行政法)上的施救义务和民法上的施救义务两方面去观察。

①民法施救义务与不作为侵权

单纯民法上有施救义务者,乃是基于特定的法律关系,如夫妻身份、先行致险行为、合同衍生之保护义务等。此处如不施救,则构成不作为侵权,而一旦施救,因其救助有法律上之原因,并不构成无因管理。[37]

②公法(行政法)上的救助义务

与之相对的,是另一种单纯公法(行政法)上的救助义务,具体例为消防法上的协力义务。此类义务的对象是国家,对被救者只有反射效力,也并非民事义务,被救者故不因此当然有民法的请求权。因此,不施救助,义务主体承担行政责任,一旦实施救助,也因有法律上之原因,并不构成无因管理,相反,其在救助活动中的伤害可依照行政补偿关系而获得救济。

③兼具公私法性质的救助义务

而警察、消防等公部门的救助义务,则是兼具公私法性质的。因为救助是警察职责所在,因此如能救助而不施救,在民法上会构成不作为侵权,在行政法上警察则面临内部惩戒。

相反,一旦实施救助,因其有法律上原因,无法构成无因管理,只有向作为义务人的国家主张,以工伤赔偿、工伤保险等制度获得救济。

(3)施救者的求偿法理

如上文所述,日本法上真正可称为见义勇为,只有上述三种救助义务者之外的一般社会人,在求偿上一般做如下处理。

①求偿基础

对一般人而言,如果是财产损害,一般可以无因管理的必要费用向被救者求偿,因其法律构成为无因管理,故无论救助行为是否成功,只要证明其确为必要费用,则可求偿。

---

[37] 此处不排除施救者有刑法上的义务及不作为犯罪责任,但通常而言,侵权法上的义务较刑法轻,而且落实到程序法的责任认定上,侵权责任亦更容易被认定。参见藤冈康宏『不法行为法』,信山社 2013 年版,第 115 ~ 120 页。

如果是身体损害,通说认为并不属于无因管理的必要费用。如果符合《警察职务协力援助者灾害给付法》等法律,可被认定为"协力援助者",则可获得来自国家的行政补偿,如无法被认定,则再无其他救济方式,仅能回归到一般性的社会救助和社会保障。

②报酬请求权

对于见义勇为者的报酬请求权,日本法认为在无特别法的情况下,只有救助者系属特别职业如医生等情况下,方可在必要费用概念下请求报酬,一般人则没有报酬请求权。

此外,需要注意如果因身体损害导致误工的费用,原则上不属于此处的报酬请求权问题,而属于因身体损害而衍生的误工费用,需要回归到其是否是公法上的"协力援助者",判断其是否得以行政补偿获得救济。㊳

2. 规范背后的差异

(1)公私界面的不同

从上文的分析可以看出,在见义勇为规范的背后,日本法公私领域的界面与我国法并不相同。这种不同可以分为以下两个层面。

第一个层面是领域上公私界面的不同。日本法认为发生天灾等事故之时,第一位的责任者应该是国家,所以首先发生的是公部门和被救者之间的公法关系,一旦施救者承担起公部门角色,则其因此所受之损害,由行政补偿来处理。而我国在此方面的概念则有不同,如我国《国家赔偿法》甚至都没有公共构筑物责任,如因堤防不良造成的水灾,在我国被认为是天灾,而并不认为是国家责任问题——在日本则是明显的国家赔偿问题。㊴同理在见义勇为领域,我国长久以来也没有相应的行政补偿机制,不过近年来各地出台见义勇为的专门立法,可以看到民法之外的其他补偿方式也在不断强化,但也未必采行

㊳ 另外,如果危难事件由第三人导致,那施救者是否可请求第三人承担侵权责任?日本法上未见相关讨论。但一般来说,见义勇为都是由施救者主动进行施救,理论上自甘风险的行为通常构成被害人承诺,从而阻却他人的违法性,但是以下两种情况依然有侵权责任成立的空间。一种是施救者是基于特定身份存在救助义务的情况。首先,只有施救者有救助义务,才不会因自甘风险而阻却违法性。其次,此时导致危难事件的第三人必须可以预见有救助义务的施救者会因救助而受损害。再次,导致危难事件的第三人有义务回避上述损害结果的发生。最后,也是最关键的问题,就是施救者受损害与危难事件的发生存在因果关系,即危难事件发生一般能导致施救者前来施救并因此遭受损害。另一种情况是上文所述的道路交通上的自我牺牲。这种情况下之所以德国法用无因管理来解决,是因为开车者和步行者二者都没有过错,因此相互之间均不构成侵权,自我牺牲者为避免撞上步行者,因此转向而自负损伤。但是在此情况下,其实还有另一种解释可能,即存在第三人的侵权行为,如道路标识等本身存在设置管理上的瑕疵。此时,只要管理设置瑕疵本身可被证明,则可向第三人主张侵权责任。

㊴ 日本的状况参见吉田邦彦『不法行為等讲义録』,信山社 2008 年版,第 151 页以下。

政补偿的方法。[40] 因此宏观地来看,我国民法里的见义勇为条款之所以承担更大功能,乃是因为我国公私领域的界面不同于日本。

第二个层面是工具上公私界面的不同。在日本,不同经济地位归于典型的公法领域,不会用一般民法来处理分配正义问题——特别民法则因其政策取向规制手法有所不同,但通常消费者法等特别民法仍不会处理分配正义问题——而我国则会在一般民法的层面赋予法官以自由裁量权,考虑民事主体的经济地位。

(2)更广域的社会背景

另一个隐藏在规范背后的问题,也是日本为何几乎没有见义勇为成讼的原因,还在于日本在事实层面比较完备的公共保障。

第一,是警察、消防等部门的配备量。根据徐国栋教授在2006年的一篇文献中引述的数据,在当年左右,日本警察与人口构成比为1∶148,而仅有46万人警察的中国,这个构成比为1∶2653,即使是在大城市,上海是1∶442,北京是1∶348,亦与日本不可同日而语。[41] 因此相当长的时间内,中国社会还无法完全仰赖政府的公共服务提供,而必须要依靠此类互助性的见义勇为制度。

第二,是社会保障制度的健全与否。上文提到的中国见义勇为案例,很多都发生在社会保障薄弱的农村地区,一旦遭受人身损害,对被救者的家庭经济将造成重大打击,而被救者一旦偿付,自身也可能遭受较大经济冲击。而在日本,除了上述公法补偿之外,由于国民健康保险在内的社会保障和社会救济制度相对完备,对民法上的救济也就不是那么迫切。[42]

四、从比较法视角重审中国法

(一)比较法上中国法的地位与课题

1. 中国法的比较法地位

相比于德国民法无因管理类推委托合同损害赔偿规则,对身体损害和财产损害一

---

[40] 日本法上公法救济的定位是典型的行政补偿,而我国法因在前提上并不认危机情况的生命和财产救助为可转化为责任之国家义务,因此纵使由国家抚恤,性质上也并非行政补偿,而社会救济中的急难救助;另外,我国各地的见义勇为立法中,还广泛存在非营利组织为主体的民事赠与,目的也在填补损害和救济之间。至于纯粹见义勇为奖励,其目的并不在填补损害,与前两者有性质上的区别,自不待论。

[41] 徐国栋:“见义勇为立法比较研究”,载《河北法学》2006年第7期。

[42] 当然,不可否认的是可能还有中日两国法文化与纷争解决方式的原因,特别是见义勇为多是发生在熟人之间的诉讼。有关日本在此方面的研究,可参见星野英一编『邻人诉讼と法の役割』,有斐阁1984年版,篇幅所限,此点讨论本文在此割爱。

律救济,[43]日本法则严格区分身体损害[44]和财产损害,前者为公法救济,后者为私法救济。

中国法则不区分身体损害或财产损害,对自陷危险型,全都回归到无因管理的必要费用(不似德国法需类推委托合同规定);而在非自陷危险型,则通过见义勇为的适当补偿来进行填补。近年来国家对此亦逐渐建立起民法之外的各类其他补偿方式(法律构成上有来自公部门社会救济、来自非营利组织的赠与),原则上对以上两类型都有适用。

表1

<table>
<tr><th></th><th>德国民法</th><th>日本法</th><th colspan="2">中国法</th></tr>
<tr><td>身体损害</td><td rowspan="3">无因管理
(类推委托
合同损害赔偿)</td><td>行政补偿</td><td rowspan="2">无因管理必要费用
(自陷危险型)</td><td rowspan="2">见义勇为适当补偿
(非自陷危险型)</td></tr>
<tr><td rowspan="2">财产损害</td><td rowspan="2">无因管理
必要费用</td></tr>
<tr><td colspan="2">社会救济(急难救助)、民事赠与</td></tr>
</table>

2. 中国法上的课题

由上文的分析可见,无论德国法或日本法,在见义勇为的处理上都比较明朗。相比之下,中国法上的课题,不明确处主要有以下两项。

(1)如何细致化构造“义务”

首先,从立法史来看,见义勇为是因存在公民见义勇为的义务,因而脱离无因管理成为独立类型。但这里的见义勇为义务乃是在最一般法层面而言,仅从条文文意而言,基于特定身份的警察、基于特定关系的夫妻之间,如果危难救助,都可以算见义勇为,但法解释上又显不适当——也就是说,有必要将这里的义务分层构造区分出不同类型适用。

(2)打开“适当补偿”的黑箱

另外,是确立见义勇为后适当补偿的操作方式。在自陷危险型,无因管理必要费用应当全额偿付,但是在非自陷危险型,适当补偿究竟要用怎样的顺序,参酌怎样的标准,在方法论上始终还有很大的黑箱。

在此,无论是回归无因管理必要费用处理的日本,还是在无因管理中类推委托合

[43] [德]迪特尔·梅迪库斯:《德国债法分论》,杜景林、卢谌译,法律出版社2007年版,第508页。

[44] 严格来说,这里是因身体伤害所生的损害,而非简单的身体损害,比如误工费用,就也在日本的行政补偿之内。参见上文日本《警察职务协力援助者灾害给付法(警察官の職務に協力援助した者の災害給付に関する法律)》第5条第2款。

同损害赔偿的德国，都不存在此类问题。因此这也是中国在比较法上的特殊课题。

(二)义务的分化构造

1. 义务规定的历史意义

在本文最初部分做条文的历史回溯之时，曾言及20世纪80年代《民法草案》前后四稿中均规定了公民有见义勇为的义务，因此见义勇为本身构成法律上的原因，而成为无因管理制度之例外。

然而此处的"义务"规定在法解释上究竟如何再构造，至今没有人去仔细论述过，我国学说多认为《民法通则》第109条仅是第93条的特别法而已。事实上如上文所分析的，非但见义勇为本身不是特殊型无因管理，而且第109条处理的仅是"他人侵害或无侵害人"时见义勇为的问题，如果加害人就是本人，则并非第109条的文意空间所可及，此时的见义勇为也并不是公民的义务，自然不构成法律上的原因，条文的适用就要回归到第93条的一般无因管理。

质言之，《民法草案》中"义务"规定的首要意义，在于厘清第93条和第109条不同出身以及两条之间的原则与例外关系。

2. 为"义务"解锁

不过参考上述日本法的想法进一步去思考此处的"义务"的话，其实在条文上仍有进一步解释空间。

(1)义务的多种构成可能

这里关键的问题在于如何解锁"义务"。通常我们会将义务、责任、请求权全部捆绑在一起，违反义务就会产生责任，进而需要请求权以实现责任承担。但在法理上这样的法锁并不必然。[45]

首先，承担义务并不意味着义务一旦不履行，就必然转化为可以请求的不履行责任，合同法上的不真正义务、宪法上国家的基本权保护义务，都未必对应责任和请求权。[46]《民法草案》此处笼统地讲公民有见义勇为的义务，就并未规定如不履行将会承担何种责任；退一步言，即使转化成民事责任，也未必需要赋予特定民事主体以请求权来实现这种责任。

---

[45] 我国民法学者魏振瀛对责任与义务关系有较多研究，颇值参考。参见魏振瀛："制定侵权责任法的学理分析"，载《民事责任与债分离研究》，北京大学出版社2013年版，第222~226页。

[46] 众所周知，合同法上的不真正义务其实是对自己的义务，纵使不履行对方亦不能请求，只能主张就因此而生的扩大损害不承担责任而已。而宪法上的基本权保护义务，是单纯的义务还是也对应权利(人民的请求权)，如国家不履行是否有其责任，则学说各异多所论争。参见许宗力："基本权利第二讲：基本权利的功能"，载《月旦法学教室》2002年第2期。

换言之,这里的义务可以只是单纯构建"法律上原因"——其功能仅是使见义勇为不落于特殊型无因管理,也可以连接到义务的不履行责任,使得能见义勇为而不为者向特定民事主体承担责任,但即使在这种情况,在责任承担的构造上也完全可以仅赋予特定民事主体以给付保持力(抗辩权),而不赋予主动的请求力(请求权)。[47]

另外,从《民法草案》关于义务的原文是"公民和法人有义务防止和避免对社会主义公共财产和他人的人身、财产造成损害",从文意来看,这里也可以分为公法义务和私法义务两种。特定身份的警察、消防既有私法义务,也有公法义务,而一般人可能基于特定身份有与责任相关联的私法义务,或仅有单纯并不对应责任的义务。

(2)四种义务的构成方式

因此,下文就尝试根据不同的法政策,将义务承担者和承担方式——是承担公法义务还是私法义务,如生损害如何救济——再予以细分,分为四类主体,列表如下。

这其中归于第一类的一般人的施救义务并不对应具体责任,一旦进行施救,则可以就损害主张第109条的救济,也可以依各地方立法申领见义勇为金。

第二类是基于特定身份、合同、先行行为等法律关系,负有民法上的施救义务,如不实施救援便会落于侵权行为,但即施救,因其特定法律关系存在,也无法主张见义勇为的成立。

第三类是警察、消防等公部门,其施救义务混合公私法层面。被救者可以令其承担可请求不履行责任的施救义务,也就是不作为的侵权责任,而警察如能施救不施救,也将面临行政系统的内部惩戒。当然在施救过程中如遭损害,警察一般有相应的公法上的补偿,因此在执行公务之时,一般并不成立见义勇为,也无法适用第109条。

最后一类是在特定情况下的普通民事主体,如日本消防法中课以其施救的协力义务的民事主体,在中国《消防法》上也有类似条文(第44条、第45条),如不协力还可能被课以行政罚款,但正因协力义务指向国家,因此即使义务违反,被救者也不能就此主张侵权责任的成立。不过相比日本法,我国并没有规定协力义务者一旦受损害有何公法上的救济,理论上如果不履行义务有行政罚款,则评价应该一致,在受损害时得到相应的公法上的行政补偿;但在目前无行政补偿的明文立法之时,解释上宜让其成立见义勇为似较公平。

因此在解锁义务之后,可以看到真正要适用见义勇为条款的应该是第一类和第四类

[47] 有给付保持力而无请求力的债权/责任有很多,赌债就是一例,时效若采请求权消灭说,则时效经过后的债权也是此类。另外当然民事主体之间基于契约自由也可以自己设定这样的债权或责任,比如可以设定债务不履行责任不能以请求履行,但履行后有给付保持力。

民事主体。

表 2

类型	单纯私法义务	连接责任的义务		
法律地位	提供事务管理之法律原因	私法义务+责任	混合公私法义务+责任	公法义务+责任
法律义务	施救义务仅不对应具体责任	特定身份、合同、先行行为等衍生施救义务	警察等公部门施救义务	消防法上的施救协力义务
不履行义务之责任	无责任	侵权责任	侵权责任+内部惩戒	无侵权责任,有行政罚款
损害救济	各类补偿+《民法通则》第109条	不构成见义勇为	工伤保险等	行政补偿还是见义勇为存疑

(三)适当补偿要如何操作

上文言及,《民法通则》第109条在具体操作之时,多半判以费用折半补偿,参考指标相当不明朗,下文尝试建立一定操作顺序和标准,以使得此条的操作透明化。

1. 确定受害人补偿需要

《民通意见》第142条在"适当补偿"时,限定其应在"侵害人无力赔偿或者没有侵害人的情况下",由该条文的反面解释可知,只要侵害人赔偿满足受害人需要,受害人则对受益人无请求权,可知此处的补偿目的在于损害填补,因此如既有的其他补偿已经满足受害人需要,应可以不用再由受益人来补偿。日本法上以公法补偿覆盖人身损害的"公法优先"的方式,似乎值得我国参考——在确定受害人补偿需要之时,是否要将社会救济性质的急难救助或补偿性质的民事赠与纳入考量范围之内?

本文认为,在此必须分清中国的急难救助、民事赠与和日本法上行政补偿的关系。急难救助系属政府提供之社会救济,并非行政补偿,原则上应当有最后性,反而在民事救济之后;而民事赠与则并无此限制,因此具体操作上,如果急难救助不应在被救者补偿之前发放,而民事赠与如果在被救者补偿之前,则可以确定受害人补偿需要时扣除之。[48]

---

[48] 需要注意的是,这里应当从实质上去认定见义勇为者受到的其他补偿性质究竟为填补损害还是行为奖励,而不宜以简单的名义来断定。

2. 财产受益与人身受益

中国的司法实务已经很清楚区分了财产受益与人身受益的情况,前者以所救助的财产范围为受益人受益范围,在后者则不需确定受益人受益范围,值得以之为标准。

但是此处的问题是,如果救助行为失败,是否还能请求?日本法上对人身损害的行政补偿,并不以救助行为是否成功为对象,而财产损害因属于无因管理之费用,其请求亦不受管理行为本身是否成功影响。[49]

我国法上见义勇为并未采无因管理构成,因此"受益人受益的多少"在文意上有解释为"可能受益多少"或"实际受益多少"皆有可能。上引司法实务上在人命救助的案例中均未有救助行为失败的情况出现,但是在财产救助是以所救助财产范围之总额,而非救助者实际救助之财产为"受益人受益"标准,似乎可以推测"可能受益多少"是一个更可能的解释方向。

3. 如何考虑"经济状况"

然而第109条操作的最大黑箱,还是受益人"经济状况"这一因素,在能查到的见义勇为判决书中,都没有关于受益人经济状况的论述。实务中一般就是不论受益人实际的经济状况,均判令折半补偿。

事实上对没有足够资源去调查受益人经济状况的法官来说,折半补偿确实是比较稳妥的一种方式。不过上文业已论证,民事赠与型的损害填补,可能在民法上见义勇为救济之前,因此在此基础上重新检讨折半补偿,必须要注意到以下几点问题。

首先,上文言及首先需要确定受害人的补偿需要,折半补偿是就受害人的所有损害折半,而非将接受其他损害填补之后差额部分折半。

其次,如果受害人接受其他损害填补已经超过损害补偿的半数,则受益人只需要填平剩下部分即可,因为此处的补偿意不在奖励见义勇为者使之得利。

最后,折半补偿的前提,是建立在受益人"经济状况"的一般推定上。在具体裁判中,法官宜将证明具体经济状况之责课以受益人,如提供低保证明、纳税单据等文件以供裁判参考,若无类似文件,则以折半补偿为原则裁判,如此既可提高裁判结果的透明度和可预见性,也可免去对法官没有资源处理分配正义问题的指责。

(四)结语:方法论上的未尽课题

如果将中国民法上的见义勇为制度对比德、日两国民法,可以发现此处的补偿制度在比较法上是一个异类。从中国法的特殊性上,见义勇为制度至少可以有三个不同的面向可以去观察:首先,见义勇为本身在中国法文化甚至法制度上,有不同于他国的历史脉

---

[49] 前注36四宫书,第34~35页。

络，这是传统中国法制史的面向；[50]其次，见义勇为在民法中“义务化”的过程，与中国继受苏联的社会主义法制有相当大的关系，这是社会主义法研究、法律继受的面向；[51]最后，见义勇为在学说上长期被归入特殊无因管理的一种，第93条和第109条在实务中也经常混用，这是中国近20年来对大陆法系民法学说继受、理论继受的面向。

上述三个面向各有交缠，比如传统中国的公私领域和社会主义法制的公私领域分界，就在我国法中以一种结合方式留存下来；这三个面向各自也内含乾坤，比如在20世纪80年代的民法起草中，我国立法者对大陆法系无因管理知之甚多，却在《民法通则》及《民通意见》中均采用简约立法方式，其实是刻意保持弹性，对大陆法系诸国的制度继受、学说继受抱持警惕态度，学界自不可不察。[52] 篇幅所限，本文无法将这三个面向一一剥离，次第分析。陋如本文者，如果在分析方法和问题意识上，能给以比较法视野分析研究我国法的学者们提个醒，那么这篇小文的目的也就达到了。

---

[50] 郑显文：“中国古代关于见义勇为的立法”，载《中外法学》1999年第6期。

[51] 有学者指出，中国见义勇为的立法其实正是起源于苏联，参见王竹、郑小敏：“我国侵权法上公平责任的类型化研究——兼评《民法通则》第132条在公平责任中的地位”，资料来源中国法学网，http://www.iolaw.org.cn/showNews.asp? id = 16862，2013年4月10日访问。

[52] 在当时大多数起草者都参与编写的教材中，无因管理部分所述甚详。但如本文前述，即使是第三、四稿草案中，无因管理的条文也只有一条，为何会产生此种差异，是否立法者故意留白，都是立法史研究上的课题。参见佟柔编：《民法原理》，法律出版社1983年版。

论英美法上的好撒马利亚人

李　昊*

目　次

一、引言

（一）英美法上的好撒马利亚人的概念

英美法上和我国法上见义勇为者类似的概念是“好撒马利亚人”（Good Samaritans）。① 在英美有关好撒马利亚人的立法中，这一概念被用于指称帮助处于危难者的人。② 它体现了基督教对救助人（rescuer）的理解，具有特定的文化背景。③ 在英美

---

* 北京航空航天大学法学院副教授。本文为国家社科基金一般项目“侵权责任法实施中的疑难问题研究”（12BFX083）的阶段性成果。

① “好撒马利亚人”与“见义勇为者”两个概念都涉及紧急情况下对他人的救助行为，就此而言，二者是一致的，但我国地方的见义勇为奖励和保护立法将见义勇为的情形主要界定为与违法犯罪行为做斗争和抢险救灾，如《北京市见义勇为人员奖励和保护条例》第 4 条、《上海市见义勇为人员奖励和保护办法》第 2 条、《广东省见义勇为人员奖励和保障规定》第 2 条等，而英美法中的“好撒马利亚人”的范围更为宽泛，例如，在美国，食品捐赠人也被称为好撒马利亚人（如 1996 年 10 月 1 日美国总统克林顿签署的《好撒马利亚人食品捐赠法》（Good Samaritan Food Donation Act））。

② Pam E. Stewart, Anita Stuhmcke, *Australian Principles of Tort Law*, Routledge-Cavendish, 2005, p. 253.

③ 关于好撒马利亚人寓言的简要描述，可参见王泽鉴著：《侵权行为法》，北京大学出版社 2009 年版，第 90～91 页；徐国栋：“见义勇为立法比较研究”，载《河北法学》2006 年第 7 期。

法关于救助人的讨论中,除了救助他人的生命外,也涉及对他人财产的挽救,[④]二者的区分在救助人的求偿问题上有着重要的区分意义。

（二）好撒马利亚人涉及的法律问题

在英美法上,对好撒马利亚人的讨论常常出现在侵权法中,有时被冠以“救助案件”(rescue case)的标题。[⑤] 一般来说,在侵权法的视角下,关于好撒马利亚人主要涉及三个主要问题:[⑥](1)是否存在救助义务(duty to rescue)? 特别是,人们是否应对未提供救助的行为承担损害赔偿责任? (2)若好撒马利亚人在救助中受到伤害,他是否能够获得赔偿? 求偿对象是肇致危险者,即可能是第三人,也可能是给自身肇致危险的被救助人。(3)在救助者使得被救助者的情况恶化时,救助者是否承担责任? 这里主要涉及救助者的免责问题,也成为英美的好撒马利亚人法(Good Samaritan Statutes)所讨论的主题。除了前述侵权法上的损害赔偿请求权外,对好撒马利亚人的求偿问题的讨论还常常出现在英美的回复法(不当得利法)、代理法和海商法(海上救助的情形)中,主要涉及救助人对被救助者的费用偿还请求权、报酬请求权或奖励请求权。[⑦] 本文也将围绕这些问题展开分析。

（三）本文研究范围的限定

本文的研究范围是英美的普通法(以典型判例为主)及相关的制定法(如好撒马利亚人法、海商法等),主要涉及美国和英国(主要是英格兰和威尔士地区),并略及澳大利亚、加拿大等普通法国家或地区,而不包括苏格兰、美国路易斯安那州、加拿大魁北克省等具有大陆法传统或混合法系特征的地区。

二、英美法关于救助义务的基本立场和突破

（一）英美法的一般规则:不存在一般的救助义务

和大陆法系不同,在英美普通法中,并不强迫个人像好撒马利亚人那样去救助处于危险的人或处于危险的财产。[⑧] 普通法传统的规则是,在缺乏特殊的情景或特殊的关系

---

④ 如在英国,救助的对象包括财产以及人身。See Basil Markesinis and Simon Deakin, *Tort Law*, 4th ed., Clarendon Press, 1999, p. 153. 我国《民法通则》第 109 条和《侵权责任法》第 23 条也都包括对他人人身和财产的保护。

⑤ S. J. Stoljar, Negotiorum Gestio, p. 142; W. V. H. Rogers, *Winfield and Jolowicz on Tort*, 17th ed., Sweet & Maxwell, 2006.

⑥ Pam E. Stewart et al., *Australian Principles of Tort Law*, p. 254.

⑦ Jeroen Kortman, *Altruism in Private Law: Liability for Nonfeasance and Negotiorum Gestio*, Oxford University Press, 2005, pp. 3 – 4. See also L. S. Ayres & Company v. Hicks, (1941) 220 Ind. 86, 40 N. E. 2d 334. Cf. James A. Henderson, Richard A. Pearson, Douglas A. Kysar and John A. Siliciano, *The Torts Process*, 7th ed., NY: Walter Kluwer, 2007, p. 234.

⑧ Pam Stewart et al., *Australian Principles of Tort Law*, p. 254.

时,人们不负有救助他人免遭危险的积极义务。[9] 这种对一般救助义务(duty to rescue)的拒绝,在现今仍几乎具有普遍的效力,即使救助给被告造成的风险很小或者不存在,而给原告造成的风险很大。[10] 基于对一般救助义务或作为义务的拒绝,普通法区分了 nonfeasance(单纯的未施救)和 misfeasance(因过失将原告置于危险境地),对于前者,普通法拒绝施加责任。[11] 也即,我不能伤害我的邻居(misfeasance),但我不必救助他(nonfeasance)。[12]

1. 英格兰法的立场

英格兰法并不承认一项一般的积极作为义务,因此不鼓励大众成员对那些需要帮助者提供救助。恰恰相反,它还设法阻止给予帮助,因为一旦某人开始提供帮助,他可能就要为他在提供帮助时犯的错误承担责任。Gregory 在 1966 年给出的建议——"不要'作为',除非你必须这么做"——在当今的英格兰法中仍然有效。[13]

在 Smith v. Littlewoods 案[14]中,Goff 法官认为,为什么法律不承认一项一般的防止他人遭受第三人的故意不法行为肇致的损失或损害的注意义务呢?基本理由在于普通法对于所谓的纯粹的不作为不施加责任。[15] 作为权威意见,他援引了 Diplock 法官在 Home Office v. Dorset Yacht Co. Ltd. 案中的发言:

"Atkin 法官在 Donoghue v. Stevenson 案中唤起的好撒马利亚人(路德福音第 10 章,第 30 节)这一寓言描述了从另一边走过的牧师和利未人的行为中存在的不作为,这一不作为可能会将给盗贼的受害人的健康造成的损害作为其合理的和可能的后果,但是对此,牧师和利未人在英格兰法上都不会遭受民事责任。示例可以进一步增加。……你无须对你的邻人将要遭受的人身危险对之作出警告,除非你们两个之间存在某种特殊关系,如土地的占有人和来访者之间;你可以看着你的邻人的货物被雷雨毁损,尽管你最不费力的努力就可以防止这些货物被淋雨,而且你可以这么做且不受到惩罚,除非你们之

---

⑨ Kenneth S. Abraham, *The Forms and Functions of Tort Law*, 3rd ed., Foundation Press, 2007, p. 234.

⑩ Abraham, *The Forms and Functions of Tort Law*, p. 234; Henderson, *The Torts Process*, p. 235; John L. Diamond, Lawrence C. Levine, M. Stuart Madden, *Understanding Torts*, Lexis Publishing, 2000, p. 121.

⑪ Steven L. Emanuel, *Torts*, 中信出版社 2003 年版, p. 188; Kenneth S. Abraham, *The Forms and Functions of Tort Law*, p. 235; Markesinis and Deakin, *Tort Law*, 4th. ed., Clarendon Press, 1999, p. 138; *Clerk and Lindsell on Torts*, 19th ed., Sweet & Maxwell, 2006, pp. 411-412. 中文介绍,可参见苏艳英著:《侵权法上的作为义务研究》,人民出版社 2013 年版,第 69 页以下;张民安著:《侵权法上的作为义务》,法律出版社 2010 年版,第 15~16 页;蔡唱著:《不作为侵权行为研究》,法律出版社 2009 年版,第 78 页以下。

⑫ W. V. H. Rogers, *Winfield and Jolowicz on Tort*, 17th ed., Sweet & Maxwell, 2006, p. 170.

⑬ Kortmann, *Altruism in Private Law: Liability for Nonfeasance and Negotiorum Gestio*, p. 6.

⑭ [1996] 3 All ER 801.

⑮ Smith v. Littlewoods [1987] AC 241 at 271. Cf. Kortmann, *Altruism in Private Law: Liability for Nonfeasance and Negotiorum Gestio*, p. 54.

间有着诸如寄存人和受寄人这样的关系。”⑯

在Stovin v. Wise案⑰中,在阐述了作为责任和不作为责任的区分“基本上是合理”的意见后,Nicholls法官认为,公认的法律立场是,旁观者对于落水的孩子或粗心大意的行人并不负有采取措施加以施救的义务。还需要其他的条件他才不仅仅是作为旁观者。必须存在某一额外的理由,能够公平合理地认为,某人应被视为其兄弟的看管人并在该方面负有法律义务。在这一额外的理由存在时,可以说存在足够的近因。这就是习惯的标签。⑱ 在该案中,Hoffmann法官从三个方面揭示了区别对待不作为的理由:

“为何不作为需要受到和积极行为不同的对待有着合理的理由。……可以从政治、道德或经济三个方面来阐述这一问题。从政治方面说,较之由法律向某人施加一项救助或保护的义务,要求他在行为中考虑他人的安全对个人自由的侵犯会更小。这一观点的道德版本可以被称为‘为什么选我?’这一观点。防止伤害他人或向处于危险或困境中的人提供帮助可以适用于大量的不确定的人,他们碰巧能够做些事情。为何一个人要承担责任而不是另一个人呢?……从经济方面讲,有效的分配资源通常需要行为自担成本。如果能够通过将其成本施加给他人而获益(经济学家称之为‘外部性’),市场就会扭曲,因为该行为显得要比其实际情况更为廉价。因此对过失行为造成的损失承担赔偿责任可以作为一种遏制力量来避免将行为的成本增加给社会并减少外部性。但是要求不做任何事情者代表他人花费金钱不存在类似的正当性。除了在特殊的情形(如海上救助)外,英格兰法并未会对自愿向他人赋予利益者给予报偿。因此,必须存在某种特殊的理由让他自掏腰包。”⑲

2. 美国法的立场

在美国,新罕布什尔州最高法院在Buch v. Amory Mfg. Co. ,44 A. 809,811(N. H. 1897)中描述了这一缺乏一般救助义务的状况:“我看到我邻居的两岁的小孩接近了邻居院里的磨坊里的机器并遭受危险,并且很容易救他,却没有这么做。我对该名孩子的伤害不承担损害赔偿责任……因为他和我之间是陌生人,我不负有保护他的法律义务。”⑳

美国1965年《侵权法第二次重述》第314条和第315条也体现了拒绝一般的救助义

⑯ [1970] A. C. 1004,1006.

⑰ [1996] 3 All ER 801.

⑱ Stovin v. Wise [1996] 3 All ER 801 at 807. Cf. Kortmann, Altruism in Private Law: Liability for Nonfeasance and Negotiorum Gestio, p. 54.

⑲ [1996] 3 All ER 801 at 819. Cf. Kortmann, Altruism in Private Law: Liability for Nonfeasance and Negotiorum Gestio, p. 6.

⑳ Henderson, *The Torts Process*, p. 230;张民安著:《侵权法上的作为义务》,法律出版社2010年版,第189页。

务这一一般原则。第 314 条规定:“行为人意识到或应意识到其行为对于帮助或保护他人是必要的这一事实并未使其承担采取这种行为的义务。”第 315 条则规定一项更为具体的规则,除非存在特殊关系,否则不存在一项控制第三人行为以避免给他人造成有形损害之义务。

2010 年《侵权法第三次重述:有形损害和精神损害》第 37 条取代了第二次重述的上述两条,[21]也宣示了这项一般原则,“其行为未创设有形或精神损害者对他人不负有注意义务,除非法院决定应适用第 38 ~ 44 条规定的积极义务之一”。

这一拒绝一般救助义务的规则背后的原理是,普通法过于关注个人自由,从而不要求人们多管闲事。而且作为实际问题,也不容易发展出一项规则以确定在不止一人能完成救助而无人施救的情形谁应承担责任。[22]《侵权法第三次重述》即认为,区分作为和不作为依赖个人自由和自治的自由主义传统。经典的自由主义警惕规制并未侵犯他人自由之行为的法律。一些评论者认为,强制救助义务会贬低好撒马利亚人的行为。还有的评论者认为,很难限制帮助处于危境者的积极义务成为一项一般的自我牺牲的义务。在存在许多潜在的救助者的情形,选择某人施以救助义务是没有理由的。在相反的极端情形,鉴于在该种情形下非法律的影响效果,法定的救助义务会对容易的救助行为的发生有显著的影响这一点是可疑的。最后,在侵权行为要求未能阻止损害发生时,决定事实上的因果关系会更为困难。另外,不施加救助义务,可以认为法律是在传递一项信息,即行为人本来能够用很小的代价或无需代价即可帮助处于生命危险的他人却未予救助时,法律会宽宥这一行为,这一主张在道德上是令人反感的。在无义务规则和这些关于人道主义行为的价值之间的紧张关系在重述第 38 ~ 44 条中表述的无义务规则的例外中有所反映。[23]

(二)突破之一:英美有关一般救助义务的刑事立法

在英美侵权法上虽然不存在一般的作为义务或救助义务,但并不意味着某人能够免于刑事处罚。[24] 在英美法系,存在一些规定了一般救助义务的刑事立法。

在美国,截至 2009 年,至少有 10 个州制定了法律,要求在一定条件下,若某人处于危境时,人们负有通知执法机关和/或寻求帮助的义务,违反该义务的,会受到刑事处罚。这些法律有时也和豁免救助者责任的规定一并被称为好撒马利亚人法(典型者如明尼苏达州和佛蒙特州的规定)。不过,这些法律很少适用,通常为公民和立法者

---

[21] Restatement(Third) of Torts:Liability for Physical and Emotional Harm, § 37,comment a.

[22] Kenneth S. Abraham,*The Forms and Functions of Tort Law*,3rd ed. ,Foundation Press,2007,p. 234.

[23] Restatement(Third) of Torts:Liability for Physical and Emotional Harm, § 37,comment e.

[24] Vincent R. Johnson,*Mastering Torts*,4th ed. ,Carolina Academic Press,2009,p. 149.

所忽略。[25]

虽然理论上法院在民事侵权诉讼中可以依赖这些刑事立法来界定理性人的行为,但法院不可能根据这种制定法这么做,因为经常有理由认为,立法机关对违反这些制定法的行为作出的唯一制裁就是小额罚金。[26]

此外,在美国更为常见的是对那些牵涉机动车事故者施加为事故中的其他受害者提供或寻求医疗救助义务的制定法(如 Ky Rev Stat § 189.580)或者要求医院的急救室在处于危急的病人情况稳定之前不得将之转移的制定法(联邦《紧急医疗和积极工作法》,Emergency Medical Treatment and Active Labor Act)。[27]

(三)突破之二:存在特殊救助义务的情形

虽然普通法的一般规则是不存在一般的救助义务,但在特殊的情形或存在特殊关系的时候,则会产生特殊的救助义务。[28]

在英格兰法中,产生侵权法上的积极作为义务的特殊情形中最重要的两种是:占有确保其财产对合法的来访者为安全的义务以及雇主就其雇员在工作时的健康和安全所附有的义务。这些义务产生的关键在于人之间存在的早于侵权的关系(pre-tort relationship)。其他可能产生作为义务的关系如父母和子女、学校和为其照顾的学生、主人和客人、监狱管理机关和类似的机构与为其看管的人等之间存在的关系。[29] *Clerk and Lindsell on Torts* 一书总结了英格兰判例中施加积极作为义务的三种情况:除了上述的特殊关系(如土地占有人对来访者、雇主对雇员的保护义务)外,还有特殊的职责承担(special assumption of responsibility)和特殊的防止第三人侵害的职责(special responsibility for protection from third parties)。[30] 除此之外,如果无义务实行救助者一旦对受害者进行了帮助,就可能承担了一项注意义务,特别是承担了一项不使受害人境况变坏的义务。[31]

---

[25] Duty to rescue, http://en.wikipedia.org/wiki/Duty_to_rescue#cite_note-Rosenbaum-1, visited on April 10, 2014; Volokh, Eugene. "Duty to Rescue/Report Statutes", November 3, 2009, http://www.volokh.com/2009/11/03/duty-to-rescuereport-statutes/, visited on April 10, 2014; also see Damien Schiff, "Samaritans: Good, Bad and Ugly-A Comparative Law Analysis", 11 *Roger Williams U. L. Rev.* 77, 92(2005). 但 Schiff 的文章中仅提及五个州。

[26] Johnson, *Mastering Torts*, p. 149.

[27] Henderson, *The Torts Process*, p. 235.

[28] Abraham, *The Forms and Functions of Tort Law*, p. 235.

[29] Markesinis, *Tort Law*, p. 138.

[30] *Clerk and Lindsell on Torts*, pp. 414ff. 在前述 Smith v. Littlewoods Organization Ltd. 案中,就第三种类型,Goff 法官确认了四种情形:(1)被告和原告之间基于被告的职责承担存在特殊关系;(2)被告和第三人之间基于被告的控制存在特殊关系;(3)被告对可能为第三人利用的危险状况负有职责;(4)被告对可能为第三人用于造成损害的财产负有职责。Ibid., p. 416.

[31] Markesinis, *Tort Law*, p. 140.

美国有关作为义务或救助义务的规定主要体现在侵权法重述中。1965年《侵权法第二次重述》在第二编(过失)第十二章(一般原则)第七节对积极作为义务作了规定。其中第314条规定的是“为保护他人而作为的义务”,也即狭义上的救助义务,第314A条则规定了“产生帮助或保护义务的特殊关系”,具体又分为四种情形:(1)公共承运人和乘客之间;(2)旅馆主人和客人之间;(3)土地占有人和受邀请的公众之间;(4)根据法律规定或根据具体情况自愿监护他人者与他人之间。之后,重述又分两大类对积极作为义务作了规定:第1类是控制第三人行为的义务,典型地产生控制义务的五种情形分别涉及父母对子女行为的控制义务、主人对仆人行为的控制义务、土地或动产占有人对被许可者(Licensee)行为的控制义务、对有危险倾向者负有看管之责者的义务以及对第三人享有监护权者控制该人行为的义务;第2类是帮助他人的义务以及无偿提供或允诺的服务,具体又分为六种情形:在发现在先行为危险时的作为义务(第321条)、帮助因行为者的行为而受伤者的义务(第322条)、过失履行提供服务之允诺(第323条)、照顾无助之人者的义务(第324条)、过失履行允诺向第三人承担的责任(第324A条)、没有履行无偿提供服务的允诺(第325条)。这些义务的产生都是基于行为人自身的行为,也都可以适用于救助的情形。

在2010年《侵权法第三次重述:有形损害和精神损害》中,也于第七章规定了“积极义务”(Affirmative Duties),其中第37条宣示了一般原则,就非行为人所创设的风险(对第三人)不存在注意义务。和第二次重述不同,就存在作为义务的情形,第三次重述没有再细分类别,而是统一规定了如下7种情形:㉜基于施加保护他人义务之制定法规定的积极义务(第38条)、基于创设了有形损害风险之在先行为的义务(第39条)、基于和他人的特殊关系的义务(第40条)、基于和造成风险之人的特殊关系而对第三人承担的义务(第41条)、基于允诺的义务(第42条)、基于对他人的允诺而对第三人承担的义务(第43条)、基于照顾第三人而对他人承担的义务(第44条)。从这些产生积极作为义务的情形来看,大体上可分为制定法规定、在先行为、特殊关系(与造成风险之人间存在特殊关系、与第三人之间存在特殊关系)。其中第40条取代了第二次重述的第314A条和第344条,㉝所列举的特殊关系情形包括:(1)公共承运人和乘客之间;(2)旅店主和客人之间;(3)企业或建有向公众开放的建筑物的土地之占有人和合法进入该建筑物者之间;

㉜ 根据对第七章的适用范围的评述(Scope Note),《侵权法第二次重述》所列举的情形之间存在重复,如第323条和第324条即是如此。Restatement(Third) of Torts: Liability for Physical and Emotional Harm, Chapter 7 Affirmative Duties, Scope Note. 第344条和第314A条之间也是如此。See Restatement(Third) of Torts: Liability for Physical and Emotional Harm, § 40, comment a.

㉝ Restatement(Third) of Torts: Liability for Physical and Emotional Harm, § 40, comment a.

(4)雇主和雇员之间;(5)学校和其学生之间;(6)地主和佃农之间;(7)监护人和被监护人之间。根据对第七章的适用范围的评注(Scope Note),本章中使用的"救助义务"不仅用于描述在某人受伤或处于临近的危险时采取行动对之救助的义务,而且包括帮助伤害的风险对其暂时还更为遥远之人,甚至减少将来对某些分散的个人群体造成伤害的义务。而通常的用法并未将后两种情形称为"救助"义务。㉞

除前述情形外,在海商法中,长期以来就存在一项帮助处于危境的船舶及其船员和乘客的义务。㉟

三、好撒马利亚人对被救助者的请求权

(一)好撒马利亚人对被救助者享有的请求权的类型

在英美法的文献中,关于好撒马利亚人对被救助者可能享有的请求权,学者Kortmann区分了如下类型:㊱

1. 费用补偿(reimbursement of expenses)

关于reimbursement的含义,英美法在不同的时期有着不同的认识。最初,它主要用于指称偿还贷款(repayment of a loan),即借款人偿还贷款人;最近则被用于指称在三方关系中借款人偿还担保人,范围受到限缩。也有学者(Goff法官和Jones教授)对reimbursement采用了不同的定义,用之来描述下述情形,即被告基于合同之外的理由,在其从支付中获得的收益的范围,负有补偿原告的义务。㊲ Kortmann则将基于合同的偿还纳入reimbursement的范围内,如基于合同对保证人的偿还,而排除了原告就费用获赔的情形(在费用代表了被告的收益的范围内),后者被之纳入回复(restitution)的范畴。

2. 损害赔偿(compensation)、报酬(renumeration)或奖励(reward)

(1)损害赔偿

前述的费用补偿实际属于广义上赔偿的子类型,狭义上,损害赔偿仅指弥补自愿遭受的费用之外的损失。

(2)对所提供服务的报酬(remuneration for services)

就报酬,可以有两层含义:一种含义是包括了费用偿还和损害赔偿,相当于repay,常见的是第二个含义,即对所提供的服务付费(payment for services rendered),所付费用无

㉞ Restatement(Third) of Torts: Liability for Physical and Emotional Harm, Chapter 7 Affirmative Duties, Scope Note.

㉟ S. J. Stoljar, *Negotiorum Gestio*, p. 143.

㊱ Kortmann, *Altruism in Private Law: Liability for Nonfeasance and Negotiorum Gestio*, pp. 81 – 83.

㊲ Gareth Jones, *Goff and Jones: The Law of Restitution*, 7th ed., Sweet & Maxwell, 2007, pp. 439 – 440.

须充分。如 Blackburn 法官所述,“报酬(remuneration)……指的是对价或等价物(a quid pro quo)。如果某人提供了服务,他对此获得的任何对价在我看来都是对其提供的服务的报酬”。[38]

(3)奖励(reward)

在日常使用中 reward 常与 remuneration 换用,而在救助法中,救助报偿(reward)包括了费用补偿、损失赔偿和报酬三项要素。在和费用补偿、损害赔偿和报酬相区分的意义上,它也指称超出其他赔偿措施的支付,旨在鼓励介入。

3. 回复(restitution)

即回复好撒马利亚人给予的利益的价值,此时,被告必须放弃其收益或金钱价值。

在欧洲民法典研究小组起草的“欧洲法原则 · 无因管理”一编,将无因管理人的请求权依内容区分为四种:费用补偿(reimbursement of expenditure)、责任补偿(indemnification of liability incurred)、报酬(remuneration)和损害赔偿(reparation),分别由第 3:101 条(前两项)、第 3:101 条和第 3:101 条来规范。除未提及奖励外,其他请求权类型与前述的分类基本一致。[39]

(二)普通法的传统观点:禁止好管闲事的原则(The principle of officiousness)

普通法和大陆法不同,从来没发展出一种源自无因管理的法律关系的概念。[40] 普通法原则认为,若某人未受委托向他人提供服务的,对其服务提供报酬(recompense),甚至偿还费用(reimburse)或补偿(indemnity)是完全不妥当的,更不用说这是不可能的了,无论这一服务有多大的助益。[41]

如英格兰法原则上否认介入人享有请求权,无论是报酬请求权还是仅仅对其支出费用的偿还请求权。[42] 如在前述 Stovin v. Wise 案中,Hoffmann 法官即认为,“除了在特殊情况下……英格兰法并不对自愿赋予他人利益给予报酬”。[43] 经典的阐述则体现在 Falcke v. Scottish Imperial Insurance Co. 这一判例中,Bowen 法官在该案中认为,“毫无疑问,一般原则是,根据英格兰法,某人为了保护他人的财产或使之受益而付出的工作或劳

---

[38] R. v. Postmaster General(1876)1 QBD 658 at 663.

[39] Study Group on a European Civil Code, *Principles of European Law : Benevolent Intervention in Another' s Affairs*, Oxford University Press, 2006, especially pp. 257ff.(以下简称“PEL. Ben. Int.”)

[40] PEL. Ben. Int., Introduction, p. 77, J58.

[41] S. J. Stoljar, *Negotiorum Gestio*, p. 33.

[42] Kortmann, *Altruism in Private Law: Liability for Nonfeasance and Negotiorum Gestio*, p. 111. 不过,Kortmann 考察后认为,在英格兰法上,否定赋予自愿介入者以请求权似乎并无权威判例支持,但也不存在一项赋予请求权的一般原则。Ibid., p. 115.

[43] Kortmann, *Altruism in Private Law: Liability for Nonfeasance and Negotiorum Gestio*, p. 110.

动或支出的金钱对所挽救的或获益的财产并未创设一项担保权，甚至单独来看也未创设一项偿还费用的债务。责任不能背着人们而予以强加，就像你不能违背某人的意愿而赋予其利益一样”。[44]

这一立场在美国法上被称为禁止好管闲事原则(officiousness)。早在1930年，就有学者认为，承认无因管理将“在一夜之间产生一个急于为他人履行无用的和爱管闲事的服务并在法院那里试试运气的好事者组成的国度”。[45] 之后，有法院支持了这一观点，认为，(如果允许干涉他人事务)“没有人的私人事务，根据其模式或时间，会处于其控制下，或免受陌生人的干涉，这些陌生人或许是流浪汉、酒鬼，或许是敌人，他们会根据这些借口，将其从事务中拉进诉讼里”。[46] 另一个法院认为，我们要保护人们以免其被“他人偶然地改善境况并由其支付费用而导致破产”。[47] 美国法关于好管闲事原则的最好阐述，体现在Glenn v. Savage[48] 这一判例中。这一判例的案情为：1880年，在俄勒冈州的达拉斯市(Dalles City)，大量珍贵的木材落入哥伦比亚河上并将被激流冲走。木材的主人Savage当时并不在场，而当时正在为Savage提供建筑工作的Glenn“提供了帮助和服务”，避免了木材“被冲走并遗失”。7年后，俄勒冈州最高法院拒绝了Glenn的请求，即Savage应向他支付他所提供的服务以及他雇来救助木材的工人所提供的服务的合理价值。法院并未否认这些服务“对Savage来说，是值得称赞的，并且可能是有益处的”。但法院裁决道，“让Savage承担责任，需要他曾要求提供服务，或者在他知道所提供的服务时，曾承诺偿付这些服务”。否则，法律将把“在未经他人请求时，为他人的利益所谓的行为”视为“自愿的好意行为，对此提起的诉讼不能得到认可”。法院解释道，若非如此，结果将是“毁灭性的诉讼，以及对个人权利和民事自由的颠覆”；人民不应该失去对其私人事务的控制；没有人能“免于陌生人的妨害，这些陌生人或许是无赖、醉汉，或者是敌人”，他们可能“以此为借口”，将人们“从事务中拉向诉讼”。而且，如果法律不这么处理，它将“违背爱心最仁慈和最好的表露而使之事后被利欲熏心的贪婪所滥用”。法律不应允许将“值得称赞的慷慨行为事后转变为金钱的要求”。[49]

从Glenn案这一创造性的判例后，普通法处理好撒马利亚人问题的基本路径基本没

---

[44] Falcke v. Scottish Imperial Insurance Co. (1887) 34 ChD 234. Cf. Graham Virgo, *Principles of the Law of Restitution*, 2nd ed., Oxford University Press, 2006, p. 283.

[45] EW Hope, Officiousness (1930) 15 Cornell LQ 25, 36.

[46] Force v. Haines, 17 N. J. L. 385, 387 (N. J. S. Ct. 1940). Cf. S. J. Stoljar, Negotiorum Gestio, p. 33.

[47] Isle Royale Mining Co. v. Hertin, 37 Mich. 332, 338, 26 Am. Rep. 520 (1877). Cf. S. J. Stoljar, Negotiorum Gestio, p. 34.

[48] 13 P. 442 (Or. 1887).

[49] Hanoch Dagan, *The Law and Ethics of Restitution*, Cambridge University Press, 2004, p. 86.

有什么变化。对好撒马利亚人的回复诉请(restitutionary claims)的解决是非常不情愿的,如果受保护的利益是财产性的,甚至受到敌视。这一路径可以表现在针对好撒马利亚人的绰号上,如陌生人(strangers)、自愿者(volunteers)、爱管闲事者(officious meddlers)、管闲事者(intermeddlers)、干涉他人事务者(interlopers)等。这些贬损性的绰号通常表明原告的请求注定会失败。[50]

总结 Glenn 案,就为何拒绝好撒马利亚人的回复诉请,它提出了两个主要的理由:[51](1)对保持个人自由的关注。对此,Glenn 案的裁决抓住了针对保护他人财产的好撒马利亚人的传统态度,甚至被其他法院用在真正的紧急事件的案件中。如一个法院否决回复的理由是:"如果某人出于人道付出了劳务,甚至冒着生命危险自愿提供帮助保护其邻人的房屋免遭火灾破坏,法律会认为所提供的服务是无偿的,因此,不构成诉讼理由。"[52]在另一则判例中,法院也采用了类似的观点,认为,"在洪水的情形,和大火灾的情形一样,自愿提供服务保护他人的财产免遭毁损的服务被推定是无偿的,并不产生诉因"。[53][54]这一无偿的推定在 19 世纪早期更多地为美国法院所支持。在著名的 Bartholomew v. Jackson 一案[55]中,介入人挽救了本人的大量小麦免遭火灾,对此服务,陪审团判给他一项 50 美分的报酬,高一级法院推翻了这一裁断,理由是,如果一个人出于人道付出劳动甚至冒着生命危险去保护邻人的财产免遭火灾,他做的必须被视为是无偿的。除了下述的 Cotnam v. Wisdom 案和提供必需品的情形外,无偿性的推定现今仍非常坚实。(2)认为利他主义自身就是对自己的最好的报偿。如 Nicholson v. Chapman 这一判例即认为:"或许,对公众来说,这些由某人给与他人的自愿善行,属于慈善行为和道德义务,而非法律义务,更好的方法是,对其的报偿应完全取决于感恩的道德义务。"[56]还有学者认为 Glenn 案还提出第三项理由,即赋予请求权会导致"毁灭性的诉讼"(ruinous litigation)。[57]

对自愿者的介入,在普通法上存在一个更为基本的反对理由。这一反对理由的内容是,未经他人同意介入他人事务者只不过是一个侵入者(trespasser);尽管他可能仅仅旨在为所有人做好事,但他的良好意图是无关的。因为在普通法上,在侵入侵权(trespass)

---

[50] Hanoch Dagan, *The Law and Ethics of Restitution*, pp. 86 – 87. See also Stoljar, Negotiorum Gestio, p. 34.

[51] Hanoch Dagan, *The Law and Ethics of Restitution*, p. 87.

[52] Bartholomew v. Jackson, 20 Johns. N. Y. 28, 28 (N. Y. Sup. Ct. 1822).

[53] Watson v. Ledoux, 8 Rand. La. 68, 68 (La. 1853). 在 westlaw 上查到的本案的索引号为 8 La. Ann. 68。

[54] Cf. Hanoch Dagan, *The Law and Ethics of Restitution*, pp. 89 – 90.

[55] 20 Johnson 28, 11 Am. Dec. 237 (N. Y. S. Ct. 1822).

[56] 126 Eng. Rep. 536, 539 (1793). Cf. Hanoch Dagan, *The Law and Ethics of Restitution*, p. 101.

[57] Kortmann, *Altruism in Private Law: Liability for Nonfeasance and Negotiorum Gestio*, p. 85. Kortmann 还从其他 Nicholson v. Chapman ((1793) 2 H Bl 254, 126 ER 536)、The Gas Float Whitton No. 2 ([1897] AC 337) 等判例中总结出第四项理由,即赋予请求权会导致滥用。Ibid., pp. 89 – 90.

中,动机是无关的,因此内在地构成侵入的事务并不会仅仅因为侵入者的动机是良好的就发生改变。[58]

普通法的这一立场也为美国的回复法重述所确认。如1937年的《回复法第一次重述》第2条(好管闲事地赋予利益)规定:"好管闲事地赋予他人利益者,无权请求回复。"1983年的《回复法第二次重述》(第1号暂定草案,Tentative Draft No.1)第2条与之类似。[59]

(三)好撒马利亚人的请求权

英美普通法不鼓励好管闲事的行为这一立场也存在着诸多例外。如在存在强大的直接的公共利益提供服务的情形,允许回复因为关心他人而向其提供的利益,如死者的近亲属支付了丧葬费,寻求从遗产中获得偿还的情形。[60]

在美国Cotnam v. Wisdom这一最重要的判例[61]中,一位医生向一名无意识的人提供了紧急救助,法院认为他有权基于提供了"必需品"而获得报酬(recompense)。这一判例被认为确立了下述原则:即使在紧急情况下医生通常也是在为职业行为,因而会期待索取报酬。在这一程度上,Cotnam v. Wisdom案预示不再存在对无偿性的如此有力的推定了,而应当在个案中从案件事实中发现,原告是为无偿行为还是想对其服务索取报酬。[62]

对英美法上存在的例外,有学者总结了如下情形:除了制定法(如英格兰和威尔士的《1988年道路交通法》第157~159条)、信托法(英格兰和威尔士《2000年受托人法》第31条第1款)外,普通法上发展出的和无因管理(negotiorum gestio)这一概念在功能上相当的制度有无偿代理人法(the law on gratuitous agents)、寄托法(the law of bailment)和回复法(不当得利法)。[63] 有学者列举的例外有海上救助(maritime salvage)、类似罗马法上的丧葬之诉(actio funeraria)的情形、提供必需品和保护财产(这两者可被统一归为"紧急代理")等。[64]

还有学者总结了7项可能的请求权基础,除了紧急代理、寄托和不当得利这三种可能的基础外,好撒马利亚人还可能基于默示合同理论、侵权行为、衡平法的类推、(海上)救助等基础享有请求权。[65] 但紧急代理、(海上)救助等也常常在回复法中进行讨论。[66]

---

[58] S. J. Stoljar, *Negotiorum Gestio*, p. 34.

[59] Dagan, *The Law and Ethics of Restitution*, p. 87, fn. 4.

[60] 《回复法第一次重述》第115条(履行他人对公众的义务,Performance of Another's Duty to the Public)的评论b。See Hanoch Dagan, *The Law and Ethics of Restitution*, p. 87, fn. 4.

[61] 83 Ark. 601, 104 S. W. 164, 119 Am. St. Rep. 157, 13 Ann. Cas. 25(1907).

[62] S. J. Stoljar, *Negotiorum Gestio*, pp. 147 - 148.

[63] PEL. Ben. Int. Introduction, pp. 78 - 79, J62.

[64] S. J. Stoljar, *Negotiorum Gestio*, p. 35.

[65] Kortmann, *Altruism in Private Law: Liability for Nonfeasance and Negotiorum Gestio*, pp. 118ff.

[66] See, eg., Virgo, *Principles of the Law of Restitution*, pp. 292ff.; Andrew Burrows and Ewan McKendrick, *Cases and Materials on the Law of Restitution*, Oxford University Press, 1997, pp. 475ff.

其中,和本文主题好撒马利亚人相关的理论主要有默示合同理论、侵权行为、海上救助和不当得利。

1. 基于默示合同理论的请求权

在普通法上,救助人不享有任何权利,除非救助行为能被解释为是提供必需品。据此,一般规则就是,如果救助者想要获得报酬(recompense),那么在救助者和受害人之间必须存在默示的合同。但是承认存在这种合同,存在着几乎难以克服的反对意见。一方面,很难仅仅因为下述原因就解释出在救助者和受害人之间存在着合同,即被告并未意识到原告是为其服务,无论他是碰巧无意识还是因为其他原因无法表明观点;另一方面,即使被告并非患有精神病或无意识,而事实上意识到了原告是为其服务,仍存在一项困难,即二者的关系可能仍是完全无偿的,因而在普通法上无论如何都不存在合同。[67]

美国一些法院在自愿救助他人的人身或财产时运用了默示承诺这一原则。在Reeder v. Anderson' s Adm[68]中,一名逃跑的努力的"发现者"对所有人提起的诉请即根据默示允诺理论得到允许,他可以就其费用和金钱的支出获得补偿。但仅在介入者有收费意图时求偿才能获得允许。在没有相反证据的情况下,一般推定自愿介入保护他人财产或生命的行为是无偿的,医生或护士除外。[69]

在英格兰,默示承诺理论的适用更为受限。就保护他人的财产而言,这一原则的适用似乎被限定在介入者和受益者之间事先存在关系的情形。而在保护他人生命或健康的情形,基于默示承诺而允许费用补偿的判例也很少见。在缺乏明示的合意时,即使医生似乎也不被允许就其服务收费。而这一理论也逐渐被英国的法官和学者所摒弃。[70]

2. 基于回复法/不当得利法的回复请求权

(1)英格兰法的立场

在英国的回复法著述中,就"急需"这一类型区分了两种情形,[71]一种是陌生人的必要介入情形,另一种是代理和其他既存法律关系。[72] 前者可进一步分为如下几种类型:①解除被告的法定责任,具体又可分为:埋葬(Burial)、提供医疗(Provision of medical treatment)、清偿债务(Discharge of a debt);②保护他人的生命、健康和财产,这种"急需"的类型与本文主题相关,它又可分为三种类型:第一,保护生命或健康,在这一情形下,尽

---

[67] S. J. Stoljar, *Negotiorum Gestio*, p. 147.

[68] 4 Dana 193(Ky. Ct. of App. ,1836).

[69] Kortmann, *Altruism in Private Law: Liability for Nonfeasance and Negotiorum Gestio*, pp. 123f.

[70] Ibid. ,pp. 124ff.

[71] Virgo, *Principles of the Law of Restitution*, pp. 292ff.

[72] 这一类型起源于紧急代理原则(the principle of agency of necessity),此时代理人在紧急情形代表本人介入而超出其权限。See Virgo, *Principles of the Law of Restitution*, p. 298.

管不存在权威判例,但拯救被告的生命或者被告对之负有法定职责者的生命的救助人可以请求回复,但限于如下情形,即原告在急需的情形进行了介入,并且限于被告因原告受损而获利的范围,这取决于原告是否支出了合理的费用,或者提供了职业服务,对于后者他有权获得合理的报酬(reasonable remuneration);第二,提供必需品;第三,保护财产。此时,救助人可以在保护的财产的范围内请求回复。如在 Nicholson v. Chapman 案[73]中,Eyre 法官就建议被告有权从所有人处就救助木材所支出的合理费用获得赔偿。

(2)美国法的立场

在美国回复法上也存在很多例外。在受保护的利益是生命或健康,或者行善者是非自愿的保管人或为海事救助者的,美国法总是更乐意接受关爱他人的介入行为。[74] 特别是因为 Glenn 案的原则不适用于救助生命和健康,较之仅保护他人财产利益的行善者,为救助生命而介入的好撒马利亚人受到更有利的对待。[75]

美国《回复法第一次重述》第 116 条即规定了保护他人生命或健康情形的回复请求权:

"凡提供物或劳务给他人者,尽管其行为为他人所不知或未经其同意,仍有权从他人处获得回复,只要:

(a)其行为非多管闲事并且住在向他方索取费用,且

(b)该物或劳务对于防止他人遭受严重的身体伤害或痛苦是必需的,且

(c)提供者无从知道他人若心智健全将不同意接收,且

(d)他方不可能表示同意,或者因他人过于年幼或精神存有障碍,其同意为不重要的。"[76]

根据对该条的评论 a,回复的数额应根据第 113 条的评论 g 来计算,即所提供的物或服务的市场价值(the market value of the things or services given)。回复不取决于救助成功与否,即使所提供的物或服务最终没有给受领人带来利益,如一名医生向一名无意识的病人提供了合格的手术,但该病人仍死亡的,并不妨碍回复,尽管可能会影响给予的数额。

第 117 条则规定了对他人之物或信用的保护,根据第 1 款,在他人不知或未经其同意的情况下,保护他人的财产免遭损害或毁坏者有权就此提供的服务或发生的费用获得回复。同时该条第 1 款第(e)项要求物为所有人接受时,才能请求回复,即回复权取决于

---

[73] Virgo, *Principles of the Law of Restitution*, p. 296.

[74] Dagan, *The Law and Ethics of Restitution*, p. 90.

[75] Ibid., p. 90.

[76] 此处参考了《美国法律整编:判决法・回复法》,1987 年 6 月,第 398 页。

被挽救物的所有人因物被挽救而得利或得以避免损失的事实。如果所有人不愿意接受物,或者放弃所有权,或者物在返还前遗失或被毁损,则回复权都不存在。[77]

而《回复和不当得利法第三次重述》更是背离了"司法机关长期不愿意通过赋予对所给予的利益的回复而鼓励对他人事务的干涉这一立场"。[78] 它在条文中并未提及传统的好管闲事(officiousness)这一称谓。[79]

与第一次重述一样,新的重述第20条规定了"对他人生命或健康的保护"(Protection of Another's Life or Health):

"(1)为保护他人的生命或健康而履行、提供或获取必需的专业服务者,在有必要防止不当得利时,有权从他人处获得回复,只要具体情形证实未经要求时的介入决定是正当的。

(2)本条规定的不当得利依据所讨论的服务的合理费用来衡量。"

行使回复请求权的可以是直接提供服务者,引起服务提供的机构或市政当局或为服务进行支付的人,而相对人可以是服务的接受者、继承人或代理人。[80]

但这一回复请求权受到下述限制:[81]①回复权仅限于提供专业服务(professional services)的情形,"专业"在这里采用了广义的含义,即提供者为了金钱而提供服务;[82]而非职业人士提供的紧急救助,无论多么有价值,根据既有法律,都不产生回复请求权。因此,结果就是,职业救助人通常被赋予一项可强制执行的补偿诉请(an enforceable claim to compensation),而非职业的救助人或好撒马利亚人只能在其他人选择赠与时才能享有这种报偿(rewards)。理由在于对救助生命不可能赋予价值,而且英勇的救助可能会赋予一项价值无可估量的利益,但它可能最初完全是利他主义的。在这种情形施加回复责任将把自我牺牲的行为转变为一项引起争议的价值交换。法律通过假定紧急救助是一项无偿的行为避免了这些不光彩的结果。[83] ②回复不包括因介入而遭受的损失。救助人对其在救助过程中遭受的伤害提起的赔偿请求是特别有说服力的,但是这种赔偿——如果允许的话——仅反映了赔偿和保险原则,而非不当得利原则。根据示例7,A在紧急情况下挽救了B和C的生命,并遭受残疾。为了感激A的帮助,B承诺向A每周支付100美元的养老金,尽管这一承诺没有对价的支持,仍可以作为合同法的事项获得强制执行。

---

[77] Restatement(First) of Restitution § 116 cmt. d(1937).

[78] Dagan, *The Law and Ethics of Restitution*, p. 87.

[79] Ibid., p. 94.

[80] Restatement(Third) of Restitution and Unjust Enrichment § 20 Comment a.

[81] Dagan, *The Law and Ethics of Restitution*, pp. 90 – 91.

[82] Restatement(Third) of Restitution and Unjust Enrichment § 20 Comment a.

[83] Ibid., Comment b.

而C没有做出补偿(compensation)的承诺,之后拒绝了A有权获得报偿(reward)的提议。A可以有权强制执行B的承诺,但对B或C都不享有回复请求权。[84]

所得回复的受益或得利,即医疗上必需的服务,无论其最终结果如何(也即无论救助是否成功),都被推定是有益的;而且就像受领人要求这些服务那样来评估这些服务也是合理的,因此,和大多数以服务的合理价格(quantum meruit)来衡量的情形一样,在职业救助的情形,得利或收益是一种通过市场价值来衡量的责任(a liability measured by market value)[第50条第2款第(b)项]。重述的示例8提供了良好的说明:一名医生向一个不省人事的事故受害人提供了紧急医疗救助。该服务在医疗上是妥当的,而且得到了恰当的履行,但受害人仍未苏醒而最终死亡。医生向死者的遗产请求回复,遗产不能以第50条第3款中的规则——回复将使得遗产的境况恶化——来抗辩。在紧急情形提供的医疗服务被推定是受欢迎的;尽管未被要求(受领人没有机会要求服务),对回复的目的而言这些服务仍应按照被要求的情形那样来评估。该名医生有权从遗产中回复相当于其合理的习惯的收费的数额。[85]

而在保护财产的情形,《回复和不当得利法第三次重述》的规则(第21条)给好撒马利亚人的回复之路留下了更多的障碍:①在救助财产的情形,和第一次重复一样,仅在介入行为取得成功时才能请求回复(第21条及评论b);②认可了传统的"无偿"规则:对服务提供者无意收费而提供的服务,无论多有价值,都不存在回复请求权(第21条评论c);③赔偿限于对回复诉讼中的被告所获利益的特殊评价(第21条评论a)。[86] 根据该条第2款,不当得利避免的损失和所提供的服务的合理收费二者中较小者。不过,在保护财产的情形,回复权不限于职业救助者。[87]

整体上,美国《回复和不当得利法第三次重述》为改革Glenn案的规则提供了基础,但采用了一种有节制的方式,这些规则对于便利好撒马利亚人的介入行为而言仍是不充分的。[88]

(3)回复的内容和标准

从上面的分析来看,英美的回复法似乎并未明确区分reimbursement、indemnification、remuneration、compensation、reward等不同的标准,而是对这些术语进行了混用。但从论

---

[84] Ibid. ,Comment b and Illustration 7.

[85] Restatement(Third) of Restitution and Unjust Enrichment § 20 Comment c and Illustration 8.

[86] Dagan, *The Law and Ethics of Restitution*, pp. 94 – 95. Dagan的评论虽然针对的是2000年第2号暂定草案,但对于2011年的正式文本而言也基本是适用的。

[87] Restatement(Third) of Restitution and Unjust Enrichment § 20 Comment b.

[88] Dagan, *The Law and Ethics of Restitution*, p. 90.

述中,我们也可以看出,回复的内容其实包括了支出的费用、职业救助人的合理报酬,但排除了对损失的赔偿。我们进一步从学术文献中观察一下英美普通法关于回复的内容和标准。

在英美有关回复法的文献中,好撒马利亚人或救助的问题常常被置于“急需”(necessity)的标题下进行讨论,reward、reimbursement 和 remuneration 被作为了衡量涉及服务得利的三种方法。[89]

有学者认为在急需情形,对原告在介入时支出的费用进行补偿(reimbursement),对作为职业者的原告提供的服务给予报酬(remuneration)是妥当的,他们反映了被告得利的范围,而奖励(reward)并无助于纠正不当得利,因此是不妥当的。[90]

也有学者认为,奖励仍应被限于海上救助者的情形,以便提供向出海者提供真正的动机为了救助财产而冒着危险,但是仅在他们提供的服务取得成功时才应给予奖励。在补偿原告的费用时,最好的方法应是遵循德国法和法国法,不考虑成功与否,以使介入的整个费用得到中立。在回复被告的得利时,相关的收益通常应当是节省下来的雇佣他人履行相关服务的成本,而获得保护的且已经属于被告的财产的价值。[91]

还有学者区分了救助财产和救助生命或健康两种情况进行分析。在前者,海上救助者可以获得奖励,但需要救助成功,而在陌生人作为“职业人士”从事专业工作时,才可类推救助生命情形的少数判例,给予其报酬,一般陌生人仅可就其合理支出的费用获得补偿,损害则不可以以回复请求的形式获得赔偿;在后者,所有介入人的合理的费用应得到偿还,在职业人士救助的情形,他可以就其专业服务获得合理的报酬,赔偿同样不应得到允许。[92]

还有学者通过经济分析认为,介入的机会成本是最站得住脚的回复标准。[93]

3. 基于侵权法的赔偿请求权:危险召来救助

这里主要是涉及救助人对肇致危险者,包括被救助者在内,所享有的损害赔偿请求权。其中最为经典的判例则是 Cardozo 法官 1921 年作出的 Wagner v. International R. Co. 案,[94]该判例提出了“危难召来救助”的原则,本文第五个标题将对之详细论述。

在造成了救助需要的最初的过失可归咎于被救助者一方时,美国法上的救助原则

---

[89] Virgo, *Principles of the Law of Restitution*, pp. 283, 290; Andrew Burrows, *English Private Law*, 3rd. ed., Oxford University Press, 2013, pp. 1068, 1071.

[90] Virgo, *Principles of the Law of Restitution*, p. 290.

[91] Burrows, *English Private Law*, p. 1071.

[92] Gareth Jones, *Goff and Jones: The Law of Restitution*, 7th. ed., pp. 452 – 461.

[93] Dagan, *The Law and Ethics of Restitution*, p. 117.

[94] 232 N. Y. 176, 133 N. E. 437.

(rescue doctrine)可用于对抗被救助者。在 Sears v. Morrison 案[95]中,美国法院即认为,"为何救助者在帮助作为过失受害人的第三人后应获得赔偿,而在帮助过失的行为人是不能获赔呢?"[96]英联邦的判例也认为,原则上没有理由否定自我引发事故的受害人和去救助他的人之间存在注意义务。[97] 如在 Salmon v. Seafarer Restaurants Ltd. 案[98]中,被告忘记关闭餐厅的煎锅肇致火灾。在尝试灭火时,原告(一名消防员)受到伤害。Woolf 法官适用了"救助案件"解释的原则,允许了原告的诉请。这一判例之后也为英国上议院在 Ogwo v. Taylor 一案[99]中所确认。在 Harrison v. British Rly Boards 案[100]中,被告试图登上一辆正在离开车站的火车。原告是该辆火车上的列车长,他试图拉被告上车,但在该过程中被拉下去而受到伤害。被告认为他对自己不负有义务,因而对潜在的救助者也不负有义务。这一观点被 Boreham 法官拒绝,他认为:"在被告因为缺乏对自身安全的合理注意而肇致一种危险情形,并召来救助时,为何他应较之因缺乏合理注意给他人的安全肇致类似情形者处于更有利的地位呢?我认为没有理由,也没有向我提供任何理由"。[101]

在侵权法理论下,救助者的赔偿请求权也受到一定限制。纯粹经济损失一般不能根据过失获得赔偿。这就意味着费用补偿通常不能通过过失诉请来获得。[102]

4. 基于海上救助的报酬请求权

在海商法中,有关救助生命的传统原则,用 1910 年的《统一有关海上救助的若干法律规则的公约》(以下简称《1910 年救助公约》或《布鲁塞尔公约》)第 9 条的话说,就是不得对生命在海上获救者请求报酬(remuneration)。该条规定并不影响在国内法上能找到的其他规定。但是大多数航海国的国内法并没有这样的规定。而仅在向救助船舶或货物的行为给予报酬时将救助生命作为额外的项目纳入考虑(如公约第 9 条第 2 款:在发生救助的事故时,参加救助工作的人命救助者,对于船舶、货物及其附属品的救助者所获的报酬,有权取得公平的分配份额)。换句话说,仅在生命和财产一并获得救助时,才

---

[95] 76 Cal. App. 4th 577, 90 Cal. Rptr. 2d 528.

[96] Marshall S. Shapo, *Principles of Tort Law*, 2nd ed., West Group, 2003, p. 344.

[97] Harrison v. BRB, [1981] 3 All ER 650; Chapman v. Hearse, [1961] SASR 51, 106 CLR 112. See Markesinis, Tort Law, p. 154; W. V. H. Rogers, *Winfield and Jolowicz on Tort*, 17th ed., Sweet & Maxwell, 2006, p. 1079.

[98] [1983] 1 WLR 1264.

[99] [1987] 3 All ER 961.

[100] [1981] 3 All ER 679.

[101] 这两个案例引自 Kortmann, *Altruism in Private Law: Liability for Nonfeasance and Negotiorum Gestio*, pp. 145 – 146。

[102] Ibid., p. 145.

存在对救助生命进一步的请求权。[103]

下面将从和大陆法系的无因管理制度相比较的角度,依据前述"欧洲法原则·无因管理"中的四类请求权,进一步分析英美法上好撒马利亚人对被救助人可能享有的请求权:

(1)费用偿还请求权和责任补偿请求权

在英格兰的普通法上,费用偿还请求权主要存在于紧急代理(agent of necessity)的情形,如动物承运人因为被运送的动物在目的地未被接走而被迫喂食和提供庇护所的,可以享有费用偿还请求权。这一权利还被扩展至联系本人以确定其指示的费用。主要的困难则在于,在公认的紧急代理这一类型之外的紧急介入(necessitous intervention)的情形,费用偿还请求权并未获得既有判例法的完全确保。根据一项附带意见,为一名被发现躺在街上的无意识者获得医疗救助者就其支出的费用明显不享有普通法上的偿还请求权{Schneider v. Eisovitch [1960] 2 QB 430,438(Paull J)}。[104]

在英格兰的普通法上,责任补偿请求权发生的主要情形有紧急代理(如 Selby v. Jackson,(1843)6 Beav. 192)、衡平法上的权利(为无决定能力者管理财产的情形)和制定法规定(如《2005 年意识能力法》(Mental Capacity Act)第 8 条第 2 款),[105]也未包括救助的情形在内。

从美国《回复和不当得利法第三次重述》第 20 条的示例 6 来看,救助人支出的费用似乎也可以作为不当得利而得到偿还。该示例的内容为:姐姐获得许可将弟弟送入精神病院进行必要的治疗,并同意支付医院的费用。弟弟后来被宣告无能力,监护人也被指定。姐姐寻求从弟弟那里偿付医院的账单。监护人承认该费用是合理的,但基于弟弟无能力而拒绝支付。姐姐可以根据第 20 条向其弟弟请求偿还住院的合理费用。

(2)报酬请求权

在英美普通法中,报酬请求通常是基于合同的约定或基于不当得利的回复请求权,如合理的报酬(quantum meruit)。

如在英格兰的判例法中就介入人的报酬请求权承认的例外有:葬礼承担者的报酬请求权;律师和其他职业人士向不具有完全法定能力者提供必需品时的报酬请求权;在被救助人因为受伤害(第三人因此负有侵权责任)而需要照顾(由管理人提供)时,也会产

---

[103] S. J. Stoljar, *Negotiorum Gestio*, p. 151.

[104] PEL/von Bar, Ben Int, Chapter 3, Article 3:101, Notes, II, 21, p. 267.

[105] PEL/von Bar, Ben Int, Chapter 3, Article 3:101, Notes, II, 10, p. 264.

生对照顾服务的价值的请求权,这取决于受害人对第三人就这些服务提出请求。[106]

美国的回复法仅在保护生命、身体的情形允许好撒马利亚人就时间、努力和专门技能提出支付报酬的诉请,而且仅限于有经验的专业人士在其服务直接属于其职业领域的情形下提起(典型的情形如,一名下班的医生在紧急情形提供了救助)。[107] 美国普通法上衡量成功的好撒马利亚人的报酬请求的方法可能是所提供的服务的"合理的"或公平的市场价值。[108] 但就合理的价值的评估仍存在不同意见。Cotnam v. Wisdom 案认为,法院不应考虑通行的惯例(如医生的习惯是根据病人的支付能力对其费用进行分等),这一惯例可能表明行善者的同行对提供的服务本会收取的费用。尽管这一观点近来为第三次重述重新确认,但仍存在争议,与之相对的是,影响所提供服务的合理市场价值的惯例也应被纳入考虑范围这一主张。[109]

(3)对被救助者的损害赔偿请求权

在英格兰法中,因为不存在独立的无因管理责任,赔偿损失的严格责任通常只能基于合同而产生(此时,代理是合同性的)。侵权责任则遵循通常的过错责任原则,要求本人在创设由介入人处理的危险上有过失,这样才能赋予介入人以赔偿请求权。不过,对经济损失的赔偿,可能根据回复法产生非合同的严格责任,至少根据旧的先例 Shallcross v. Wright。[110] 该判例的案情为:一名病人搬入一位朋友家以便获得更好的医治,但不久后他就死了,基于该致死疾病的传染性,房屋不得不被腾空、烟熏消毒和清洁,法院认为,(基于"默示合同")房屋主人有权就他和他的家庭住旅店的费用和不得不焚烧家具而遭受的损害获得赔偿(因而,死者的遗嘱执行人在做出这些支付时合法地处分了死者的遗产)。[111]

关于英格兰法,应注意的是,如果介入人向因第三人的侵权而受伤者提供了无偿但必要的照顾服务,在受害人起诉了第三人并就介入人提供服务的价值或支出的交通费获得了赔偿后,可以从受害人处(基于损害赔偿信托)就这些获得赔偿。[112]

在美国法中,对好撒马利亚人因为施惠的介入而遭受的人身或财产损害,普通法采

---

[106] PEL/von Bar, Ben Int, Chapter 3, Article 3:102, Notes, I, 12, p. 274.

[107] Cotnam v. Wisdom, 104 S. W. 164 (Ark. 1907); Matheson v. Smiley, [1932] 2 D. L. R. 787 (Can.). See Dagan, *The Law and Ethics of Restitution*, p. 112.

[108] Restatement (First) of Restitution § § 116 cmt. a, 113 cmt. g, 117 cmt. c (1937); Restatement (Third) of Restitution and Unjust Enrichment § 20 Comment c and Illustration 8 (2011).

[109] Dagan, *The Law and Ethics of Restitution*, p. 113.

[110] (1850) 12 Beav 558, 50 ER 1174.

[111] PEL/von Bar, Ben Int, Chapter 3, Article 3:103, Notes, 11, p. 284.

[112] PEL/von Bar, Ben Int, Chapter 3, Article 3:105, Notes, 1, p. 295. 此处援引的判例是 Hunt v. Severs [1994] 2 AC 350(不过,由于服务是由侵权人本人提供的,该原则不能适用)。

取了一种不情愿的(如果不是敌视的)立场:除了受益人一方的过失造成“要求”介入的紧急情况外,普通法一贯拒绝要求受益人赔偿行善者因介入而遭受的损害(行善者可能可以对造成紧急情况的责任人提起诉讼。[113] 也即仅在被救助者因为自己的过失而处于危境,从而创设了使救助者遭受伤害的危险时,他才对后者承担责任。[114]

(四)基于公法的替代救助机制

关于公法的救济,如英格兰的制定法(也适用于苏格兰)规定的一项特殊的制度,即合格的医疗执业者或医院向道路交通事故受害人提供紧急医治的情形。根据《1988年道路交通法》(Road Traffic Act 1988)第158条,报酬是基于固定的数额,而无关提供的服务的确切范围,而且报酬并非由受害人支付(或者,在受害人死亡时,由其遗产支付),而是由使用机动车造成事故者来支付。在医院提出请求的情形,有着进一步的限制,将其范围限定于私人非营利组织(参见第161条第1款)。该法第157条施加给就事故负有偿付责任的保险人以一项偿付医院支出的费用的责任(有最高限额)。尽管这一背景无疑是强制保险,但仍可能反映了法官阐述的进路,即如果在这一类型中存在获得报酬的权利,该权利最好由公法或为了公共利益负责这种服务的公共机构的安排来表达。[115]

特别是在救助的情形,可能的法律后果超出了普通人能够负担的范围。如自愿者可能在救助活动中死亡而留下一个大家庭。或者可能有一群救助者,都遭受了人身伤害或者其中一些或全部死亡。或者,救助人可能使用了船舶和飞机并导致其丧失。[116] 在这些情形,尽管行善者或其遗属的请求在道德上有吸引力,但将整个损失置于受到危险的无过错的受益人身上似乎有点严苛。[117]

有学者认为,在这些情况下讨论通过允许介入人提起请求报酬之诉(an action of recompense)来鼓励利他主义是不符合现实的。如果说需要某种机制来鼓励救助生命,可能只应是社会或医疗保险或来自其他公共基金的救助等机制。[118] 救助风险的社会化代表了未来的解决路径。而如果这样,很明显,英美法很聪明地在这一领域进行了限制。英美法并不是在经过深思熟虑后达成这一立场;这一立场仅源自它整体上拒绝了无因管理,这一拒绝并非是真正有理由的,也不是真正代表了其他未经委托的服务情形的实际结果,只是碰巧就救助行为它获得了令人满意的效果。在大陆法中,如Dawson指出的,

---

[113] Dagan, *The Law and Ethics of Restitution*, pp. 117 – 118.

[114] 如 Carney v. Buyea, 271 A. D. 2d 338, 65 N. Y. S. 2d 902 (1946). See S. J. Stoljar, Negotiorum Gestio, p. 149.

[115] PEL/von Bar, Ben Int, Chapter 3, Article 3:102, Notes, I, 12, p. 274.

[116] S. J. Stoljar, *Negotiorum Gestio*, p. 151.

[117] Dagan, *The Law and Ethics of Restitution*, p. 117.

[118] S. J. Stoljar, *Negotiorum Gestio*, p. 151.

管理原则更过度扩张。旨在相互帮助的原则成为一种新的无过错责任的来源。存在很好的理由去惩罚在自己不遭受严重风险的情形下不帮助他人者;但是对需要紧急帮助自身却无过错者施加完全的损害赔偿责任则是另一个不同的问题了。私法救济在适用于救助生命和身体的情形时似乎是被误用了。[119]

有学者因此建议借鉴以色列的制定法上的机制。以色列区分对待了行善者的财产损失和身体伤害。在财产损失的情形,法院根据案情在其认为公平时会要求受益人向行善者进行赔偿。而在遭受身体伤害的情形,好撒马利亚人在一定条件下有权从公共基金中获得赔偿,该基金是作为社会保障机制的一部分来加以管理的。[120]

四、好撒马利亚人施救未成功时的请求权和责任豁免

(一)好撒马利亚人施救未成功时的请求权

1. 海上救助——无效果,无报酬及其例外

在英国的海商法中,存在"无效果,无报酬"(no cure,no pay)的原则。[121] 这一原则为《1910 年救助公约》所采用,该公约第 2 条第 2 款规定,如果所提供的服务并未产生有益的成果,便不应付与报酬。根据第 3 款,救助报酬不得超过获救财产的价值。1989 年《国际救助公约》第 12 条第 2 款和第 3 款亦同,除另有规定外,救助作业无效果,不应得到该公约规定的支付款项,且救助报酬不得超过获救船舶和其他财产的价值。而且救助效果也是决定救助报酬的一个重要考量因素(《1910 年救助公约》第 8 条、1989 年《国际救助公约》第 13 条第 1 款)。在 Bureau Wijsmuller NV v. Owners of the Tojo Maru(No. 2)[122]一案中,Diplock 勋爵即认为:"第一个显著的特征就是,提供救助服务者无权获得任何报酬,除非他全部或部分救助了财产。这就是关于救助的判例中的'成功'的意指。"[123]从中可以看出,救助效果可以是部分的。

在救助可能给环境造成损害的船舶的情形,1989 年《国际救助公约》采取了不同的规定模式,只要救助人对可能造成环境污染的船舶、货物实施救助的,即使救助人的救助行为并未使船舶、货物或其他任何财产实际获救,救助人仍可依据第 14 条第 1 款的规定获得特别补偿。即仅仅防止环境污染损害也是救助成功的表现。如果取得防止或减少环境污染损害效果的,可以另行增加特别补偿,增加的幅度可以达到救助费用的 30% 甚

---

[119] S. J. Stoljar, *Negotiorum Gestio*, p. 152.

[120] Dagan, *The Law and Ethics of Restitution*, p. 119.

[121] [加]威廉·台特雷著:《国际海商法》,张永坚等译,法律出版社 2005 年版,第 268 ~ 269 页。

[122] [1972] A. C. 242; [1971] 2 W. L. R. 970; [1971] 1 All E. R. 1110; [1971] 1 Lloyd's Rep. 341.

[123] [1972] A. C. 294. 参见杨良宜著:《海事法》,大连海事大学出版社 1999 年版,第 400 页。

至100%(第14条第2款)。如果由于救助人疏忽而未能防止或减轻环境损害,可全部或部分地剥夺其根据第14条规定应得的特别补偿(第14条第5款)。这一规定引入了民法法系历史上的“协助”原则。这也为1990年和1995年的《劳氏格式救助合同》(Lloyd's Standard Form of Salvage Agreement)所遵循[1990年版本的第2条、1995年版本的第1条第(b)款、第4条第(b)款和第8条都规定了特别报酬条款]。[124]

救助人命者不能请求获救人支付救助报酬。[125] 根据国际公约,仅在救助人命的同时,也救了其他财产,人命救助人对在同一救助事故中的其他财产救助人获得的救助报酬有权分享合理份额。[126] 美国《1912年救助法》(Salvage Act of 1912)[127]允许救助人命者从救助财产或防止或减少环境污染损害的救助人的报酬中,请求“公平份额”的救助报酬。英国《1995年商船法》[第224条第2款和Schedule 11, Part II, para. 5(2)]授权国务秘书,在其认为合适时,可给予救助人命的救助者一笔或额外的一笔报酬。[128]

2. 一般救助情形

在海上救助之外,和大陆法的做法不同(大陆法系的规则是,好撒马利亚人不需证明取得“最终的成功”,只要他能够证明他尽到了“合理的谨慎”),[129]在好撒马利亚人保护被告利益的行为获得实际成功时,英美法才向其提供回复(近来为第三次重述所确认)。无结果的介入,即使是合理的,也不能认为“给被告带来净价值”,而且,无论如何,“理性人可以说他仅愿意为结果而非尝试进行偿付”,[130]但如前所述,旨在救助生命的介入行为除外,[131]也即在救助生命的情形,无论救助是否成功,救助者都可以享有回复请求权。

如《回复法第一次重述》第116条的示例1:“A因事故陷入无意识状态。一名外科医生B被召来照顾他并提供了急救服务。尽管如此,A仍死亡,B有权从A的遗产中获

---

[124] [加]威廉·台特雷著:《国际海商法》,张永坚等译,法律出版社2005年版,第270~271页、第275~276页、第283页;另参见杨良宜:《海事法》,大连海事大学出版社1999年版,第433页、第451页以下。

[125] 如《1910年救助公约》第9条第1款规定:不得向获救人员索取报酬。1989年《国际救助公约》第16条第1款规定:获救人无须支付报酬。

[126] 《1910年救助公约》第9条第2款规定:“在发生救助(salvage or assistance)的事故时,参加救助工作的人命救助者,对于船舶、货物及其附属品的救助者所获的报酬,有权取得合理的份额。”1989年《国际救助公约》第16条第2款规定:“在发生需要救助的事故时,参与救助作业的人命救助人有权从支付给救助船舶、其他财产或防止或减轻环境损害的救助人的报酬中获得合理份额。”

[127] 46 U.S.C.A. § 80107.

[128] [加]威廉·台特雷著:《国际海商法》,张永坚等译,法律出版社2005年版,第294~295页。

[129] Dagan, *The Law and Ethics of Restitution*, p. 109.

[130] Hanoch Dagan, *The Law and Ethics of Restitution*, p. 108.

[131] Cotnam v. Wisdom, 104 S. W. 164, 166 (Ark. 1907); Matheson v. Smiley, [1932] 2 D. L. R. 787, 791 (Can.); Restatement (First) of Restitution § 116 illus. 1 (1937); § 113 cmt. g; Restatement (First) of Restitution and Unjust Enrichment, § 20 cmt. c. and ill. 8.

得偿付。”

对于介入成功这一要件是否正当,学者意见不一。Andrew Burrows 和 Saul Levmore 仍坚持介入成功这一要件的正当性,[132]除了指出海商法这么要求外,他们还提出了两项观点:(1)没有成功的要件,就没有足够的动机让行善者在开始介入并遇到困难时继续并取得成功;(2)激励遏制的问题可以通过类似海商法中的调整成功的行善者的获赔数额加以救济。而 Dagan 教授则更倾向于大陆法的做法。[133]

(二)好撒马利亚人施救时造成损害的责任豁免——好撒马利亚人法(Good Samaritan Law)

在普通法上,一名医生如果拒绝提供急救不会承担责任,而提供了急救的则会受到失职行为的指控(在典型的发生在大街上的紧急情形中,由于缺乏设备、护士等更可能发生这种情况)。[134] 也即在普通法上,救助者在救助时负有采取合理注意的义务,如果救助者在救助时的过失行为造成被救助者受到伤害或者加重了这一伤害,他可能要承担责任。[135] 因此,观察者可以得出法律有其缺陷,一方面它拒绝施加一般的救助义务;另一方面有用责任来威胁那些向他人提供救助的高尚的灵魂。[136]

基于此,美国所有的州都制定了“好撒马利亚人法”(Good Samaritan Statutes),如阿拉巴马州[Code of Ala. § 6-5-332(2013)]、阿拉斯加州(Alaska Stat. § 09.65.090)、加利福尼亚州(Cal Health & Saf Code § 1799.102(2014))等。这些法律通常会免除在紧急事故现场(而非在医院里)提供救助的医生的所有责任,或者免除重大过失之外的责任。[137] 有些法律还保护其他人,如消防员、营救队队员和警官等。[138]

除美国外,加拿大、澳大利亚等国家也制定了“好撒马利亚人法”。

在加拿大,安大略省(Good Samaritan Act 2001)、不列颠哥伦比亚省(Good Samaritan Act 1996)、艾伯塔省(Alberta, Emergency Medical Aid Act 2000)也都制定有好撒马利亚人法。如安大略省《2001 年好撒马利亚人法》第 2 条第 1 款规定:“无论普通法如何规

---

[132] Andrew Burrows, *The Law of Restitution*, 2nd ed., Oxford University Press, 2002, pp. 319-320; Saul Levmore, “Waiting for Rescue: An Essay on the Evolution and Incentive Structure of the Law of Affirmative Obligations”, 72 *Va. L. Rev.* 879, 984(1986).

[133] Hanoch Dagan, *The Law and Ethics of Restitution*, pp. 109-110.

[134] Steven L. Emanuel, *Torts*, p. 194.

[135] 如 Kent v. Griffiths, [2001] QB 36. See *Australian Principles of Tort Law*, pp. 254-255. 关于美国,如 Dunson v. Friedlander Realty, 369 So. 2d 792(Ala. 1979), Farwell v. Keaton, 240 N. W. 2d 217(Mich. 1976), see Henderson, *The Torts Process*, p. 235.

[136] Henderson, *The Law and Ethics of Restitution*, pp. 235, 253.

[137] Steven L. Emanuel, *Torts*, p. 194.

[138] Henderson, *The Law and Ethics of Restitution*, p. 235.

定,第2款中描述的自愿的且未合理期待赔偿或报酬而提供第2款所描述之服务的人,不对其提供服务过程中的过失作为或不作为所造成的伤害承担责任,除非能证明该人系因重大过失(gross negligence)而造成伤害。”

在澳大利亚21世纪初的侵权法改革中,大多数州也都制定了好撒马利亚人法,改变了前述救助人承担责任的普通法规则,在好撒马利亚人致力于公共利益的情形保护其免遭责任的负担。根据这些制定法,善意且非轻率行为的好撒马利亚人不再承担责任,除非(在大多数州,维多利亚州除外)他的行为是在受到毒品、酒精等的影响下作出的。不过这些制定法在具体的细节上有所不同。[139]

英国法中则不存在“好撒马利亚人法”。[140]

五、好撒马利亚人对危险肇致者的侵权责任请求权

在英美侵权法上,讨论比较多的是好撒马利亚人或救助人对危险肇致者的侵权责任请求权。这里的危险肇致者可能是第三人,也可能是被救助人。这一问题主要涉及法律上的因果关系,也就是近因(proximate cause)及作为其限制的介入原因(intervening cause)或替代原因(superseding cause)的判断问题,同时还涉及自甘冒险和与有过失/比较过失这两项抗辩事由。

在肇致危险者对救助者的侵权责任这一问题上,美国纽约州走在了历史的前列。在Eckert v. Long Island Rly Co.一案[141]中,原告的丈夫目睹到一名蹒跚学步的小孩正走在被告的铁轨上,而一辆火车正在迅速接近。他设法及时接近孩子并将之解救,自己不幸遇难。纽约州的上诉法院支持了原告,认为她丈夫“对该名孩子负有将之从危难中救出来的重要义务”,而且他冒着生命危险也不构成与有过失。这是美国第一个允许救助者享有独立的过失请求权的判例。[142] 更为经典的判例为Wagner v. International R. Co.案。[143]在该案中,原告为救助因火车事故被抛出车外、落在桥架上的侄儿,因天黑失足掉落而受伤,因此向铁路公司请求损害赔偿。Cardozo法官支持了原告的请求,并阐述了如下经典的意见:“危险招致救助。痛苦的呼唤召来救助。……危害生命的不法行为不仅是对受到危险的受害人为的不法行为;也是对救助者的不法行为。……救助的风险,只要它不

---

[139] Pam Stewart, *Australian Principles of Tort Law*, pp. 255 - 257.

[140] The Good Samaritan Law Across Europe, http://www.daneurope.org/c/document_library/get_file? uuid = c09228f3 - a745 - 480b - 9549 - d9fc8bbbd535&groupId = 10103.

[141] 43 NY 502, 3Am Rep 721(Ct of App. of NY, 1871).

[142] Kortmann, *Altruism in Private Law: Liability for Nonfeasance and Negotiorum Gestio*, p. 142.

[143] 232 N. Y. 176, 133 N. E. 437.

是恣意的,就是该场合的产物。紧急情况造就了救助者。不法行为人可能没有遇见到救助者的到来,但他应该像他预见到那样承担责任。”“救助行为,无论是出于冲动还是故意的,只要是具体场合的产物即为已足。”[144]

在英格兰法上,Cardozo 法官在 Wagner 案中的意见也为上诉法院在 Baker v. TE Hopkins & Son Ltd. 案[145]中所遵循。根据 Wilmer 法官的意见,“假设救助人的行为并非不合理……在我看来他通常必须属于为不法行为人所预想的受其行为密切且直接影响的那类人”。即使被告和主要的事故受害人之间不存在注意义务,比如,后者是一个侵入者,在和救助人的关系上仍会能产生义务。而且,没有必要预见给救助人造成的有形损害的确切形式。[146]

关于救助人对肇险者的损害赔偿请求权,还涉及三种抗辩事由:

一是受害人同意(volenti non fit injuria)。

英格兰的法院拒绝适用受害人同意这一抗辩来驳回救助者的请求。[147] 其中一个典型例子就是 Haynes v. Harwood 案,[148]这是第一个公开遵循美国先例的英国同类裁决。在该案中,一群马未被被告看管而脱缰了,它们拉着有篷货车在拥挤的大街上逃逸,一名值勤的警察从警察局飞奔出来阻止一匹马,结果被马压在身上受伤。该名警察可以就其伤害获得赔偿。法院认为,因为这些伤害属于被告最初的过失的自然和可能的后果。不能认为原告通过其有点冲动的行为而自愿承担了风险以及损害,因为受害人同意原则并不适用于因为被告可责的疏忽造成的紧急事件而进行介入的情形。[149]

之所以受害人同意不能阻碍救助人的诉请,理由有如下数端:(1)现在已经清楚的是,救助者的请求是建立在被告直接对其承担的义务之上,而非源自被告向处于危险者所负的义务,因此,原告可以就其救助侵入者时遭受的伤害获得赔偿,而依当时的法律,侵入者并不享有请求权。如果被告本应预见紧急情况以及某人会使自己暴露于危险以引起救助,那么他就对救助者直接负有了义务。继续认为救助者自愿(volens)完全是自相矛盾的。(2)救助者是根据法定、道德或社会义务的冲动而行为的,因而并未行使对抗

---

[144] 133 N. E. 437,438. See also Shapo,*Principles of Tort Law*,p. 343. 关于该案的介绍,可参见王泽鉴著:《侵权行为法》,北京大学出版社 2009 年版,第 201 页及注 3。

[145] [1959] 1 WLR 966.

[146] Markesinis,*Tort Law*,p. 153.

[147] Ibid.

[148] [1935] 1 K. B. 146(C. A.).

[149] S. J. Stoljar,*Negotiorum Gestio*,p. 142;see also W. V. H. Rogers,*Winfield and Jolowicz on Tort*,17th ed.,Sweet & Maxwell,2006,p. 1076;Kortmann,*Altruism in Private Law:Liability for Nonfeasance and Negotiorum Gestio*,pp. 143 – 144.

辩成功而言非常关键的选择自由。(3)被告的过失限于原告的冒险行为是救助情形的本性。原告并未同意被告的过失,当时也可能完全无视它。他所知道的一切就是某人处于危急,要求他作为救助者介入。[150]

不过,美国普通法上存在一项消防员规则(fireman's rule,firefighter's rule),对于职业的救助者,如警官、消防员、医护人员、救生员等,普通法拒绝其对过失肇致危险者就其在抢险中遭受的伤害提出的求偿请求。[151] 理由是职业救助者接受了其危险工作的内在风险,[152]属于主要的自担风险(primary assumption of the risk)的一种形式。[153] 但实际上,所有的法院都认为,消防员规则并不免除故意或轻率地不法行为人对职业救助者的责任。在一些州,消防员规则已经通过立法或判例被废止了。[154]

而在英格兰,职业救助者,如医生、警察和消防员,和出于利他主义而作为的个人一样,也属于注意义务的范围。[155] 在 Ogwo v. Taylor 案[156]中,原告是一名消防员,他参与了扑灭由被告过失造成的一起火灾,并因火灾导致的滚烫的蒸汽而受到严重的烫伤。被告诉称,因为这些只是灭火行为中内在的"普通"风险,他对职业消防员不负有义务;仅在涉及可预见的、"异常的"风险时才存在义务。而上议院一致拒绝了这一观点,Bridge 法官阐述了下述观点:

"对于履行其正当义务并运用其技能有效地来扑灭普通的火灾的职业消防员,在其为火灾的特殊情形造成的风险所伤害时,就其对失火负有责任的侵权人提起的损害赔偿,我不能看出有任何的原则基础能够使得否认救济得以正当化。失控的火灾内在具有危险性。如果火灾没有受到控制,在大多数都市的环境里,它都可能给财产造成无法数清的损害并可能危及生命。职业消防员的义务是尽其最大的努力来灭火,很明显,即使充分利用其所有的技能、训练和专业装备,他们有时仍会遭受不可避免的受伤风险,无论火灾被描述为'普通的'还是'异常的'。如果他们不符合同意原则——当代的正义观念非常反感这一原则,我就看不出有什么理由认为和有权援用所谓的'救助'情形的门外汉相比,他们应处于不利地位。"[157]

在其他专业人士作为救助者的情况下,美国判例的意见出现分歧。在 Carter v.

---

[150] W. V. H. Rogers, *Winfield and Jolowicz on Tort*, pp. 1076 – 1077.

[151] Johnson, *Mastering Torts*, pp. 140, 236.

[152] Shapo, *Principles of Tort Law*, p. 345.

[153] Johnson, *Mastering Torts*, p. 236.

[154] Ibid.

[155] Markesinis, *Tort Law*, p. 153.

[156] [1988] A. C. 431.

[157] [1988] A. C. 431, 437. Cf. Pam Stewart, *Australian Principles of Tort Law*, p. 254.

Taylor Diving & Salvage Co. 案[158]中，一名医生在狭窄的住处为一名潜水者施行手术时，心脏状况出现恶化，法院否认了医生对潜水者的雇主的赔偿请求，因为法院确定，医生收取了大量的服务费。[159] 但在另一起案件中，一个建筑工地因过失发生山体滑坡，一名医生在试图接近受困的雇员时受伤，法院允许该医生对建筑承包商提出索赔。[160]

二是介入行为(novus actus intervenies)。

在美国侵权法上，关于近因的判断，存在着直接因果关系(direct causation)和可预见性(foreseeability)或风险范围(scope of risk)两种对立的理论。根据前者，责任仅针对被告过失直接导致的损害，即使被告行为时该损害不可预见或不可能，而根据后者，被告的责任被限定在通常可预见的结果上，这种预见既针对伤害的种类也针对受害人。[161]

对于可预见性规则，也存在限制或例外，典型的即为“救助”情形。在美国法上，存在一项“救助者规则”(rescuer rule)或“救助者原则”(rescuer doctrine)。它允许尝试救助他人免遭危难者可以从过失造成危险情况之人处获得侵权损害赔偿。其基本准则就是，给他人创设一项危险情况者在法律上不仅被认为给受害人造成了危险，而且给受害人的救助人也造成了危险，因此，导致了尝试救助的救助人所遭受的伤害。可以说，救助原则出于鼓励救助的政策，为了救助者的利益，扩展了被告的责任。如果被告对被救助者存在过失，他对救助者也存在过失。肇致危险者对救助人负有独立的注意义务。[162]

从近因的角度看，在救助情形，可预见性规则并未得到严格适用，或者说，此时，“可预见性”要求被弱化。虽然救助者经常无法真正被预见到，但是这并不妨碍法院施加责任。[163] 从功能上看，“救助原则”将扩展了可预见性的边界，某人可能尝试救助被置于危险境地之人以及他可能因此而受伤害总是可以预见的，从而在被告的行为和原告的伤害之间建起了近因的桥梁。[164] 从介入原因的角度看，[165]在被告的过失创设了一项危险，而该危险使得第三人尝试救助时，这一救助行为并不构成阻碍被告过失成为伤害之近因的替

[158] Shapo, *Principles of Tort Law*, p. 345.

[159] Ibid., pp. 344 - 345.

[160] Solgaard v. Guy F. Atkinson Co., 491 P. 2d 821(Cal. 1971). Cf. Shapo, *Principles of Tort Law*, p. 345.

[161] Emanuel, *Torts*, p. 149.

[162] AMJUR NEGLIGENCE § 926(American Jurisprudence, Second Edition, 2014.

[163] Emanuel, *Torts*, p. 154.

[164] AMJUR NEGLIGENCE § 926(American Jurisprudence, Second Edition, 2014.

[165] 根据《侵权法第二次重述》第 441 条，所谓的介入力量，是在被告的过失行为之后促成原告损害发生的一种力量，而其中能够阻碍被告过失构成原告损害之近因的介入原因，或者说可以使被告免责的原因，被称为替代原因(第 440 条)。介入力量构成替代原因的条件由重述第 442 ~ 453 条作出了规定。See also Emanuel, p. 156.

代原因(superseding cause),除非救助人实施救助行为时具有重大过失。[166] 当然,救助行为也不会中断创设危险的侵权人和受害人之间的近因关系,即使救助人一方的过失加重了原告所受的伤害。[167]

对此,《侵权法第三次重述:有形损害和精神损害》第 32 条(救助人)规定:"尽管有第 29 条[168]和第 34 条[169]的规定,但如果行为人的侵权行为危及他人或他人的财产,行为人的责任范围将包括某人因努力帮助或保护受到危害的人或财产而遭受的损害,只要该损害源自提供帮助的努力所固有的风险。"

在英格兰,救助人的介入通常也不被视为中断了因果链条。[170] 如在前述 Haynes v. Harwood 这样的案件中,警察的行为是通常的处于类似情况的勇敢者的行为,因而是被告的不法行为的直接和可预见的后果,他遭受的伤害也因此不是过于遥远。除了警察、消防员以外,对于合理的期待成功而做出这种救助尝试的任何其他人,也是如此。[171]

三是与有过失(contributory negligence)或比较过失(comparative negligence)。

在受伤的救助人未尽到注意时,是否排除或减少损害赔偿,美国法院的意见不一。有的法院认为,受伤的救助人仅在其轻率的情形才被禁止求偿,单纯的过失则不可;其他法院则将普通过失作为一项抗辩。但随着比较过错的出现,改变了与有过失所采用的全有全无的规则,这一问题变得不再那么重要,因为救助人一方的任何过错都可能作为减少其寻求的损害赔偿的基础。[172]

美国法院也不太愿意发现救助者对已知危险的面对构成与有过失,因为所谓的"判断错误应当在考虑到当时的激动和混乱的情况下进行衡量"。在 Altamuro v. Milner Hotel, Inc. 案[173]中,死者在已经成功完成两次救助后又进入了一栋着火的旅馆中,这并不构成与有过失,尽管消防员已经命令所有的人员离开该栋建筑。[174] 根据《侵权法第二次重述》第 472 条(在努力挽救人身或财产时遭遇的危险),原告在努力救助自己或第三人、其或者第三人的土地或动产免受损害时暴露于危险的,不构成与有过失,除非该努力本

---

[166] Emanuel, *Torts*, p. 160.

[167] Johnson, *Mastering Torts*, p. 139.

[168] 第 29 条(对侵权行为之责任的限制)规定:行为人的责任限于使行为人之行为构成侵权的风险所肇致之损害。

[169] 第 34 条(介入行为和替代原因)规定:在某自然力或独立的行为也构成损害的事实上的原因时,行为人的责任限于使行为人之行为构成侵权的风险所肇致之损害。

[170] Markesinis, *Tort Law*, p. 153.

[171] W. V. H. Rogers, *Winfield and Jolowicz on Tort*, p. 1077.

[172] Johnson, *Mastering Torts*, p. 139.

[173] 540 F. Supp. 870(E. D. Pa. 1982).

[174] Johnson, *Mastering Torts*, pp. 139 – 140.

身不合理,或者原告在行为过程中有不合理之处。

在救助人可能完全是因为自己的过错或者以一种无法预见的方式受到伤害时,英格兰法有一则判例 Crossley v. Rawlinson,[175]在该判例中,原告携带一个灭火器奔跑去扑灭一辆卡车上的大火,但被绊了一下摔倒了。法官认为,其受伤的方式是不可预见的,因而过于遥远。这一判例提出了一个困难的因果关系的问题;但是,可以肯定,在一时激动之下,使自己遭受危险的救助者遭受他本来可以避免的伤害完全是可以预见的。而且基于类似的理由,与有过失抗辩不会使救助者败诉,或者在适用该抗辩时,减少的损害赔偿额可能是很少的。[176]

六、比较分析的结论

对救助义务的分析可以揭示出两种模式:一种是“大棒”模式;另一种是“胡萝卜”模式。[177]

在“大棒”模式下,法律会对未能尝试合理救助的行为施加法律制裁,如前述美国佛蒙特州等采用的危难救助法,但在英美法系,大部分都否认了一般救助义务的存在,仅在特殊情形承认了其存在,因而,遇见紧急情况却不施救并不产生侵权责任。如美国的经验研究发现,即使存在危难救助法,法律也很少适用,而即使无危难救助法,也并不影响人们施救的热情。[178]

在“胡萝卜”模式下,法律会对那些尝试救助他人者给予奖励。典型者如海上救助法,但它以救助成功为前提,并且救助生命仅为附带产品。

好撒马利亚人法则是一种修正的“胡萝卜”模式,它通过免除好撒马利亚人在救助过程中的过失责任而消除了不利于救助的遏制因素,但在具体的规范模式上,存在多种选择的可能,尤其是否将之限定于专业医疗人士的情形。而且作为免责的前提,一般还要求他们并无收取报酬的意图。在无此类制定法时好撒马利亚人要对其过失承担责任,在获得报酬的情形,亦同。

另一种消除不利于救助的遏制因素的途径是,允许救助者从被救助者处回复救助费用。但和不主张大棒政策一样,英美法原则上对救助行为也采用了不鼓励多管闲事的立

---

[175] [1982] 1 W. L. R. 369.

[176] Markesinis, Tort Law, pp. 153 – 154. See also Kortmann, *Altruism in Private Law: Liability for Nonfeasance and Negotiorum Gestio*, p. 145.

[177] Henderson, *The Torts Process*, p. 253.

[178] David A. Hyman, *Rescue Without Law: An Empirical Perspective on the Duty to Rescue*, 84 Tex. L. Rev. 653, 656 – 657 (2006).

场,并且采用了无偿的推定,认为感恩即为救助者最好的报酬,因此一般不赋予救助者对被救助者的请求权。仅在一些例外的情形,美国法采用了回复法的路径(英格兰法的态度尚不明朗),不论救助是否成功,都允许救助者就其救助支出的合理费用获得偿还,职业救助者还可以获得合理的报酬,但回复法不允许请求损害赔偿,也不允许获得额外的奖励。

损害赔偿则可基于侵权法,救助人对于肇致危险者,无论是第三人还是被救者本人,都享有基于过失的损害赔偿请求权,且不受介入(替代)行为、受害人同意和与有过失抗辩的阻却,但比较过失制度则可能适用。

可以说,英美法的基本立场取"大棒"和"胡萝卜"之中,既不鼓励救助,也不惩罚未施救行为,从这点上说,英美法对救助者的态度显得略为消极,而在例外情形,或偏向大棒一端,或偏向胡萝卜一端,但绝无仅取其一端的极端情形。且在激励政策上,英美法求助于各种分散的制度来解决救助者的求偿问题,呈现碎片化的样态,体系上缺乏一定的清晰度。

相较之下,大陆法多数规定了一般救助义务,且以无因管理为基础建构了对救助人的激励模式,将费用偿还请求权、责任承担请求权、损害赔偿请求权和报酬请求权在一定条件下一并赋予救助人,明显采用了一种"大棒"加"胡萝卜"的混合模式,具有体系上的清晰度。但这种无因管理的统一模式,[179]在救助人遭受严重损害的情形,仍无法妥善解决,最终仍需走向公法或社会化的救济途径。

但上述形式上的差异并不妨碍两大法系在一些情形仍可能达成类似的解决效果。[180]

最后,以郑花阁诉张鹏、周小军、周迅一案[181]为例,我国法院采取了类似无因管理的路径,基于公平原则的考虑,依据《民法通则》第 109 条和最高人民法院《关于贯彻执行〈中华人民共和国民法通则〉若干问题的意见(试行)》第 142 条的规定,判令获救人张鹏应给予救助人张国林的妻子郑花阁以适当的经济补偿,并以张鹏本人的获益情况和本人的经济承受能力综合考虑。但考虑获救人的获益情况实际上纳入了不当得利的考虑因素,和英美法的路径有吻合之处,不过对本案,英美法上的解决结果可能是救助人及其遗属无法得到任何补偿,除非有救助费用的支出,但本案中似乎无法看出。

---

[179] S. J. Stoljar 教授即区分了无因管理和救助情形的不同,对无因管理模式提出了尖锐的批评。See S. J. Stoljar, *Negotiorum Gestio*, pp. 149ff.

[180] S. J. Stoljar, *Negotiorum Gestio*, pp. 4, 18, 19.

[181] (2004)南民一终字第 75 号。

见义勇为行为中受益人补偿义务的体系效应

王　雷*

目　次

引言

笔者在《见义勇为行为中的民法学问题研究》一文中曾经指出:见义勇为属于民法上的紧急无因管理行为,属于行政法上公民对行政机关的行政协助行为。见义勇为行为的救助人对被救助人不存在危难救助义务,这是构成见义勇为行为的前提条件,也是构成要件中的核心。当事人之间的特殊关系是危难救助义务存在的法理基础。通过比较分析和历史分析等均不能得出将危难救助义务加诸社会一般成员的结论。对救助人在见义勇为行为中所受损害,应该根据矫正正义和分配正义的要求,建立多元化的救济机制。①

笔者在下文中将继续研究如下问题:见义勇为行为中救助人损害赔偿请求权规范基础彼此关联和解释适用;见义勇为行为中受益人补偿义务与无因管理中管理人对被管理

* 中国青年政治学院法学院讲师,法学博士。本文为国家社科基金重大项目“法学方法论与中国民商法研究”(项目编号:13&ZD150)的阶段性成果。

① 王雷:“见义勇为行为中的民法学问题研究”,载《法学家》2012 年第 5 期。

人的损害赔偿等请求权、被管理人(本人)必要费用偿付义务等之间的关系;受益人补偿义务与社会救助制度的衔接;这些都属于见义勇为行为中受益人补偿义务对其他相关制度产生的体系效应。这些问题的讨论又离不开对见义勇为行为作为特殊无因管理的"特殊性"之认识。

一、见义勇为行为的法律定性

(一)见义勇为行为属于紧急无因管理

要厘清见义勇为行为中受益人补偿义务的体系效应,仍然离不开对见义勇为行为本身的性质界定,这也是研究该问题的前提。

从法律实用主义的角度看,见义勇为如果不涉及任何损害事实或者费用支出,法律对此不必干涉,可以将其归于"法外空间"。见义勇为行为人是出于情谊实施无私利他不计报酬的救助行为,且行为人无法定或者约定的救助义务,不具有受法律拘束的意思,常基于怵惕恻隐之心或者说同情怜悯之心②实施危难救助行为,完全符合情谊行为的特征,构成纯粹的情谊行为。

现实生活中,进入法律调整视野的见义勇为行为往往涉及损害承担、费用支出乃至行政确认、行政奖励、社会保障等问题,属于法律事实。我国民法学通说见解认为,见义勇为行为属于民法上的无因管理,③无因管理具有"没有法定或约定的义务、有为他人谋利益的意思和为他人管理事务"等构成要件,见义勇为行为中的救助者和被救助者之前并无约定,见义勇为者具有维护他人利益的意思,但这只是属于无因管理中的管理意思而非发生某种法律效果的意思,见义勇为的法律效果完全取决于法律的直接规定,见义勇为行为完全符合无因管理的最基本要件要求。比较法学说上也多有将见义勇为明确归到无因管理之类型中的主张。④ 对此,笔者从之。见义勇为行为作为无因管理又具有特殊性:

一方面,基于见义勇为行为所处情势常有一定程度危险性,见义勇为属于高层次的

---

② Richard Allen Epstein, *Cases and materials on torts*, Austin : Wolters Kluwer Law & Business/Aspen Publishers, 2008. 9th edition, p. 565.

③ 王家福主编:《中国民法学·民法债权》,法律出版社 1991 年版,第 585 页、第 587 页。徐武生、何秋莲:"见义勇为立法与无因管理制度",载《中国人民大学学报》1999 年第 4 期。

④ 王泽鉴著:《债法原理》,北京大学出版社 2009 年版,第 257 页、第 262 页、第 266 页、第 270 页、第 272 页。[日]我妻荣著:《我妻荣民法讲义·债权各论》(下卷一),冷罗生等译,中国法制出版社 2008 年版,第 13 页。See Christian von Bar & Eric Clive, *Principles, definitions and Model Rules of European Private Law—Draft Common Frame of Reference*(DCFR), 2009, by Sellier, European Law publishers GmbH, Munich. p. 3008. 此处专门涉及对 emergency rescuers 的救助,对 emergency assistance 的讨论也贯穿该书第五卷 Benevolent Intervention (negotiorum gestio)的始终。

紧急无因管理行为，其体现了更高程度的道德觉悟。我国台湾地区“民法”就在第175条规定了紧急管理制度，大陆法系民法上多有类似规定，⑤见义勇为行为可以归入其中。

另一方面，见义勇为行为所管理的“他人事务”具有特殊性。无因管理中管理人管理的是他人事务，见义勇为中救助者所处理的也是他人事务，但后者具有特殊性。见义勇为中救助者所涉及的“他人事务”具有“多重主观归属”，如梅迪库斯就曾经以救火为例，说明救火作为见义勇为所管理“他人事务”的“多重主观归属性”，人们可以将救火归到政府消防队那里（其负有法定救助义务），也可以将之归到燃烧物的权利人那里（他人救火行为使得其利益得到了保护），还可以归到纵火者甚至火灾承保人。⑥ 从管理事务的归属性上看，事务归属之人都可以被视为无因管理中的被管理人。⑦ 实际上，在存在侵权人的侵害制止型见义勇为中，救助者在防止、制止被救助者民事权益被侵害过程中遭受侵权人的侵害，这就在救助者和被救助者之间的无因管理法律关系之外产生救助者和侵权人之间的侵权法律关系。

由此可见，伴随损害承担或者费用支出的见义勇为行为根本上属于紧急无因管理，见义勇为中救助者所涉及的“他人事务”具有“多重主观归属性”。

（二）见义勇为行为属于行政协助行为

如上所述，见义勇为中救助者所涉及“他人事务”的“多重主观归属性”中有一个面向就是负有法定救助义务的公权力机关。

我国《人民警察法》第6条、第19条规定人民警察有危难救助义务，可见危难救助本属公权机关为社会成员提供的公共服务范畴，并非其他公民的法律义务，救助者自然无此积极救助义务，然而社会生活千变万化，国家警察又不能时时站在每个公民的背后保护其权益，危难情势下其他公民的见义勇为行为就是对公权力救济不足的必要补充，此时救助者即代行承担了公权机关的法定救助职责。从行政法角度来看，见义勇为可以定性为公民主动协助国家行政管理的行政协助行为。⑧ 将见义勇为行为界定为行政协助也就提供了国家对见义勇为行为承担补偿法律义务的最重要理论基础，也是构建对见义勇为的救助者多元化救济制度重要理论基础之一。

---

⑤ 我国台湾地区“民法”第175条规定：“管理人为免除本人之生命、身体或财产上急迫危险而为事务之管理者，对于因其管理所生之损害，除有恶意或重大过失外，不负赔偿之责。”相同立法例另参见《德国民法典》第680条、《法国民法典》第1374条第2款、《瑞士债法》第420条第2款、《日本民法典》第698条等。

⑥ ［德］迪特尔·梅迪库斯著：《请求权基础》，陈卫佐等译，法律出版社2012年版，第116页。

⑦ Christian von Bar & Eric Clive, *Principles, definitions and Model Rules of European Private Law*, p. 3072. 据该书介绍，此为意大利法上的做法。

⑧ 傅昌强、甘琴友：“见义勇为行为的行政法思考”，载《行政法学研究》2002年第2期。胡建淼著：《行政法学》，法律出版社1998年版，第211页。

综上所述,见义勇为属于民法上的紧急无因管理,属于行政法上公民对行政机关的行政协助行为。见义勇为中救助者所涉及"他人事务"的"多重主观归属性"是见义勇为行为法律性质多元性和对救助者所受损害弥补多元化的根本原因。

二、见义勇为行为中救助者所受损害的请求权规范基础

(一)《侵权责任法》第23条第2句作为请求权规范基础

我国《侵权责任法》第23条规定:"因防止、制止他人民事权益被侵害而使自己受到损害的,由侵权人承担责任。侵权人逃逸或者无力承担责任,被侵权人请求补偿的,受益人应当给予适当补偿。"该条规定了见义勇为行为中救助者所受损害的请求权规范基础,也就对应受益人的适当补偿义务。对受益人适当补偿义务的构成要件应该特别明确:

首先,通过对《侵权责任法》第23条第1句和第2句的文义解释可知,受益人对救助者所受损害承担补充的(subsidiary way)适当补偿义务,该义务只发生在"侵权人逃逸或者无力承担责任,被侵权人请求补偿"时。当出现"侵权人逃逸或者无力承担责任"的情形时,救助者对其所受损害陷入风险自担之境地,此时要求受益人给予适当补偿符合民法公平原则。因此,第23条第1句可以成为救助者请求受益人给予适当补偿时,受益人所得主张的请求权反对性规范(抗辩性规范),⑨当然受益人对救助者应当先行向侵权人主张责任的抗辩事由须承担证明责任。

其次,受益人应当给予适当补偿的法定义务并不取决于被管理人是否实际获益或者管理事务最终是否成功,⑩从对该条文义解释的角度看,其并未类似于《人身损害赔偿司法解释》第15条那样规定受益人"在受益范围内予以适当补偿",由此,受益人实际受益范围并非其承担适当补偿义务的法定裁量情节,救助者的受损情况、救助者和被救者的经济状况等因素皆须考量,利益衡量的因素更加全面,以期在适当补偿范围上进行更加公正的利益衡量,这就有利于避免在受益人所获利益较少、其经济能力较强而救助者遭受损害较大时补偿上的显失公平。

再次,受益人适当补偿义务也不取决于受益人是否存在过错,若受益人适当补偿义务以其存在过错为构成要件,则从体系解释的角度看《侵权责任法》第23条就成为多余,因为此时只需要适用该法第6条第1款过错责任的一般条款予以解决即可。可见,受益人的适当补偿义务不同于侵权损害赔偿责任,但其在义务的严格性上又类似于适用严格

---

⑨ [德]迪特尔·梅迪库斯著:《请求权基础》,陈卫佐等译,法律出版社2012年版,第12页。

⑩ 类似观点 See Christian von Bar & Eric Clive, *Principles, definitions and Model Rules of European Private Law*, p. 3034。

责任归责原则的侵权损害赔偿责任。

最后，受益人适当补偿义务可救济的损害范围限于在见义勇为行为中救助者所直接遭受的人身或者财产损害，救助者因时间付出所遭受的纯粹经济损失则不在此救济范围，救助者从事见义勇为行为过程中支付的必要费用或者以自己的名义对外负担的必要债务等也都不属于《侵权责任法》第23条第2句所支持的救济范围。可见，受益人法定补偿义务对应的请求权规范基础并不解决见义勇为行为作为无因管理的全部法律后果，其无法完全取代传统无因管理之债的内容。救助者所遭受的无法通过受益人法定补偿义务予以救济的不利益仍可通过无因管理制度予以解决。

就受益人根据《侵权责任法》第23条第2句向救助者承担适当补偿义务后的后续结果，受益人可以就此补偿取得向侵权人追偿的权利，[⑪]以实现救助者、受益人和侵权人之间的利益平衡。实际上，此种"适当补偿"对受益人来说构成其纯粹经济上损失，而此种损失的引发原因又是侵权人的侵权行为，比较法上对受益人向侵权人的此种追偿权也持肯定态度，甚至认为其是不证自明的。[⑫]

（二）《侵权责任法》第23条第2句与其他相关规定之间的体系协调

作为见义勇为中救助者所受损害弥补的请求权规范基础，《侵权责任法》第23条还存在与我国其他相关现行民事法律、司法解释之间的体系协调，需要通过法律解释以对这些法律规范进行体系整理。

首先，《侵权责任法》第23条在适用范围上存在法律漏洞，其未区分存在侵权人的侵害制止型见义勇为和不存在侵权人的抢险救灾型见义勇为，分别讨论其救济机制。特别是从对该法第23条第2句前段所规定"侵权人逃逸或者无力承担责任"做文义解释的角度可见，其未能涵盖抢险救灾型见义勇为。[⑬] 正是从这个意义上，有学者主张扩张解释该条所规定的"制止侵害行为"："并不能单纯从字面来理解，这种行为，不仅针对侵权行为，还针对危害公共利益和他人利益的自然灾害、意外事件和其他危险状况"。[⑭] 而《人身损害赔偿司法解释》第15条在适用范围问题上做了广义界定，包括"没有侵权人、不能

---

⑪ 在《侵权责任法》立法过程中，"有的地方和单位建议，规定受益人承担补偿义务后，可以向侵权人追偿"。参见全国人大常委会法制工作委员会民法室编：《侵权责任法立法背景与观点全集》，法律出版社2010年版，第53页、第295页。

⑫ Christian von Bar & Eric Clive, *Principles, definitions and Model Rules of European Private Law*, pp. 3069, 3071.

⑬ 此种解释结论与立法部门组织编写的相关释义著作中的历史解释结论（本条不包括自然灾害引起的他人民事权益被侵害的情形）吻合。参见王胜明主编：《中华人民共和国侵权责任法释义》，法律出版社2010年版，第112页。

⑭ 杨立新著：《侵权责任法》，法律出版社2010年版，第157页。

确定侵权人或者侵权人没有赔偿能力"[15]的情形,这就将不存在侵权人的抢险救灾型见义勇为中救助者的损害救济一并纳入,符合类似情况类似处理的法治统一和平等原则。《人身损害赔偿司法解释》第15条在适用范围上的缺陷则是其对救助者损害只及于"人身损害",而《侵权责任法》第23条第1句则未对救助者"自己受到损害"的具体类型做限缩,后者更为妥当。

其次,《侵权责任法》第23条所规定的法律后果(受益人适当补偿)在利益衡量上更符合公平性。作为紧急无因管理的两种类型,侵害制止型和抢险救灾型见义勇为行为中救助者向被救助者主张的损害偿付责任的请求权基础都是无因管理中的必要费用偿还请求权,对此,最高人民法院《关于贯彻执行〈中华人民共和国民法通则〉若干问题的意见(试行)》(以下简称《民通意见》)第132条对《民法通则》第93条规定的"必要费用"做了文义上的扩张解释,包括了管理人(救助者)在该活动中受到的实际损失。[16] 而根据《民法通则》109条、《民通意见》第142条乃至《侵权责任法》第23条第2句的规定,同样情形下,见义勇为行为的救助者只能请求受益人"给予适当补偿"。[17] 笔者认为依赖无因管理制度将救助者所受损害交由受益人(被救助者)进行全部补偿,[18]利益衡量过程中没有顾及损害引发者是侵权人,受益人无过错情形下要求其对第三人致救助者损害进行全部的补偿,也与侵权过错责任的一般归责原则不相吻合,在利益衡量上有缺失,在问题的终局解决上有局限。单就侵害制止型见义勇为来看,有学者主张救助者对侵害人的侵权损害赔偿请求权和救助者对被救助者的无因管理必要费用偿还请求权存在规范竞合(independent concurrent right),应该择一行使。[19] 笔者认为,存在侵害人的情况下,救助者所受损害由侵害人引起,虽为被救助人的利益而行为,但这两者不能属于并列的原因,不能由救助者任意选择求偿对象,利益衡量上宜先由引发损害的侵害人承担赔偿责任,受益人承担的只能是如上文所述"补充的(subsidiary way)适当补偿义务"。

---

[15] 《民通意见》第142条前段作了类似规定:"……在侵害人无力赔偿或者没有侵害人的情况下……"

[16] 从解释论的角度看,《侵权责任法》第23条第2句所规定的受益人适当补偿义务较之《民法通则》第93条和《民通意见》第132条而言的确不利于对见义勇为救助者利益的全面保护。参见高圣平主编:《中华人民共和国侵权责任法:立法争点、立法例及经典案例》,北京大学出版社2010年版,第299~300页。但如下文所述,笔者认为,此种狭义法律解释的结论反倒更符合见义勇为行为中多方民事主体之间的利益平衡。

[17] "朱木杨因其子制止他人财产遭受侵害被刺身亡致家庭生活困难诉受益人吴春秀等补偿案",载《人民法院案例选》1996年第3辑,第90~95页。

[18] 我国台湾地区"民法"第176条即采此种做法:"管理事务,利于本人,并不违反本人明示或可得推知之意思者,管理人为本人指出必要或有益之费用,或负担债务,或受损害时,得请求本人偿还其费用及自支出时起之利息,或清偿其所负担之债务,或赔偿其损害。""第一百七十四条第二项规定之情形,管理人管理事务,虽违反本人之意思,仍有前项之请求权。"

[19] Christian von Bar & Eric Clive, *Principles, definitions and Model Rules of European Private Law*, p. 3052.

最后，受益人不能直接主张《侵权责任法》第28条所规定的“第三人侵权”作为免除自己适当补偿义务的抗辩事由，第28条不属于受益人对抗救助者的反对性规范：“损害是因第三人造成的，第三人应当承担侵权责任”。该条也存在法律漏洞，即使侵权人的侵权行为是遭受救助者受损害的唯一原因，也不能当然免除被救助者（受益人）的法定补偿义务，《侵权责任法》第23条第2句构成第28条的例外情形。没有义务情况下的管理他人事务即属于干涉他人事务的范畴，然而，基于社会连带主义法理，社会共同体成员间的互助互爱是社会存在的必要道德之一，无因管理制度就是要调和“禁止干预他人事务”和“奖励人类互助精神”之间的矛盾，其采取的具体技术手段主要是规定管理人和被管理人之间的权利义务来进行利益的平衡，受益人法定补偿义务即为适例。

总之，见义勇为行为救助者所受损害的请求权基础经历了从无因管理被救助者全面补偿到根据侵权责任法侵权人损害赔偿责任之外由被救助者进行适当补偿的规范变迁，被救助者所承担的是补充的适当补偿义务，利益衡量上兼顾救助者、被救助者和侵权人三方。

三、见义勇为行为中受益人补偿义务对传统无因管理制度的发展

（一）受益人补偿义务的体系定位

就《侵权责任法》第23条所规定的“受益人应当给予适当补偿”的受益人法定补偿义务，在民法学理论上存在体系定性（立法根据）上的争议，相关争议主要体现如下：

第一，公平责任说，该说主张受益人之所以应当给予适当补偿，是公平责任原则的要求。其更远的立法根据为我国《民通意见》第157条：“当事人对造成损害均无过错，但一方是在为对方的利益或者共同的利益进行活动的过程中受到损害的，可以责令对方或者受益人给予一定的经济补偿。”见义勇为行为中，救助者是为了受益人的利益进行活动并遭受了损害，受益人和救助者对造成损害均无过错，受益人应当依公平原则予以适当补偿。[20]

第二，特殊的无因管理之债说，有学者主张无论何种见义勇为行为，都可以归类于无因管理行为，前者属于后者的特殊情形，侵权责任法关于受益人补偿义务与民法通则中无因管理之债的规定发生竞合时，应该依据特别法优于普通法的原则，优先适用侵权责任法的规定。[21]“制止侵害行为在性质上属于无因管理；但是，无因管理包含的范围更为

---

[20] 黄松有主编：《最高人民法院人身损害赔偿司法解释的理解与适用》，人民法院出版社2004年版，第214～227页。马俊驹、余延满著：《民法原论》，法律出版社2010年版，第1000页。

[21] 张新宝著：《侵权责任法》，中国人民大学出版社2010年版，第86页。

广泛,而制止侵害行为是其中性质特殊的一种情形,需要特别加以规范。……《侵权责任法》第23条规定了制止侵害行为造成损害的补偿责任……从制止侵害行为的特殊性来看,《侵权责任法》第23条专门对其加以特别规范和调整,使之从一般的无因管理制度中剥离出来。"㉒

第三,特定条件下的损失分担说,有学者主张受益人补偿义务并非公平责任或者无因管理,而是特定条件下的损失分担制度。㉓

第四,民法中独立类型之债说,有学者主张法定补偿义务作为民法上独立类型之债,与合同之债、侵权之债、不当得利之债、无因管理之债等并身而立。在我国责任保险制度尚不发达,社会保障制度还远未健全的背景下,如果法定补偿义务制度运用得当,无疑可在一定程度上济侵权损害赔偿责任制度之穷。㉔ 也有学者分析与《侵权责任法》第23条第2句类似的《民法通则》第109条和《民通意见》第142条,认为后者继受了苏联民法的规定,属于作为债的独立发生原因的抢救社会主义财产的立法模式。㉕

笔者认为,上述争议仅属于对同一法律规范在民法学理论体系上究竟用哪个民法术语进行概括的体系化问题,"是纯粹民法学问题中的解释选择问题",㉖而非法律适用中的解释论争议。鉴于如前所述通说理论主张见义勇为行为属于紧急无因管理,见义勇为行为中受益人的"应当给予适当补偿"义务也适宜被相应概括为特殊的无因管理之债。传统无因管理之债之所以无法足以解释见义勇为中受益人的适当补偿义务,是因为前者主要调整管理人和被管理人之间的内部利益冲突,对侵权人和无因管理当事人之间的外部利益冲突这一属于传统侵权损害赔偿之债的问题未本着法律实用主义的目的一并解决。本着对救助者损害予以最大可能救济的实用主义目的,见义勇为行为中多方民事主体之间的利益冲突给我们提供了一个反思和重新协调无因管理和侵权行为制度的契机。面对见义勇为,无因管理制度应该相应微调完善,而非默默走开。

(二)见义勇为对传统无因管理制度的发展

传统无因管理制度不足以充分解决见义勇为行为中的相关民法问题,见义勇为行为推动传统无因管理制度产生一系列新发展。

㉒ 杨立新著:《侵权责任法》,法律出版社2010年版,第157页、第163页。

㉓ 王利明著:《侵权责任法研究》(上卷),中国人民大学出版社2010年版,第287~289页。

㉔ 王轶:"作为债之独立类型的法定补偿义务",载《法学研究》2014年第2期。

㉕ 徐同远:"见义勇为受益人与行为人之间法律关系的调整",载《法治研究》2012年第12期。这样一来,《民法通则》第93条和第109条就成为立法多元继受的产物。笔者认为,经由历史分析方法得出的该结论最后却落实到规定于《民法通则》第六章"民事责任"第一节"一般规定"之下的第109条,而非第五章"民事权利"第二节"债权"具体种类的规定之下,可见,此种立法继受结论的准确性尚值进一步论证。

㉖ 王轶:"作为债之独立类型的法定补偿义务",载《法学研究》2014年第2期。

第一,传统无因管理制度在适用范围的类型化上存在不足,其并不区分紧急无因管理和一般的无因管理;[27]对紧急无因管理也未根据引发紧急情势原因之不同,区分抢险救灾型紧急无因管理与侵害制止型紧急无因管理。就无因管理的具体类型,我国《民法通则》第93条主要根据管理事务的标的,将其分为管理他人事务的行为和为他人提供服务的行为。笔者认为,结合我国现行民事立法上的相关规定,根据管理事务或者提供服务所处情势的轻重缓急,可以将无因管理主要分为普通情况下的帮工行为和紧急管理情况下的见义勇为行为。我国未来民法典立法中,应该在无因管理一章一并设定解决帮工行为和见义勇为行为中利益冲突的法律规则,回归帮工行为和见义勇为行为作为无因管理的本来面目,[28]赋予无因管理制度新的生机。

第二,传统无因管理制度对管理人所遭受不利益的救济范围上存在缺陷,管理人仅得就所支出的必要费用(expenditure)而非所遭受的损害(damage),向被管理人求偿,这从对《德国民法典》第683条的文义解释中可以得知,[29]后期的判例法则逐渐对管理人所遭受的损害和支出的必要费用采取相同的处理态度。这也在欧洲各国民事法律中获得广泛的立法例支撑。[30]

第三,传统无因管理制度中管理人的损害赔偿请求权"仅涉及管理人和本人之间的内部关系",[31]未能涉及侵权人和无因管理当事人之间的外部关系。在传统无因管理制度中,管理人最重要的权利就是管理费用偿还请求权(the right to claim reimbursement of expenditure)和管理人所负担必要债务的求偿权(the right to claim indemnification of liabilities),这两项权利在欧洲大陆法律体系下都被认可,也都对应就管理人在管理活动中自愿承受的不利益之救济。欧洲示范民法典草案(DCFR)对无因管理制度中管理人的请求权做了扩充,草案V. -3:103条规定管理人对被管理人的损害赔偿请求权(right to reparation),并将之定位为"必不可少条款"(indispensable)。[32] 我国台湾地区"民法"第176条似乎早已规定管理人对被管理人的损害赔偿请求权:"管理事务,利于本人,并不

---

[27] Christian von Bar & Eric Clive, *Principles, definitions and Model Rules of European Private Law*, p. 3034.

[28] 王雷:《民法学视野中的情谊行为》,北京大学出版社2014年版,第155页。

[29] 《日本民法典》第702条存在类似缺陷,该条也只规定了管理人的费用偿还请求权,该法第701条准用性法条也未准用第650条第3项"受任人为处理委任事务,自己无过失而受损害时,可以请求委任人赔偿其损害"。

[30] Christian von Bar & Eric Clive, *Principles, definitions and Model Rules of European Private Law*, p. 3056. Dieter Medicus, Bürgerliches Recht, 21. Auflage. Carl Heymanns Verlag 2007, S. 250. [德]迪特尔·梅迪库斯著:《德国债法分论》,杜景林、卢谌译,法律出版社2007年版,第508页。

[31] Christian von Bar & Eric Clive, *Principles, definitions and Model Rules of European Private Law*, p. 3034.

[32] Ibid., pp. 3033, 3052.

违反本人明示或可得推知之意思者,管理人为本人指出必要或有益之费用,或负担债务,或受损害时,得请求本人偿还其费用及自支出时起之利息,或清偿其所负担之债务,或赔偿其损害。""第一百七十四条第二项规定之情形,管理人管理事务,虽违反本人之意思,仍有前项之请求权。"但《欧洲示范民法典草案(Draft Common Frame of Reference, DCFR)》所规定的管理人损害赔偿请求权并非"全有全无式"的,草案 V. -3:104 条进一步规定了对管理人损害赔偿等请求权的减免情形(reduction or exclusion of intervener's right),该条第 2 款基于公平合理原则,对管理人请求权对应的被管理人责任予以减免,[33]在利益冲突规则的设计上更加动态衡平。这也是《民通意见》第 132 条和我国台湾地区"民法"第 176 条之"全有全无式"(all or nothing)规定所不及之处。"欧洲示范民法典草案"V. -3:104 条规定在利益衡量时,通常应当考虑多个因素,其中每个因素的强度和数量都扮演了不同的角色,展现了动态系统论的思考方式在利益衡量中的适用。[34] 此种做法有助于更加动态地构成法律规范及其法律效果,避免僵硬地运用法律,其基本构想是"特定在一定的法律领域中发挥作用的诸'要素',通过'与要素的数量和强度相对应的协动作用'来说明、正当化法律规范或者法律效果"。[35] 根据该理论在利益衡量过程中决定某一利益是否优先保护时存在诸多的影响要素,某一要素缺失并不当然危及对该利益的保护,完全可以通过其他要素的补强来替代。

作为特殊的无因管理之债,《侵权责任法》第 23 条所规定的见义勇为行为中受益人"应当给予适当补偿"义务在利益动态衡量因素的揭示上存在不足,其仅涉及相对于侵权人所承担损害赔偿责任的补充地位,对救助者是否存在与有过失、受益人补偿是否会导致其负担过重等问题未明确列举为裁判公平权衡的因素。根据学者介绍,奥地利判例法和民法理论通说观点也都主张对紧急无因管理中被管理人向管理人承担适当补偿责任(appropriate compensation),但对达到何种程度方为适当则取决于个案中的具体情形,如被管理人所面临危险、管理人遭受的风险、管理人所受损害的类型和程度、管理人对形成危险的原因力及经济能力、是否存在保险保障等。[36] 对受益人"适当补偿"义务所应该动

---

[33] Draft Common Frame of Reference(DCFR)V. -3:104(2):"These rights are also reduced or excluded in so far as this is fair and reasonable, having regard among other things to whether the intervener acted to protect the principal in a situation of joint danger, whether the liability of the principal would be excessive and whether the intervener could reasonably be expected to obtain appropriate redress from another."

[34] [奥]海尔穆特·库奇奥:"损害赔偿法的重新构建:欧洲经验与欧洲趋势",朱岩译,载《法学家》2009年第 3 期。

[35] [日]山本敬三:"民法中的动态系统论——有关法律评价及方法的绪论性考察",解亘译,载《民商法论丛》第 23 卷,第 177 页、第 181 页。

[36] Christian von Bar & Eric Clive, *Principles, definitions and Model Rules of European Private Law*, p. 3068.

态权衡因素的揭示是未来对《侵权责任法》第23条进行司法解释的方向，以给法官更多的裁判指引并相应起到约束法官自由裁量权的作用，避免法官在个案裁判中过多关注法外因素。

四、从受益人补偿义务看社会救助与侵权责任法的衔接

（一）侵权损害多元化救济机制的建立

在多元化的侵权责任方式中，侵权损害赔偿责任是最主要和适用最广泛的侵权责任方式，侵权损害赔偿责任是对侵权行为所致损害后果的救济。损害赔偿法的宗旨就是填补受害人的损害，损害赔偿法以补偿功能为基本功能，损害赔偿之最高指导原则是使受害人能够回到如同损害行为未曾发生时之状况。民法不足以救济受害人所遭受损害时，就应该考虑社会法的弥补。社会救助是国家和社会为依靠自身能力难以满足其基本生存需求的公民给予的物质帮助和服务，社会救助以居民最低生活保障为基本内容。并根据实际情况实施专项救助、自然灾害救助、临时救助以及国家确定的其他救助。司法实践中在大规模侵权领域还存在政府先行垫付赔偿金的做法。[37]

《侵权责任法》颁布以前，民法学界和社会法学界也对侵权损害赔偿制度与社会法相关制度的协调配合进行了较多研究。但相关研究更多集中于社会法中的社会保险法与侵权损害赔偿制度的协调，对社会救助法与侵权损害赔偿制度的衔接探讨较少。有学者指出，侵权责任法从过错责任到无过错责任的发展推动了责任保险的广泛适用和工伤保险的日臻完善，应当协调社会保险法与侵权责任法的关系。[38] 有学者认为，对工伤保险赔偿请求权与普通人身损害赔偿请求权应该采取替代模式和改良的选择模式，但关键是提高工伤保险给付水平，使其与普通人身损害赔偿水平相当。[39] 有学者主张在现代风险社会，在事故损害赔偿领域，很多国家或地区逐渐形成了以侵权损害赔偿、责任保险和社会救助为内容的多元、系统的受害人救济模式。我国也应顺应此种重要发展趋势，并依据法制的发展现状，以侵权责任法为基础，建立侵权损害赔偿、责任保险和社会救助并行发展的多元化受害人救济机制。[40]

上述研究都是从立法论的角度出发，关注重点是责任保险等社会保险制度与侵权损害赔偿制度的衔接。《建立和完善多元化的受害人救济机制》一文也讨论到社会救助与

---

[37] “贵阳公交纵火案每名遇难者家属获赔60万由政府垫付”，资料来源 http://news.szhk.com/2014/03/04/282868674908180.html，2014年3月5日访问。

[38] 林嘉：“社会保险对侵权救济的影响及其发展”，载《中国法学》2005年第3期。

[39] 张新宝：“工伤保险赔偿请求权与普通人身损害赔偿请求权的关系”，载《中国法学》2007年第2期。

[40] 王利明：“建立和完善多元化的受害人救济机制”，载《中国法学》2009年第4期。

侵权损害赔偿的立法论架构,作者努力明确两种制度各自的适用范围和适用条件,以既发挥侵权责任的基础性作用,又充分发挥社会救助的辅助性功能。我们有必要分析梳理学者相关建议在我国《侵权责任法》上的实现程度,并在侵权责任法救济功能的基础上结合社会救助思维,对相关制度做出理论体系构建和法律解释适用。

《侵权责任法》颁布之后,有学者指出要建立以侵权法、责任保险和社会保障制度为主体的多元化救济体系,但文章更多讨论的仍是社会保险法的相关制度,对社会救助制度涉及较少。[41] 还有学者在著述中力主设立大规模侵权赔偿基金,而不应该过度依赖政府主导型的权利救济模式。[42] 可见,《侵权责任法》颁布并施行之后,学者对多元化救济机制的研究应更多集中于责任保险等社会保险制度和大规模侵权赔偿基金之上。对《侵权责任法》中已经体现出的社会救助思维从解释论角度出发进行的研究比较欠缺。实际上,不仅在大规模侵权或事故侵权领域存在社会救助制度的作用空间,在普通侵权领域也有其广泛作用空间。

国外对侵权受害人多元化救济机制的研究比较全面。其不仅在责任保险与侵权损害赔偿之间的衔接问题上论著颇多,而且在我国学者关注较少的社会救助与侵权损害赔偿之间的制度协调问题上也有很多有力论著。如德国学者乌尔里希·马格努斯主编的《社会保障法对侵权法的影响》对社会保障法与私法之侵权法之间盘根错节的关系进行了富有价值的探讨,来自 11 个欧洲国家的专家对其本国实施的社会保障制度概况进行了介绍,并指出了社会保障与侵权法赔偿在人身伤害领域的重要差异,内容丰富的比较报告强调了社会保障法与侵权法之间的广泛互动。[43]

(二)见义勇为行为中社会救助与侵权损害赔偿制度的衔接

在类似于救助溺水者这类无加害人的见义勇为补偿案件中,如果救助者在救助过程中伤亡,能否要求被救助者(受益人)进行赔偿或者补偿?若救助者没有法定或者约定的救助义务,法院在此类案件中一般都会认定救助者救助溺水者的行为属于无因管理,而在具体法律后果上,则基于公平责任原则,要求被救助者给予适当的经济补偿,而非全部赔偿,司法实践中相关请求权规范基础如前所述主要为《民法通则》第 109 条和《民通意见》第 142 条,以及《人身损害赔偿司法解释》第 15 条或《侵权责任法》第 23 条第 2 句。"在无加害人的见义勇为补偿案件中,受益人承担的是补偿责任,而非赔偿责任。这是因为,在此类案件中,受益人并非侵权人,从侵权损害的角度看,因见义勇为遭受损害的受

---

[41] 张俊岩:"风险社会与侵权损害救济途径多元化",载《法学家》2011 年第 2 期。

[42] 张新宝:"设立大规模侵权损害救济(赔偿)基金的制度构想",载《法商研究》2010 年第 6 期。

[43] [德] 乌尔里希·马格努斯主编:《社会保障法对侵权法的影响》,李威娜译,中国法制出版社 2012 年版。

害人,与受益人应当是利益共同体,他们共同面对危险。因而,受益人对见义勇为者承担的不应是赔偿责任。……对受害人的救助,从长远看应当是社会责任,但在缺乏相应机制的条件下,作为利益共同体的受益人,应适当分担损害,给受害人以补偿。"[44]

对救助者所受损害,根据《侵权责任法》第23条第2句经由受益人的适当补偿之后仍无法弥补部分如何解决?《侵权责任法》第23条对此保持了沉默、存在立法漏洞,该问题也属于该条的未尽之言。"许多人由于不可避免的偶然事故而无法依靠劳动维持生活,我们不应当任其由私人慈善事业救济,而应当根据自然需要的要求,由国家法律规定供养。"[45]从比较法上看,"欧盟很多成员国都成立了公共保险机构(public insurance body),以弥补救助者为他人提供救助过程中所遭受的损害。这种对紧急情况下救助者的保险由国家的公共财政负担……立法者此时也相当于在公权力机关未尽到救助义务时,对其科加相应责任。"[46]笔者认为,见义勇为行为的行政协助性质决定了行政机关应该适用公共财政进行行政补偿,见义勇为行为的救助者在紧急救助中代行了危难情形下公权力机关的救助义务,见义勇为行为中的受益人不仅包括权益获得维护的被救助者,还包括负担救助义务的公权力机关。行政机关的这些行政补偿责任可以通过在各级政府财政中专设"见义勇为基金"的做法进行专款专用、并常规化。[47] "见义勇为基金"可以通过公共财政资金和社会捐助资金等多元化资金支持,实现行政补偿和社会救助的合一。

社会救助是在侵权受害人多元化救济机制中居于补充地位的重要制度,是宪法上所规定的公民获得物质帮助权的具体化。社会救助制度体现了国家和社会对公民的救助义务,应当予以法定化。我国现行《侵权责任法》在应当通过社会救助制度对受害人补充救济之处并未加以规定,如第23条、第87条等,造成了社会救助制度在《侵权责任法》上接口不足,堵塞了公法进入私法的有效管道。以《侵权责任法》第23条、第24条、第87条为代表的侵权损失公平分担机制通过内化民事主体之间的损失分担起到了代行社会救助制度的功能。未来,随着社会救助制度的发展,我国《侵权责任法》修订及其司法解释制定中应该参考该法第53条的规定为社会救助预留必要的接口,实现公法救助顺畅

---

[44] "郑花阁诉张鹏等见义勇为补偿案",河南省淅川县人民法院(2003)淅法民初字第316号民事判决书,河南省南阳市中级人民法院(2004)南民一终字第75号民事判决书,载国家法官学院、中国人民大学法学院编:《中国审判案例要览(2005年民事审判案例卷)》,人民法院出版社、中国人民大学出版社2006年版,第529页。

[45] [英]霍布斯著:《利维坦》,黎思复、黎廷弼译,商务印书馆1985年版,第270页。

[46] Christian von Bar & Eric Clive, *Principles, definitions and Model Rules of European Private Law*, p. 3063.

[47] 陈林林、姚春芳:"无因管理中的损害赔偿问题探讨——兼及见义勇为行为的'法律救助'",载《浙江学刊》2004年第5期。对地方性法规的相关做法,请参见《北京市见义勇为人员奖励和保护条例》第7条、第12条、第13条、第14条。

进入私法领域。

当然,在公法救助进入私法领域之后,还会遇到追偿权的问题,当公法上社会救助制度比较发达完善的情况下,我国《侵权责任法》第23条就可以调整为:"因防止、制止他人民事权益被侵害而使自己受到损害的,由侵权人承担责任。没有侵权人、侵权人逃逸或者无力承担责任,被侵权人请求救济相关损害的,见义勇为基金应当给予垫付。见义勇为基金垫付后,其管理机构有权向侵权人追偿"。那时,见义勇为基金取之于民、用之于民,救助者对其在见义勇为行为中遭受的非自愿损害不再需要公共财政负担者之一的被救助者适当补偿,[48]而是交由全社会分摊,而无因管理制度又可以回归到对管理人在管理活动中自愿承受的不利益之救济,或许这也是无因管理制度伴随社会发展必然需要经历的一起一落。

结语:利益动态衡量与见义勇为行为中救助者损害救济

传统无因管理制度主要涉及管理人和被管理人之间的内部利益冲突,一旦构成无因管理,对管理人所遭受的不利益,立法者采取全有全无式的调整策略。在对见义勇为行为中救助者和被救助者冲突利益进行衡量时,全有全无式的概念法学机械适用论的思维方法过于僵化,或多或少式(more or less)的动态系统论方法更合乎民法公平原则,有助于解决利益冲突情形下法律安定性和妥当性上的矛盾,属于法律发展的重要价值导向思考方法。[49] 作为紧急无因管理行为,见义勇为要求传统无因管理之债中发展出被管理人(被救助者)的适当补偿义务来适当弥补侵权人对救助者损害赔偿之不足,这就涉及无因管理当事人和侵权人之间的外部利益冲突。在紧急无因管理中,不能将侵权人对管理人负担的损害赔偿责任这一外部关系内化为管理人得向被管理人主张的损害赔偿请求权,这属于被管理人"不可承受之重",也不符合紧急无因管理行为的"多重主观归属性"特点。

见义勇为行为给传统无因管理制度提供了发展完善的契机,无因管理制度这只旧瓶有能力装下见义勇为这杯新酒,"如无必要,勿增实体"。民法学理论体系应该追求简单性原则,没有必要一面对见义勇为行为中的复杂利益关系就大费心思、另起炉灶,为其寻找新的体系化位置,毕竟受益人的"适当补偿"义务随着社会救助制度的发达可能又会逐渐消退,而当"适当补偿"义务复归沉寂,民法学又如何面对先前为之创生的那个体系位置?

---

[48] Christian von Bar & Eric Clive, *Principles, definitions and Model Rules of European Private Law*, p. 3063.

[49] Karl Larenz, Grundformen wertorierten Denkens in der Jurisprudenz, Festschrift für Walter Wilburg zum 70. Geburtstag, 1975, S. 226ff. 另参见[德]卡尔·拉伦茨著:《法学方法论》,陈爱娥译,商务印书馆2003年版,第351~352页。

主题案例研究之二

人工胚胎法律问题的比较法研究*

【专题导引】

2014年9月17日，无锡市中级人民法院就一起人工冷冻胚胎继承问题的民事案件作出二审判决，①激起法律界的广泛争鸣。② 该案是由于人工生殖技术引发的新型法律纠纷，因无明确法律依据，且相关学理也不成熟，故而尽管法院最终以死者的继承人享有"胚胎的监管权和处置权"结案，但人工冷冻胚胎的法律地位尚无定论。放眼世界，人工冷冻胚胎是各国普遍面临的法律与伦理疑难问题，是现代科技发展给人类社会秩序带来的共同挑战。为此，本刊协同上海财经大学法学院"比较民法与判例研究所"，组织我国法学界的研究力量，集中针对人工冷冻胚胎的民法问题，展开比较法的透视，希望为我国未来涉及人工冷冻胚胎的立法和司法提供扎实的研究基础。

为便于读者阅读和理解，兹就本专题研究的样本案例主要案情及裁判理由摘要如下：

本案一审法院查明案件事实：沈杰与刘曦于2010年10月13日登记结婚。2012年8月，沈杰与刘曦因不孕症而要求在南京市鼓楼医院（以下简称鼓楼医院）施行体外受精—胚胎移植助孕手术。鼓楼医院在治疗过程中，获取冷冻4枚受精胚胎。治疗期间，刘曦曾于2012年3月5日与鼓楼医院签订《辅助生殖染色体诊断知情同意书》，同意所取样本如有剩余，由诊断中心按国家相关法律、法规的要求代为处理等。2012年9月3日，沈杰、刘曦与鼓楼医院签订《配子、胚胎去向知情同意书》，载明两人在鼓楼医院生殖医学中心实施试管手术，获卵15枚，移植0枚，冷冻4枚，继续观察6枚胚胎；对于剩余配子（卵

---

* 本组稿件原载《华东政法大学学报》2015年第5期，引用请注明出处。

① 无锡市中级人民法院（2014）锡民终字第01235号民事判决。

② 本案裁判的法官观点，参见张圣斌、范莉、庄绪龙："人体冷冻胚胎监管、处置权归属的认识"，载《法律适用》2014年第11期。较为集中的理论探讨，参见杨立新："人的冷冻胚胎的法律属性及其继承问题"，载《人民司法》2014年第13期；刘士国："人工生殖与自然法则"，载《人民司法》2014年第13期；李燕、金根林："冷冻胚胎的权利归属及权利行使规则研究"，载《人民司法》2014年第13期。

子、精子）、胚胎，两人选择同意丢弃；对于继续观察的胚胎，如果发展成囊胚，两人选择同意囊胚冷冻。同日，沈杰、刘曦与鼓楼医院签订《胚胎和囊胚冷冻、解冻及移植知情同意书》，鼓楼医院在该同意书中明确，胚胎不能无限期保存，目前该中心冷冻保存期限为1年，首次费用为3个月，如需继续冷冻，需补交费用，逾期不予保存；如果超过保存期，沈杰、刘曦选择同意将胚胎丢弃。

2013年3月20日23时20分许，沈杰驾驶"苏B5U858"牌照车途中在道路左侧侧翻，撞到路边树木，造成刘曦当日死亡，沈杰于同年3月25日死亡的后果。现沈杰、刘曦的4枚受精胚胎仍在鼓楼医院生殖中心冷冻保存。

后因对上述4枚受精胚胎的监管权和处置权发生争议，沈新南、邵玉妹遂诉至法院，认为其子沈杰与儿媳刘曦死亡后，根据法律规定和风俗习惯，胚胎的监管权和处置权应由其行使，要求法院判如所请。审理中，因涉案胚胎保存于鼓楼医院，与本案审理结果存在关联性，故原审法院追加该院作为第三人参加诉讼。

法院另查明，沈杰系沈新南、邵玉妹夫妇之子；刘曦系刘金法、胡杏仙夫妇之女。

本案一审法院判决：沈杰与刘曦因自身原因而无法自然生育，为实现生育目的，夫妻双方至鼓楼医院施行体外受精—胚胎移植手术。现夫妻双方已死亡，双方父母均遭受了巨大的痛苦，沈新南、邵玉妹主张沈杰与刘曦夫妻手术过程中留下的胚胎作为其生命延续的标志，应由其负责保管。但施行体外受精—胚胎移植手术过程中产生的受精胚胎为具有发展为生命的潜能，含有未来生命特征的特殊之物，不能像一般之物一样任意转让或继承，故其不能成为继承的标的。同时，夫妻双方对其权利的行使应受到限制，即必须符合我国人口和计划生育法律法规，不违背社会伦理和道德，并且必须以生育为目的，不能买卖胚胎等。沈杰与刘曦夫妻均已死亡，通过手术达到生育的目的已无法实现，故两人对手术过程中留下的胚胎所享有的受限制的权利不能被继承。综上所述，对于沈新南、邵玉妹提出的其与刘金法、胡杏仙之间，应由其监管处置胚胎的诉请，法院不予支持。依照《民法通则》第5条、《继承法》第3条之规定，判决驳回沈新南、邵玉妹的诉讼请求。

上诉人沈新南、邵玉妹不服原审判决，向二审法院提出上诉要求判决4枚冷冻胚胎的监管权和处置权归上诉人。

被上诉人刘金法、胡杏仙辩称：涉案胚胎是女儿女婿遗留下来的，上诉人和被上诉人均有监管权和处置权。要求法院依法判决。

原审第三人鼓楼医院辩称：胚胎是特殊之物，对其处置涉及伦理问题，不能成为继承的标的；根据《人类辅助生殖技术管理办法》等卫生部的相关规定，也不能对胚胎进行赠送、转让、代孕。要求驳回上诉，维持原判。

二审法院查明的事实与原审查明的事实一致。二审法院判决如下：本院认为，公民

合法的民事权益受法律保护。基于以下理由,上诉人沈新南、邵玉妹和被上诉人刘金法、胡杏仙对涉案胚胎共同享有监管权和处置权:

1. 沈杰、刘曦生前与南京鼓楼医院签订相关知情同意书,约定胚胎冷冻保存期为1年,超过保存期同意将胚胎丢弃,现沈杰、刘曦意外死亡,合同因发生了当事人不可预见且非其所愿的情况而不能继续履行,南京鼓楼医院不能根据知情同意书中的相关条款单方面处置涉案胚胎。

2. 在我国现行法律对胚胎的法律属性没有明确规定的情况下,结合本案实际,应考虑以下因素以确定涉案胚胎的相关权利归属:(1)伦理。施行体外受精—胚胎移植手术过程中产生的受精胚胎,具有潜在的生命特质,不仅含有沈杰、刘曦的DNA等遗传物质,而且含有双方父母两个家族的遗传信息,双方父母与涉案胚胎亦具有生命伦理上的密切关联性。(2)情感。白发人送黑发人,乃人生至悲之事,更何况暮年遽丧独子、独女!沈杰、刘曦意外死亡,其父母承欢膝下、纵享天伦之乐不再,“失独”之痛,非常人所能体味。而沈杰、刘曦遗留下来的胚胎,则成为双方家族血脉的唯一载体,承载着哀思寄托、精神慰藉、情感抚慰等人格利益。涉案胚胎由双方父母监管和处置,既合乎人伦,亦可适度减轻其丧子失女之痛楚。(3)特殊利益保护。胚胎是介于人与物之间的过渡存在,具有孕育成生命的潜质,比非生命体具有更高的道德地位,应受到特殊尊重与保护。在沈杰、刘曦意外死亡后,其父母不但是世界上唯一关心胚胎命运的主体,而且亦应当是胚胎之最近最大和最密切倾向性利益的享有者。综上所述,判决沈杰、刘曦父母享有涉案胚胎的监管权和处置权于情于理是恰当的。当然,权利主体在行使监管权和处置权时,应当遵守法律且不得违背公序良俗和损害他人之利益。

3. 至于南京鼓楼医院在诉讼中提出,根据卫生部的相关规定,胚胎不能买卖、赠送和禁止实施代孕,但并未否定权利人对胚胎享有的相关权利,且这些规定是卫生行政管理部门对相关医疗机构和人员在从事人工生殖辅助技术时的管理规定,南京鼓楼医院不得基于部门规章的行政管理规定对抗当事人基于私法所享有的正当权利。

综上,沈新南、邵玉妹和刘金法、胡杏仙要求获得涉案胚胎的监管权和处置权合情、合理,且不违反法律禁止性规定,本院应予支持。依照《民法通则》第5条、第6条、第7条,《民事诉讼法》第170条第1款第2项之规定,判决如下:

一、撤销宜兴市人民法院(2013)宜民初字第2729号民事判决;

二、沈杰、刘曦存放于南京鼓楼医院的4枚冷冻胚胎由上诉人沈新南、邵玉妹和被上诉人刘金法、胡杏仙共同监管和处置;

三、驳回上诉人沈新南、邵玉妹其他诉讼请求。

人工受孕体在当代意大利立法和判例中的地位

徐国栋*

目　次

一、序言

本文采用受孕体(Concepito)的概念。所谓受孕体,就是受孕(concepimento)的成果。从技术上看,它不同于胎儿,按下文要介绍的罗马人的说法,胎儿是“子宫居者”,也就是说,只有到了子宫着床的受孕体才是胎儿,而人类的受孕是在妇女的输卵管里完成的,男性的精子与女性的卵子在这里结合的成果就是受孕体,此等受孕体在输卵管的绒毛的扫动下向子宫移动,第四日进入子宫腔,在那里分裂发育,7~8日后在子宫着床,此时受孕体转化为胚胎(Embrione)。在自然生殖的条件下,受孕体与胚胎在一个生殖系统内转化,区分它们的意义不大,所以,受孕体就是胎儿。但在人工辅助生殖的条件下,区分受孕体与胚胎的意义很大,因为两种在不同的系统内完成。受孕体在所谓的试管里完成,胚胎在妇女的子宫内成为定在,受孕体并不必然成为胚胎,两者间的转化,需要艰难

* 厦门大学法学院罗马法研究所教授,法学博士。

的一跃。此等跳跃取决于未来父母的决定、医生的判断、法律的态度，等等。如果受孕体能不受阻碍地转化为胎儿，他的主体性就强，相反，他的客体性就强。实际上，他们的法律地位就经常地摇摆于主体与客体之间。

二、在人工受孕体法律地位问题上意大利的特殊国情

意大利在这一问题上的特殊国情有二。其一，几乎全民的天主教国家；其二，罗马法的原产地。容分述之。

意大利90%的公民为天主教徒。梵蒂冈是意大利的国中之国，教皇作为天主教世界国家的领袖居住其间，经常对生命伦理学问题发表意见。最早听到这些意见的无疑是意大利人。由此，意大利到1970年12月1日才第一次颁布离婚法允许离婚。此法遭到以天主教法学家Gabrio Lambardi为代表的势力的反弹。1974年5月12日，举行了废除该法的全民公决，[①]尽管遭到失败，但可领教天主教伦理对意大利世俗法律的影响。

此外，罗马法有保护胎儿的法律体系。尤里安在其《学说汇纂》第69卷中说（D.1,5,26）：在几乎所有的市民法领域，子宫居者都被视为已出生的人，甚至包括授予他们的特留份继承……[②]查士丁尼把尤里安的这一法言安置在《学说汇纂》第一卷第五题“关于人的身份”（De statu hominum）中，表明了他把胎儿当作“人”（Homo）而非物的立场，说他们在几乎市民法的各个分支都有权利能力，更表明他把胎儿也作为法律人（Persona）的立场。但他们只是拟制的人，以这种身份提前享有民事权利，而此等权利的实有以他们活着出生为条件。对胎儿的法律地位的如此确定成为罗马法传统的重要内容之一。意大利作为罗马法的故国处在这种传统中。尽管如此，这种传统提供的是对自然胎儿的保护，此等胎儿因而被称为“子宫居者”（Qui in utero sunt），因为尽管罗马人也面临不孕不育问题，他们没有人工辅助生殖技术，只能通过收养制度解决人们没有自己的自然子女的缺憾。

罗马法对胎儿的这种态度影响了继受罗马法的许多国家。1852年的《秘鲁民法典》第1条规定：“根据其自然状态，人或是已出生的，或是有待出生的。”第2条规定：出生前的人享有法律宣告的权利。第3条规定：有待出生的人，就有利于他的一切事项，视为已出生。[③] 1810年的《奥地利民法典》第22条规定：胎儿从其受孕开始受法律保护。在其对个人权利而不涉及第三人的权利的范围内，他们被视为已出生，但死产儿在就其如果

---

① Cfr. La Voce di Divorzio，资料来源 http://it. wikipedia. org/wiki/Divorzio_(ordinamento_civile_italiano)，2015年3月24日访问。

② *The Digest of Justinian*, Volume 1, edited by Mommsen and Alan Watson, University of Pennsylvania Press, Philadelphia, 1985, p. 17.

③ Véase Codigo civil del Peru, Lima, Imprenta del Gobierno, 1852, pag. 2.

出生就会享有的权利范围内被视为从未受孕。[4] 1871 年的《阿根廷民法典》第 54 条把即将出生的人作为绝对无能力的主体对待。[5] 1876 年的《巴拉圭民法典》第 31 条也采用有待出生的人的概念。[6] 1983 年制定的《爱尔兰宪法》第 40 条第 3 款第 3 项规定:国家承认未出生者的生命权,在适当的情况下,也承认此等生命权与母亲的生命权平等,并以法律保障对此等权利的尊重。在可行的范围内,以法律保护和兑现此等权利。[7] 此条把胎儿的生命权上升到了与母亲的生命权平等的高度,堪称独特。但根据爱尔兰最高法院的判例,此等胎儿必须已进入母亲子宫,换言之,着床前的胚胎不享受此项的保护,但该院强调此等胚胎与人的尊严的关联以及受尊重的必要。[8] 1984 年的《秘鲁民法典》第 1 条第 2 款规定:人的生命开始于受孕。受孕体就其所有有利于他的事项是权利主体。对其财产权的授予以其活着出生为条件。[9] 2014 年 10 月 1 日的《阿根廷国家民商法典》第 19 条规定:"人类人的存在开始于受孕。"[10]这些规定都把受孕体当作人(Persona),有的甚至把受孕体当作主体,赋予他们人身权和财产权。人身权的享有从受孕时开始,因此,此等权利的享有不需要以权利能力为依托,相反,财产权的实际取得以活着出生为条件。而且,阿根廷法把主体地位的赋予与能力的取得脱钩,把胎儿看作绝对无能力的主体,这与把权利能力的享有等同于主体资格的德国体制有所不同。

要指出的是,《爱尔兰宪法》第 40 条第 3 款第 3 项、《秘鲁民法典》第 1 条第 2 款、《阿根廷国民民商法典》第 19 条都是在人工辅助生殖技术商业化运用后制定的,都考虑了其规定对于自然受孕体和人工受孕体的兼用性。

以上是民族国家的民法典对受孕体的态度。在跨民族国家立法的层面上,1969 年(1978 年生效)的《美洲人权公约》第 4 条第 1 款规定:每一个人都有使其生命得到尊重的权利。这种权利一般从受孕时起就应当受到法律保护。不得任意剥夺任何人的生命。[11] 此条授予了受孕体生命权,这是禁止堕胎的法理依据。由于是在 1978 年以前制定的,该公

---

④ Parker School of Foreign and Comparative Law, *The General Civil Code of Austria*, Revised and Annotated by Paul L. Baeck, Oceana Publications, Inc. New York, 1972, p. 7.

⑤ Véase Codigo civil de Republica Argentina, Zavalia, Buenos Aires, 1990, pag. 27.

⑥ Véase Codigo civil del Paraguay, 资料来源 http://www.oas.org/dil/esp/Codigo_Civil_Paraguay.pdf, 2015 年 4 月 18 日访问。

⑦ Constitution of Ireland, 资料来源 http://www.irishstatutebook.ie/en/constitution/, 2015 年 4 月 27 日访问。

⑧ 李蕊佚:"人体胚胎在英国法上的地位及规制体系",载《2015 年第三届比较民商法与判例研究两岸学术研讨会论文集》,2015 年 4 月 25 ~ 26 日,上海,第 111 页。

⑨ Véase El Codigo civil de 1984, Ponteficia Univesidad Catolica del Peru, Faculdad de Derecho, Fondo Edtorial, 1997, pag. 39.

⑩ Véase Codigo civil y comercial de la nacion, Ley, Buenos Aires, 2014, pag. 7.

⑪ "美洲人权公约"词条,资料来源 http://www.baike.com/wiki/美洲人权公约,2015 年 4 月 1 日访问。

约不可能考虑到人工受孕体的生命权问题。要指出的是,该公约有 25 个国家参加(2013 年的数字),它们是:阿根廷、巴巴多斯、玻利维亚、巴西、智利、哥伦比亚、哥斯达黎加、多米尼加、多米尼克共和国、厄瓜多尔、萨尔瓦多、格林纳达、危地马拉、海地、洪都拉斯、牙买加、墨西哥、尼加拉瓜、巴拿马、巴拉圭、秘鲁、苏里南、特立尼达和多巴哥、乌拉圭、委内瑞拉。为了贯彻落实公约的上述规定,这些国家的民法典都有可能赋予生命权主体的地位。

三、自然受孕体在当代意大利立法中的地位

(一)在民法典中的地位

自然受孕体在当代意大利立法中的地位是考察人工受孕体在当代意大利立法中的法律地位问题的必要参照系。

1942 年制定现行《意大利民法典》时尚无人工受孕体问题,所以,其第 1 条的规定肯定只考虑到了自然受孕体,其辞曰:(1)人的权利能力始于出生;(2)法律承认受孕体取得的权利,但以出生为限。[12] 这些权利有:①死因继承能力;②接受赠与能力,等等。该条规定不怎么罗马,而是非常地德国。[13] 换言之,《意大利民法典》坚持出生是取得权利能力的必要条件,尽管民法典承认受孕体的一定权利,但赋予他们这些权利是为了保护将来的主体,为此预支他们一部分权利能力。在意大利,说权利能力始于受孕是不成立的,因为权利能力不能部分地取得。所以,受孕体是附条件取得权利能力,一旦出生,此等取得溯及于受孕之时。[14] 换言之,《意大利民法典》并不承认受孕体享有权利能力,不承认他们是主体,只承认他们是部分权利能力的预支者。

这种安排与罗马法传统不合,遭到了理论界和实务界的一些人的批判。理论界的批判者可以著名的天主教罗马法教授皮兰杰罗·卡塔兰诺(Pierangelo Catalano)为例。他的批判理由是:(1)《意大利民法典》第 1 条的规定违背了罗马法传统,这一点只要看前一节列举的立法例就知道了。(2)应抛弃主体的概念,采用人(Persona)的概念。这个概念意指的是"在法律上先在于实在法,法为之设立的人类现实"。[15] 换言之,法律主体的概念具有甄别的意味,而 Persona 的概念具有无条件承认的意味。它的含义是,只要是生物人,自然就是 Persona,Persona 名号的取得与出生与否无关。(3)如果采用如上的立

---

⑫ 《意大利民法典》(2004 年),费安玲等译,中国政法大学出版社 2004 年版,第 11 页。译文有改动。

⑬ 《德国民法典》第 1 条规定:人的权利能力自出生完成之时开始。《德国民法典》,郑冲、贾红梅译,法律出版社 1999 年版,第 29 页。

⑭ Cfr. Pietro Perilingieri, Manuale di diritto civile, Edizione Scientifiche Italiane, Napoli, 1997, p. 117. 该作者在权利能力问题上显然采取有机论的观点,不承认取得部分权利能力的可能。

⑮ Cfr. Giorgio Oppo, Declino del soggetto e ascesa della persona, In Rivista di diritto civile, Vol. 48, n. 6 (novembre-dicembre 2002), p. 829.

场,则有利于增加人口,壮大国家。[16]

实务界的批判者可以政治家、意大利生命运动的负责人 Carlo Casini(1935—)为例,他发起了修改《意大利民法典》第 1 条的动议。他于 1995 年 7 月 20 日向意大利议会提出的替代条文是这样的:每个人类人从受孕始具有权利能力。[17] 该条一下子把人取得权利能力的时间提前了 10 个月,并且不顾受孕体能否出生的不确定性。尽管如此,这一动议得到了 400 名教授生物学、基因学、法学的大学老师的支持,然后得到了 197,277 名意大利公民的签名附议。在以此为内容的请愿书上,也有 140 万人签名。该动议也得到了参议员 Gasparri、Quagliariello 和 Bianconi 的接受和支持,他们于 2009 年 11 月 12 日向意大利议会提出了一个法案,要求把上述第 1 条修改成如下形式:(1)每个人类人从受孕始具有权利能力;(2)法律承认的受孕体享有的财产权的获取以他们的出生为条件。主要理由是 1989 年通过的《儿童权利公约》也应适用于受孕体。[18] 至今未看到《意大利民法典》第 1 条按上述三位参议员的提议被修改,但我们看到了它面临的挑战。我们知道,受孕体包括自然的和人工的两种,一旦确立了受孕体的主体地位,人工受孕体也将是这一动议的受惠者。

(二)在刑法典中的地位

现行有效的《意大利刑法典》是 1925 年制定的。它把胎儿当作人来保护,在此理念下,堕胎就是杀人,故用第二编的整个第 10 题(危害血统健全罪)来打击堕胎行为。该题有 10 条。第 545 条规定未经妇女同意的堕胎;第 546 条规定经妇女同意的堕胎;第 547 条规定妇女自寻堕胎;第 548 条规定教唆堕胎;第 549 条规定因堕胎导致妇女死亡或受伤;第 550 条规定自认为怀孕的妇女实施的堕胎行为;第 552 条规定致使他人不能生育;第 553 条规定煽动他人反对生育。[19] 这些规定过分保护了胎儿的生命权益,忽略了妇女的身体私生活权,[20]故遭到了 1978 年 5 月 22 日的第 194 号法律的废除。该法的正式名称为《母性社会保护与自愿流产规范》(Norme per la tutela sociale della maternità e sull'interruzione volontaria della gravidanza),它废除了上述《意大利刑法典》第二编的整个第 10 题,表明意大利在人口增长的国家利益上退却,让步于妇女的身体私生活权。无疑,这一退却牺牲了胎儿的生命权,但这种退却是有限的,该法只允许符合规定情形的妇

[16] Cfr. P. Catalano, Il concetto "soggetto di diritto" secondo il sistema giuridico romano, 资料来源 http://www.scienzaevita.org/comitato/ documenti/catalano.pdf,2015 年 4 月 17 日访问。

[17] Cfr. La Voce di concepito, 资料来源 http://it.wikipedia.org/wiki/Concepito,2015 年 4 月 17 日访问。

[18] Cfr. Disegno di legge d' iniziativa dei senatori Gasparri, Quagliariello e Bianconi, 资料来源 http://www.affaritaliani.it /static/upl/pro/0004/propostamodificaart.1c.c...pdf,2015 年 4 月 17 日访问。

[19] 《最新意大利刑法典》,黄风译注,法律出版社 2007 年版,第 187 页及以次。

[20] [美]劳笛卡·劳:"财产、私生活和人的身体",孙建江译,载徐国栋主编:《罗马法与现代民法》(第 6 卷),厦门大学出版社 2008 年版,第 272 页。

女在怀孕90天内到公立机构人流。“规定情形”、“90天”、“公立机构”三者构成对于堕胎的限制。“规定的情形”见诸第6条,只有两种。第一,怀孕90天后,继续怀孕或分娩危害孕妇的生命。第二,确诊胎儿严重畸形,让其出生会给孕妇的生理和心理造成严重危险。可以说,“规定情形”很少,由此限缩了堕胎自由。90天为3个月,它们是母亲的有限私生活权存在的期间,其他的怀孕期间就属于国家的人口增值利益了。而美国的判例法给予母亲私生活权的期间是6个月,[21]比意大利的规定整整多了一倍,意大利法显然更倾向于胎儿的生命权。“公立机构”意味着必须是正规的医院才能实施人流手术,私立医院、小诊所不可以,这样保障了人流手术的安全性。

不难看出,自然受孕体在《母性社会保护与自愿流产规范》的地位是受保护的客体。从“人”到“客体”,他们的地位降等了。所以,意大利激进党对这个法律不满意,1981年成功地发起了废除它的全民公决,但也遭到失败。[22] 这个例子反映了天主教力量和世俗力量在生命伦理问题上在意大利的剧烈对抗,也反映了世俗力量最终胜出的现实。

(三)在宪法中的地位

按意大利宪法法院1975年2月18日作出的第27号判决,受孕体受《宪法》第2条的保护。第2条是这样规定的:共和国无论对个人还是对表现其个性的社团成员,均承认并保障其人权之不可侵犯,并要求履行政治经济和社会团结方面的不可违背的义务。[23] 宪法法院强调,尽管具有自身的特点,但受孕体也是人权的主体。[24] 宪法法院的这一判决是针对人流行为发布的,它讲到的人权实际上是生命权。而且1975年尚无成熟的人工辅助生殖技术,所以,它提到的受孕体都是自然的受孕体,不涉及人工受孕体。

(四)在合同法判例中的地位

这个判例属于在世界上为数众多的错误出生案例的意大利版。案情是这样的。1995年,妇女B怀孕后找医生D,以便确定腹中的胎儿有无畸形。他认为B足够年轻(只有28岁),只对她做了三联筛查(triple test),未对她进行更有效的唐氏综合征筛查(一般只对高龄孕妇的胚胎进行此等筛查,而高龄孕妇是35岁后第一次妊娠的妇女),也未告知她三联筛查有40%的假阴性的风险,就通知她胎儿正常。1996年9月,女婴M及其姐妹降生,都患有唐氏综合征。1999年2月,B及其丈夫以M的名义起诉D及其所属的医院,要求赔偿

㉑ 徐国栋著:《民法哲学》,中国法制出版社2009年版,第187页。

㉒ 关于在意大利举行的所有的全民公决的资料,参见维基百科词条 Consultazioni referendarie in Italia,资料来源 http://it.wikipedia.org/wiki/Consultazioni_referendarie_in_Italia,2015年3月24日访问。

㉓ 姜士林、陈玮主编:《世界宪法大全》(上卷),中国广播电视出版社1989年版,第1111页。

㉔ Cfr. Sentenza n. 27 del 18 febbraio 1975 di Corte Costituzionale,资料来源 http://www.giurcost.org/decisioni/1975/0027s-75.html,2015年4月18日访问。

错误出生造成的损害。Treviso 法院驳回了他们的诉求,因为 M 没有诉讼能力。他们提起上诉,遭到威尼斯上诉法院驳回。B 及其丈夫遂求诸最高法院。2012 年 10 月 2 日,最高法院民庭作出第 16754 号判决,确认了胚胎有健康出生的权利,医生的疏忽构成对他们此等权利的侵害,因此要承担赔偿责任。赔偿的对象一是 M 婴孩;二是其父母;三是其兄弟姐妹。学界认为,该判例确立了自然受孕体受保护的客体地位,她们是其母亲与医院订立的医疗合同的保护对象,但她们只有在出生后才能实际地取得损害赔偿请求权。㉕

四、人工受孕体在当代意大利立法中的地位

(一)在《医学辅助生殖规范》中的地位

人工受孕体的法律地位问题是从 1978 年 7 月 25 日开始的,其时也,在英国诞生了第一位试管婴儿路易丝·布朗(Louis Brown),这标志着人工辅助生殖技术的成熟和商业化运用。㉖ 这一技术很快传到了意大利,给不孕不育者带来了福音。在意大利,患不孕不育症者在 2010 年的估算数是占总人口的 20.6%。㉗ 意大利 2014 年的人口是 60,136,394 人,㉘按上述比例算来,患者的人数是 12,388,097 人。而这些人也有生育权,他们的此等权利只能通过人工辅助生殖技术满足。而这种技术一不小心就会被滥用、错用,所以必须制定专门的法律规范这一技术的运用。非独此也,人工辅助生殖技术的成功把过去立法中关于受孕体的规定的适用范围大大扩张了,过去的这方面规定是否适用于人工受孕体?在多大程度上适用?自然的和人工的两种受孕体的法律地位应否差别规定?等等,成为有关立法需要关注的问题。

有意思的是,在意大利颁布有关法律之前,先发生了一个事件。1996 年,英国有 3000 枚保存在 33 家医疗机构的人工受精胚胎过了 5 年的保管期即将被销毁,意大利医生遂向英国提出购买这些胚胎,不幸遭到了英国的拒绝。㉙ 没有哪个意大利医生或医院能解决 3000 枚胚胎的去向问题,只有意大利政府有这个能力,因此,很可能是意大利政府授意"医生"提出此等购买的,购买的目的当然是把他们植入自愿的妇女体内把他们转

㉕ Cfr. Alessandro Errante Parrino, La Cassazione e il danno da "nascita malformata": Un particolare approccio alla "Wrongful Life Action". Commento Cass. 2 ottobre 2012, No. 16754, In No. 1, 2013 Persona e Mercato, p. 58.

㉖ Véase Maria del Carmen Cerutti et. al., Comienzo de la Existencia de la Persona Humana, En Libro de Ponencias de XIX Jornadas Nacionales de Derecho Civil, Rosario, 2003, Tomo I, Rubinzal-Culzoni Editores, pag. 95.

㉗ Cfr. Anonimo, Sterilità, quante sono le coppie che hanno questo problema? 资料来源 http://www.vitadidonna.it/salute/sterilita/sterilita-quante-sono-le-coppie-che-hanno-questo-problema.html,2015 年 4 月 13 日访问。

㉘ 资料来源 http://www.renkou.org.cn/countries/yidali/2014/1789.html,2015 年 4 月 18 日访问。

㉙ Irma Gelashivili, Legal Status of Frozen Embryo, In Journal of Law of Ivane Javakhishvili Tbilisi State University Faculty of Law, No. 1, 2012, p. 54.

化为人。不巧的是,意大利的这次人道主义行动遭遇到了一个伦理悖论:如果胚胎是人,他们就不能被购买,否则就把他们客体化了,这跟我们说不能"偷人"(该词在此处并非通奸的意义),只能说"诱拐"的理路是一样的,但不通过购买这些胚胎就到不了意大利,根本没有机会成为主体!

无论如何,意大利关于人工辅助生殖的准据法终于问世了。2004 年 2 月 19 日,意大利议会颁布了《医学辅助生殖规范》(Norme in materia di procreazione medicalmente assistita,以下简称为《规范》)。该法把人工受孕体当作主体。这体现为第 1 条第 1 款的规定,其辞曰:本法规定的利用人工辅助生殖技术的条件和方式是:"确保所有的有关主体,包括受孕体(Concepito)的权利"。[30] 显然,该条把受孕体包括在主体的范畴内。把人工受孕体定位为主体,意味着一种不顾未来父母的决定、医生的判断保护受孕体的态度。从伦理学的角度看,这是对生命的尊重。从人口政策的角度看,这是把国家的人口增长利益凌驾于未来父母的生殖决策权之上。

第 1 条第 1 款采用的人工受孕体主体说是意大利的主流学说。具体而言,它来自意大利司法部立法司生命伦理研究委员会前主席、《生命伦理学与私法》(Bioetica e diritto privato)一书[31]的作者弗朗切斯科·布斯内里(Francesco Donato Busnelli),因为他是《规范》草案的提出者。[32] 在他于 2001 年出版的《生命伦理学与私法》一书中,他认为人工受孕体是宪法承认的法律主体,因此享有生命、健康、身份、尊严权,另外还享有自然受孕体享有的民法典赋予的财产权。但此等胎胚具有变化的性质,也即有可能发展为人也可能夭折,因此,民法典为他们保留的财产权受制于其出生的事实。[33] 如果说,《规范》只是泛泛地把人工受精胚胎界定为主体,布斯内里的著作则明确它们为宪法和民法的主体。我们知道,宪法是调整国家与公民之间关系的法律,人工受孕体是宪法主体的说法意味着承认此等受孕体是公民,这样,与罗马人的"子宫居者"的说法相对应,意大利人有了"试管公民"的理念,但此等公民并不享有作为公民的所有宪法权利,例如,选举权和被选举权,只享有宪法赋予的人格权(生命、健康、身份、尊严权),前一类权利"试管公民"基于事理之性质不能享有,后一类权利为他们自保所必需。基于他们的权利相对于"非试管公民"之权利的缩减,把他们称为"不完全公民"应是可以的。

---

[30] Cfr. Norme in materia di procreazione medicalmente assistita,资料来源 http://www. salute. gov. it/imgs/C_17_normativa _454_ allegato. pdf,2015 年 4 月 20 日访问。

[31] Véase Francesco Donato Busnelli,Bioetica y derecho privado,Editora Juridica Grijley,2003,Lima.

[32] Cfr. Francesco Danato Busnelli,资料来源 http://www. lider-lab. sssup. it/docs/CV/Busnelli_IT. pdf,2015 年 3 月 22 日访问。

[33] Véase La biografia di Francesco Donato Busnelli,Bioetica y derecho privado,Editora Juridica Grijley,2003,Lima,pag. 132.

但布斯内里赋予他们生命权带来了问题:他们不能自行从“试管”走入子宫着床,是否完成这一过程,取决于已出生之人基于各种考虑做出的决定。赋予他们生命权,就剥夺或限缩了关系人的决定权,他们的生命权由此变成了着床权以及由此而来的出生权。当然,如果把他们被植入前的状态看作生命,他们享有的生命权也有用武的地方,所以,《规范》第13条第1款禁止任何对人类胚胎实施的实验。此等实验的结果无非是杀害有关胚胎。此外,第14条第2款规定,为解决一个不孕个案准备的胚胎不能过多,最多不能超过3个。这样就避免了出现剩余胚胎,为此,医生要把所有制作的胚胎植入妇女子宫,不管她自己是否愿意接受这么多。㉞ 因为如果产生剩余胚胎,他们要么被收养,要么被销毁,要么通过代孕出生。在第二种情形,就侵害到了胚胎的生命权,而这种情形是被第14条第1款禁止的。非独此也,第14条第4款规定不得在胚胎已移入子宫的情况下减胎,但1978年《母性社会保护与自愿流产规范》规定的情形除外。它们是在植入90天后继续怀孕严重威胁母亲生命的情形和胎儿严重畸形的情形。

《规范》还保护受孕体的尊严权,按基督教神学,在受精卵形成的那一刹那,上帝就把灵魂赋予了它,他承载着上帝的形象,故拥有绝对的尊严。㉟ 所以,《规范》第14条第3款原则上禁止冷冻胚胎。试想,如果胚胎就是孩子,把自己的孩子冻在冰箱里算什么事?但第3款规定了可以冷冻胚胎的例外情形:制作胚胎后移入子宫前,受孕妇女由于不可预见的不可抗力发生了健康问题不宜接受胚胎移植。

(二)在《人工辅助生殖指南》中的地位

紧接着《规范》的颁布,意大利卫生部于2004年7月22日颁布了《人工辅助生殖指南》(Linee guida in materia di procreazione medicalmente assistita,以下简称《指南》),这是一个《规范》的实施细则,但它也对自己的主法进行了一定的修正。例如,在其“胚胎的保护措施:针对人类胚胎的实验”(对《规范》第13条的解释)部分,第3条第4款规定,禁止出于优生目的进行植入前诊断。任何根据第14条对试管中培养的胚胎的健康状况进行的检测只能是观察性的。如果检测发现胚胎的发育具有不可逆转的严重畸形,主治医生应根据第14条第5款将此告知有关夫妇。在此等情形,并不强制植入胚胎。如果未实施植入,对此等胚胎在试管里的培养应维持到其自灭。㊱ 按此款,对胚胎的植入前诊断不能是甄别性的,也就是说,即使通过检测知道了胚胎患有严重疾病,也不能将其销毁

㉞ Irma Gelashivili, Legal Status of Frozen Embryo, In Journal of Law of Ivane Javakhishvili Tbilisi State University Faculty of Law, No. 1, 2012, p. 52.

㉟ 甘绍平:“作为一项权利的人的尊严”,载《哲学研究》2008年第6期。

㊱ Cfr. Linee guida in materia di procreazione medicalmente assistita, 资料来源 http://www.salute.gov.it/imgs/C_17_normativa_469_ulterioriallegati_ulterioreallegato_0_alleg.pdf, 2015年4月19日访问。

(通常的方式是以酒精浸泡[37])。有关夫妇可以选择植入(估计为此等选择的夫妇为零或很少),也可以放弃植入。如果做出了后种选择,也只能让胚胎“自然死亡”。显然,《指南》赋予了人工受孕体享有生命权的人的地位。尽管它在时间上后于《母性社会保护与自愿流产规范》,但它赋予人工受孕体的地位高于此等《规范》赋予自然受孕体的地位,因为后者允许孕妇对胚胎进行甄别性检测,并允许她们在妊娠90天的期间内决定对畸形的胎儿进行人流。

五、人工受孕体在当代意大利判例中的地位

从2004年2月颁布《规范》至今,在意大利已产生了至少21个有关判例,它们反映了意大利法院面对生活现实对人工受孕体的法律地位所持的立场,主要聚焦于受孕体植入前诊断的优生目的是否合法的问题。它们以2007年卡利亚里法院的判决为分水岭,此前的判例对这一问题持否定态度,尔后的判例对这一问题持肯定态度,所以,本部分从详介绍这个判例,从略介绍其他判例。

(一)2007年卡利亚里法院的判决

1. 基本案情

2005年,卡利亚里法院面临一个这样的案件:X. Y(女)与Z. J(男)是事实婚姻关系。X. Y患有不孕症,但极想做母亲,于是到一个有资质的医院做了试管婴儿植入手术,但在怀孕后第11周做的一个绒毛活检发现,胎儿带有乙型地中海贫血症(β Thalassemia)。这是一种遗传性血液病,体现为由于先天性基因缺陷致使人体不能正常合成血红蛋白珠蛋白。在正常的情况下,每个人都会拥有两组正常的血红蛋白基因:一组来自父亲,另一组来自母亲。如果夫妇双方都带有地中海贫血基因,他们的子女就有25%的可能患上重型地中海贫血,有50%的可能患上轻型地中海贫血。[38] 显然,X. Y的胎儿患有乙型地中海贫血由于他们两口子一方或双方带有这种病的基因造成,他们的配子结合产生的胚胎具有携带这种病的可能,但不必然携带。如果携带而不做出生前干预,出生的胎儿需要定期输血,因为他们缺少正常的血红素,红血球携氧功能差。[39] 为了避免这样的结果,X. Y像医生对所有遇到这种情况的母亲建议的那样选择人流,这给她极大的打击,她因此患上了极度的忧郁焦虑症,受此病折磨达一年。尔后,她尝试第二次

---

[37] Irma Gelashivili, Legal Status of Frozen Embryo, In Journal of Law of Ivane Javakhishvili Tbilisi State University Faculty of Law, No. 1, 2012, p. 55.

[38] 郭晓玲等:“胚胎植入前诊断α-地中海贫血一例”,载《中国优生与遗传杂志》2010年第4期。

[39] 维基百科“地中海贫血”词条,资料来源 http://zh. wikipedia. org/wiki/地中海贫血,2015年4月16日访问。

人工受孕。这次,她要求医生在植入胚胎前诊断他是否有毛病,以免发生前次的不幸。这也是为了维护母亲的健康权所需,因为植入一个有严重疾病的胚胎会给母亲的身心健康造成严重损害。但《规范》第 13 条第 3 款禁止为优生目的选择人类胚胎,Giovanni Monni 医生据此拒绝了 X. Y 的要求。

2. 原告的主张

于是 X. Y 在卡利亚里法院起诉负责她的人工辅助生殖的医院。其理由是:母亲的健康权受宪法第 32 条第 1 款的保护。它规定:共和国把健康作为个人的基本权利和社会利益予以保护……[40]而且,如果不许进行植入前诊断,也影响了有关胚胎存活的机会,因为如果久拖不决,胚胎被冷冻的时间过长,他们会败坏,影响了他们将来被植入的机会。此外,如果不顾原告的请求植入未经诊断的胚胎,会违反上列宪法第 32 条第 1 款,由此怀疑《规范》第 13 条第 3 款违宪。X. Y 及其伴侣请求授予 X. Y 获得就已形成的胚胎进行植入前诊断的权利,并判处被告执行他们要求的对胚胎实施基因病诊断。[41]

3. 检察院的立场

检察院(Pubblico Ministero)根据《民事诉讼法典》第 70 条介入了这个诉讼。该条规定了检察院可以介入婚姻案件。X. Y 两口子提起的诉讼可能被视为婚姻案件构成了检察院介入的理由。该院认为,只有在已提出请求的情况下才可允许对胚胎进行植入前诊断,有如《规范》第 14 条第 5 款的规定,其辞曰:可以利用人工辅助生殖技术的主体将被通知胚胎的数目,在他们请求的情况下,也会被告知已制作并将植入子宫的胚胎的健康状况。但《指南》对第 14 条第 5 款对此做了限缩解释,规定对植入前胚胎的健康状况的检测只能是观察性的,换言之,不能是甄别性的。这一解释明显与《规范》第 13 条第 2 款和第 14 条第 5 款冲突。与后者的冲突显然是化大为小。与前者的冲突何在?该款规定,对人类胚胎的诊所研究和实验可以进行,但必须以保护胚胎自身的健康和发育为目的。[42] 这样的规定蕴含了胚胎的健康出生权的理念,由此推论,如果不许对胚胎的健康状况进行以甄别为目的的检测,让这样的胚胎转化为儿童,如患有地中海贫血症的胚胎转化为儿童,他们终身都需要输血,把父母的钱袋榨干后早夭,违反的是胚胎自身的权益。《规范》保障这一权益,《指南》不予保障,所以它们间是矛盾的。最后,检察院建议法院不适用层级较低的《指南》,而适用层级较高的《规范》,接受原告的诉求,命令实施对胚

[40] 姜士林、陈玮主编:《世界宪法大全》(上卷),中国广播电视出版社 1989 年版,第 1112 页。

[41] Cfr. Erica Palmerini, Trib. Cagliari, 22, 9, 2007, In La Nuova Giurispudenza civile commentate, 2008, Parte Prima, p. 250.

[42] Cfr. Norme in materia di procreazione medicalmente assistita,资料来源 http://www.salute.gov.it/imgs/C_17_normativa _454_ allegato.pdf,2015 年 4 月 20 日访问。

胎的植入前检查，理由是保障胚胎的健康发育权。

4. 宪法法院的裁决

原告已于2005年6月1日把胚胎交付冷冻保存，为了防止损害母亲的心理健康以及胚胎的健康，要求采用预防程序，基于权利存在的迹象证据（Fumus boni iuris）命令被告实施植入前诊断。经这样的催促，卡利亚里法院放弃了普通程序，转入预防程序，于2005年7月16日作出了一个裁定，把案件转交宪法法院审查《规范》第13条是否违反《宪法》第2条、第3条和第32条。对于第2条和第32条的内容，本文前面已介绍过。第3条是这样规定的："（1）全体公民，不问其性别、种族、语言、宗教、政治信仰；个人地位及社会地位如何，均有同等的社会身份，并在法律面前一律平等。（2）共和国的任务，在于消除经济及社会方面的障碍——实际上限制公民自由与平等、阻碍人格充分发展和全体劳动者真正参加国家政治、经济及社会组织的障碍。"[43]说关于针对人类胚胎进行实验的《规范》第13条违反此条，无非说《规范》第13条针对胚胎的医学处置设立的种种限制妨碍了不孕不育夫妇的生育权的实现，造成了他们与其他人在法律面前的不平等。

宪法法院于2006年10月24日作出裁定，认定卡利亚里法院提出的《规范》第13条是否违反《宪法》第2条、第3条和第32条的问题不成立，因为该院明显自相矛盾，因为它提出的《规范》的特定条款是否违宪的问题，根据该院的裁定本身的立场，也可由《规范》的其他未受攻击的条文引发，还可由根据按启示性的标准对《规范》的整个文本进行的解释引发。[44] 这样，宪法法院实际上就拐着弯承认了《规范》第13条合宪。[45]

5. 卡利亚里法院的最终判决

案件又回到卡利亚里法院审理。此番X. Y放弃了预防程序，改为选用普通程序审理自己的案件。2007年9月22日，受案法院作出判决：允许对胚胎进行植入前诊断，依据是《宪法》第3条和第32条，承认这对夫妇有权知晓胚胎的健康状况，这是《规范》第14条第5款承认的。而且，根据《宪法》第32条第2款，[46]不得强制他们植入胚胎于女方的子宫中。在这一过程中，法院放弃了适用《指南》。[47] 如果检测出胚胎有基因病，将放

---

[43] 姜士林、陈玮主编：《世界宪法大全》（上卷），中国广播电视出版社1989年版，第1111页。

[44] Cfr. Ordinanza Corte Costituzionale n. 369 del 9 novembre 2006，资料来源 http://www. uaar. it/laicita/procreazione_ assistita/corte-costituzionale-ordinanza-369-2006. html，2015年4月16日访问。

[45] Cfr. Alessandro Gigliotti，L'ordinanza della Corte costituzionale sul divieto di diagnosi preimpianto，资料来源 http:// archivio. rivistaaic. it/cronache/giurisprudenza_costituzionale/diagnosi_reimpianto/index. html，2015年4月16日访问。

[46] 它规定：除非依据法律规定，不得强迫任何人接受某种医疗措施。在任何情况下，法律均不得破坏人格尊严应有的界限。参见姜士林、陈玮主编：《世界宪法大全》（上卷），中国广播电视出版社1989年版，第1112页。

[47] Cfr. Erica Palmerini，Trib. Cagliari，22，9，2007，In La Nuova Giurispudenza civile commentate，2008，Parte Prima，p. 261.

弃植入,此等胚胎按天主教教理可以被理解为遭遇了人工流产。[48] 换言之,被客体化了。所以,卡利亚里法院2007年9月22日的判决具有里程碑式的意义:它把《规范》赋予植入前胚胎的主体地位打破了,代之以赋予此等胚胎受保护的客体的地位。

但卡利亚里法院的判决遭到了意大利主教大会(Conferenza Episcopale Italiana)秘书长Giuseppe Betori神父的批判,他认为该判决违背了《规范》,也违背了宪法法院的裁定。而天主教会是支持《规范》的,面对新问题,无意改变这一立场。[49]

(二)其他判例[50]

(1)2004年2月,罗马法院的裁定。针对的是一对夫妇紧急要求对胚胎进行植入前诊断的请求,因为妻子患有杜兴氏肌肉营养不良症(Distrofia di Duchenne),由于《规范》禁止选胎,他们的请求遭到拒绝。

(2)2004年5月,卡塔尼亚法院的裁定。针对的是一对夫妇紧急要求对胚胎进行植入前诊断并不把患有地中海贫血症的胚胎植入子宫的请求,因为《规范》对选胎的禁止,法院拒绝了他们的请求。

(3)2005年2月,罗马法院的裁定。针对的是一对夫妇要求冷冻受精卵,以便将来植入的请求,遭到法院以绝对禁止冷冻胚胎为理由的拒绝。

(4)2004年6月,卡利亚里法院的裁定,针对的是在诊断出三胞胎后减胎的要求,法院接受之,因为尽管《规范》第14条禁止减胎,但把1978年的第194号法律规定的情形作为例外。本案涉及的是"怀孕90天后,继续怀孕或分娩危害孕妇的生命"的情形。

(5)2005年5月,拉齐奥行政法院的判决。针对一对夫妇和众多的医疗和社会机构提出的废除《指南》中关于对制作的胚胎的健康状况只能进行观察性诊断的请求,法院驳回之。

(6)2007年1月,佛罗伦萨法院的裁定。针对的是一对患有多发性外生骨疣(Esostosi multipla)的夫妇的请求。他们要求对自己的胚胎进行植入前诊断,如果发现他们患有上述遗传病,则放弃植入。法院依据卡利亚里法院的先例接受了其请求,放弃了适用《指南》。

(7)2008年1月,拉齐奥行政法院的判决。针对的是废除《指南》的请求。法院接受

---

[48] 但根据在英国进行的调查的结果,90%的妇女认为放弃植入与人流不同,10%的妇女认为与人流同。参见[英]M. L. Palomba:"植入前诊断的心理影响和接受程度",赵小菲摘,载《国外医学计划生育分册》1995年第1期。

[49] 资料来源 http://www.ilgiornale.it/news/cei-contro-tribunale-cagliari-no-ai-test-preventivi-sugli.html,2015年4月17日访问。

[50] 本部分所举判例,除了另有注释说明者外,统统来自Maria Paola Costantini, Legge 40: Il contributo della giurisprudenza,资料来源 http://www.voxdiritti.it/?p=2621,2015年4月17日访问。

了废除《指南》中关于只能对胚胎的健康状况进行观察性诊断的规定，理由是卫生部无权作出此等规定。

(8)2008 年 7 月，佛罗伦萨法院的裁定。针对的是一对患有严重的基因病的夫妇关于不植入全部胚胎，将不用的胚胎冷冻的请求。法院接受之。

(9)2008 年 8 月，佛罗伦萨法院的裁定。针对的是一对其中之一是肿瘤基因病携带者的夫妇的紧急请求：要求制作 3 枚以上的胚胎，但并不一次性地把他们全部植入，如此可进行植入前诊断。法院接受之。

(10)2009 年 3 月，米兰法院的裁定。针对的是运用更好的 PMA 技术进行植入前诊断的请求，法官向宪法法院发出审查《规范》第 14 条第 1 款是否违宪的申请。

(11)2009 年，宪法法院的第 151 号判决。废除了《规范》关于制作的胚胎不得多于 3 枚的规定，改采弹性表达，要求根据配偶，尤其是妻子的健康状况制作必要数目的胚胎。如果植入有伤害妇女身体的危险，允许把胚胎冷冻到妇女的身体适合接受植入之时。

(12)2009 年 6 月，波伦那法院的裁定。针对的是制作 3 枚以上的胚胎以便进行植入前诊断的请求，法院根据宪法法院 2009 年的第 151 号判决接受之。

(13)2010 年 1 月，萨莱诺法院的裁定。针对的是一对基因病携带者夫妇提出的对胚胎进行植入前诊断的请求，法院根据《宪法》第 3 条和第 32 条接受之，并援引了对《指南》的废除。

(14)2010 年 7 月，萨莱诺法院的裁定。援引该院于是年 1 月作出的裁定，允许一对患有不孕症的夫妇对胚胎实施植入前诊断。

(15)2010 年 7 月，波伦那法院的裁定。针对一对携带基因病染色体易位症(Chromosome translocation)的夫妇对自己的胚胎进行植入前诊断的要求，法院根据宪法法院 2009 年的第 151 号判决接受之。

(16)2012 年 12 月，卡利亚里法院的裁定。针对的是对胚胎进行植入前诊断的请求。法院承认涉案夫妇有对自己的胚胎请求医院做出植入前诊断的权利，并允许他们在胚胎所在医院无能力进行此等诊断的情况下把胚胎交给另一家医院进行诊断。

(17)2012 年 12 月，佛罗伦萨法院的裁定。针对的是一对夫妇通过植入前诊断发现胚胎不宜植入子宫，从而要求把冷冻的此等胚胎捐给科研机构的请求，以及撤销将此等胚胎植入妻子子宫的同意的请求。法院将案件提交宪法法院。

(18)2012 年 8 月 28 日，欧洲人权法院的判决。针对的是 Costa 和 Paven 夫妇诉意大利案件。该夫妇于 2006 年生了一个女儿，从而发现自己是囊肿性纤维化(Mucoviscidose)疾病基因的携带者。他们的女儿患有此病。2012 年 2 月，妻子有了第二次妊娠，通过产前诊断发现这个胚胎也患有囊肿性纤维化病，他们选择了人流这个胚胎。

为了避免发生类似的问题,这对夫妇选择人工辅助生殖技术,希望通过植入前诊断排除掉患有囊肿性纤维化病的胚胎,但《规范》禁止没有患不孕不育症的夫妇利用人工辅助生殖技术。该夫妇遂求诸欧洲人权法院。法院认为,意大利一方面允许对患病的胎儿实施人流,另一方面又不允许母亲认知胚胎的健康状况,这是不合理的。遂命令有关医院对当事人的胚胎实施植入前诊断以确定他们是否患有囊肿性纤维化病。[51] 这样就扩大了可以利用人工辅助生殖技术的主体的范围。

(19)2013 年 9 月,罗马法院的裁定。针对的是 Costa 和 Paven 夫妇,法院接受了他们的请求,授权意大利的一家医院实施他们的请求。

(20)2014 年 1 月,罗马法院的裁定。针对的是一对携带基因病的非不孕症夫妇根据欧洲人权法院的判决允许实施植入前诊断的请求。法院认为本案不适用欧洲人权法院的判决,把《规范》禁止非不孕夫妇利用人工辅助生殖技术的规定的合宪性问题提交宪法法院。

六、结论

在意大利,不同的法律赋予了人工受孕体不同的法律地位。《规范》赋予了人工受孕体主体的地位,《指南》回到 1925 年版的《意大利刑法典》的立场,赋予了人工受孕体已出生的人的地位,两者赋予人工受孕体的地位都高于现行《意大利刑法典》、《意大利民法典》以及合同法判例赋予自然受孕体的地位,前者和后者都赋予自然受孕体受保护的客体的地位,中者赋予其附解除条件的主体的地位,但它们这样的立场与宪法法院 1975 年的第 27 号判决采用的立场是一致的。这样一来,人工受孕体的法律地位在整个意大利法中的地位是不一致的,首先是在专门调整人工辅助生殖的法律内部不一致,其次在调整人工受孕体地位的法律与调整自然受孕体地位的法律和判例间不一致。这种不一致成为摆在法院面前的难题,它们只能消除此等不一致,达成一种可行的对人工受孕体的法律定位:受保护的客体。

能否出于优生目的对人工受孕体进行植入前诊断是判断此等受孕体是主体还是客体的核心指标。在这里,"主体"是行动的目的的意思,"客体"是行动的手段的意思。《指南》采用了"超级"主体说,只允许为观察目的进行此等诊断,不许受孕体成为其父母满足优生目的的手段。《规范》采用了一般主体说,允许母亲在植入前经请求知晓受孕体

---

[51] Cfr. Sentenza della Corte Europea dei Diritti dell'Uomo del 28 agosto 2012-Ricorso n. 54270/10-Causa Costa e Pavan c. Italia, 资料来源 https://www. giustizia. it/giustizia/it/mg _1 _20 _1. wp? previsiousPage = mg _ 14 _ 7&contentId = SDU768178,2015 年 4 月 19 日访问。

的健康状况,从而为受孕体成为其父母满足生育目的,进而满足其优生目的的手段保留了空间,在这个意义上,此时的受孕体已被客体化了。事实上,人工辅助生殖技术本身就是不孕不育夫妇满足自己生育目的的手段,此种技术的成果不被手段化是令人奇怪的。谈论人工受孕体与其父母间的手段——目的关系,关涉的是母亲(乃至父亲)和国家的权利与胚胎的权利的冲突,因为植入的胚胎畸形导致不得已的人流对父母(尤其是对母亲)是一场身体上的和精神上的灾难。生出患有不可治愈的基因病的胎儿不仅对父母,而且对新生儿本身和国家都是一场灾难。卡利亚里检察院打造的胚胎的健康出生权的概念已昭示了阻遏这样的出生对于胎儿本身的意义,X. Y 及其伴侣提出的孕育从而人流一个有不可治愈的基因病的孩子有害于母亲的身心健康的观点昭示了阻遏这样的出生对于母亲的意义,没有人昭示的是阻遏这样的出生对于意大利国家的意义。我们知道,意大利是一个全民免费医疗的国家,如果出生一个有不可治愈的基因病的孩子,他要终身求医用药,这对于意大利国家财政,从而对于所有的纳税人,是一个多么大的负担!卡塔兰诺教授在讲保护胚胎的目的是增加国家的人口时,心里想的也是增加具备基本健康的人口吧!

富有意味的是,一旦打开了植入前诊断的口子,就开启了自然生殖人工化的大门,因为自然受孕体的基因病检测不如像对人工受孕体进行检测那么方便(在试管里检测当然比通过子宫居者的输出信息进行检测容易得多!),也不那么低成本地在发现问题后终止下一步的生命进程,所以,从意大利的一些判例可知,有些非不孕不育患者也为了优生目的(或为剔除患有严重的基因病的胚胎的目的)利用人工辅助生殖技术,这样就背离了此等技术的弥补不能自然生育的缺憾的目的,演化为优生工具。对自己是否是基因病携带者没有自信的人,会越来越多地利用这一技术。在笔者看来,追求优生,符合父母、胎儿、国家三者的利益,没有什么不好。但问题在于如此利用人工辅助生殖技术会产生较多的剩余胚胎甚至病胎,不论怎样处理他们,他们都被工具化了。

那么,对于《规范》竭力避免产生的剩余胚胎应怎样处理?《规范》也好,《指南》也好,都对此不置一言。但我们看到,意大利已有了解决能否把这样的胚胎捐赠给科研机构的判例。这只是剩余胚胎的第一条出路;第二条出路是胚胎收养;第三条出路是通过代孕母亲让受孕体转化为胚胎,进而转化为人;第四条出路是国家充当所有这些胚胎的母亲,把他们分配给需要的夫妇。我们看到,这些出路在保守的意大利都障碍重重。第一条出路本被《规范》禁止,但此等禁止已有被突破的迹象,因为一些判例已经允许制作的胚胎超过 3 枚,并允许不全部植入,这样就突破了过去的不产生剩余胚胎设计,对于这种胚胎的科研客体出路,宪法法院正在长考,至今未有决定。至于其他三条路,都违反了《规范》第 4 条第 3 款禁止异配子人工受孕之规定的精神。《规范》的制度设计是利用不孕不育夫妇自身的配子完成生殖,所以才有那么多的涉及基因病遗传阻断的案例。实际上,如果允许异配子人工辅助生殖,这样的案例要减少许多。

最后要说的是,宜兴冷冻胚胎案不大可能在意大利发生,理由一,意大利法不允许制作13枚胚胎;理由二,意大利法原则上不许冷冻胚胎。

从实质来看,无锡中院判处沈杰、刘曦的父母监管、处置胚胎口惠而实不至,因为实际上的监管仍在南京鼓楼医院之手,这是一个高技术活,需要尖端的设备,非专业人员想监管也监管不了。法院实际上授予双方老人的不过是处置权,也就是在1年的保存期后同意医院丢弃胚胎之权。其他的处置,如通过代孕把胚胎转化为孩子,目前的法律不允许。而且,即使允许,13枚胚胎也太多。按一位代孕母亲接纳2枚胚胎计,需要至少7名代孕母亲,需要的费用恐怕是天文数字。就算他们花得起这个代孕费,4个老人能否养得起13个孙子,也是一个极大的问题。由此我们可以看出意大利的《规范》把受精胚胎的制作数目限制在3个以下有其道理,尽管此等限制也造成了强制一个母亲怀三胞胎的问题以及制作的胚胎数目不足难以完成筛选无基因病的植入胚胎的问题。

由死后人工生殖之相关裁判谈人工生殖法的禁制与开放

戴瑀如*

目　次

一、前言

人工生殖技术的发展，使全球必须面临此一新兴科技所造成的法律疑难问题，当生殖得以人为方式控制时，法律是否应加以限制，限制的范围与理由何在，则成了各国在如何立定人工生殖相关法政策上，不得不解决的烫手山芋，①特别在各国对于人工生殖技术法政策开放的程度不同，造成"人工生殖旅游套装行程"应运而生，使得此一问题仅在内国闭门造车进行法律的规制，仍无法实际解决可能产生之法律问题，毕竟透过生殖技术所创造者为人的生命，即使对于违法所生出的子女，其身份上的归属，仍需法律的明定，故各国在人工生殖法政策的拟定上，实必须具备国际性的视角，方能因应所可能衍生出的法律问题。

在中国江苏省宜兴市所发生的人工生殖相关案例，正凸显了人工生殖所带来的法律疑难。此一案例涉及两个层面的问题：一为人工生殖技术所产生的胚胎，其所有权之归

---

* 台北大学法律学系副教授，德国梅茵兹大学法学博士。

① 对于人工生殖科技的开放与否，常被形容为潘多拉的盒子，一旦打开之后，会导致不可预测的灾祸，故人们对待人工生殖技术的开放与否，是抱持着戒慎恐惧的态度。此外，人工生殖技术也干预了原本认为是自然，或说是上天，甚或上帝所决定的事物范围，使得此一问题充满伦理性，而在具有不同宗教信仰、风土民情的国家中，有截然不同的对应方式。

属;二为该胚胎应如何使用。对于人工生殖技术的发展,首先人为方式突破了生殖胚胎只在人体内形成及发育的局限,不但可以将之取出、在试管中进行培育甚至可再植入母体中发育为胎儿。此种技术使得胚胎亦如人体的头发、血液或是器官一样,在分离人体之后,产生所有权的归属问题。

本案的第一个争点就在于胚胎是否得为继承之标的,当提供胚胎形成所需要之精子与卵子之人死亡时,该胚胎的所有权应归属何人?又是否在提供生殖细胞者死亡之后,即应面临销毁的命运?或是该胚胎进而仍可成为继承的标的,遂成为该案例争执的焦点。本案的第二个争点,实为宜兴案例判决之后,仍然未能解决之实质问题,亦即该胚胎是否得以再植入第三人体内,而产生该案当事人父母所欲拥有之下一代,即产生可延续其死去子女基因的第三代子孙。就此一问题乃涉及人工生殖技术法律开放的范围,包括可否使用人工代孕技术产生子女,以及是否允许死后生殖之可能。所直接触及的问题在于,当内国法即便因本国的风土民情,以及该社会所形成之伦理价值观而禁止某一人工生殖方式之施行时,却无法阻止该内国人民,于其他允许该人工生殖方式之国家进行该手术,因此各国就其所产生之新生命,仍不得不给予一定的法规范,以确立其身份。

针对上述宜兴案所面临的疑难,欧洲②与台湾地区亦有相关案例可供讨论与比较。虽然案例所发生之情境略有不同,唯所触碰到的基本核心问题却是相同。以德国在2009年于新布兰登堡所发生的案例为例,为一对夫妻施行人工生殖手术,在精卵结合程序完成后先进行冷冻,而夫却在妻欲进一步作植入手术前死亡。此时生存之妻要求人工生殖机构将其所保存之卵子返还,并欲改至波兰进行后续之人工生殖手术,以产下人工生殖子女,但在该机构拒绝交付所冷冻的卵子而兴讼。故其所争执的焦点与宜兴案相同之处在于,人工生殖机构是否对于所冷冻的胚胎或生殖细胞有返还义务,不同之处则在于宜兴案中,为胚胎所有人之父母请求交付该生殖细胞,而在新布兰登堡案中则是卵子之所有人;此外,两案所延伸之法律难题皆在于死后人工生殖是否得以施行,宜兴案中甚至必须论及代理孕母合法化与否的讨论。

台湾地区自1994年即开始着手人工生殖规则之制定,但却因开放人工生殖的争议

---

② 在德国与法国皆发生类似之案例,法国的案例为原告结识其夫时,其夫已患有癌症,两人于结婚后想要子女,乃着手准备进行人工生殖,而先将其夫精子取出保存,待其夫身体状况好转时再进行其后的手术,未料其夫于未进行人工生殖手术前即死于癌症。之后原告请求交付精子银行所保存其夫之精子时遭拒,该银行认为原告并非签订精子保存契约的当事人而拒绝交付之。此外,法国亦禁止配偶一方死亡时以该精卵进行人工生殖。故原告乃诉诸诉讼,但于一、二审均遭败诉。资料来源 http://www.focus.de/gesundheit/baby/news/tid-18739/kuenstliche-befruchtung-kein-kind-von-einem-toten_aid_522089.html,2015年3月1日访问。德国之案例则为妻在夫去世后欲向医疗机构取回与其夫生前已冷冻保存的胚胎,具体细节详见内文。

过大，特别是代理孕母，而迟迟未能通过。就在2005年连续发生两起死后取精的案件引发社会上之极度关注，一为“陆军上尉”孙吉祥意外死亡后，其未婚妻李幸育要求取精替其生子；一为保险员杨凯伟明白以遗嘱表示死后取精之意愿。此两案虽皆顺利取精，但却未能进一步进行死后人工生殖之施行。此一案件也促使台湾地区的人工生殖规则于2007年先以排除代理孕母之方式通过，仅允许夫妻以捐精或捐卵的方式进行人工生殖，但使人工生殖至少有规则可以加以规制。至于代理孕母仍因争议过大，制定规则进度严重迟缓，目前仍在研议当中。唯合法代孕的国家及地区越来越多之后，台湾地区居民违法至台湾境外代孕而产子之案例亦日益增多，有些仍引发子女之身份认定问题，而有待解决，此使得代孕的合法与否目前成为台湾地区在人工生殖议题上讨论的焦点。

综上所述，因人工生殖所引发之法律疑难，乃为世界各国及地区所共同必须面对的问题，此一现象在说明了人类在人工生殖技术成熟后，想要凭借该技术达到某些目的的渴望，纵使它违反自然。然而却碍于各国及地区对于人工生殖技术并非采全面开放的态度，大多以法律许可的方式限制人工生殖技术的施行，使得在科技可能下，仍无法满足一些人想要求子的需求，进而产生各国及地区以法律为人工生殖许可的限制是否合宪的争议。各国及地区必须在人工生殖技术的管制上，对于该立法政策提出其禁止之正当性基础何在，本文希望借由其他国家及地区针对此一政策的论理过程，进一步思考医疗行为与圆梦医学的分野，而能为我国未来的人工生殖政策指引具体明确之方向。

二、胚胎之法律性质及死后人工生殖的许可

人类生殖科技的进步，促使胚胎的形成可在体外进行，让生殖细胞与人体有分开的可能性，而有进一步讨论其性质的必要，包括其是否可视为物，其所有权归属何人，以及可否成为转让、继承之标的。在本文所要讨论的案例中，无论该胚胎或生殖细胞，其所有权归属何人或是得否成为继承之标的，看似为该争执的焦点，然而背后隐藏的却是该胚胎或生殖细胞其后将用于人工生殖之目的是否在内国合法的问题，而对于可能进行违法之人工生殖方式，是否应预先防止而引发争议。

以下兹就各国及地区相关案例说明之，并分析所衍生之法律问题。

（一）德国新布兰登堡案例③

1. 案例事实

原告早于2002年因想要有自己的子女，而与其夫在被告处进行治疗。在其死去夫的强烈希望下，于2008年3月13日取出原告的9个卵子，与其夫之精子于试管中进行融

③ LG Neubrandenburg：Urteil vom 12.08.2009-2 O 111/09.

合后即进行冷冻储存,而准备之后植入原告体内怀胎。故卵子受精时,原告之夫仍然存活。两造当时虽签署了对卵子的保存协议,但尚不构成人工生殖之正式契约,仅以一年5500欧元的代价,使被告负有保存冷冻卵子的义务。2008年年初原告的先生因车祸去世。被告依据《胚胎保护法》第4条第1项第3款之规定拒绝将该卵子植入原告的子宫内。于是原告乃向位于波兰的人工生殖中心联系,该中心为原告在其夫未死亡前,两人曾共同接触过之医疗院所,而该中心已准备好可将原告冷冻之卵子植回原告体内。因此,原告于2008年7月30日向被告请求返还其所冷冻保存之卵子,以便于波兰进行人工生殖手术。然而,此一请求却被被告于2008年11月26日去函拒绝,理由为此一返还的结果,将造成死后人工生殖的施行,而有触犯刑事责任之可能。原告则认为仅向被告请求给付所保管之卵子,并无触犯刑法之可能,被告引用《胚胎保护法》第4条第1项第3款之规定实无理由。其原因在于,一来,卵子于其夫去世之前已受精;二来,胚胎保护法并无禁止不得植入提供精子者已去世之胚胎。因此原告请求被告应返还9个卵子。被告则主张,原告之请求为法律上不能之给付,被告经由此一返还义务的履行会违反《胚胎保护法》第4条第1项第3款之规定,继续进行受精卵人工生殖的程序将被医师公会评价为进行卵子与死去夫精子之人工生殖,被告虽未亲自进行该手术,但会沦为帮助犯。被告在明知原告已有意图将此卵子拿至波兰进行人工生殖手术的情形之下,为依该条规定所禁止之死后人工生殖行为,故被告实有权拒绝返还该冷冻之卵子。

2. 判决结果

新布兰登堡地方法院第二庭于2009年8月12日判决原告败诉,认为原告无法依照《德国民法典》第985条第1项或是第695条之规定请求返还该冷冻之卵子。原告于是提起上诉。洛斯道克高等法院于2010年4月19日变更第一审决定,判决被告应将9个在原告名下,其与死去夫所受精冷冻的卵子返还给原告。

3. 判决理由

(1)第一审见解

第一审以原告无论依据《德国民法典》第985条第1项或是第695条之规定,皆无法使其有权利取回由被告冷冻保存之卵细胞,而将原告之诉以判决驳回。第一审法院认为原告虽为卵细胞之所有权人,但因原告请求交付卵细胞之后所欲完成之行为违法,而使得该卵细胞属于法律上不能之给付,使原告无法依据《德国民法典》第275条第1项所有权之规定,向占有卵细胞之被告请求交付。

依据德国联邦最高法院之判决,可由人体所分离之部分,如头发、血液、精液等,无论是维持身体机能所需,或可再加入身体组织者,皆属于身体之保护法益;非属前两类者,即为动产。且依照德国一般通说,人类的生殖细胞在精子与卵子尚未融合之前,不同于胚胎,仍视为物,故一般而言,原则上具有所有权的概念,其"物"之所有权即属于该生殖细胞尚未自人体内分离时之人所有。在本案中,由于原告与其夫所冷冻的卵细胞,其实仍处于发展初期阶段,精细胞虽已侵入卵细胞,然而精卵元核的结合尚未开始,因此该卵细胞仍然属于物。因此,在细胞分裂之前,依照《胚胎保护法》第 8 条第 1 项之规定,其尚非胚胎。故该卵细胞之所有权人为原告乃无疑问。

至于交付卵细胞是否属于法律上不能之给付,将会影响被告是否有给付义务,换言之,若透过给付义务之履行会造成触犯刑法之行为,则债务人自可拒绝交付其物。就此一认定乃涉及对于德国《胚胎保护法》第 4 条规定之解释。该条第 1 项第 3 款之规定为"有意将卵细胞与其夫之精子,在其夫死后进行人工受精者,应处 3 年以下徒刑或易科罚金。"又在第 2 项中明定,"于第一项第 3 款之情形,实施人工生殖之妻不罚"。因此若本案的情形符合该条项之构成要件者,则被告之给付义务自会构成刑法上之帮助犯,而使被告得以拒绝给付义务之履行。

本案之争点即在于该卵细胞是否已受精,并在其夫死后进行人工生殖,而符合《胚胎保护法》第 4 条第 1 项第 3 款之规定。依据对于该条之文义解释,第一审法院认为卵子于注入精子后,尚未融合仍处于前细胞阶段即冷冻,虽不能认为该卵子已受精,然若要将该卵子解冻继续该受精的过程,则不能排除其已属于该条对于受精的定义,加上原告于其夫死后请求交付该卵子并意欲至波兰进行人工生殖,则可评价为施行死后人工生殖之行为。

对于被告履行交付冷冻卵子之行为,是否因违反德国《胚胎保护法》第 4 条禁止死后人工生殖之规定而构成帮助犯,第一审法院认为依该条之规定,所处罚者为违法施行人工生殖之医生,原告因该条第 2 项之规定,人工生殖之受术妻并非处刑之客体。此外,当波兰医生在波兰将该冷冻卵子解冻进行人工生殖后,虽造成外国行为违反《德国刑法典》第 7 条的结果,然而此一行为却因波兰对死后人生殖并未处以刑罚,而使该医生免除刑事责任的追究。唯此并未影响内国人仍得依德国法之规定处以刑罚。换言之,被告若在德国交付予原告冷冻卵子,使原告完成于外国所进行之人工生殖行为时,将致被告在德国成为法律所禁止施行死后人工生殖的帮助犯,死后进行人工生殖行为将依照《德国刑法典》第 27 条与《胚胎保护法》第 4 条第 1 项第 3 款之规定处刑。

最后,针对德国《胚胎保护法》第 4 条第 1 项第 3 款规定是否有违宪之虞,第一审法院认为禁止死后人工生殖并未违反宪法上之比例原则,此一禁止规定具正当性基础。其论点如下:首先所谓比例原则之衡量,于两冲突法益下进行,一为保障经由《德国基本法》第 2 条第 2 项第 2 款而来之人民自由权利;二为只有在保护其他人或公益时,刑法方得以剥夺自由之刑罚为之。立法者已清楚认知,经由人工生殖技术对本来无法控制之人类生命发展形成干预可能所生之风险,而透过胚胎保护法对于得使用之卵细胞与胚胎设有严格之限制。为了对于达成其生育之目的所采用之人工生殖方式之适切与必要性加以评价,以及在此过程中,对个人或团体可能造成之危险进行预估,而给予立法者裁量空间,决定人工生殖之禁制与规范,并应经由德国联邦宪法法院,依照其人工生殖方式之种类与性质,就其相冲突之法益加以衡量,并建立足够安定的判决,使其仅能在有限的范围上进行检验。因此,基于此一原则使得《胚胎保护法》第4条第3项第3款合宪。对于死后人工生殖是否开放,首要考虑者为因此而出生之子女利益,其会在成长过程中一直意识其为从未有父亲之人。虽由脑死母亲所分娩的婴儿相比较,亦有同样情形,然而就道德考虑而言,一来其胎儿不会如处于前阶段之胚胎相比,被视为物,二来其与事前有计划性的人工生殖相比,对于遭逢意外而脑死的母亲有另为评价之必要。就以胚胎所进行之人工生殖而言,未出生之生命将第一优先加以保障。此外,死后人工生殖所生子女之法律地位在德国民法未明文规定下,该捐精人依照《德国民法典》第1592条第1项与第1593条之规定,并不视为法律上的父亲,即使其为原告在经由死亡解消之婚姻300日内所分娩的胎儿亦然。此外,虽有学者认为应以受精程序的进行作为起算的标准。但对于《胚胎保护法》第4条第1项第3款之规定,仍应以宪法加以解释,而对于其可罚性并无疑义,因其在法定期间内已不可能进行生父的认领。是以,第一审法院认为以立法者对于伦理道德的评价,已同时反映目前社会的价值观,而使该条未有违宪之可能。

(2)第二审见解

第二审法院与第一审法院见解不同处在于被告之返还义务并非法律上不能之给付,而认为被告无权继续占有该冷冻之卵子,而应返还给卵子之所有权人,即原告。被告的返还义务并不会触犯《胚胎保护法》第4条第1项第3款之规定,因其所返还的是原告已经与精子结合之卵子。而且只是返还该卵细胞,则在该状态下,并不会构成协助行为而符合《胚胎保护法》第4条第1款第3款之客观构成要件。其后,若有意将该卵细胞与夫之精子于其死后进行人工生殖者,方为刑法上可罚性的行为。二审法院的论点如下:

首先,不管是胚胎保护法或是一般刑法都未对何为人工受精为法律上之明确定义。由于欠缺法明文之定义,只好以一般对人工受精的字义理解并依据第4条第1项第3款加以解释。卵细胞在进行人工生殖时须约24小时的历程,其开始于精子进入卵细胞后,结束于进入细胞核后产生分裂形成受精卵。此一对于受精之定义亦被地方法院所接受。然而原告的卵子之受精过程并未完成,因为受精的过程被被告将卵子冷冻的过程而中断。由于卵子与精子早在其夫仍活着的时候已植入,但整个人工受精过程却在其夫死其后方欲完成,故此并非《胚胎保护法》第4条第1项第3款之规定所能涵盖的范围。此由该条之文义解释可知。对于争执中之卵细胞,其人工生殖程序实际上并未完成,因为该人工生殖经由被告的冷冻过程而中断。由于立法者在制定《胚胎保护法》第4条第1项第3款时,主要针对故意使卵细胞与已死之人之精子为人工生殖者应予禁止,然而并未决定,在卵子已与精子结合之后,但该精子所有者死亡的情形下,而继续完成该人工生殖程序是否应处以刑罚。第一审的判决并未以宪法法院判决的意义去调整法条的定义,而是仅就法条所为之禁止规定透过解释而加以适用。对于胚胎保护法之立法目的而言,主要对于人工生殖的新科技,特别是试管婴儿,设立一界线,以防止其滥用。所以该法之重点在于防止人工生殖科技与人类基因技术之滥用,如防止所产生之多余胚胎用于其他目的,或是将之用在优生的措施上。在此,不应以对胚胎保护法的扩张解释处理人工生殖所衍生之问题,后者应另立专法加以规制。

医学伦理委员会于2002年5月14日所作出的报告中确认依据《胚胎保护法》第4条第1项第3款之规定,不得使用死去人之精子,但该报告并未认为已经受精的卵子,当其夫已死亡时,该细胞必须被销毁。对于人工生殖的相关法规,重点放在胚胎尚未成形的阶段,是否基因上的"父母"仍然想要有子女,或是已无意愿可言,诸如夫妻关系生变,或是一方或双方基因上的父母死亡。因此对于已进行一半,精卵于生前已结合而于其夫死亡后所继续进行之人工生殖,不应具备可罚性。至于是否对于前阶段尚未成形的胚胎,其冷冻是否应设一定期限此一更有意义的问题,可惜在本案中并未回答。因此依据医学伦理委员会的意见,第4条第1项第3款所禁止者,只有使用已死去人之精子,如军人上战场或病人为放射线治疗之前,而将其精子冷冻,并在其死亡之后,将该冷冻之精子进行人工生殖而言,唯在本案中,对于原告已受精的卵子而言,本就为解决不孕之问题,且在未预期其夫会死亡之情形下,本就要进行人工生殖手术,以达成原告怀孕之目的,故对于生前已使用之精子,虽未完成该人工生殖,仍不在本条所禁止之列。

综上所述,本审考虑在对于《胚胎保护法》第4条第1项第3款的文义解释下,原告有权利继续使用其卵子,而完成她当母亲的心愿。立法者虽想要禁止,在夫死亡后,其妻仍想要继续使用该受精卵完成怀孕目的之情形,但此不论由法条的文义解释,或胚胎保护法的立法目的皆无法导出此一禁令。

4. 小结

德国所发生之案例,其争执点在于对《胚胎保护法》第4条第1项第3款之解释,而造成第一审与第二审之不同见解。该款之规定为不得故意将卵子与死去之人之精子进行人工生殖。而此案的疑难处即在于原告之卵子与其夫之精子已于其夫尚未死亡前即已进行精卵结合之过程,唯其经冷冻之过程,而使分裂成胚胎的程序尚未进行。虽然联邦医师公会所制定的施行人工生殖纲领中即明文规定,冷冻之卵子只要在受术夫妻有一方死亡之情形下,即应销毁。但毕竟该规定仅为医师公会所制定,而未具备法律的位阶,无法在本案中适用。故仅能以胚胎保护法之规定处理本案的争议。因此在本案中透过两审之判决理由,以文义、历史与体系解释清楚呈现对于《胚胎保护法》第4条第1项第3款所禁止范围之不同见解。诚如二审判决所指出,胚胎保护法之立法目的主要在于禁止对于胚胎的滥用,而防止卵子与一已死之人之精子结合,因此该条无论依文义、历史或体系解释,是否有针对受术夫妻于双方仍存活时所形成之生殖细胞或胚胎,在一方死亡后续行人工生殖之情形加以考虑,实有疑问。纵使德国在对生存配偶的生育权、死亡配偶的人格权与人工生殖子女之利益相互权衡考虑下,认为死后人工生殖不宜开放,或应有条件性的开放,但仍碍于现行法规的限制,而无法加以有效的管制。

(二)台湾地区死后人工生殖之争议

相较于德国与中国大陆,在台湾地区关于死后人工生殖的讨论,并未发展至法院的判决,而只停留在可否死后取精的案例。于2005年连续发生两起事件,引发社会大众的关注与专家学者针对死后人工殖许可性之讨论。

2005年9月"陆军上尉"孙吉祥在移防时遭意外殉职,由于其为家中独子,家人与女友要求取出精子,以为其留后。④ 当时台湾地区尚无人工生殖,仅有"人工协助生殖技术管理办法",该"办法"仅规定人工生殖之对象限夫妻,且一方经诊断罹患不孕症而无法治疗时方得为之,及夫妻至少一方应有生殖细胞,仅需接受他人之捐精或捐卵,而捐赠精卵者于本人死亡后,该捐赠之精卵即不得再使用。是以,此一办法一来并未对死后是否得以取精为明文规范;二来于"行政程序法"通过之后,要求所有与台湾居民相关之权利义务皆应有明文规定,或"立法"之授权,否则即有违反"宪法"上之法律保留原则之虞,而"人工生殖管理办法"其性质为行政命令,故自2003年起即失其效力。⑤ 虽无法可管,"卫生署"一开始仍依"人工生殖管理办法"之规定"捐精人死亡后,其精子必须销毁"的精神,而认为不得死后取精,拒绝孙吉祥家属与其女友的请求。但后经"立法院"与舆论的压力之下,乃由"行政院院长"指示"卫生署",应让家属先行取精,未来如何使用,再依相关规定妥善研议。⑥ 然而在取精之后,可否再继续进行人工生殖而产下子女,牵涉许多问题,于"人工生殖法"尚未出炉认定其合"法"与否之前,执行该手术的医生仍有可能违反医学伦理。此一争议最后在2005年12月孙家决定销毁所取出之精子而落幕。⑦ 2005年10月保险员杨凯伟在上班途中猝死,其因新婚不久,又为独子,有感于孙吉祥事件而预先立下遗嘱,要求死后取精以传宗接代。家属在顺利取精之后,仍因进行人工生殖尚

④ 资料来源 http://news.ltn.com.tw/news/life/paper/33414,2015年4月1日访问。

⑤ 戴炎辉、戴东雄、戴瑀如著:《亲属法》,2014年,第367~368页。

⑥ 资料来源 http://news.ltn.com.tw/news/focus/paper/33563,2015年4月1日访问。

⑦ 资料来源 http://news.ltn.com.tw/news/life/paper/49443,2015年4月1日访问。

属违“法”，而未能为之。[⑧]

台湾地区在1985年诞生第一位试管婴儿后，主管机关即着手草拟相关规定，首先以“行政命令”的方式，于1986年、1994年制定“人工生殖技术指导纲领”与“人工协助生殖技术管理办法”，该两项“行政命令”，除了对医生与医疗机构的管制以外，对于人工生殖技术的开放与否，如代孕与胚胎捐赠之方式，先开放复又禁止，就人工生殖子女的法律地位亦然，先行规范后又因该规定排除“民法”对于亲子关系之认定，而不得以“行政命令”的方式为之，而加以删除。故促使主管机关于1994年起草“人工生殖法草案”，期能更有效地规范因人工生殖技术所带来的相关问题。唯针对代孕人工生殖应否开放，涉及复杂伦理问题，迟迟未能获得共识，而延宕人工生殖的制定进度。加上2003年因“行政程序法”通过后，致使“人工生殖管理办法”失效，迫使“卫生署”决定先将代孕人工生殖由“人工生殖法”中脱钩，于2007年3月21日先行公布“人工生殖法”，而将代孕人工生殖独立于“人工生殖法”外，另立草案处理。唯该草案出炉之后，又召开两次代孕公民会议，至今依旧无法达成共识，而仍遭搁置状态中。

至于涉及本文所提及的死后人工生殖之许可与否，台湾地区的“人工生殖法”在讨论的过程中，有针对前述所提之孙吉祥事件进行讨论，甚至亦有委员提出修法版本，欲开放夫妻一方死后进行人工生殖之可能，[⑨]唯在审议时，经多方考虑，特别以子女利益出发，认为仍应维持“行政院”所提版本，禁止死后人工生殖。

台湾地区现行的“人工生殖法”第21条第2项与第3项，乃分别对受术夫妻之生殖细胞与胚胎加以规定：受术夫妻之生殖细胞有下列情形之一者，人工生殖机构应予销毁：(1)生殖细胞提供者要求销毁。(2)生殖细胞提供者死亡。(3)保存逾10年。但经生殖细胞提供者之书面同意，得依同意延长期限保存；受术夫妻为实施人工生殖形成之胚胎，有下列情形之一者，人工生殖机构应予销毁：(1)受术夫妻婚姻无效、撤销、离婚或一方死亡。(2)保存逾10年。(3)受术夫妻放弃施行人工生殖。于是透过本条之规定，无论是受术夫妻的生殖细胞或已形成之胚胎，只要一方死亡的情形下，皆应销毁，故台湾地区乃明文禁止受术夫妻一方死后再进行人工生殖之可能，只可惜在其“立法”理由中并未明确

---

⑧ 资料来源 http://news.tvbs.com.tw/entry/419348，2015年4月1日访问。

⑨ “立委”黄淑英、王昱婷等51人所提之院总第1586号，委员提案第6726号中，针对“卫生署”所提案的“人工生殖法草案”第21条之规定，“受术夫妻的生殖细胞、或为实施人工生殖所形成之胚胎，就受术夫妻婚姻无效、撤销或一方死亡的情形，医疗机构应予以销毁”新增一款规定，受术夫妻一方死亡应销毁之生殖细胞或胚胎，经受术夫妻双方同意，得于一方死亡后，由生存一方使用之。唯受术前需经6个月思考期，且该细胞或胚胎储存以2年为限。其于立法理由中指出，考虑配偶一方死亡时另一方之生育权利，得在储存生殖细胞或胚胎时先行表示其意愿。然人工协助生殖子女出生时，生父已死，因此并无民法规定之亲子关系及继承等权利，应先行告知，并于书面同意书中载明已知悉相关法规。

指出其禁止受术夫妻为死后人工生殖之考虑。[10]

在台湾地区关于死后人工生殖之争议,源起于死者家属死后取精的要求,进而可否生子以传宗接代。故其所涉及的首要问题,反而在死者是否有事前同意的问题上,进而讨论是否允许死后人工生殖之可能性。此一争议的发生亦使台湾地区直接面对死后人工生殖明文规定的需求,而促使台湾地区的“人工生殖法”得以在立“法”进度严重迟滞之下,经“国会”讨论后三读通过。于“国会”讨论的过程中,并针对死后人工生殖提出开放之修“法”建议,在参考未禁止死后人工生殖的规定后,以生存者的生育权作为立论基础,而认为应该有条件的予以开放,包括具备受术夫妻的事前同意声明,于配偶一方死亡后设定一定期间之犹豫期,使生存配偶在伤痛的第一时间经过之后,再行确定其是否仍有续行人工生殖产下子女之意愿。唯对于因此所出生之子女,其权益应如何保障,因现行规则未有适合的配套措施,使得该人工生殖子女并无法与死亡之一方配偶建立“法定”上之亲子关系,对其权益保障不周。此外,此一人工生殖方式亦使该子女陷入一出生即无父或母之状态,对于其人格发展可能造成损害。因此,最后仍维持“行政院”版的草案,采取禁止受术夫妻一方死后续行人工生殖之可能,对于受术夫妻无论是生殖细胞或已形成之胚胎,皆于一方死亡后即行销毁。

(三)案例之比较与分析

1. 立法政策的差异

各国及地区在人工生殖技术发展之后,均纷纷对之进行法制的规范,但却因此一问题涉及高度之伦理争议,使得各国及地区在法政策上的规范角度有显著的差异。

以德国为例,其规范重点即在胚胎的保护上,而非人工生殖技术之管制,至今德国仅有一部胚胎保护法,而无明文规范人工生殖之许可类型,仅迂回的通过民法亲属编之规定,以亲子身份关系的认定,间接承认夫妻之间得以捐精方式进行人工生殖,并禁止代理孕母的施行。[11] 是以,德国对于胚胎的保护乃与人工生殖之目的分开考虑。如此之结果,使得德国在面对2009年在新布兰登堡所发生关于冷冻胚胎的处置以及随后得否施行死后人工生殖即产生争议,凸显德国法上对人工生殖技术所衍生之问题,有明显规范不足的情形。在其第二审的判决亦明确指出,胚胎保护法之立法目的,主要在于将体外人工生殖限制在生育的目的,并防止多余胚胎之滥用,而并未对于人工生殖所衍生的问题做全面性的检讨与规制,包括是否允许捐精捐卵、胚胎捐赠、代孕及死后人工生殖等相关问

[10] 在“行政院”版本的“立法理由”中,仅说明为避免保存过久,影响其质量及世代间隔,造成人伦秩序之乖违,爰于第2项规定受术夫妻之生殖细胞或受术夫妻为实施人工生殖形成胚胎之销毁条件。

[11] 戴瑀如:“从德国立法例论我国新人工生殖法对亲属法之冲击”,载《法令月刊》2007年第58卷第8期。

题，使得勉强用胚胎保护法来处理此案中的问题，即造成因为法条文义限制使然，仍无法避免死后人工生殖进行的可能。虽然德国国会委员会在决议胚胎保护法时，已确认应另制定人工生殖专法，全盘解决相关问题，但却因欠缺立法授权而无法为之，故针对欠缺法规所造成的漏洞，立法者必须承担。同时，此一欠缺法规的结果，也造成在德国的不孕夫妻纷纷至外国寻求相关的人工生殖协助，以一圆生子之梦。⑫ 故目前德国之当务之急，乃制定一人工生殖专法，以填补目前法律未规范所产生之漏洞。

不同于德国，无论中国大陆或台湾地区，则皆以人工生殖之管制作为规范的重心。中国大陆为保证人类辅助生殖技术安全、有效与健康发展，而对于人工生殖乃以《人类辅助生殖技术管理办法》以及《人类辅助生殖技术规范》等加以管制，⑬明文禁止实施代孕，严禁精卵提供商业化，并禁止单身妇女进行人工生殖，但对于死后是否得以进行人工生殖亦未明文规定。此外，中国由卫生部所制定的相关办法或规范皆属于行政命令的层次，主要用以管理相关医疗机构与人员在从事人工生殖辅助技术时应注意之事项，故无法对抗当事人基于私法所享有的正当权利，此为宜兴人工胚胎案之二审判决所明示。因此，面对未来层出不穷的人工生殖争议，甚至可能涉及人工生殖子女之法律地位等基本权利问题，中国大陆仍应以订定人工生殖法明确规范为宜。

台湾地区有鉴于行政层级命令之规范不足，无法有效规制人工生殖相关问题，而在2007年制定“人工生殖法”，于第1条中即明定为健全人工生殖之发展，保障不孕夫妻、人工生殖子女与捐赠人之权益，维护台湾居民之伦理及健康，而制定本“法”。在该“法”中仅限不孕夫妻得实施人工生殖，并禁止代孕人工生殖。此外，对于受术夫妻为实施人工生殖形成之胚胎，于受术夫妻婚姻无效、撤销、离婚或一方死亡时，人工生殖机构应予销毁，依此规定，意谓在台湾地区以明文规定杜绝死后施行人工生殖之可能。唯仍无法避免者，即受术夫妻之一方于台湾境外进行该人工生殖之手术，如同德国法上之案例一样。就此，“国会”在讨论“人工生殖法”是否应禁止或开放死后人工生殖时，亦产生此一疑虑。但考虑台湾居民将该冷冻精卵携至台湾境外施术的可能性极低，加上“人工生殖法”课予人工生殖机构于受术夫妻一方死亡时，无论生殖细胞或胚胎皆应销毁之义务，故此一手术较难以台湾境外施行而规避台湾地区之规定。唯代孕人工生殖反而成为台湾

---

⑫ 资料来源 http://www.welt.de/print-wams/article87590/Grenzenlose-Fruchtbarkeit.html，2015年4月1日访问。

⑬ 中国于2001年2月20日由卫生部颁布《人类辅助生殖技术管理办法》与《人类精子库管理办法》，同年5月14日以卫科教发143号发布《人类辅助生殖技术规范》、《人类精子库基本标准》、《人类精子库技术规范》与《实施人类辅助生殖技术的伦理原则》。其后于2003年再针对技术规范、基本标准与伦理原则进行修改，尝试将人工生殖技术对社会、伦理、道德、法律乃至子孙后代可能带来的负面影响及危害降到最低程度。资料来源 http://www.nhfpc.gov.cn/qjjys/s3581/200805/f69a925d55b44be2a9b4ada7fcdec835.shtml，2015年4月1日访问。

地区目前所面临的难题,在尚未有正式规定,仍属禁止之人工生殖方式,但已有许多台湾居民至台湾境外进行代孕人工生殖,将境外籍的代孕者所生之子女带回台湾,但却在取得亲子地位碰到困难,依分娩者为母之原则,在境外籍代孕者亦无法查访下,使代孕子女权益受到严重侵害,而有迫切解决其身份问题之必要。

2. 人工生殖技术开放的伦理道德考虑

在比较上述之相关案例,可以发现对人工生殖技术所生之争议与开放与否,乃涉及各个国家及地区的风土民情与价值观。德国法对于人工生殖技术首要担忧者,来自对于胚胎用于生殖以外之目的所可能产生的风险,包括对于多余胚胎的滥用或用于优生的措施上,其背后成因源自于对历史上纳粹执政时期以优生政策为名所带来各种种族歧视行为之反思,因而对于人工生殖技术的开放与否,抱持极为谨慎的态度。台湾地区或中国大陆对于人工生殖技术的规制,则主要来自其能协助不孕夫妻生育子女,而借此达成传宗接代的目的。此由台湾地区所发生之死后取精之争议,皆以强调其为独子而要留后作为目的可明显看出,通过死后人工生殖而得以延续香火是家属在亲人死亡时之期盼,当时舆论也因伦理感情因素,而要求主管机关通融允许其取精。至于在中国大陆所发生的案例,亦强调子女死亡后所留下的胚胎,成为双方家族血脉的唯一载体,特别双方父母各仅只有一个儿女底下,更凸显该胚胎的重要性。是以,各国及地区在讨论人工生殖技术的开放与否,皆会囿于本身之文化因素,因此即便人工生殖技术之施行已有全球化的趋势,但是对于人工生殖技术的法律管制,于各国及地区间仍有很大差异,因而无论在进行法政策的比较,或是作为修法时之参考皆应予以留意。

3. 胚胎可否为继承标的之法律考虑

在宜兴案中所带来的主要争议,在于胚胎是否可成为继承之标的。针对此一问题,一、二审的判决采取不同看法。在该案二审中曾明白指出法律并未对于胚胎的属性为明文规定,而认为胚胎乃介于物与人之间,其具有生命之潜质。或许可将胚胎界定为物时之权利归属,与界定为人之权利归属加以分析,再分析其是否有成为继承标的之可能。

依据德国联邦最高法院之判决,可由人体所分离之部分,如头发、血液、精液等,无论是维持身体机能所需,或可再加入身体组织者,皆属于身体之保护法益;非属前两类者,即为动产。且依照德国一般通说,人类的生殖细胞在精子与卵子尚未融合之前,不同于胚胎,仍视为物,故一般而言,原则上具有所有权的概念,其“物”之所有权即属于该生殖细胞尚未自人体内分离时之人所有。故生殖细胞与人体分离后,属于物,并得成为让与之标的,此由生殖细胞可成为捐赠之客体清楚可见。⑭ 唯一旦精子与卵子融合,开始进行

⑭ 邱玟惠:“两岸物权法制对人体组织及其衍生物规定之评析”,载《月旦民商法杂志》第21期。

细胞分裂时，则成为胚胎，而应视为生命的开始，有其人性尊严，不得再被视为物，⑮亦不得成为继承之标的。因此依德国法之规定，乃依精卵结合与否，划分其为物或已具有生命。

至于宜兴案中，在比较第一审法院与第二审法院对于胚胎可否继承的论点中，可知第一审判决偏重胚胎如何成为人的过程，而认为在胚胎之所有权人俱已死亡，又该胚胎依法亦不得转让、赠与，故已无法透过手术使生育目的实现，而让胚胎有成为人的机会，此一结果使得胚胎的权利受有限制，而不能被继承。换言之，该胚胎被认为具有一身专属性。第二审判决则以不会使该胚胎成为生命的前提下，强调胚胎所具有的人格利益，认为其含有双方父母两个家族的遗传信息，并具有抚慰原被告丧子之痛的功用，由伦理情感的角度出发，肯定胚胎可为继承之标的，而让胚胎所有人之父母享有对该胚胎的监管处置权。对于带有遗传生命潜质的胚胎，又无法透过人工生殖技术，产生具有亡者遗传基因的下一代，故就此一结果，在二审的判决下，胚胎或可被视为类似骨灰的性质，为亡者所留下生命的遗迹，有残余人格之性质，虽可认为是物，为继承之标的，但具有不融通性且受保护与限制。⑯

台湾地区“民法”第 1148 条之规定，继承人自继承开始时，承受被继承人财产上之一切权利与义务。但权利、义务专属于被继承人本身者，不在此限。依此规定，可继承之标的物原则上为财产，并且不得具一身专属性。唯一例外者为具财产利益的人格权，如著作权等，但亦仅限于其具财产利益的面向。因此对于胚胎而言，是否得为继承之标的，即应为如下思考：是否为物？又是否具备一身专属性？若不为物时，是否为人格利益而有财产价值？考虑胚胎的特殊性，纵认为其属于物，亦因其有孕育生命之可能，而应被认为具有一身专属性，加上胚胎不得买卖，不会具有财产利益，而不应成为得继承之标的。

（四）死后人工生殖之禁止与开放的思考

在上述相关案例中，其最根本的问题，不在于可否向人工医疗机构取回所保存的生殖细胞或是得否允许死后取精，而是在于取回这些生殖细胞或胚胎之后，所想要续行的人工生殖手术，以完成生育子女的目的。至于此种死后人工生殖之禁止与开放与否，至少应以下列三方之利益加以考虑，包括生存配偶、死亡配偶与人工生殖子女。生存配偶的生育权、死亡配偶的同意权与人工生殖子女之利益，将是在允许死后人工生殖施行后所必须衡量有可能相冲突之法益。首先在保障生存配偶的生育权同时，要确保其纯粹想

---

⑮ Peichl, Der Embryo in vitro, 2004, S. 109.

⑯ 施启扬著：《民法总则》，中国法制出版社 2007 年版，第 225 页。以尸体或骨灰而言，继承人仅能在埋葬、管理及以祭祀为目的时，得作为继承所有权之内涵，而不得成为自由使用、收益及处分的标的。

要子女之意愿,而非用来抚平丧夫之痛。故应设有一定之期间,如6个月至1年,方允许生存配偶续行人工生殖。对于死亡配偶则在于其人格权之保障,若其已与其妻在生前进行人工生殖而形成胚胎,仅在尚未植入前死亡,则应尊重其意愿,并延伸至死后。但若该死亡配偶未有事前同意要透过人工生殖生育子女之意愿,则不得为之,否则有侵害其人性尊严之可能。[17] 最后,就人工生殖子女之利益而言,对其不利之处在于使其一出生就处于无父的状态中,有影响其人格发展之可能。此外,纵使人工生殖子女与死亡之夫有血统上之联系,也因其受胎不在婚姻关系存续之中,而无法推定为婚生子女,与其建立法定父子关系而享有继承权,因此若为维护人工生殖子女权益,则应增订建立法定父子关系之方式,如亦承认死后认领制度可用于死后人工生殖等。是以,死后人工生殖的开放与否即应逐一考虑上述情形,权衡三方利益之后,再行决定。

三、人工生殖法规普世化的必要性——代结论

由于人工生殖技术所带来的法律争议问题,不但涉及诸多法律领域,也被伦理道德之价值观所左右,更触碰到婚姻家庭的核心保障,而使得各国及地区在面对如何规制人工生殖法规困难重重,新兴的问题也不断出现。从胚胎的使用、人工生殖的施术对象(夫妻、单身者、同志等)、人工生殖可允许开放的形态(捐精、捐卵与代孕人工生殖、死后人工生殖)、人工生殖施行之要件(年龄、植入胚胎数)等,各国及地区之相关规范乃受文化习惯影响而呈现不同之面貌。然而由于生殖医学技术的全球化,加上交通移动的便利性,使得不孕夫妻就内国禁止的人工生殖方式,转而至境外施行,以达成其生育子女之目的,但同时也规避了内国法规,如前述所言之德国案例。此一现象乃促使各国及地区进一步思考此类法规是否有普世化规定的必要性,但同时各国及地区也担忧因个别文化所重视之伦理道德价值因而渐次丧失。

(一)欧洲人权法院的尝试

欧洲人权法院长年来透过其判决尝试进行对于会员国之间的法规统合,而对于各国人工生殖技术之管制是否有侵害《欧洲人权公约》第8条之保障私人及家庭生活之权利,以S. H夫妇对抗奥地利政府一案表明其态度。[18] 兹说明如下:

1. 案例事实

申请人为两对奥地利的不孕夫妻,其中第一对不孕夫妻,夫无精子,妻因输卵管病

---

[17] 李惠宗:“死后取精——基本权与人性尊严的冲突”,载《月旦法学教室》第37期。

[18] S. H. u. a. /Österreich, 1. Sektion, Urteil vom 1. 4. 2010-57813/00, Nr. 36, 资料来源 http://cmiskp. echr. coe. int/tkp197/view. asp? action = html&documentId = 865856&portal = hbkm&source = externalbydocnumber&table = F69A27FD8FB86142BF01C1166DEA398649, 2015年4月1日访问。

变,虽有卵子,但须将卵子取出,与第三人捐赠的精子于体外结合为受精卵,再植回妻之体内怀胎分娩。第二对为妻无卵子,但有子宫,可怀胎分娩,其夫为生殖能力正常。故两对夫妻只能透过捐精或捐卵之体外人工生殖而达成生育子女之目的。然而依照奥地利法之规定,无论是捐精或捐卵之体外人工生殖皆为法律所明文禁止,而无法施行。二对夫妻乃于1998年5月4日向奥地利的宪法法院提起违宪审查,主张奥地利人工生殖法的规定使得申请人唯一可获得子女的方式被排除,乃有违反《欧洲人权公约》第8条与第12条之规定,以及《奥地利宪法》第7条所保障的权利。宪法法院则于1999年11月8日将之驳回。奥地利宪法法院虽然认为,人工生殖法限制部分人工生殖技术之施行,的确涉及申请人依《欧洲人权公约》第8条所保障的权利,但肯定这些干预措施却符合第8条第2项之规定,乃为防止异常的关系发生及保护借此出生的子女利益,有其正当性的基础,该法之禁止措施并未逾越欧洲人权法院针对该条所开放的裁量空间,同时宪法法院也否定有侵害公约第12条组成家庭权的可能。于是申请人乃于2000年5月8日向欧洲人权法院提起诉讼。

2. 判决结果

欧洲人权法院于2010年4月1日由小庭作出裁定,认为《奥地利人工生殖法》第3条针对捐卵与捐精人工生殖的禁止,有侵害《欧洲人权公约》第14条与第8条所保障的权利。其后奥地利政府于2010年10月提出再审,而由大庭受理。其于2011年11月3日宣判,驳回小庭判决,认为奥地利政府并未违反《欧洲人权公约》第8条之规定。

3. 判决理由

欧洲人权法院肯认对于夫妻想要以人工生殖生育子女乃属于第8条私人生活与家庭生活所保障范围。至于争议中的《奥地利人工生殖法》所生之问题,在于其是否属于国家的义务,可对于特定人工生殖方式为禁止与许可。欧洲人权法院认为该人工生殖法所设之限制应由是否侵害原告家庭生活之保障来观察。由于对于该法的适用,导致原告想藉由特定人工生殖生育子女之请求被各级法院拒绝。

首先就该禁令而言,是法律所明文乃无疑义。国家是否在人工生殖法之制定上拥有较多的裁量空间,乃系于其他成员国有无开放以细胞捐赠之体外人工生殖已展现明显的立法方向。然而观察目前成员国对于此一法领域,尚无法建立在已趋于稳定的原则上,仍在持续的发展之中,因此无法限制各国的裁量空间。相反,欧洲人权法院认为奥地利在必要时,得有更广的裁量空间,因本案所涉及的体外人工生殖对奥地利法院而言,正属高度具伦理争议的议题,而需要更多进一步的科学研究。欧洲人权法院首先确立奥地利立法者并未完全排除人工生殖的适用,对于同质人工生殖是允许的。依据奥地利宪法法院的要求,立法者一方面努力配合,使人工生殖有合法施行的可能,另一方面尝试对于存在于社会中反对人工生殖科技的声浪寻求妥协的可能。在人工生殖技术所带来的问题下,奥地利立法者应该对此采取保护措施,以减少捐卵者可能因之发生的风险,如弱势妇女被剥屑的可能,或是捐卵者在压力底下,会被要求取出超出体外人工生殖所需之数量。另外捐卵人工生殖的许可,也会使得亲子关系趋于复杂,而产生血缘上不一致的母亲。虽说此在成员国中,类似的情形并非首见,如收养亦会产生血缘不一的母亲。然而欧洲人权法院在此却无法视而不见,对于捐卵人工生殖所可能产生的不同母亲,一为基因上的,二为怀胎分娩的母亲,此在本质上乃与收养所生之母子关系相异。立法者在此只是特别为了维持民法所树立之原则,即对于母性的确立,而防止同时有两个以上的母亲,有争夺子女生母地位之可能。

进一步,欧洲人权法院确立其他欧洲各国对于捐卵要不没有规定(如德国),或是如同欧洲共同体对于人类胚胎的捐赠所树立的原则,各国对于生殖细胞可否使用应由各国自行决定。至于对于捐精体外人工生殖的禁止,欧洲人权法院认为对于捐精人工生殖,不论体内或体外应为一体性的考虑,但后者却被排除在合法施行范围之外。奥地利政府虽然同意欧洲人权法院的观点,认为对于体外人工生殖之禁止的确应仅限于捐卵而已。然而由于对于第三人生殖细胞之捐赠,于体外施术的过程中,仍有可能对第三人带来因高度医学科技所生之负担,此对于奥地利而言,仍为一充满高度争议性的问题,且与伦理道德密切相关,而至今仍无共识。事实上,奥地利立法者之所以禁止捐精与捐卵体外人工生殖,却未禁止体内捐精人工生殖,正展现其小心地在作利益衡量,并试图配合社会上一般观念的现状。此外,奥地利法也并未禁止国人于外国进行奥地利所禁止的人工生殖方式。

基于上述理由,欧洲人权法院因此作成结论,认为奥地利政府于本案发生争议时,不论就禁止体外捐卵人工生殖或体外捐精人工生殖,就其裁量空间并未逾越公约的界限。是以,本案并未违反《欧洲人权公约》第 8 条之规定。

最后,欧洲人权法院强调,奥地利宪法法院于 1999 年所作的决定中,确认有争议的人工生殖方式之禁令并未违宪,但只能反映该法所设之界限与当时医学研究的发展与社会所存共识相符。依据宪法法院的见解,立法者应时时考虑未来的发展。即使本案确定未违反公约第 8 条之规定,奥地利政府也不应该认为该国可依照本判决的结果继续往下走。欧洲人权法院在此重申,由于人工生殖领域,特别因其在科技上与法律上发展的快速而生变化,是以各国皆应时时不断的检视内国的人工生殖法规,是否还具有正当性的基础。

(二)对于人工生殖技术之禁止与开放应透过所涉及法益之衡量而具有正当性之基础

由欧洲人权法院的态度来看,目前对于人工生殖法规尚无法达到统合的可能,实因人工生殖技术属于高度敏感具伦理性的法领域,其所涉及的不单是不孕夫妻的生育权、胚胎的生命权,也包括子女受父母保护教养的权利,以及保障其尽可能有知悉生父生母的权利。这使本是属于各国基于不同文化,而可各自对于人工生殖技术的合法性予以设限或规制的权力,但在受到人权保障普世性的影响,仍能受到一定程度的限制。亦即内国政府在制定人工生殖政策法规时,应以不孕夫妻、捐赠精卵者与人工生殖子女,甚或代孕者之权益进行考虑,一旦因各项禁止措施,侵害不孕夫妻的生育权者,则必须就该措施与其管制所需达成之目的,为比例原则的衡量。透过此一过程,将使各国及地区在人工生殖之管制措施更趋于一致,而减少因法规差异过大而造成规避内国法的结果。

以死后人工生殖之禁止与开放为例,各国及地区除了应正视此一问题,制定相应法规,不单只由宪法所保障的人权出发,权衡所涉当事人之法益,并就开放死后人工生殖所可能造成之危害进行评估,并思考应予限制之条件与相关配套措施(如胚胎所有人皆死亡者,应将胚胎销毁;生存妻得续行人工生殖之要件,必须其卵子已与夫之精子于夫生前形成胚胎者,方得为之;生存妻为人工生殖手术前应经心理咨询;人工生殖子女可准用死后认领之规定等),如此一来,或可使人工生殖技术在有法可管并在国家监督之下适当发展,并在医疗行为与圆梦行为中找寻一适当之界线。

法国法上的人工胚胎

叶名怡*

目　次

一、问题、语词及背景

人的生命始于胚胎。胚胎在法律上如何定位，比起胎儿的法律地位问题，更显复杂，迄今为止也更少人关注。然而，2014 年江苏省宜兴市中级人民法院关于人工胚胎继承案（以下简称“宜兴胚胎案”）的判决，[①]则将世人目光齐聚于此问题之上。

人工胚胎的性质如何，是人是物，其在公法和私法上的地位如何，可否继承或被继承，可否转让或交易，可否被用于科学研究，法律对其提供何种保护，人工胚胎在其“父”或/和“母”死后能否继续用于生殖？这些问题是把握人工胚胎法律制度的关键所在。

法律兼具“地方性”和“普世性”，前者让我们明了法律作为整体文明之一部的坐标意义，后者则让我们体察到事物的内在规律性，以及各国人民应对类似问题时所展现出智慧的趋同性；前者要求重视法律的内生性，后者则给出提示，不得低估法律比较和法律移植，尤其是对法律后发国家。面对人工胚胎这一新科技所带来的新问题，不同国家的

---

* 西北政法大学副教授，法学博士。

① 已故者的父母要求医院将其子、媳冷冻的胚胎返还，一审法院拒绝，二审法院则总体上持肯定立场。

规制存在不小的差异。本文主要阐述法国法上人工胚胎的法律制度，希望能对促进国内同人对该问题的思考有所增益。

在具体展开之前，有必要对相关术语进行界定，对相关背景予以简介。胚胎（embryon）系针对有性生殖而言，是指雄性生殖细胞和雌性生殖细胞结合成为合子之后，经过多次细胞分裂和细胞分化后形成的有发育成生物成体的能力的雏体；其对应的是从女性受孕（conception）或受精（fecondation）之日起8周（或女性无月经之日起10周）这段期间的状态。或者更细分地说，卵子在受精后的2周内称孕卵或受精卵；受精后的第3～8周称为胚胎。之后，胚胎成长为胎儿（foetus）。妊娠（gestation）的持续进行则可能导致胎儿出生为婴儿（enfant）。

胚胎分为体内胚胎（embryon in vivo/in utero）和体外胚胎（embryon in vitro）。前者可由自然方式受孕，也可能通过人工授精（insemination artificielle）实现，而后者只能由体外授精（fecondation in vitro/ FIV）来获得。人工授精指的是将男性精子注入到女性子宫内，而体外授精指的是分别采集男性精子和女性卵子，然后在体外使二者结合，产生受精卵，继而形成体外胚胎，也就是我们常说的人工胚胎。体外胚胎亦被称为试管婴儿（bébé éprouvette）。

人工授精和体外授精以及胚胎移植都属于医疗辅助生殖的范畴。这种医学技术是为了让不孕不育者或者存在遗传疾病风险的夫妇能拥有健康的孩子。体外授精对女性来说意味着较重的身体负荷，因为她们首先应当忍受大剂量的激素刺激，然后在麻醉状态下通过外科手术从其体内提取卵母细胞。由于过程艰辛，为了避免首次受胎失败而需要再次提取，一般来说，渴求生育的夫妇在接受医疗辅助生殖时，都会书面同意，一次性多提取一些卵母细胞，从而获得“多余的胚胎”（embryon surnuméraire）；如果胚胎质量好，则可以冷冻储藏，以备后续移植。

本文要论述的重点便是通过体外授精方式获得人工胚胎之法律地位。不过，应注意的是，法律直接针对人工胚胎的规定较少，同时又有很多关于胚胎的规定，但了解后者无疑有助于把握前者。而且，法国人常常将胚胎和胎儿放在一起讨论，这种对比也是有意义的。倘若胎儿都不是人，那么，体内胚胎或人工胚胎更不是人。此乃举重以明轻之当然逻辑。

在背景上，须交代的是，法国和其他很多欧洲国家一样，深受天主教的宗教影响，反映在生育问题上，呈现的焦点议题便是妇女的堕胎权问题。法国于1975年通过著名的“堕胎法案”即《罗伊法案》（Veil Loi），允许怀孕妇女在孕期10周内，若“心力交瘁”则可自由堕胎，后来法律修改，孕妇在妊娠12周内可无理由堕胎，②此后，必须满足严格的条

② 2001年，社会党政府修法，将孕期限制由10周改为12周。参见《公共健康法典》第L2212－1条。

件方可堕胎。《公共健康法典》(Code de la santé publique)第L2213－1条规定,必须有两名有资格的医生证明,继续妊娠会对孕妇健康造成极大威胁,或是存在确凿的可能性,胎儿出生会带有当时难以治愈的严重疾病,孕妇才可不受孕期的限制而随时堕胎。③ 可见,在法国,自愿堕胎(IVG)不是一项绝对权利。

这种立场在欧洲很有代表性。欧洲人权法院在2010年12月16日作出的一项判决里确认,"成员国为了保护胎儿利益,可以不承认无理由堕胎权,各成员国对于在胎儿保护和妇女私生活受尊重权二者之间的平衡有自由裁量权……对于'生命之开始'(débuts)的定义,并不存在一项欧洲合意"。④

此番表态对于理解《法国民法典》第16条亦有参考意义。该条规定:"法律确保人的至高无上性(primauté),禁止对人之尊严的任何侵犯,保证每一个人自其生命开始(commencement)即受到尊重。"生命的开始,是不是胚胎,若是,胚胎是不是法律上的人?若否,它是什么,此种尊重又如何体现和落实?

二、胚胎或胎儿不是"法律上的人"

(一)原则性立场:胚胎不是"法律上的人"

法律上的人格始于出生。《法国民法典》第55条规定:"出生申报(declaration du naissance)于产妇分娩后三日内,向当地户籍官提出。"因此,出生时间是至关重要的,从那一刻起,出生的胎儿获得了法律上的人格。如果胎儿出生时是活体,则构成权利的主体。也就是说,受精或受孕并不会导致出生申报,受精或受孕的日期,也不是获得法律上生命意义的日期。亦即,胎儿或者说孕育中的婴儿(enfant conçu)并非权利主体。

如果说胎儿"非人论"尚有很大争议的话,那么胚胎不是人,则无疑有更大共识。如前所述,法国女性在怀孕后12周内,有无理由自愿堕胎权(IVG)。亦即,胚胎不是法律上的人,其"母亲"享有处置其身体包括腹中胚胎的权利。当然,这种任意堕胎权,当胚胎进入胎儿阶段,就丧失了。就此而言,胚胎和胎儿的法律地位有重大差别。

胚胎或胎儿"非人论"在刑法上也获得认可。在刑法上,故意杀人或过失杀人犯罪中,涉及"他人"(autrui)这个词,这里的"他人"必须是一个活着的受害人。根据法国最高法院的一贯立场,未出生的胚胎或胎儿不构成这里的"他人"。

早在1874年8月7日的一个判例中,法院就宣称:"在谈及待出生婴儿(enfant à

---

③ 《公共健康法典》第L2222－2条第1款规定,有意违反规定帮助他人堕胎者,处2年监禁,并处3万欧元罚金。同法第L2222－4条规定,为孕妇堕胎提供所需物质手段者,判处3年监禁,并处4.5万欧元罚金。

④ CEDH 16 déc. 2010, n° 25579/05, D. 2011. 1360, chron. S. Hennette-Vauchez.

naître)这个词时,它并不属于立法者所指称的‘婴儿’这个词的意义范围之内”。⑤ 在1951年11月9日的判例中,巴黎上诉法院认为,过失导致刚刚出生的婴儿死亡,是否构成过失杀人罪,应当考察,婴儿出生时是否为活体。⑥ 不过,在1992年7月9日的判例中,法院判定一名医生过失伤害罪成立,因为他介入产妇的分娩过于迟缓,导致胎儿在母体子宫内受伤,其出生时伴有运动方面的残疾。⑦

里昂(Lyon)上诉法院1997年3月13日审结的一起案例中,一名女性(Thi nho)去医院希望去掉避孕环,而另一名女性(Thi tnanh)则已怀孕6个月,医生将这两名女性弄混,导致胎儿死亡;上诉法院确认过失杀人罪成立,因为医生在手术前并未进行诊疗测试,从而导致活着的胎儿因错误手术而死亡。对此,法国最高法院在1999年6月30日的终审判决中判定,医生并未触犯《法国刑法典》第319条(原第221-6条)所规定的过失杀人罪。⑧

梅斯(Metz)上诉法院2005年2月17日审结的这起案例中,交通事故导致怀孕22周的女司机死亡,其腹中胎儿也同时遇难;法院否决了本案中过失杀人罪的存在,认为“待出生婴儿”不属于刑法典中“他人”的范畴,并强调,除了有关故意终止妊娠的立法之外,没有任何其他规定对人体胚胎另外予以刑法保护。2006年6月27日,法国最高法院刑庭二审维持原判。⑨

由上可知,虽然上诉法院不时有相反意见,但法国最高法院的立场是一贯的,即坚持“活体标准”,只有出生时是活体的婴儿,才有资格作为刑法规范中的“他人”,才会受到针对生命法益的刑法保护。

另外,欧洲人权法院对于胚胎或胎儿的刑法保护,也持非绝对必要性的立场。在2004年7月8日所作的判决中认为,对胎儿的保护,未必要以承认对其伤害必然构成刑事犯罪为条件;本案中,法国行政法院判决由有过错的医生给予受害人损害赔偿,已经是一种保护,刑事起诉在那样的情况下,无论如何都不是不可或缺的;⑩这个法律体系可以是民事责任如损害赔偿,也可以是刑事责任,或兼而有之。⑪ 因此,面对法国有关过失杀死胎儿行为的法制设计,欧洲人权法院拒绝制裁法国,不认为法国违反了《欧洲人权公约》第2条。⑫

---

⑤ Crim. 7 août 1874 Marie Bohart bull. crim. n° 224.

⑥ Cour d'Appel de Paris du 9 novembre 1951.

⑦ Crim. 09 juillet 1992 Droit Pénal 1992 n° 171.

⑧ Cour de Cass. Chambre criminelle, du 30 juin 1999, 97-82.351.

⑨ Cour de Cass. crim 2 décembre 2003, num 03-82344.

⑩ CEDH, 9 juin 1998, LCB c/ Royaume-Uni : Rec. CEDH, 1998, III, § 36.

⑪ CEDH, 17 janv. 2002, Calvelli et Ciglio, n° 32967/96.

⑫ CEDH, 8 juill. 2004, aff. Vo c/ France, req. n° 53924 : JCP G 2004, II, 10158, note M. Lévinet.

可见,无论是民法还是刑法,原则上均不认为胚胎或胎儿是法律上的人。

(二)例外:胚胎或胎儿被认可为"法律上的人"

罗马法有所谓的"孕育中婴儿"(infans conceptus)之法则。即孕育中的婴儿每当涉及其利益时,总是视为已出生(Infans conceptus pro nato habetur quoties de commodo eus agitur)。法国民法典继承了这项规则。例如,《法国民法典》第725条规定:"只有在继承开始时生存之人,或已经受胎并最终活体出生之人,方可继承。"第906条规定:"(第1款)在赠与时已受孕的,即有能力接受他人生前赠与。(第2款)在遗嘱人死亡时已受孕的,即有能力根据遗嘱接受遗产。"

该法则还扩展到对未成年人的定期金给付。在职工因劳动事故死亡的场合,应当向死者配偶及其不满16周岁的未成年人支付定期金,后者包括在事故发生之日尚未出生、但已受孕的胎儿。[13]

在当代,法国司法实践对孕育中之婴儿法则的正式确认,公认为是法国最高法院1985年10月10日的判例。该案中,保险人和一名寡妇对于保险金给付问题发生争执,其中保险单规定,应付本金应当一方面根据被保险人的薪水部分来计算,另一方面应根据被保险人在家中抚养的子女来计算。最高法院基于孕育中之婴儿法则,推翻了上诉法院的裁决,认定"家中应抚养的子女"也包括"孕育中的婴儿"。[14] 法国学者 F. Luchaire 对此补充说,从1975年1月15日判例之后,孕育中的婴儿即已获得了"宪法性价值"。[15]

由上可知,胚胎或胎儿也有权利能力,可以成为权利主体。为何胎儿有时是人?法律拟制说认为,孕育中婴儿的法律人格之所以有时被承认,实际上是一种人格的法律拟制。即孕育中婴儿"视为"(comme si)已出生,将"受孕"等同于"出生",这是萨维尼等法学家对该规则的经典解释。[16] 多玛(Domat)曾说:"处于娘胎中的胎儿没有其自身的法律地位,只有当其出生时才应被视为人,在此之前,他们都不能被认为是婴儿,同样不能为了取得其父亲的权利而作那样的认定。但是,他们会活体出生这样的期待,让我们可以将其本身视为已出生,因而应在其出生前为其保留必要的继承份额。"[17]

附条件说认为,《法国民法典》第725条和第906条应被解释为:赋予孕育中婴儿一种带有解除条件(condition résolutoire)的接受财产的权利能力。[18] 学者 G wicker 认为,胎

---

⑬ Cass. civ. ,24 avr. 1929,Locoche ;DH 1929,p. 298.

⑭ Cass. 1re civ. ,10 déc. 1985 ;Defrénois 1986,p. 668 ;D. 1987,p. 449,note G. Paire.

⑮ F. Luchaire,Les fondements constitutionnels du droit civil ;RTD civ. 1982,p. 252 et 253.

⑯ Savigny,Traité de droit romain,t. II,Paris,F. Didot,1855,p. 12.

⑰ Domat,OEuvres complètes par J. Rémy,Paris,1835,t. I,p. 101.

⑱ A. Bertrand-Mirkovic,La notion de personne-Étude visant à clarifier le statut juridique de l'enfant à naître ;PUAM,2003,n° 572 et s.

儿的法律人格不是一个拟制，因为只是“此婴儿在孕育期间能够取得某项权利，只不过附了条件（活体出生）而已，但附条件的权利也是一种现实的权利，其出生前后并不缺乏主体上的一致性；因此，待出生婴儿应被视为一个现实的人”。[19] P. kayser 认为，既然自然科学已证实，人的生命始于受孕，那么如下观点似乎更准确：承认婴儿从其受孕时取得法律人格，但仅限于权利的取得，且附有解除条件，即出生时不为死胎。[20] R. Drai 同样很干脆地认为，由于生物人源于胚胎，因而法律上人的受孕，以及法律对其赋权，不应瞬时存在，若胎儿和出生后的婴儿具有一致性，则其法律人格应向前回溯。[21]

承认对孕育中婴儿予以保护原则的根本益处在于，确立通过类比解决问题方案的可能性。类似情形类似处理，符合法律逻辑，否则属于法律内在的分裂和不一致。[22]

法律人格回溯性承认须具备两个条件：第一，婴儿应当活体出生；第二，为保护其利益必须回溯性承认其人格。对孕育中子女之人格的承认是相对的，即只是对其有利时才承认，而不能被他人为该他人利益而援引该规定。在一起案例中，法院判定，胎儿的父亲不能为了逃避服兵役而援引该规定。[23]

三、胚胎或胎儿是“生物人”

（一）对胚胎“完全物化”立场的反驳

如前所述，胚胎原则上不具有法律人格，某些学者进而认为，胚胎或胎儿只是一个物，理由主要是，立法者并未认可胚胎具有法律上人的地位。X. Labbée 称，“如果流产是可能的，那么，孕育中婴儿事实上就不是一个人，至少当他小于 10 周时，他不是一个人”。[24] R. Thery 同样如此解读实证法，他认为，“很容易将胚胎的地位引向一个物（chose）”。[25] B. Louvel 说得更明确，“法律承认所有怀孕的妇女在 10 周前都有中断其妊娠的权利，在此之前，完全有理由承认，胚胎不具有法律人格，他不是权利主体，并不存在一项保护其生命的权利。它只是一个权利客体，一个其母亲能够完全自由地决定是否保留的物”。[26]

---

[19] G. Wicker, Les fictions juridiques, contribution à l'analyse de l'acte juridique, LGDJ 1997, p. 178.

[20] P. Kayser, Essai decontribution au droit naturel à l'approche du troisième millénaire, RRJ 1998 - 2, p. 432.

[21] R. Draï, L'embryon, personne potentielle, in CURAPP, Bioéthique et droit, PUF, 1988, pp. 92 - 102.

[22] J. -L. Bergel, Méthodologie juridique : PUF, Thémis droit privé, 2001, p. 244.

[23] CE, 19 mars 1971 : JCP G 1971, II, 16720.

[24] X. Labbée, La condition juridique du corps humain avant la naissance et après la mort, Presses universitaires de Lille, 1990, p. 97.

[25] R. Thery, "La condition juridique de l'embryon et du foetus", D. 1982, chron. p. 231.

[26] B. Louvel, "Les données juridiques actuelles de la vie humaine jusqu'à la naissance", Gaz. Pal. 1984, 1, doctr. pp. 4 - 7.

既然体内胚胎不是法律上的人,则冷冻胚胎(embryon congelé)更不是法律上的人。冷冻胚胎应当置于物的分类中进行管理。正如 Amiens 行政法院在 2004 年 3 月 9 日判决中所强调的那样,胚胎是一个物。不过,基于《法国民法典》第 16 - 1 条的规定,[27]胚胎这个物不能有财产价值,因为胚胎是不可估价的。胚胎因此被界定为一个动产(chose mobilière 或 meuble)。

M. Gobert 很早就提出,为人工生殖目的而培育的多余胚胎,由于不具有法律人格,因此可以被用于研究,“既然我们不能说这些胚胎具有法律人格,那么,胚胎的捐赠应当能够和血液的捐赠相类比……人们捐赠血液或捐精,并不知道后者将为谁所用,同样,人们也不用操心和忧虑胚胎的最终结局”。[28]

然而,依据《罗伊法案》将胚胎予以“物化”,是相当有争议的。国会上议员 Cabnel 在其报告中,对《法国民法典》第 16 条的原初草案进行了分析,“自愿堕胎,无论是什么样的正当理由和模式,总归是对‘生命自其开始时即受保护’之原则的破坏;只是在孕妇处于困境或治疗需要时,这种对保护原则的破坏才不受制裁”。[29]

在 1994 年 7 月 29 日《生物伦理法》的争论中,法国国会不想对人体胚胎的法律资格问题进行回应。上议员 Mme Christine Boutin 认为:“在《法国民法典》第 16 条中最好加上,从其孕育时,胚胎就是一个人,而不是一个物。生命的任何一个环节都不应该被排除在法律的保护范围之外。”[30]

最终,法国国会采取了一种不作为的逻辑和折中的立场,即不对胚胎的法律人格问题进行表态,回避这个问题,并且沿袭了草案第一稿中就鼓吹过的立场:“妥当的做法是,不是创造胚胎的法律地位,而是简单地确定行为规则和行为原则”。[31] 即国会自我克制,仅仅满足于界定胚胎保护的地位。这个立场,或者说这种“无立场”,尽管受到批评,但还是具有不可否认的好处,即在拒绝认为自己有能力去界定“人”这一问题上,立法者承认一项权力存在限度,通过这样的表态,国会同样承认,它并没有能力或者说权力剥夺胚胎可能具有的“人之资格”。

时间到了 2004 年,《生物伦理法》面临修订,胚胎的法律地位问题再次引发争论。然而,此次情况与 1994 年不太一样,因为国会希望最终确定其法律地位。先前国会曾经避

---

[27] 《法国民法典》第 16 - 1 条规定:(1 款)任何人均享有身体受到尊重的权利。人之身体不得侵犯。人体、其组成部分以及人体所产生之物,不得成为财产性权利的客体。

[28] M. Gobert, Les incidences juridiques des progrès des sciences biologique et médicale sur le droit des personnes, in Colloque “Génétique, procréation et droit”, Actes Sud, Hubert Nyssen éditeur, 1985, pp. 161 - 200.

[29] Sénat n° 230, 1993 - 1994, Page 42Rapport Cabanel, p. 39.

[30] JOAN CR, 1992, p. 97.

[31] J. Toubon, AN 2871, p. 80.

免立刻回答胚胎的命运问题,但现实让人们看到,生命始自胚胎这个观念。胚胎值得尊重和保护。[32] 整体上,科学世界承认,人类胚胎不能被视为一个物,很明显,胚胎是生命的开端,据此,它应受到尊重。为此,界定胚胎的法律地位是没有意义的,简单地承认现实即已足够。[33]

(二)人、物二分的突破与"生物人"概念的提出

学者 Saint Thomas 根据科学上的解释,认定胚胎是一个"潜在的人"(personne potentielle),对于多余胚胎的处理,法律应该规制。学者 B. Laurent 认为,根据"胚胎从其被承认为一个潜在的人开始,有权享有人所受到的尊重"这一原则,[34]胚胎的权利应被明确承认。[35]

人、物二分,可以说是罗马法的遗产,对事物的二分法决定了,胚胎要么是权利主体,要么是权利客体。不过,很多法国法学家认为,从法律上的人、物二分法中走出来是可能的。M. Herzog-Evans 指出,"不管我们的制度遵循什么样的'人类'之概念解释,胚胎都绝对是一个真正的人类学意义上的人(une personne humaine)"。[36]

尽管胚胎作为人类学意义上的人,几乎无人反对,但是由这一前提,却可以引出两个不同的结论。一方面,有学者主张,既然胚胎是人类学意义上的人,那么,就应当赋予其法律人格。"法律人格的缺失,表明法律并未承认人的本质,正如对于物或动物那样认定。胚胎法律人格的否认,是对其作为人(Homme)的状态的否认。"[37]另一方面,有学者坚持,人格(humanité)并不必然是法律人格(personnalité juridique)的同义词,在两种人格之间进行纯粹精确的区分也是可能的,即人类学人格(personalite humaine)和法律人格。P. Murat 就此解释说,"孕育中的胚胎仅仅是一个生物学意义上的人和他不是法律主体二者之间,并不必然存在冲突;这种立场是理性选择的表达"。[38]

有学者还以胚胎类比奴隶,对罗马法上的人、物二分观念进行了追本溯源,澄清了一些误区:"罗马法把人分为自由人和奴隶,奴隶是一个物,这样的观念可能是现代人强加给罗马人的。现代人提到人,均指具有法律人格的载体,即权利义务的承担者;然而,在罗马,人的概念并没有这种技术含义,这个词意味着人(personne)在如今日常语言中所

---

[32] M. Chérioux, JO Sénat CR, séance 30 janv. 2003.

[33] J. R. Binet, JurisClasseur Civil Code, Art. 16 à 16 – 13, Fasc. 10 : Protection de la Personne-Principes, no 103.

[34] Sénat n° 230, 1993 – 1994, Rapport Cabanel, p. 107.

[35] Sénat n° 230, 1993 – 1994, Rapport Cabanel, p. 130.

[36] M. Herzog-Evans, "Homme, homme juridique et humanité de l'embryon", RTD civ. 2000, p. 65.

[37] Ibid., p. 72.

[38] P. Murat, "Décès périnatal et individualisation juridique de l'être humain", RD sanit. soc. 1995, p. 467.

指的一切,也就是一个生物人(être humain),它可能有也可能没有权利义务能力。因此,奴隶是一个人(persona),但不是一个现代法律意义上的人。"[39]

亚里士多德在写人的伟大时,人(anthropos)就包括奴隶(douloi)。对一切人所具有的人性(nature humaine)的尊重和爱,包括乞丐、陌生人和奴隶。这种尊重义务赖以确立的基础正是奴隶内在的人的质地。罗马奴隶的法律地位,可以给当代人一个启示,从而有可能破解胚胎的法律地位难题。[40]

在罗马,尽管奴隶未被承认有任何权利,然而,无论如何,主人无权任意处置他,而完全忽视奴隶作为生物人、忽略其人性的一面。主人若是肆意妄为,会受到监察官(censeur)的制裁:打上耻辱印记(la note d' infamie)。[41] 在法国,1685 年《黑人法典》(code noir)第 42 条规定,当主人想要监禁或鞭打其奴隶时,主人仅仅能够殴打而已;不能给他们施以酷刑,不能致残,违者将没收奴隶。[42] 同样,由于不适当治疗,给奴隶服药导致其死亡的,也要因过错而受到制裁。[43]

由此可见,即便人性(humanité)并不必然意味着法律人格,也至少必然意味着保护。胚胎的人性要求法律不能将其视作普通物,相反,应当给予特别保护。A. Bertrand-Mirkovic 在提出"法律人格有无在今天被高估了"这样的命题之后,她解释说,胚胎或胎儿本身是人,这一点应通过实证法的保护而获得承认。[44]

四、人工胚胎与死后生殖

(一)人工胚胎的保护与救济

生命始自胚胎,从科学角度看,这里的胚胎自然包括体内胚胎和人工胚胎。然而,在法律上,二者之间仍然有重要区别。

在宪法层面,立法者曾非常明确地认为,其提出的有关尊重人体的法律草案是符合宪法的,然而法国宪法委员会却宣布,"对一切人自其出生时就予以尊重"这样的原则不适用于体外授精(in vitro)的胚胎,其理由是,尽管立法者已经对卵子受孕、胚胎植入以及

---

[39] Barry Nicholas, An introduction to Roman law, Oxford University Press, "Clarendon law series", 1962, p. 60.

[40] J. R. Binet, JurisClasseur Civil Code, Art. 16 à 16 – 13, Fasc. 10 : Protection de la Personne-Principes, no 93.

[41] M. Villey, Polémique sur les "droits de l'homme", Les études philosophiques, avril-juin 1986, pp. 191 – 199.

[42] A. Bertrand-Mirkovic, La notion de personne-Étude visant à clarifier le statut juridique de l'enfant à naître, PUAM, 2003 note 1061, p. 352.

[43] A. Merignhac, note CA Aix, 22 oct. 1906 : DP 1907, 2, p. 41.

[44] A. Bertrand-Mirkovic, La notion de personne-Étude visant à clarifier le statut juridique de l'enfant à naître, PUAM, 2003 note 1061, p. 345.

体外受精胚胎的储存提供了诸多保障,但其并不认为,在任何情况下,在不确定的期限内,一切已经成型的胚胎都应当获得安全保障。[45]

相关的问题是,冷冻胚胎意外毁坏时如何提供救济。杜埃(Douai)上诉法院2005年12月6日审结的一起案件中,[46]一对夫妇于1996年3月在亚眠(Amiens)医疗中心接受人工生殖的医疗辅助,该中心培育了大量的受精胚胎,其中有12个作为备选,以供植入母体子宫内;首选其中三个准备首次植入,其余则被置于零下200度的氮液中冷冻储藏;第一次移植有两个胚胎配对获得成功开始发育,产妇于1998年年末,生下了一对双胞胎;但由于2000年8月16日冷冻储存系统的故障,该医疗中心确认,其余冷冻胚胎后续的植入无法再继续;该夫妇于2002年7月,要求医疗中心给予损害赔偿。

在2004年3月9日的一审判决中,亚眠行政法院法官部分地支持了原告的请求,认定了医疗中心支付10,000欧元,赔偿原告的各种损害。[47] 然而,法官否认原告的精神痛苦在于这些冷冻的9个生命的消失,从而导致原告完全丧失成为其父母的机会。于是,原告提出上诉,主要是为了就这些珍贵生物(êtres chers)的丧失而产生的损害获得赔偿,另外也是为了就其财产损害和精神损害获得赔偿。医疗中心一方也提出上诉,要求撤销一审判决,理由是,储藏系统的故障并不能导致医院的责任,而且损害也不确定,因为尽管冷冻期间出现了意外,但植入这些胚胎并非完全不可能。

亚眠上诉法院非常正确地否定了医院一方的论证,该法院确认,由于冷冻系统出了问题,考虑到胚胎利用的风险,后续植入的不可能性应当被视为是确定的;另外,医院在生殖医疗辅助中所使用的产品和设备出现故障,尽管其并无过错,这种不利后果也要由设备使用者即医院来承担,这种归责是有最高行政法院先存判例的。[48]

上诉法院上述两点立场无可争议,然而,对于损害赔偿的基础,判决却引发了很大的争议,因为杜埃行政上诉法院驳回了原告全部的赔偿请求。对于法院来说,胚胎的偶然丧失,其本身并不能成为可赔偿损害存在的基础,因为胚胎不是人,也不是有神圣价值的人体产品(produits ayant une valeur);因此,只有正处于父母生育计划进程中的胚胎丧失

---

[45] Cons. const., déc. n° 343 – 344 DC, 27 juill. 1994 : Journal Officiel 29 Juillet 1994, spécialement considérant n° 9. – V. aussi supra n° 53 et 62.

[46] CAA Douai, 2e ch., 6 déc. 2005, n° 04DA00376 ; JurisData n° 2005 – 291858 ; Dict. perm. bioéth. biotech., bull. n° 156, p. 6525 ; AJDA 2006, p. 442, concl. Le Goff ; Dr. famille 2006, étude 14, pp. 4 – 7 : "L'enfant conçu et le projet parental devant le juge administratif" ; RTD civ. 2006, p. 87, obs. J. Hauser.

[47] TA Amiens, 2e ch. 9 mars 2004, n° 021451, M. et Mme T. c/ Centre hospitalier universitaire d'Amiens : JurisData n° 2004 – 254781 ; Dict. perm. bioéth. biotech, bull. n° 136, avr. 2004, p. 6877 et p. 6883 ; D. 2004, p. 1051, note X. Labbée ; RTD civ. 2004, p. 483, obs. J. Hauser.

[48] CE, 9 juill. 2003, Marzouk : D. 2003, p. 2341 ; AJDA 2003, p. 1946, note M. Deguergue ; Dr. adm. 2003, comm. 236 ; RGDM 2004, n° 14, p. 247, note J. Bonneau.

之损害,才是可赔偿的,但本案中,这个生育计划已经消失(disparu),以至于没什么应当被赔偿。杜埃上诉法院给出的判决理由,归结为一点就是:孕育中的婴儿不是一个人,因此,其意外消失不能够引发赔偿。

展开来说,杜埃上诉法院给出的理由是,请求权人“不能很严肃地主张,胚胎构成人类(êtres humains),或是带有圣物特征、故有遗产价值的人体产品(produits humains ayant le caractere de chose sacré)”。因此,对于上诉法院来说,胚胎既不是人体产品,也不是人,他只是一个父母生育计划的载体。

对于上述理由,有必要逐一进行分析检视。首先,胚胎不是一个有圣物特征的人体产品。从《公共健康法典》的立法体系来看,人体产品这个类型中的确不包括胚胎,胚胎法律制度是在该法典第二部分特别规定里,题为“家庭、母亲和孩子的健康”,如今它被包含在第四部分“生殖医疗辅助”和第五部分“胚胎和胚胎细胞的研究”中。这些部分同属于第二编“自愿终止妊娠的规定”(第L2211-1条及之后)。就此而言,胚胎的确不是一个人体产品。

其次,胚胎不是一个人。杜埃上诉法院还认定,胚胎不是一个人(êtres humains),这一点遭到了更多质疑。很多人认为,杜埃上诉法院至少没有很好地区分生物人(êtres humains)和法律人(personne juridique),而将它们混淆了。实际上,说胚胎不是一个法律上的人,是符合现实的,因为,除了适用孕育中婴儿这个原则外,法律上的人格是基于出生而获得的。然而,法律上的人和生物人不是同义词,胚胎或者说孕育中的婴儿,是毋庸置疑的生物人。

法院否认生物人的资格,就是剥夺胚胎的人之属性,是将胚胎推向虚无(neant),是对人性的排除(exclure)。但是,正如M. Bertrand Mathieu所言,“除非丧失词的意义,否则很难质疑,胚胎是一个人:它存在着,其人的属性是不容置疑的……它当然涉及圣物,因为自精子卵子结合、受孕开始时,便存在生命;至于其人的属性,我们提供不了任何一丁点证据来证明其伪”。[49] 批评者称,人们很难想象,如果胚胎不是人,那它可能是什么。实际上,行政法院似乎满足于重复最高行政法院的论点,即否认胚胎是人,同时对于孕育中婴儿给予例外的保护;相反,如果胚胎是人,则立法者不能允许胚胎的选择,也不能允许终止对其冷冻出葬。还有一种可能就是,亚眠上诉法院有意识地在人工冷冻胚胎和体内胚胎二者间做了区分,将前者视为物,将后者视为生命体,但批评者却将二者等同视之。

---

[49] B. Mathieu, La recherche sur l'embryon au regard des droits fondamentaux constitutionnels :D. 1999, chron. pp. 451-456.

最后,杜埃上诉行政法院认为,胚胎不是一个珍贵生物(être cher)。对于法院来说,因为孕育中婴儿既不是人,也不是珍贵生物,所以她拒绝支持原告夫妇的损害赔偿。这种解决方案是令人遗憾的。实际上,在精神损害赔偿领域,法国法的特点是,考虑所引发的一切的痛苦,从而原则上承认,一切的痛苦都能在法院提出诉讼。[50] 因此,看不到有什么理由,将胚胎遭到毁损的夫妇所受痛苦排除在这个原则之外。在该案中,亚眠行政法院已经认定,胚胎不是法律上的人,因此,原告夫妇不能基于因失去珍贵生物遭受精神损害而获得赔偿;杜埃上诉行政法院对此笃信不移,不再复查此论。但事实上,动物也不是法律上的人,[51]一个动物的失去都会引发情感损害,[52]可以获得精神损害赔偿,那么,这样的理由当然对孕育中的婴儿更加适用,尽管其尚未出生,但对于其父母来说已经构成一个珍贵生物。[53]

(二)死后生殖与人工胚胎的"命运"

由于种种原因而希望借助医疗辅助生殖技术获得生育的配偶,会经历激素刺激、精液收集、母卵细胞提取、穿刺术、体外授精、获取受精卵、胚胎培育以及最后植入子宫内等一系列的环节。[54] 在这些不同阶段中,都有可能发生提供精子的男方意外死亡。在此背景下,提供卵子的女方出于种种考虑,有可能希望继续这个生育计划。若是在精液采集后男方死亡,女方有此想法的,则被称为"冷冻精液的死后利用"(Utilisation post mortem de sperme cryoconservé);若是在胚胎成型后男方死亡,女方有此想法的,则被称为"冷冻胚胎的死后移植"(transfert d'embryon congelé post mortem)。

想法虽好,法律未必肯定。早在1994年7月29日《生物伦理法》投票表决前,法国国家生命和健康科学伦理咨询委员会(CCNE)已经收到很多女性的请求,希望可以利用他们已亡故配偶的冷冻精子来进行人工授精,或是将先前低温冷藏的胚胎在男方死后继续植入到女方子宫,以实现生育计划。在1994年《生物伦理法》通过之前,已有的法院判例在此问题上的立场,有时候是相互矛盾的。

例如,1984年8月1日克雷泰伊(Créteil)大审法院,针对一名寡妇要求医院返还其

---

[50] M. Fabre-Magnan, Les obligations : PUF, Thémis, 2004, p. 701.

[51] TA Strasbourg, ord. réf., 23 mars 2002, n° 0201013, Welsch et a. c/ Préfet de la Moselle : Dict. perm. bioéth. biotech., bull. n° 114, p. 7274.

[52] V. p. ex. : Cass. 1re civ., 16 janv. 1962 : D. 1962, p. 199, note R. Rodière ; CAA Bordeaux, 16 oct. 2000, req. n° 98BX01796.

[53] J. R. Binet, JurisClasseur Civil Code, Art. 16 à 16 – 13, Fasc. 10 : Protection de la Personne-Principes, no 127.

[54] 当然,要求冷冻精液的男性,未必有特定具体的生育计划,也可能属于"精液的预防性自动存储"(Autoconservation préventive),即那些在接受有可能导致改变其生殖力的治疗或手术之前的人,为了将来可能有的生育计划,而实施精液冷冻。

已亡故丈夫的冷冻精液,判决支持该请求;而在类似的另一起案件中,图卢兹(Toulouse)大审法院在1991年3月26日的判决则完全相反。昂热(Angers)大审法院在1992年11月10日的判决中,确认一名男子与在其死后两年通过胚胎移植而出生的婴儿之间,存在亲子关系;而图卢兹大审法院在1993年5月11日的判决,则拒绝认可胚胎可以在其男性供体死后进行移植,理由是不想“让孤儿出生”;该判决被1994年4月18日图卢兹上诉法院所维持,并判决将该冷冻胚胎销毁,其拒绝承认“所谓的母亲权”(prétendu droit à la maternité),它重申,“自然生殖要求合意的两个人共同参与,不能取决于其中单个人的意志”。法国最高法院1996年1月9日的终审判决撤销了图卢兹上诉法院关于销毁胚胎的判决,但仍拒绝已故男子配偶的其他上诉请求,其理由是胚胎的“父亲”已经死亡,因而胚胎不能归还给其遗孀。[55]

1994年《生物伦理法》终结了审判实践的这种游移不定,该法规定,医疗辅助生殖(AMP)系旨在满足异性伴侣渴望成为父母的需求,而这对伴侣“应当是活着的人(vivants)”。[56] 尽管CCNE早在1993年就向国会提交过不同意见,“当女性要求在其伴侣死后进行胚胎移植时,根本就不存在任何有说服力的理由,先验地拒绝女性自身的这项选择”,并且,“在体外受精(FIV)已由男性生前实现、胚胎已被冷冻的场合下……男性的亡故,并不会消灭女性对于她和他共同缔造的胚胎的权利……没有任何谁的权力,可以超出该女性对胚胎的权利,并能够反对其继续原本就由男女双方拟定好的生育计划。”[57]

随后,在《生物伦理法》两次修订时,CCNE重申了上述立场,并补充了论证,“女性在伴侣死后请求将先前已冷冻的胚胎植入自己子宫内,继续生育计划,作出这样的决定时该女性已经充分考虑到了来自心理的或社会的压力,已经做好了必要的独立性准备”。

1999年《生物伦理法》修订讨论时,曾有草案规定,只要当事人生前明确同意即可实现死后的胚胎移植和生育计划。2002年的讨论主要集中在给予女性作出决定的思考期限“应当在男性配偶死亡后最短三个月最长一年内”。事实上,在《生物伦理法》修订时国会讨论的不同报告中,虽排除了女性利用配偶冷冻精子进行人工授精或体外授精的可能性,但都承认女性有权利用其冷冻储藏的胚胎植入到子宫内进行生育计划的权利。[58]

---

[55] V. Comité consultatif national d'éthique pour les sciences de la vie et de la santé, La demande d'assistance médicale à la procréation après le décès de l'homme faisant partie du couple, Avis no 113, Paris, le 10 février 2011, note 1.

[56] 现行《公共健康法典》(code de la santé publique)第L. 2141-2条第2款同样作如此规定。

[57] Avis n° 40 du 17 décembre 1993 sur le transfert d'embryons après le décès du conjoint(ou du concubin).

[58] Conseil d'Etat: Les lois bioéthiques 5 ans après, janvier 1999, La Documentation française; Rapport n°3525 du 09/01/2002 au nom de la Délégation aux droits des femmes de l'Assemblée Nationale.

该法案修正草案在2002年1月22日国会众院表决时的第一稿中,也采纳了这种区分立场,然而到了2004年8月6日通过的最终稿中,法律强化了这种禁止性规定,《公共健康法典》第L2141-2条第2款规定:“伴侣成员之一的死亡,离婚请求的提出,或者别居,或者生活共同体的解体,都构成人工授精或胚胎移植的障碍……”

新法案之所以采取一律禁止的立场,主要是基于伦理上的考虑:第一,儿童利益的角度。这实际上是有意制造一个生来无父的孤儿出生,从而剥夺了一个孩子最基本的福利;而且很难让他们解释,当他们孕育时,其父亲就已经不在;母亲对孩子的过度保护,已亡故父亲形象的理想化,这些都可能是对孩子青春期时造就其特别脆弱的因素;还可能出现的是,已亡故者的父母拒绝探望他们,因为他们会让前者唤醒失去自己孩子的痛苦。第二,母亲利益的角度。一个女性在失去伴侣后处于巨大的痛苦,这种情况下作出继续胚胎移植的决定,是真正深思熟虑后的自由决定吗?她有没有充分考虑只身一人完成生育计划、并抚育孩子所可能遭遇的各种困难和压力?第三,社会利益的角度。希望在伴侣死后继续利用双方共同造就的人工胚胎继续生殖计划的女性,将会通过医疗机构寻求社会帮助,随之出现的问题是,社会是否应当提供物质帮助,而这种情况原本是不属于国家社会保障所覆盖的。但当女性要求自己付费完成生育时,此种担心也是多余的。

但是,新法案也带来了另外一个问题,即女性在其伴侣死后,根据《公共健康法典》第L2141-5条的规定,她除了将这个胚胎销毁之外,就只能捐献给科研机构或者其他夫妇,而这些选项都构成其无法忍受的痛苦,这对该女性来说构成了一种“暴力”。[59] 这种规定非常残酷,尤其是,当这个胚胎是其最后的生育机会时,更是如此。

还有一个问题值得思考,那就是冷冻储存精液的死后利用和胚胎死后移植之间是否存在差异?在欧洲,允许死后医疗辅助生殖的国家认为,二者并不存在区别,如比利时、西班牙、荷兰以及英国;而丹麦、意大利以及瑞士,则明确禁止这两种实践。[60] 对于冷冻胚胎已经存在后男性死亡的,可以推知他生前已经同意有具体而特定的生育计划,但最好还是在其生前就收集其明确的生育意愿。对于仅仅是冷冻储存精液、尚未体外授精时男性死亡的情形,此时,并不能当然从冷冻精液就推得该男性生前有特定的生育计划,或许只是出于一种概括性的生育动机而进行的预防性精液存储;即便该男性每年都会被询问是否要继续储存该冷冻精液,其表示同意也不能当然推定其有具体的生育计划,因此,这种场合下更需要该男子在生前对其可能身故后的精液处置给出明确的意愿表达。

---

[59] Rapport final des états généraux de la bioéthique, juillet 2009, annexe, p. 14.

[60] Document de travail du Sénat: L'accès à l'assistance médicale à la procréation, série Législation comparée, n°LC 193, janvier 2009.

但这里也存在一个悖论,精液预防性储存的目的就在于弥补男性因为即将进行的治疗(如放疗或者化疗)而导致的生育力丧失,那么在该男性因疾病死亡后,法律却又不允许其遗孀利用其精液来实现生育计划,这二者显然是冲突的。CCNE 对此提出质疑,社会有这样一种干涉想当母亲这种希望的正当性吗? 一方面,生育权是基本人权,对私个体生育意志的践踏,无论如何是不正当的;另一方面,胚胎的利益也未受到应有的尊重,胚胎是一个"潜在的人",需要考虑待出生孩子的最高利益。[61] 这个孩子也将有一个妈妈,人们不能怀疑先验地怀疑其独自抚养的能力,正如很多妇女都是这么抚养孩子的。同样也会有一个家庭,有父亲角色的存在。他将会知道谁是他父亲,能够认识其历史,处于儿子或女儿的位置,即便父亲死了,但是其心理存在仍将持续。同样不能排除,母亲周围的形象可以确保缺失的父亲的功能。

综上所述,法国 CCNE 对于死后生殖一直持非常积极肯定的立场,但法国现行法规定得很明确,伴侣任一方的死亡即构成胚胎移植和人工生育计划的终结。同时,对于不能继续植入其"母亲"子宫内的胚胎,法律规定的三个出路也很明确:销毁、捐赠给其他异性伴侣以及捐献给科研机构。总之,该冷冻胚胎不得继承,不得继续用于原先的生育计划。

五、人工胚胎利用之规制

(一)不可交易和代孕禁止

人工胚胎的原始获取受到法律严格限制。根据《公共健康法典》第 2141 - 2 条规定,通过人工授精取得的人工胚胎仅限于两种目的:为了帮助不孕不育的伴侣,为了避免婴儿或其父母感染特别严重的疾病。同时,法律还禁止通过克隆方式取得胚胎。《法国民法典》第 16 - 4 条第 3 款规定:"任何为了让与另外一个活人或私人相同基因的婴儿出生,都被禁止。"

除了原始取得受到严格规制,其继受取得也受到严格限制。人工胚胎属于不可交易之物(res extra commercium)。其继受取得只能是通过受赠方式取得。《法国民法典》第 16 - 8条规定,"能够识别捐赠其身体之一部分或身体所生之物的捐赠者的任何信息,以及能够识别受捐赠者的任何信息,均不得泄露。捐赠者不得了解受捐赠者的身份,受捐赠者也不得了解捐赠者的身份"。据此,人工胚胎在赠与其他配偶时,必须坚持"双盲原则"。

禁止胚胎交易的重点是法国对代孕(gestation pour autrui / GPA)的禁止。此项禁止

---

[61] Voir l' avis n°112 du CCNE, Une réflexion éthique sur la recherche sur les cellules d' origine embryonnaire humaine et la recherche sur l' embryon humain in vitro.

性原则的确立来自1991年法国最高法院的一个判例,[62]该判决指出:"女性承诺无偿为他人受孕并孕育胎儿并在其出生后放弃,既违反了不得处分人体之一部的公共秩序,也违反了不得处分人之户籍(état des personnes)的公共秩序"。[63] 此判例立场被1994年《生物伦理法》所采纳。随后《法国民法典》做了相应修改,其第16-5条规定:"任何赋予人体、人体之各部分以及人体所生之物以财产价值的协议,均无效。"其第16-7条规定:"为他人之利益生育或怀孕的任何协定,均无效。"与此同时,《法国刑法典》第227-13条规定,有意替换、仿造或隐瞒婴儿户籍的,处3年监禁,并处45,000欧元罚金。未遂犯也受同样刑罚。

据此,代孕和代为生殖[二者合称为"为他人做母亲"(Maternité pour autrui)],不论是收费的还是免费的,均被法律所禁止。不过,人体不可处分性原则是法国最高法院上述判例中确立的原则,并未被民法典所明文规定。该原则最终被《法国民法典》第16-1条的"人体非财产性原则"(non-patrimonialité)所取代。

在《生物伦理法》修正时,法国最高行政法院2009年提出一项见解,鼓吹应当保留禁止代孕的做法,但同时指出,"通过代孕而出生在国外的儿童,其法律状况不能因为其父母有意诉诸一个被法国禁止的实践而受到惩罚"。[64]

由于美国等国允许代孕,因此在国外通过代孕出生的孩子回到法国,并希望取得国籍和户籍的情形很多。自2002年开始,法院就一再处理这方面的案件。2007年10月25日,巴黎上诉法院宣布接受此类户籍转录,理由是"儿童利益最大"原则。[65] 不过,这个判决于2008年12月17日被法国最高法院撤销,理由是户籍转录违反了法国怀孕制度的国际公共秩序,这些儿童已经取得了美国出生证书,不可剥夺他们的原有户籍。[66]

2011年,法国最高法院以"法国法的基本原则"为名,拒绝承认一个有关代孕的协议产生效力,并否认亲子关系存在。[67] 受判决影响的夫妇一方将法国诉至欧洲人权法院。[68]

---

[62] Cour de cassation, Assemblée plénière, du 31 mai 1991, 90-20.105, Publié au bulletin23.

[63] 人的户籍是确定一个人的法律人格的规范要素总和,它主要包括自然人姓和名、出生地点和出生日期,其亲子关系、民事能力、家庭、其婚姻状况等。

[64] «Bioéthique: le Conseil d'État reste pragmatique», ↱ 6 mai 2009, http://www.larecherche.fr/content/actualite/article? id=25466&title=%C2%AB%C2%A0Bio%C3%A9thique%C2%A0%3A%20le%20Conseil%20d'%C3%89tat%20reste%20pragmatique%C2%A0%C2%BB.

[65] Cour d'appel de Paris, 1re Chambre, Section C, 25 octobre 2007, RG 06/00507...

[66] Cass. civ. 1re, 17 décembre 2008, no 07-20.468.

[67] Cass. civ. 1re, 6 avril 2011, no 10-19.053; Cass. civ. 1re, 6 avril 2011, no 09-66.486; Cass. civ. 1re, 6 avril 2011, no 09-17.130.

[68] Cour EDH, 5e Sect., Mennesson c. France, Req no 65192/11, Introduite le 6 octobre 2011 et communiquée le 12 février 2012.

2014年6月26日,欧洲人权法院作出不利于法国的判决,对法国不承认在国外合法代孕而出生的孩子具有法国户籍这一做法予以谴责,[69]并指出,“完全禁止一个父亲和一个通过在国外代孕而出生的其生物学上的子女之间建立亲子关系”是“违反”《欧洲人权公约》的。[70]

据此,自2014年6月开始,法国夫妇在国外通过代孕而出生的孩子,回到法国可以获得法国户籍,他们与其生物学父母之间的亲子关系,也将获得确认。这是《欧洲人权公约》第8条家庭私生活受尊重权的应有之义。

尽管欧洲人权法院的判决并未质疑法国禁止代孕的做法,而仅仅是针对在国外合法代孕出生的儿童。不过,欧洲人权法院的这种立场毫无疑问已经对法国完全禁止代孕的做法起到了松动的作用。

(二)胚胎研究禁止原则及其司法缓和

禁止对人类胚胎在体外进行研究这一原则,是1994年《生物伦理法》所规定的,如今规定在现行《公共健康法典》第L2141-8条。尽管从一开始,部分科学家和研究者就对此项禁止性的原则规定展开了激烈批判,他们认为,在法国开展有关细胞学研究具有迫切必要性,对具有分化能力的胚胎干细胞进行研究,有可能给临床医学的发展带来希望。[71] 2004年《生物伦理法》修正案通过前相关争议极其激烈,胚胎研究的开放问题,成为“此草案最重要的争点”。[72] 一方面是质疑胚胎保护原则,另一方面是希望强化该原则。法国信息委员会、教育部、科学部均赞成废除该禁止性原则。[73] 然而,对于这些研究必要性的怀疑,以及对声称的研究可能逾越界限的担忧,基于伦理学或人类学角度的考虑,立法者在2004年通过《生物伦理法》修正案时,再次确认了禁止胚胎研究的法律原则。

《公共健康法典》第L251-5条第2款,以“例外的标题”,规定某些研究若不侵犯胚胎的完整性,则可以进行;第3款规定,违反第1款原则而开展特定的胚胎研究不能超过5年,并且严格限制在规定拟定的条件内。

尽管如此,法国审判实践表明,对于胚胎研究禁止原则的背离,对“例外规定”的有意

---

[69] Gaëlle Dupont et Franck Johanès, «GPA: la France condamnée par la Cour européenne des droits de l' homme», Le Monde, 26 juin 2014.

[70] Stéphane Kovacs, «La France condamnée pour son refus de reconnaître les enfants nés d'une GPA », Le Figaro, 27 juin 2014, p. 8.

[71] R. Frydman, Dieu, la médecine et l'embryon, Odile Jacob, 1997, p. 191 et s.

[72] JOAN CR, Séance 15 janv. 2002.

[73] Rapport d'information fait au nom de la mission d'information sur la révision des lois de bioéthique, AlainClaeys, Président, Jean Leonetti, Rapporteur, 20 janv. 2010 ; Doc. AN, n°2235, p. 312.

扩大适用,已然是一种趋势。这方面最著名的案例莫过于巴黎行政上诉法院2005年5月9日裁判的一个案例。在该案中,[74]国家科学研究部部长2002年4月30日发布两项许可:其一授权一个国家科研中心实验室从澳洲进口两个序列的人类胚胎干细胞,其二许可针对这些干细胞进行研究。有人对这两项行政行为提起行政诉讼,认为它们违反了胚胎研究禁止原则。

在此案之前,禁止对胚胎进行研究的原则并不承认例外。但巴黎行政法院拒绝裁决中止执行上述行政许可。[75] 行政法院认为,"《公共健康法典》第L2148条,并不打算、实质上也没有禁止为研究之目的对尚未孕育之人类胚胎干细胞的提取,那样的提取本身也不构成一个胚胎实验,而仅仅是一个对不可能变成胚胎的干细胞进行实验的先决条件。换言之,对于巴黎行政法院来说,有关胚胎研究的禁令并不涉及胚胎细胞,故本案讼争问题不适用于上述条文"。因此,即便禁止对胚胎进行研究,那么预先提取这些干细胞或者毁坏它们,都没有反对违反这个禁令。

对于行政法院的上述立场,有学者支持其结论,但提出不同意见,认为虽然不应当禁止细胞研究,但"胚胎或受孕的胎儿,很明显是一个很特殊的干细胞,因为一方面,它确保了芽细胞的产生,以成长为卵母细胞或精细胞,另一方面,它是完整个体的一切来源,鸡蛋就是一个全能的干细胞"。[76] Rene Frydman教授也强调说,对于一个不再属于生育计划中的胚胎,禁止对其研究是令人遗憾的,必须将其视为细胞星团(amas de cellules)。[77]

事实上,自从确立胚胎研究禁止原则以来,不少科学家就积极谋求废除该原则。但是,以何种理由来推进,颇费思量。如果仅仅是寻求允许对胚胎细胞进行研究,那么,《公共健康法典》第L2141-8条修正案通过后,这项许可就已经成为可能。在关于生物伦理法修正案报告中提出一项观点:新的治疗前景,源于胚胎干细胞的发现,对于禁止胚胎研究的禁令提供了再次必要的审视。事实上,行政部门是有意识的违反禁止性原则,有意突破例外规定的严格条件限制的,有意扩大例外的适用范围的。

还有学者说,即便真的认为,上述限制仅仅是针对胚胎而规定的,那么,还有什么比胚胎干细胞更接近胚胎的。但法官明显不想适用这样的条文。巴黎行政法院法官认为,"《公共健康法典》第L2141-8条,并非来自于任何一个适用于人类胚胎的宪法性原

---

[74] CAA Paris,3e ch. B,9 mai 2005,n° 03PA00950 ;JurisData n° 2005-278404 ;Rec. CE 2005,tables p. 89.

[75] TA Paris,ord. réf. 18 juin 2002.

[76] Professeurs Thibault et Tambourin,État des connaissances sur la reproduction des mammifères et de l'homme et sur l'utilisation des cellules indifférenciées, in Conseil d'État, Les lois de bioéthique : cinq ans après, La documentation française,1999,pp. 243-263.

[77] R. Frydman,Le clonage reproductif et thérapeutique :RTDH,pp. 421-428.

则——尊重人从其生命开始时,并不旨在以绝对的方式保护人类胚胎或者实际上具有此类效果,而仅仅是禁止对胚胎进行实验”。

另外,为了挽救第二个裁决的合法性,巴黎行政法院与巴黎上诉行政法院均提到了《公共健康法典》第 L1245 – 4 条的适用。本条规定,只有经过法国卫生产品健康安全机构许可的组织,才能从事人体组织和细胞的相关活动,当进口是为了科研目的时,这个许可同时也是法国科学研究部的许可。巴黎行政上诉法院在其裁决中确认,“胚胎组织干细胞构成人体组织的细胞”,由此导致,“其进口要经受国家科学研究部的事先许可”,而在本案中,这个进口许可并没有错。

总体上看,巴黎两级行政法院对于胚胎研究禁止原则及人工胚胎保护原则基本上秉持非常消极的态度。这也是整个审判实践立场的缩影。

六、结论兼谈对中国法的启示

当代社会,人权意识日益高涨,对人的尊重被提升至一个前所未有的高度。在此背景下,作为生命起点的胚胎,其法律地位也越来越受到关注和重视。本文主要探讨的是法国法上人工胚胎的相关法制,结合前文,有如下结论值得强调。

第一,法国法上,胚胎原则上不是“法律上的人”,只有出生才能获得法律主体地位。但法国法继承了罗马法“孕育中婴儿”法则,即每当涉及胎儿利益时,总是将胎儿拟制为具有接收财产权利能力的人。然而,胚胎亦非普通的物,而是“生物学意义上的人”。只要承认生命始自胚胎,那么依据《法国民法典》和《公共健康法典》的规定,就必须对胚胎予以特殊的尊重和保护。

第二,法国主流理论认为,人工胚胎因他人原因意外灭失时,其“父母”可提出索赔,其中的损害既包括财产性损害(如为此医疗辅助生殖所实际支出的费用),也包括因丧失这些生命体而产生的精神损害。

第三,当冷冻胚胎的“父母”任何一方死亡时,另一方不得基于继承权或其他权利索回胚胎。其原因是法国现行法对不能用于原先生育计划的人工胚胎,限定了三种命运:销毁、赠与给其他伴侣以及捐赠给科研机构。

第四,人工胚胎为不可交易物,代孕属于非法。胚胎研究原则上亦被禁止,但判例有扩大“例外规定”适用的倾向。

上述结论对我国法相关问题有参考意义。在引人注目的宜兴冷冻胚胎案中,无锡市中级人民法院二审判决,冷冻胚胎由亡故配偶双方的父母四人共享“处置权、管理权”,该判决被有的学者视为“一份标志人伦与情理胜诉的民事判决”,但事实上,该判决虽然合乎多数民众的朴素情感,但在法律上仍有诸多值得推敲之处。

第一，二审法院认定"胚胎是介于人与物之间的过渡存在，具有孕育成生命的潜质，比非生命体具有更高的道德地位，应受到特殊尊重与保护"。此种见解与法国法主流见解相同，值得赞赏。但没有解决的问题是，这种"特殊的人"或者说"特殊的物"，在法律上处于何种地位？它可否适用物权法和继承法的规定，能否有所有权人，可否继承？这些关键问题均被二审法院回避。"共同监管"和"处置"，与物权法上所有权权能中的"占有"和"处分"究竟是何关系？二审法院使用这样一种非法言法语，如果不是有意为之，则显然不够专业。二审法院一直强调"权利人对胚胎的相关权利"，但始终没有明确，何种权利人的何种权利。

第二，二审法院并没有阐明胚胎在其父母死亡前后，其权利归属者的变动究竟是怎样的。胚胎在其父母生前，权利归属于其父母，但后者的处分权受到法律的限制。此点不容置疑。但在其父母死后，胚胎的权利归属者如何就变成了其"祖父母、外祖父母"？这其中的权属变动过程让人生疑。

可能的解释有二：其一，胚胎构成遗产，故配偶双方死亡后，由他们的父母来继承；其二，从一开始，胚胎的"父母"和"祖父母、外祖父母"都是其权利人，当其"父母"死后，其"祖父母、外祖父母"继续作为其权利人拥有管理权和处置权。但二审法院回避了此种过程的阐明，因为上述两种解释都会遭遇到现行法上难以克服的障碍。因为，其一，胚胎的非财产性，这在法国法上被明文规定，也容易理解，因此，胚胎即便是物，也是不可继承的物，不属于财产，也自然不可能成为遗产；其二，胚胎的"祖父母、外祖父母"对胚胎自始至终不享有法律上的利益，没有任何一个法律规定肯定这种利益，所以他们从来都不是胚胎的权利人。

第三，二审判决书认为，"现沈杰、刘曦意外死亡，合同因发生了当事人不可预见且非其所愿的情况而不能继续履行，南京鼓楼医院不能根据知情同意书中的相关条款单方面处置涉案胚胎"。而按照合同法的规定，一方当事人死亡的导致合同目的无法实现时，合同自然终止，合同终止的法律效果，必然是医院根据国家关于胚胎特别法的规定（这也正是沈刘二人的生前意思）依法处置胚胎。因此，二审法院否认医院依法依约取得的胚胎处置权，显然缺乏法律依据。

第四，二审法院的最终判决依据竟然是《民法通则》第 5 条、第 6 条和第 7 条。这三条分别规定的是"私权受保护"、"守法和遵守国家政策"以及"公序良俗"等三项民法基本原则。不客气地说，引用这三个条文裁决本案根本是风马牛不相及，违背了"禁止向基本原则逃逸"的裁判原则。根据现行物权法、合同法以及相关部门规章的规定，本案并非完全没有法律规则可循，利用法律原则来规避法律规则的适用，不论其动机如何高尚，其法解释学上的空门都明明白白地暴露于外。

第五,如果二审判决的立场成为一种法律规则,有可能引发一定的道德风险。法律虽不认可胚胎具有财产性,但客观上具有财产价值,如果胚胎可以被其“祖父母、外祖父母”继受取得,那么是否也可以由其“成年兄、姐”继受取得?如何能够监控到他们的处置行为?如果他们的处置行为违反了相关法规,如何应对?这些胚胎不管是被用于代孕,还是被赠与他人,或是被捐献后用于科学研究,实际上都违反了卫生部的《人类辅助生殖技术规范》,如此一来,道德风险不可避免的存在,同时,也很难说是对胚胎本身更好的尊重与保护。总之,在配套法律付诸阙如的情况下,贸然赋权给胚胎的“祖父母、外祖父母”,本意虽好,但很难说没有风险。

设想一下,宜兴冷冻胚胎案倘若发生在法国,根据法国现行法,胚胎的命运只能是由医院销毁,因为在夫妇双亡的场合下,赠送给其他夫妇或者捐献给科研机构都无从实现,只剩下被销毁这一种结局。相对于法国法的保守,无锡市中级法院的这份二审判决可谓是一种狂飙突进。遗憾的是,可能是由于不够自信,二审法院没有在法律层面详述判决理由,而是对关键法律问题一再回避,同时将重点诉诸道德伦理,从而制造出一份在结论上可堪接受,但在论证上让人疑窦丛生的判决。

当今时代,生物科技和生命科学的发展一日千里。法国《生物伦理法》自 1994 年通过后,已历经数次修订。《公共健康法典》更是有上百条专门规制胚胎、基因及人工生殖等相关法律问题。但我国相关法还停留在部门规章的层次,不仅效力层次低,其内容也异常简陋。宜兴冷冻胚胎案二审法院,虽然给出了让人眼前一亮的判决,在中国胚胎司法史乃至世界胚胎司法史上都可能留下不可忽视的一笔,但既不能无视其个案的局限性,更不可忽略,无锡中级法院二审判决的“闪亮”之下,映衬的恰恰是中国胚胎立法现状的粗陋和暗淡。

英美法上的冷冻胚胎案

李　昊*

目　　次

一、引言

2014年,由江苏省无锡市中级人民法院二审的国内首例因争夺冷冻胚胎监管权和处置权引发的纠纷案引发了法学界、医学界等社会各界的广泛争论。

在该案中,一审原告之子沈杰与儿媳刘曦因自然生育存在困难,在依法取得准生证后,于2012年2月至鼓楼医院生殖医学中心采用人工辅助生育技术繁育后代。医院确定于2013年3月25日进行胚胎移植手术,但在前一天,沈杰与刘曦因车祸死亡。双方父母因处理冷冻胚胎事宜发生争执。该案一审以继承纠纷为案由,男方父母、女方父母和南京鼓楼医院分别作为原告、被告和第三人参诉。

在一审中,江苏省宜兴市人民法院认为,施行"体外受精—胚胎移植手术"过程中产生的受精胚胎具有发展为生命的潜能,是含有未来生命特征的特殊之物,不能像一般之物一样任意转让或继承,因而不能成为继承的标的。同时,夫妻双方对权利的行使应受

---

* 北京航空航天大学法学院、人文与社会科学高等研究院副教授,法学博士。本文系国家社科基金一般项目"侵权责任法实施中的疑难问题"(12BFX083)的阶段性研究成果。

到限制,即必须符合法律法规,不违背社会伦理和道德,并且必须以生育为目的,不能捐赠、买卖胚胎等。该案中沈某和刘某均已死亡,通过手术达到生育的目的已无法实现,故他们手术中留下的胚胎所享有的受限制的权利不能被继承,因此,基于上述理由,一审法院判决驳回原告的诉讼请求。①

江苏省无锡市中级人民法院二审中将本案定性为监管权和处置权纠纷,并认为:(1)死者二人生前与南京鼓楼医院虽然签订相关知情同意书,约定胚胎冷冻保存期为一年,超过保存期同意将胚胎丢弃,但二人现意外死亡,合同因发生了当事人不可预见且非其所愿的情况而不能继续履行,南京鼓楼医院不能根据知情同意书中的相关条款单方面处置涉案胚胎;(2)在我国现行法律对胚胎的法律属性没有明确规定的情况下,结合本案实际,应考虑以下因素以确定涉案胚胎的相关权利归属:从伦理角度,施行"体外受精—胚胎移植手术"过程中产生的受精胚胎,含有双方父母两个家族的遗传信息,双方父母与涉案胚胎亦具有生命伦理上的密切关联性;从情感角度,涉案胚胎是双方家族血脉的唯一载体,承载着哀思寄托、精神慰藉、情感抚慰等人格利益,由双方父母监管和处置,既合乎人伦,亦可适度减轻其丧子失女之痛楚;从特殊利益保护的角度,胚胎是介于人与物之间的过渡存在,具有孕育成生命的潜质,比非生命体具有更高的道德地位,应受到特殊尊重与保护,沈某和刘某死亡之后,其父母是胚胎之最近最大和最密切倾向性利益的享有者;(3)卫生部关于胚胎不能买卖、赠送和禁止实施代孕的相关规定,并未否定权利人对胚胎享有的相关权利,且这些规定是卫生行政管理部门对相关医疗机构和人员在从事人工生殖辅助技术时的管理规定,南京鼓楼医院不得基于部门规章的行政管理规定对抗当事人基于私法所享有的正当权利。因此,二审法院判决沈某和刘某双方父母对涉案胚胎共同享有监管权和处置权。②

从本案的二次审理来看,涉及如下主要问题:

1. 冷冻胚胎的法律属性如何?是财产、人还是介于二者之间的中间体?一审将冷冻胚胎视为特殊的物,二审则采用了人与物之间的过渡存在这一表述。

2. 对冷冻胚胎,谁享有处置权?是提供配子或接受配子的父母或患者还是保管冷冻胚胎的医院?在父母或患者死亡时,医院是否有权处置?这些处置是否存在法律或医疗规范上的限制?

与本案所涉及的主题相关,在英美法上还存在如下的争议:

3. 若将冷冻胚胎作为财产,在医院扣留或破坏冷冻胚胎时,父母享有何种救济?

4. 若冷冻胚胎不被视为财产,它对于提供配子或接受配子的父母或患者的遗产是否

① 江苏省宜兴市人民法院(2013)宜民初字第2729号民事判决书。

② 江苏省无锡市人民法院(2014)锡民终字第01235号民事判决书。

享有继承权？

5. 在美国争议最大的是，在夫妻离异的情形，若双方意见不一，如何处置冷冻胚胎？

二、前胚胎、冷冻胚胎、胚胎和胎儿的界分

在英美法中，常出现前胚胎（pre-embryo）、胚胎（embryo）和胎儿（foetus/fetus）三个概念，这些与受精卵（a fertilized human egg）发育的不同阶段相关的词汇是随着1978年试管受精技术（体外受精，in vitro fertilization，IVF）的出现才逐渐衍生分化出来的概念，它们涉及了生命起源的观念，③也引发了对其法律地位的激烈争议，即将其定性为人、物还是中间体，进而涉及法律赋予它们的不同保护。

许多伦理学家和科学家认为，尚未植入子宫的发育尚不满两周（14天）的受精卵还不能被称为胚胎（embryo）。对于这些在子宫外受精且未移植的卵子，伦理学家和科学家采用了诸多不同的名称，如"pre-embryo"、"pre-implantation embryo"、"proto-embryo"等。④ 如有学者即用前胚胎（pre-embryo）这一概念来指称"从受精过程结束到单条原线（a single primitive streak）出现这一时期"，这一阶段大约持续14天。使用者强调，在发育的前14天内，受精卵的命运具有许多可能的变数，单个生物个体的产生与其说是常例不如说是例外。⑤

1988年，冷冻保存（Cryopreservation）前胚胎的技术诞生，从而可以将前胚胎冷冻在液态氮中保存起来供将来使用，其好处在于可在妇女自然的而非人工的月经周期移回受精卵于母体以增加怀孕的机会。它也创造了某对夫妇的配子形成的胚胎被另一对夫妇甚至某一单身女子使用的可能。⑥ 这一技术催生了冷冻胚胎（frozen embryo）这一概念的诞生，它指的即为冷冻保存起来的前胚胎。⑦ 而这一概念的出现，又进一步引发了关于其

---

③ Louis M. Guenin, On Classifying the Developing Organism, 36 *Conn. L.* Rev. 1115, 1121 - 30 (2004). Cf. Bridget M. Fuselier, The Trouble with Putting All of Your Eggs in One Basket, 14 *Tex. J. on C. L. & C. R.* 143, 148 (2008 - 2009).

④ Ann A. Kiessling, What is an Embryo?, 36 *Conn. L. Rev.* 1051, 1088 - 89 (2004). Cf. Bridget M. Fuselier, The Trouble with Putting All of Your Eggs in One Basket, 14 *Tex. J. on C. L. & C. R.* 143, 148 (2008 - 2009). 也有使用了 pre-zygote 这一表述的, see Elizabeth A. Trainor, Right of Husband, Wife, or Other Party to Custody of Frozen Embryo, Pre-embryo, or Pre-zygote in Event of Divorce, Death, or Other Circumstances, *87 A. L. R.* 5th. 253 (2001).

⑤ Howard W. Jones, Jr. & Charlotte Schrader, And Just What Is a Pre-Embryo?, 52 *Fertility & Sterility* 189, 189 - 190 (1989). 但也有评论者认为，这一称谓不过是玩弄语言来使得人类基因研究得到大众认同。Richard A. McCormick, Who or What Is the Preembryo?, *Kennedy Inst. Ethics* J. 1, 1 (1991) (quoting Michael Jarmulowicz, Letters: Ethics, Science and Embryos, The Tablet, Feb. 10, 1990, at 181). Cf. Carl H. Coleman, Procreative Liberty and Contemporaneous Choice: An Inalienable Rights Approach to Frozen Embryo Disputes, 84 *Minn. L. Rev.* 55 (1999).

⑥ 徐国栋："体外受精胚胎的法律地位研究"，载《法制与社会发展》2005年第5期。

⑦ Elizabeth A. Trainor, Right of Husband, Wife, or Other Party to Custody of Frozen Embryo, Pre-embryo, or Pre-zygote in Event of Divorce, Death, or Other Circumstances, 87 A. L. R. 5th. 253 (2001).

保存期限以及处置权的争议。

受精卵通常在发育满14天内(通常是3天后)被植入子宫,但随着其进一步发育,还出现了胚胎(embryo)和胎儿(foetus)的划分。胚胎是指已满14天尚不满8周(56天)的受精卵,即第3~8周的受精卵,[⑧]8周之后的受精卵通常被称为胎儿。[⑨]

区别前胚胎、胚胎和胎儿的做法在多个国家的人工生殖立法中都有所体现。如美国佛罗里达州的法律即将“前胚胎”定义为胚胎轴出现前的受精卵。[⑩] 而加拿大2004年通过、2007年生效的《辅助人类生殖法》第3条则区分了“胚胎”和“胎儿”。“胚胎”(embryo)是指受精或创制后前56天内的人类有机体,包括为了生育而使用的源自该人类有机体的细胞,但不包括其发育被暂停的阶段,而与之区分的“胎儿”(fetus)是指受精或创制57天后的人类有机体,但不包括其发育被暂停的阶段。[⑪] 这一立法实际上未区分前胚胎和胚胎,而做了统一处理。

不过,也有些国家或地区的立法没有区分上述三个阶段,而采取了统一立法的模式。如英国《1990年人类受精与胚胎法》第1条第1款第(a)项将“胚胎”定义为受精已完成的存活的人类胚胎,但将其扩展至还处于受精过程的卵子。所谓的受精过程在两个细胞的受精卵(zygote)出现时才完成。[⑫] 与英国法相似,美国《路易斯安那州民法典》也没有做出三个阶段的区分,而统一采用了“人类胚胎”的称谓,并将之界定为在法律上享有特定权利的、在试管内受精的人类卵子,它由一个或多个存活的人体细胞和人类基因物质组成,并由于其联合和有机组成而能够在子宫内发育成未出生的婴儿。[⑬]

---

⑧ 百度百科胚胎(生物学术语)词条,资料来源 http://baike. baidu. com/link? url = WBYoGH6S7m0PMXxEQ2WYXLnmMaGdsr2S9xAyCbRqRWFNp8aYDG0lfnS1Ewp8SdZdEKOva_f-sfR-jHZBM_9fbK,2015年4月17日访问。在自然生殖过程中,一旦受精卵分裂成8~16个细胞,它就被称为胚胎,从而经从输卵管进入子宫,这一在子宫外发生的过程,需要持续2天半。See Dickey,Richard P. ,The Medical Status of the Embryo,32 Loy. L. Rev. 317,321(1986-1987). Warnock 报告将胚胎阶段界定为受精后的6周内,这相当于妊娠期(从孕妇最后一次排卵期的第一天开始计算)的前8周内,see Warnock Report of the Committee of Inquiry into Human Fertilisation and Embryology 1984,para. 1. 4,p. 5.

⑨ 张燕玲著:《人工生殖法律问题研究》,法律出版社2006年版,第9页。

⑩ West's F. S. A. § 742. 13(2).

⑪ Canadian Assisted Human Reproduction Act,S. C. 2004,c. 2 § 3.

⑫ UK Human Fertilisation and Embryology Act 1990 § 1(1)(a)(b).

⑬ La. R. S. § 9:121. 另参见徐国栋:“体外受精胚胎的法律地位研究”,载《法制与社会发展》2005年第5期(具有某种法律授予的权利、由一个或更多的活人类细胞以及人类基因材料构成的试管受精的人类卵子,这些细胞以能在子宫中发育为胎儿的方式联合和组织起来);张燕玲著:《人工生殖法律问题研究》,法律出版社2006年版,第99页(所谓人类胚胎是指受法律保护之体外受精卵,有一个或以上的活的人类细胞与基因物质组成,并可于子宫内发育为胎儿者)。

三、胚胎在医学和法律上的地位

对胚胎在医学和法律上的地位,[14]美国存在三种不同理论:属于人的生命的早期阶段、属于财产以及属于具有中间地位的实体(an entity occupying an interim status)。[15] 国内学者也称之为主体说、客体说和中间说(中介说)。[16] 本文沿用之。对胚胎地位的不同认识与西方国家的宗教信仰有关,也涉及对生命起源的认识。

(一)主体说

主体说认为人类胚胎自怀孕时起就成为人,典型者如梵蒂冈1987年发布的《有关对人的生命起源的尊重和生育尊严的指示》(Instruction on Respect for Human Life in Its Origins and on the Dignity of Procreation)。[17] 该学说的支持者反对故意破坏人类胚胎以及会导致其毁损的研究,特别是IVF。在经过人工受精的夫妻还剩有冷冻胚胎而他们又不想再利用时,该说通常将捐赠给其他病人视为是最可接受的选择,因为这给了胚胎一个生存的机会。[18]

迄今为止,美国采取了将冷冻胚胎视为完全主体的道德立场的仅有两个州,即路易斯安那州和新墨西哥州,因为这两个州都有着大量的信奉天主教的人口。它们都对使用IVF程序进行了严格的限制。路易斯安那州的法律规定试管受精的人类卵子是“法人”(Judicial Person,La. R. S. § § 9:123,9:125)[19]和“生物学上的人类”(La. R. S. § 9:126)。新墨西哥州则通过要求所有的试管受精的卵子必须被植入女性接受者(a human

---

[14] 根据国外相关文献的论述,本节没有进一步区分前胚胎和胚胎,而是统一做了处理,但论述内容仍主要针对前胚胎,即冷冻胚胎。

[15] Diane K. Yang, What's Mine is Mine, but What's Yours Should Also be Mine: An Analysis of State Statutes That Mandate the Implantation of Frozen Preembryos, 10 *J. L. & POL'Y* 587, 592(2002); Shirley Darby Howell, The Frozen Embryo: Scholarly Theories, Case Law, and Proposed State Regulation, 14 *DePaul J Health Care L* 407, 410 (2013).

[16] 张善斌、李雅男:“人类胚胎的法律地位及胚胎立法的制度构建”,载《科技与法律》2014年第2期;徐国栋:“体外受精胚胎的法律地位研究”,载《法制与社会发展》2005年第5期;邢玉霞著:《辅助生殖技术应用中的热点法律问题研究》,中国政法大学出版社2012年版,第139页下。

[17] Congregation for the Doctrine of the Faith, Instruction on Respect for Human Life in Its Origin and on the Dignity of Procreation, 16 *Origins* 697, 701(1987). Cf. Carl H. Coleman, Procreative Liberty and Contemporaneous Choice: An Inalienable Rights Approach to Frozen Embryo Disputes, 84 *Minn. L. Rev.* 55, 66(1999).

[18] Carl H. Coleman, Procreative Liberty and Contemporaneous Choice: An Inalienable Rights Approach to Frozen Embryo Disputes, 84 *Minn. L. Rev.* 55, 66(1999).

[19] La. R. S. § 9:123, § 9:124. 也有学者认为这里的“juridical person”译作“法律上的拟制人”更为合适,参见张善斌、李雅男:“人类胚胎的法律地位及胚胎立法的制度构建”,载《科技与法律》2014年第2期,注25。

female recipient)而含蓄地赋予了人类胚胎以人的地位。[20]

这里特别介绍美国《路易斯安那州民法典》补编(ancillaries)所采用的“法人说”。[21]

根据该法典补编第9:121条,人类胚胎具有某种法律授予的权利,从而明确了受精胚胎的法律属性是权利主体。

第9:122条规定了对人类胚胎的使用:只能为植入子宫、完全发展为人而使用,不得为研究或任何其他目的催发和培育试管受精的人类卵子。禁止出售已受精或未受精的人类卵子。本条限定了试管受精技术的适用范围,并明确了合子和配子的非商业属性。这是基于对胚胎的主体属性的承认为维护其生命权和尊严采取的措施。

第9:123条规定了体外受精胚胎的能力:在被植入子宫之前,或在取得法律授予胎儿的权利之前,体外受精胚胎作为法人存在。而根据该民法典第9:26条(未出生的儿童)第1句,未出生的儿童自受孕时起被视为自然人。这两个条文形成对受精胚胎的接续保护。换言之,被植入前的胚胎享有法人地位,植入后的胚胎作为胎儿享有自然人地位。

第9:124条规定了体外受精胚胎的法律地位:作为法人,医疗机构应赋予胚胎一个在此等机构内使用的识别标志,他们凭借此等识别标志起诉和被诉。由于他们不能自己起诉或被诉,只能通过他人进行,因此,本条隐含了胚胎获得代理人的权利。[22]

第9:125条规定了体外受精胚胎为独立的实体:作为法人,它被承认为是独立于被置放或保存的医疗机构或诊所的实体。本条是对受精胚胎的主体性的进一步张扬,力图说明他们不是上述机构或诊所的财产而是他们自己。

第9:126条规定了所有权问题:体外受精胚胎是生物学意义上的人,不是实施受精行为的医生的财产,也不是雇佣此等医生的诊所的财产或精子和卵子的捐赠者的财产。如果接受试管受精术的病人表明了其身份,他们将保有《路易斯安那州民法典》规定的亲权。在相反的情形,医生将被视为试管受精胚胎的临时监护人,一直到发生收养性植入时为止。试管受精胚胎所在地的法院经接受试管受精术的病人、其继承人或引起试管受

---

[20] Shirley Darby Howell, The Frozen Embryo: Scholarly Theories, Case Law, and Proposed State Regulation, 14 DePaul J Health Care L 407, 412(2013). 新墨西哥州的规定体现为 N. M. S. A. 1978, § 24-9A-1(D)(2007),(D)项对“临床研究”(clinical research)作出了规定。

[21] 下文有关《路易斯安那州民法典》补编相关规定的介绍主要参考了徐国栋:“体外受精胚胎的法律地位研究”,载《法制与社会发展》2005年第5期。《路易斯安那州民法典》补编第1编第1主题第3章有关人类胚胎的规定源自1986年的《人类胚胎法》(Human Embryo Statute)。

[22] 徐国栋教授认为,“起诉”当用于其生命权等人格权以及财产权被侵害的情形;“被诉”则比较费解,因为一个在试管中的受精胎胚没有机会侵犯他人权利,也许针对受精胎胚由于错误分配遗产而有不当得利的情形。参见徐国栋:“体外受精胚胎的法律地位研究”,载《法制与社会发展》2005年第5期。

精术发生的医生的要求,也可以为他指定一位保佐人保护其权利。此条实际上是排除对受精胚胎的所有权,并将监护和保佐制度扩用于体外受精胚胎。而“生物学意义上的人”是一种事实状态,“法人”才是法律状态。

第9:127条规定了医生或医疗机构对试管受精胚胎的责任:凡引起试管受精发生的医生或医疗机构应对试管受精胚胎承担安全保管的直接责任。这是对受精胚胎的生命权的保护以及对医院的摧毁他们的可能的排除。

第9:129条规定了摧毁问题:可存活的体外受精的胚胎是不得由任何自然人或其他法人故意摧毁或通过此等人的行为摧毁的法人。但于非冷冻状态下在36小时内未进一步发育的试管受精卵视为不可存活,不视为法人。本条是对受精胚胎的生命权的再次肯认,但留出了一定时间内不发育情况下的例外。

第9:130条规定了配子捐赠人的义务:试管受精胚胎是不能由试管受精术病人拥有的法人,相反,此等病人要对此等胚胎尽高度注意和谨慎管理的义务;如果上述病人以公证书放弃把它们植入子宫的亲权,试管受精胚胎应根据他们所在或被储存的医疗机构的书面程序用于收养性植入;上述病人也可放弃其亲权,将之让渡给其他愿意并能接受受精胚胎的已婚夫妇。放弃亲权的配偶不得收取任何报酬。在已婚夫妇签署了收养试管受精胚胎并发生了出生的情形,视为遵守了路易斯安那州关于收养的法律规定。本条排斥了把受精胚胎植入未婚者体内的可能,并把传统的亲权和收养概念扩用于他们,通过课加配子捐赠人不得收取报酬的义务重申了受精胚胎的非商业性。

第9:131条规定了解决试管受精争议的基本原则:就受精胚胎发生的当事人间的争议,按最符合此等胚胎利益的原则解决之。本条所称的争议应当包括配子捐赠者与胚胎的养父母之间的争议和接受试管受精术的病人与医疗机构之间的争议。

第9:133条规定了继承权问题:作为法人的试管受精胚胎不享有继承权,只有它们发育成活着出生的胎儿后或发育到法律赋予胚胎权利的任何其他时间时才享有此权。

这些规定对受精胚胎的法律地位及对其的保护作出了最为详尽的规定,排除了对受精胚胎的商业化利用。但如何理解将受精胚胎定性为法人?徐国栋教授提供了如下解释:根据《路易斯安那州民法典》第24条第2款第2句的规定,所谓的法人就是社团。而按照上述《人类胚胎法》的催生者约翰·克伦特尔的说法,受精胚胎是男人的精子与女人的卵子的联合,这种联合与在社团名义下自然人的联合是一样的,因此,因为“联合”的共同要素,受精胚胎与社团法人取得了同一性。但为何立法不直接赋予胚胎自然人地位,按照约翰·克伦特尔的说法,原因在于路易斯安那州并非将属于自然人的权利和特权全部都赋予受精胚胎,特别是受精胚胎被设定为不享有继承权(第9:133条)。换言之,由于胚胎不享有自然人的全部权利,它们被设定为法人,这无非说,此处的法人就是权利受限的自然人。[23]

在美国的 Davis v. Davis[24] 案中,一审法院也采用了主体说的观点。在该案件中,原告与被告系夫妇,于 1980 年结婚,6 个月后妻子 Mary 发生宫外孕,因此切除右侧输卵管。以后她 5 次发生宫外孕,使自然生育成为不能。1985 年,戴维斯夫妇接受试管受精。在 3 年内,戴维斯夫妇遭遇了 5 次失败。1988 年,冷冻保存前胚胎(Cryopreservation)的技术诞生,当时,前胚胎冷冻保存的极限时间是 2 年。1988 年 12 月 8 日,医生从 Mary 那里采集了 9 枚卵子。经过受精后植入了其中的两个,冷冻了其余的 7 个。两周后,医院宣告植入失败。两个月后,即 1989 年 2 月,Junior 向 Mary 提出离婚。于是发生了 7 枚冷冻胚胎的性质以及相应的归属问题的争议。Mary 认为自己是这些胚胎的母亲,认为他们是她自己的一部分,希望得到他们以便在适当的时间将之植入体内。Junior 则认为自己拥有每个这些胚胎的一半。由于他自己生长在单亲家庭的缘故,所以他不希望自己的孩子成长在破碎的家庭中,因此,他不希望 Mary 将来生下他们共同的孩子,因而拒绝成为父亲,其行为类似于女性拒绝成为母亲而实施流产。双方遂发生诉讼。

1989 年 9 月 21 日,一审法院的 Young 法官作出判决:人的生命开始于受孕,因此,试管中的被冷冻的受精卵实际上就是自然人,是 Junior 和 Mary 的孩子,其监护权属于 Mary。该判决以法院采用体外受精胚胎自然人说告终。[25]

不过采用这一学说在美国存在宪法上的障碍。[26] 1973 年,美国联邦最高法院在审理涉及得克萨斯州堕胎法的"罗诉韦德案"(Roe v. Wade,410 U. S. 113(1973))时,否认了"人的生命起源于受孕"说,认为美国宪法第 14 条修正案中所说的"人"是指出生后的人,不包括未出生的胚胎和胎儿,后者不受第 14 条修正案的保护。[27] 因而,该判例承认了妇女的堕胎权,妇女对未达到存活程度的胚胎实施流产是其生殖自决的私生活权的表现,而堕胎就是杀死体内受精的胚胎,如果像路易斯安那州那样仅给予体外受精的胚胎以法人地位,就会产生人工生殖和自然生殖两种生殖方式中的胎儿法律地位不同的矛盾。一旦实现两种胚胎地位的同一化,则妇女的堕胎权就会消亡,这一结果显然不符合

---

[23] 徐国栋:"体外受精胚胎的法律地位研究",载《法制与社会发展》2005 年第 5 期。

[24] 842 S. W. 2d 588(Tenn. 1992).

[25] 张善斌、李雅男:"人类胚胎的法律地位及胚胎立法的制度构建",载《科技与法律》2014 年第 2 期;徐国栋:"体外受精胚胎的法律地位研究",载《法制与社会发展》2005 年第 5 期;张燕玲著:《人工生殖法律问题研究》,法律出版社 2006 年版,第 98 页;更详尽的案情可以参见[美]爱伦·艾德曼、卡洛琳·肯尼迪著:《隐私的权利》,吴懿婷译,当代世界出版社 2003 年版,第 74 页以下。

[26] Shirley Darby Howell, The Frozen Embryo: Scholarly Theories, Case Law, and Proposed State Regulation, 14 *DePaul J Health Care L* 407, 412 - 413(2013).

[27] Roe v. Wade, 410 U. S. 113, 158(1973). 参见李善国、倪正茂、刘长秋著:《辅助生殖技术法研究》,法律出版社 2005 年版,第 37 页。

多数美国妇女的意愿。[28]

在 Davis v. Davis 案的二审（1990 年）中，田纳西州的高等法院即援引 Roe v. Wade 这一关于堕胎权的经典判例，不认为胚胎是“自然人”，且不承认自然人的生命起源于受孕，从而否认了下级法院的判决，将胚胎判给夫妻双方共同管理，并承认了 Junior 有拒绝成为父亲的权利。[29]

（二）客体说（财产说）

根据这一学说，胚胎不具有特殊的道德地位，而应被视为是创造它们的夫妻的财产。从这一观点看，夫妻对这些冷冻胚胎的处置应享有不受限制的裁量权，但采用这一观点的学者居少数。[30] 多数机构和学者都认为胚胎应受到特殊的尊重。如有学者认为，已受精的胚胎虽然具有了唯一的基因身份并有成为生命的潜质，但在其冷藏储存等待植入者时，其性质更类似于财产。[31] 然而，胚胎仍应获得特殊的尊重，因而胚胎不是遗产，应该依据被继承人明确的表示进行处分。[32] 最近又有美国学者大力主张应采用受尊重的财产理论（Property with Special Dignity）。[33]

在立法上，2008 年 11 月，密歇根州和佛罗里达州共同通过一项议题：允许仅为治疗目的的创造胚胎从而将胚胎归类为财产。[34]

将冷冻胚胎视为财产的典型判例是 York v. Jones。[35] 在该案中，原告为 York 夫妇，被告为弗吉尼亚州的诺福克试管婴儿诊所。当这对夫妇决定变更诊所并选定了洛杉矶的一家诊所时，原来的诊所拒绝将被冷冻保存的胚胎空运到洛杉矶的诊所。法院认为这对夫妇对他们的胚胎享有财产权，York 夫妇和诺福克诊所事先签订的协议因为目的变更应当终止。法院推定胚胎为个人财产，因此根据非法占有理论（detinue），该诊所必须

---

[28] 徐国栋：“体外受精胚胎的法律地位研究”，载《法制与社会发展》2005 年第 5 期。美国也有学者认为，路易斯安那州 1986 年的《人类胚胎法》由于对夫妇的生育决定隐私权存在着潜在的干扰，因而是违反宪法的。See Lori B. Andrews, “The Legal Status of the Embryo”, 32 *Loy. L. Rev.* 357, 409 (1986 - 1987).

[29] 张善斌、李雅男：“人类胚胎的法律地位及胚胎立法的制度构建”，载《科技与法律》2014 年第 2 期。

[30] Carl H. Coleman, “Procreative Liberty and Contemporaneous Choice: An Inalienable Rights Approach to Frozen Embryo Disputes”, 84 *Minn. L. Rev.* 55, 67 (1999).

[31] Donna M. Sheinbach, Comment, “Examining Disputes Over Ownership Rights to Frozen Embryos: Will Prior Consent Documents Survive if Challenged by State and/or Constitutional Principles”, 48 *Cath. U. L. Rev.* 989, 1011 (1999).

[32] Ibid., at 999 - 1001.

[33] Bridget M. Fuselier, “The Trouble with Putting All of Your Eggs in One Basket”, 14 *Tex. J. on C. L. & C. R.* 143 (2008 - 2009).

[34] 张善斌、李雅男：“人类胚胎的法律地位及胚胎立法的制度构建”，载《科技与法律》2014 年第 2 期。

[35] 717 F. Supp. 421 (E. D. Va. 1989).

将冷冻的胚胎归还给这对夫妻。[36]

在 Litowitz v. Litowitz 案[37]中,虽然法院没有表明对冷冻胚胎地位的观点,但法院裁判所依据的诊疗机构的合同也将冷冻胚胎称为预期成为父母者的财产。[38]

(三)中间体说

该观点认为胚胎既非人也非物,而是属于二者之间的一个中间体。

1982 年英国国务院社会服务机构(British Government's Secretary of State for Social Services)成立了一个由 Mary Warnock 领导的 16 个成员组成的调查委员会,探讨试管婴儿技术的成果与潜在发展的伦理意义并提出有关的政策。1984 年 6 月 26 日该调查委员会向英国议会呈交了 Warnock 报告。[39][40] 该报告就胚胎的法律地位问题认为,胚胎不应该享有与生存着的儿童和成年人一样的法律地位,但是应当认为其具有特殊地位,应受到法律一定程度的保护,因此对其进行研究或处置时必须获得许可。[41] 基于该报告提出的思想和建议,英国颁布了《1990 年人类受精与胚胎法》(Human Fertilisation and Embryology Act 1990),该法案第 11 条允许使用胚胎进行治疗。《2008 年人类受精与胚胎法》调整了体外胚胎的创造和适用范围,扩大了合法进行胚胎研究的范围,允许以治疗重大疾病为目的创造杂交胚胎(hybrid embryos),但仍坚持以儿童的利益为中心的原则。[42]

1984 年,在澳大利亚曾发生过一起引发大讨论的事件。事件起因是,美国的一对非常富裕的夫妻,里奥斯(Rios)夫妇,1981 年来澳大利亚的墨尔本进行体外受精,并形成了两枚胚胎,以冷冻的方式保存。但是 1984 年该对夫妇在一场飞机事故中遇难,留下了 800 万美元的遗产。关于这两枚胚胎该如何处理以及其是否拥有继承权的问题,澳大利亚学界争论不一,并且成立了沃勒委员会(Waller Committee)来专门探讨这两枚胚胎的处理问题。对于体外胚胎的处理问题,该委员会建议:夫妻并不对体外胚胎享有所有权;夫妻应当在他们进行人工受精之前对该胚胎的处理作出决定;冷冻胚胎可以捐赠给其他的不孕夫妻;如果夫妻已经受孕成功,他们可以要求将多余的冷冻胚胎销毁(但这被维多利亚省的议会否决了);胚胎冷冻 5 年之后必须对该胚胎的处理问题重新询问夫妻双方

---

[36] 张善斌、李雅男:"人类胚胎的法律地位及胚胎立法的制度构建",载《科技与法律》2014 年第 2 期。

[37] 48 P.3d 261(Wash. 2002).

[38] Fuselier, Bridget M., "The Trouble with Putting All of Your Eggs in One Basket: Using a Property Rights Model to Resolve Disputes over Cryopreserved Pre-Embryos", 14 *Tex. J. on C. L. & C. R.* 143, 167 Fn. 195(2008 - 2009).

[39] 张善斌、李雅男:"人类胚胎的法律地位及胚胎立法的制度构建",载《科技与法律》2014 年第 2 期。

[40] 报告全文可从下列网址下载:http://www.hfea.gov.uk/docs/Warnock_Report_of_the_Committee_of_Inquiry_into_Human_Fertilisation_and_Embryology_1984.pdf。

[41] Warnock Report of the Committee of Inquiry into Human Fertilisation and Embryology, 1984, pp. 62 - 64. 参见张善斌、李雅男:"人类胚胎的法律地位及胚胎立法的制度构建",载《科技与法律》2014 年第 2 期。

[42] 张善斌、李雅男:"人类胚胎的法律地位及胚胎立法的制度构建",载《科技与法律》2014 年第 2 期。

的意见，但此期限通常是可以延续的；冷冻胚胎并不享有任何继承权，但是处于合理储存期限内的胚胎应该受到法律保护。最后，澳大利亚的维多利亚省专门通过一项法律要求这些受精卵被植入到代孕母的子宫内，等其出生的时候可以被领养，但是胚胎没有继承权。这被认为是对胚胎最为有利的。[43] 从这些建议和立法中也可以看出，冷冻胚胎并非单纯的物，不属于所有权的客体，不过它也不是人，不享有继承权。

中间体说目前也成了美国判例和学说中的主流观点。

早在1978年的Del Zio v. Presbyterian Hospital in New York[44]案中，美国法院即采用了这一立场。在该案中，原告Del Zio夫妇1973年向被告哥伦比亚大长老医院的Shettles医生寻求帮助，希望能够治好Del Zio太太的不孕症。Shettles医生尝试体外受精法对其进行治疗。但是，在受精卵正在发育时，该医院负责人以体外受精违背道德为理由，销毁了该枚受精卵，却没有告知该对夫妇和Shettles医生。1974年Del Zio夫妇对哥伦比亚大长老医院和Vande Wiele医生提起了诉讼，诉由为侵犯了其财产权并造成了精神损害。陪审团最后否定了受精卵为财产的主张，也不认为胚胎为人，但是支持了原告精神损害赔偿的诉求。[45]

1986年，美国生育协会（the American Fertility Society，现在被称为美国生殖医学协会，the American Society for Reproductive Medicine）在一个声明中认为，“前胚胎较人体组织应获得更高的尊重，但不应比真正的人所获得的更高。前胚胎之所以较其他人体组织应获得更高的尊重在于其具有成为人的潜能，并且对许多人而言具有象征意义。但它仍不应被视为人，因为它尚未发展出人格特征，尚未被确立为发展中的独立个人，而且可能永远无法实现其生物潜能”。[46]

在1994年的一个声明中，该协会仍认为，胚胎不是人，但是“它应受到特殊的尊重，因为它是一种在基因上是独特的、存活的人类实体，可能发展为人”。[47]

---

[43] 张善斌、李雅男：“人类胚胎的法律地位及胚胎立法的制度构建”，载《科技与法律》2014年第2期；张燕玲著：《人工生殖法律问题研究》，法律出版社2006年版，第90页；邢玉霞著：《辅助生殖技术应用中的热点法律问题研究》，中国政法大学出版社2012年版，第144页注1；George P. Smith，“II, Australia's Frozen Orphan Embryos：A Medical，Legal and Ethical Dilemma”，24 *J. Fam.* L. 27（1985 - 1986）；David T. Ozar，“The Case against Thawing Unused Frozen Embryos”，15 *Hastings Center Rep.*，Vol. 15，No. 4（Aug.，1985），pp. 7 - 12.

[44] Docket No. 74 Civ. 3588，1978 U. S. Dist. Lexis 14450（S. D. N. Y. November 14，1978）.

[45] 张善斌、李雅男：“人类胚胎的法律地位及胚胎立法的制度构建”，载《科技与法律》2014年第2期；邢玉霞著：《辅助生殖技术应用中的热点法律问题研究》，中国政法大学出版社2012年版，第140页。

[46] Cf. Dominick Vetri，“Reproductive Technologies and United States Law”，37 *Int'l Comp. L. Q.* 505，526（1988）. 另参见张燕玲著：《人工生殖法律问题研究》，法律出版社2006年版，第93～94页。

[47] Ethics Committee of the American Fertility Society，“Ethical Considerations of Assisted Reproductive Technologies”，62 *Fertility & Sterlity* 78S，78S（Supp. 1994）.）Cf. Carl H. Coleman，“Procreative Liberty and Contemporaneous Choice：An Inalienable Rights Approach to Frozen Embryo Disputes”，84 *Minn. L. Rev.* 55，68（1999）.

受美国生育协会上述立场的影响,田纳西州最高法院1992年6月就前述的Davis v. Davis一案作出裁决:应根据美国生育协会的伦理指导方针,既不能将体外胚胎当作人也不能当作物,应当将其看作一种过渡的中间体,但是,人类胚胎是潜在的人类生命,必须得到应有的尊重。㊽ 田纳西州最高法院最终承认路易斯和玛丽对冷冻胚胎享有准财产权性的决定权;他们未来的命运如何,取决于路易斯和玛丽行使生育权的结果,而此等权利又属于他们的个人私生活权的重要部分。如果他们两人的意见无法一致,只能用权衡双方负担的方式解决争议。㊾

(四)冷冻胚胎的地位:立法机关的任务?

有学者在对Davis一案进行评论时认为,在出生前的生命(prenatal life)的地位问题上,道德、法律、哲学、科学和社会性质的问题不断被提出,法院使自己陷入一个高度争议的话题之中。相较于行政或司法部门,立法机关是更好的判断者,原因有二:首先,立法部门为关心这些问题的人提供更有回应的场所;其次,立法部门应对在生殖生物学领域的新发展做出回应。因此,如果社会必须在"人的生命从何时开始"这一问题上达成共识,应该通过立法机关基于良知与对本国各地区的了解来编纂法律,而不是依循由司法机关提供个案裁判而建立起来的判例法。㊿

四、冷冻胚胎的继承权问题

冷冻胚胎的继承权问题仅在采用主体说的背景下才会出现。

如前所述,在1984年的Rios夫妇事件中,澳大利亚沃勒委员会的报告认为冷冻胚胎并不享有任何继承权。而最后,澳大利亚的维多利亚省专门通过的法律也要求这些受精卵被植入到代孕母的子宫内,等其出生的时候可以被领养,但是胚胎没有继承权。[51]

美国《路易斯安那州民法典》补编第9:133条规定了冷冻胚胎的继承权问题:作为法

㊽ "We conclude that preembryos are not, strictly speaking, either 'persons' or 'property', but occupy an interim category that entitles them to special respect because of their potential for human life." Davis v. Davis, 842 S. W. 2d 588, 597(Tenn. 1992). 参见张善斌、李雅男:"人类胚胎的法律地位及胚胎立法的制度构建",载《科技与法律》2014年第2期。

㊾ 徐国栋:"体外受精胚胎的法律地位研究",载《法制与社会发展》2005年第5期。

㊿ Pieper, Mark A., "Frozen Embryos-Persons or Property: Davis v. Davis", 23 *Creighton L. Rev.* 807, 832 - 833(1989 - 1990).

[51] 张善斌、李雅男:"人类胚胎的法律地位及胚胎立法的制度构建",载《科技与法律》2014年第2期;张燕玲:《人工生殖法律问题研究》,法律出版社2006年版,第90页;邢玉霞著:《辅助生殖技术应用中的热点法律问题研究》,中国政法大学出版社2012年版,第144页注1;George P. Smith, "II, Australia's Frozen Orphan Embryos_A Medical, Legal and Ethical Dilemma", 24 *J. Fam. L.* 27(1985 - 1986); David T. Ozar, "The Case against Thawing Unused Frozen Embryos", 15 *Hastings Center Rep.*, Vol. 15, No. 4(Aug., 1985), pp. 7 - 12.

人的试管受精胚胎不享有继承权,只有它们发育成活着出生的胎儿后或发育到法律赋予胚胎权利的任何其他时间时才享有此权。作为法人的胚胎或经由试管受精和作为捐赠给另一对夫妇的试管受精的卵子的结果而出生的儿童对接受试管受精术的病人并不享有继承权。[52] 易言之,未植入的胚胎不享有继承权,他们只有达到了民法典第9:26条规定的状况才能享有这一权利。[53]

顺便提一句,就试管受精出生的婴儿的继承权,前述Warnock报告建议,使用冷冻胚胎进行试管受精出生的孩子,若在父亲死亡时仍未进入子宫的,对父亲的财产将不享有继承权。[54] 美国佛罗里达州的法律也规定,在卵子、精子或前胚胎植入一名女性的身体之前,捐赠卵子或精子者死亡的,由此出生的孩子对死者的遗产不具有继承权,除非死者的遗嘱另有约定。[55]

五、有关冷冻胚胎的主要处置模式

在采用冷冻胚胎属人说的背景下,会涉及冷冻胚胎的监护人(guardian)问题,路易斯安那州对此作出了详尽的规定;而在非人说的背景下,也会涉及冷冻胚胎处置权的归属和处置方式的问题。在提供冷冻胚胎配子的夫妻离婚时,对冷冻胚胎的处置更是在美国引发了激烈的争议,如前述Davis v. Davis案,在提供配子的夫妻和医疗机构之间,也存在对处置权归属的争夺战,如前述Del Zio v. Presbyterian Hospital in New York案。

(一)英国

在英国Warnock委员会于1984年6月做出的前述报告中,涉及了胚胎的保存期限和剩余胚胎的处理:胚胎的最长保存期限为10年,期限届满后,其使用权和归属权转移给储存机构;提供胚胎的夫妇一方死亡的,胚胎的使用权和处理权应移转于另一方;双方均死亡时,胚胎的使用权和处置权归属于储存机构;在夫妻就胚胎的使用和处置无法达成协议时,决定权已转给储存机构,如果已经超过了10年的保存期限。[56]

英国《1990年人工受精与胚胎法》第11条涉及允许使用胚胎进行治疗,对精子、卵子和胚胎的存储和研究等内容。第14条规定,严禁精子、卵子或胚胎的存储时间超过法律规定的时间,如果存储的期限届满,应当允许其死亡或被销毁。存储时间最先是5

---

[52] 原文为:As a juridical person, the embryo or child born as a result of in vitro fertilization and in vitro fertilized ovum donation to another couple does not retain its inheritance rights from the in vitro fertilization patients.

[53] 徐国栋:"体外受精胚胎的法律地位研究",载《法制与社会发展》2005年第5期。

[54] Warnock Report of the Committee of Inquiry into Human Fertilisation and Embryology, 1984, p. 57. 参见张燕玲著:《人工生殖法律问题研究》,法律出版社2006年版,第53页。

[55] West's F. S. A. § 742. 17. Disposition of eggs, sperm, or preembryos; rights of inheritance (1993).

[56] Warnock Report of the Committee of Inquiry into Human Fertilisation and Embryology, 1984, pp. 56 - 57.

年,之后的立法允许在父母双方同意的情况下延长存储时间,但不得超过10年。[57] 该法的附件三第6条第3项要求必须经过提供配子的双方同意后才能使用试管受精产生的胚胎。英国2004年的Evans v. Amicus Healthcare Ltd and others[58] 这一案例也正是基于这一点,驳回了不孕的上诉人在离婚后希望使用冷冻胚胎的请求,因为在离婚且男方反对治疗时,移植胚胎不能被认为构成知情同意书中所说的"一起治疗"(treatment together)。即使离婚后男方同意女方使用胚胎,医疗机构也可以拒绝治疗,因为《1990年人工受精与胚胎法》第13条第5款还要求考虑可能会出生的孩子的福利,包括其对父亲的需求。[59]

《2008年人工受精与胚胎法》则调整了体外胚胎的创造和使用范围;扩大了合法进行胚胎研究的范围,允许以治疗重大疾病为目的创造杂交胚胎(hybrid embryos)。[60]

(二)澳大利亚:Rios夫妇事件

如前所述,在Rios夫妇事件中,就冷冻胚胎的处置,澳大利亚沃勒委员会的报告建议:夫妻应当在他们进行人工受精之前对该胚胎的处理作出决定;冷冻胚胎可以捐赠给其他的不孕夫妻;如果夫妻已经受孕成功,他们可以要求将多余的冷冻胚胎销毁(但这被维多利亚省的议会否决了);胚胎冷冻5年之后必须对该胚胎的处理问题重新询问夫妻双方的意见,但此期限通常是可以延续的。最后,澳大利亚的维多利亚省专门通过的法律也要求这些受精卵被植入到代孕母亲的子宫内,等其出生的时候可以被领养。[61]

---

[57] 张善斌、李雅男:"人类胚胎的法律地位及胚胎立法的制度构建",载《科技与法律》2014年第2期。延长期限的规章是The Human Fertilisation and Embryology(Statutory Storage Period for Embryos)Regulations 1996。

[58] 一审:[2003] 4 All E. R. 903;二审:[2004] EWCA(Civ)727,[2005] Fam 1,[2004] 3 All ER 1025. 该案后来上诉到欧洲人权法院,Evans v. United Kingdom(6339/05)[2006] 2 F. L. R. 172;[2006] 1 F. C. R. 585;(2006)43 E. H. R. R. 21;[2006] Fam. Law 357;(2006)156 N. L. J. 456;Times, March 17, 2006;Evans v. United Kingdom(6339/05)[2007] 1 F. L. R. 1990;[2007] 2 F. C. R. 5;(2008)46 E. H. R. R. 34;22 B. H. R. C. 190;(2007)95 B. M. L. R. 107;[2007] Fam. Law 588;(2007)157 N. L. J. 599;Times, May 2, 2007;ECHR(Grand Chamber),但被驳回。

[59] Andrew Grubb ed., *Principles of Medical Law*, 2nd ed., Oxford University Press, 2004, p. 701.

[60] 张善斌、李雅男:"人类胚胎的法律地位及胚胎立法的制度构建",载《科技与法律》2014年第2期。

[61] 张善斌、李雅男:"人类胚胎的法律地位及胚胎立法的制度构建",载《科技与法律》2014年第2期;张燕玲:《人工生殖法律问题研究》,法律出版社2006年版,第90页;邢玉霞著:《辅助生殖技术应用中的热点法律问题研究》,中国政法大学出版社2012年版,第144页注1;George P. Smith, "II, Australia's Frozen Orphan Embryos: A Medical, Legal and Ethical Dilemma", 24 *J. Fam. L.* 27(1985–1986);David T. Ozar, "The Case against Thawing Unused Frozen Embryos", 15 *Hastings Center Rep.*, Vol. 15, No. 4(Aug., 1985), pp. 7–12.

(三)美国

1. 美国法院采用的三种主要模式

在美国,关于冷冻胚胎处置权之争最常见于夫妻在冷冻胚胎之后离婚的情形。在夫妻决定试管受精,并将受精卵冷冻之后,如果二者离婚,一方希望继续植入或捐赠给他人,而另一方希望销毁时,矛盾就凸显出来。典型判例如前述 Davis v. Davis 一案。为此,美国学者用尽了笔墨,提出了诸多模式,并分别得到了不同判例的支持。最早对此进行总结的判例是爱荷华州 2003 年的判例 In re Marriage of Witten。[62] 在该判例中,法官总结了美国学者提出了三种主要模式:合同路径(the contractual approach)、同时合意模式(the contemporaneous mutual consent model)以及利益衡量检验(the balancing test)。这三种模式的划分也为之后宾夕法尼亚州 2011 年的判例 Reber v. Reiss[63] 和伊利诺伊州 2013 年的判例 Szafranski v. Dunston[64] 所沿用。[65]

(1)合同模式

在美国,医疗诊所与病人之间通常会签订协议来约定对冷冻胚胎的处置。通常医疗诊所都会提供对该冷冻胚胎储存一段时间的服务,并要求每对夫妇签订书面的协议,协议的内容是:如果该对夫妇离婚、一方或双方死亡或者他们与该诊所失去联系的情况下,对胚胎的处理方式。通常该对夫妇对未使用的胚胎有四种不同的选择:存储、销毁、捐赠给其他夫妇或者科研机构。[66] 但该处置协议是否违反公共政策以及具备可执行性,各州法院的观点不同。承认这种协议不违反公共政策因而可执行的模式被称为合同模式。

秉持合同模式的代表学者是 John Roberston 教授,他采用了经典的合同路径来解决配子捐赠者之间的争议。他认为,明知、熟虑并且自愿就其多余胚胎的最终处置订立合同的当事人必须受其协议的约束,[67]其主要理论依据在于信赖理论。[68] Robertson 教授还认为,对于不孕夫妇实现其生育自治的最好途径就是允许他们在开始试管受精治疗前订立有约束力的合同。[69]

---

[62] 672 N. W. 2d 768,774(Iowa,2003).

[63] 42 A. 3d 1131,1134. 该判例将 In re Marriage of Witten 案中对第 2、3 种模式的表述分别改为 the contemporaneous mutual consent approach 和 the balancing approach。

[64] 993 N. E. 2d 502,506.

[65] 下文关于各州经典判例的介绍也主要出自 Reber v. Reiss 和 Szafranski v. Dunston 这两个判例所做出的总结。

[66] 张善斌、李雅男:"人类胚胎的法律地位及胚胎立法的制度构建",载《科技与法律》2014 年第 2 期。

[67] John A. Robertson,"Precommitment Strategies for Disposition ofFrozen Embryos",50 *Emory L. J.* 989,1024 - 1025(2001).

[68] Ibid. ,at 1001.

[69] Ibid. ,at 1039 - 40.

从立法选择上看,美国学者也认为合同模式是一种合理的模式。如 Heidi Forster 认为,胚胎的处置问题涉及法律、道德以及社会因素。立法应对胚胎提供者与生殖机构之间的合同进行规范,以避免不可预见的情形发生。夫妻双方对胚胎的处置协议应该具有效力,并应该予以尊重。立法应强制夫妻在决定适用试管婴儿前签署协议,并对胚胎的处分作出决定。但基于对人权的尊重,应禁止胚胎买卖。[70] Peter E. Malo 也认为,对于冷冻胚胎的监护权问题实质上是冷冻胚胎的处分权问题。对于冷冻胚胎的监护权问题,最优的选择依旧是事前夫妻之间的协议。因而将来的立法必须强制准备接受试管婴儿的夫妻签署协议,并且在推进试管婴儿实验之前,合同中必须包含一个等待期供夫妻双方决定是否变更协议。协议中必须包含各种特殊情形,包括离婚以及抛弃冷冻胚胎的事宜。[71]

目前,在美国通过判例采用了合同模式的州有纽约州、田纳西州、华盛顿州、得克萨斯州和俄勒冈州等五个州。[72] 在这些州,“在试管受精时达成的协议可以执行,只要它们不违反公共政策”。[73]

这一模式的好处是,它鼓励人们事前达成协议从而避免将来昂贵的诉讼,而且它避免了州和法院介入私人家庭的决定。正如纽约州上诉法院所认为的:

“应当鼓励当事人在开始(试管受精)和冷藏前事先深思熟虑可能的紧急情况并认真地以书面形式明确说明他们的意愿。明确的协议可以避免商事交易中的昂贵的诉讼。在诉讼的无形成本完全无法计算时,它们在关于生育选择的个人事务中就更为必要和可取。事先的指示,在受到必须共同表达的相互思想交流的约束下,既最小化了误解,也通过将做出典型地具有个人性的、私人的决定的权力留给创造者而最大化了生育自由。书面协议也提供了有效执行(试管受精)计划的有效运作所必需的确定性。

……

在可能的程度上,应当由创造者——而非州和法院——通过事先的指示来作出这一

---

[70] Heidi Forster, “Recent Development, The Legal and Ethical Debate Surrounding the Storage and Destruction of Frozen Embryos: A Reaction to the Mass Disposal in Britain and the Lack of Law in the United States”, 76 *Wash. U. L. Q.* 759, 764 - 767, 774 (1998).

[71] Peter E. Malo, “Deciding Custody of Frozen Embryos: Many Eggs Are Frozen but Who Is Chosen”, 3 *Depaul J. Health Care L.* 307, 334 (1999 - 2000).

[72] Davis v. Davis, 842 S. W. 2d at 588; Kass v. Kass, 696 N. E. 2d 174 (N. Y. 1998); Litowitz v. Litowitz, 48 P. 3d 261 (Wash. 2002); Roman v. Roman (193 S. W. 3d 40, Tex. App. Houston 1st Dist. 2006); In re Marriage of Dahl, 222 Ore. App. 572, 194 P. 3d 834 (Ore. Ct. App. 2008) (Oregon). Cf. Bridget M. Fuselier, The Trouble with Putting All of Your Eggs in One Basket, 14 Tex. J. on C. L. & C. R. 143, 148, Fn. 37 (2008 - 2009); Szafranski v. Dunston, 2013 IL App (1st) 122975, 993 N. E. 2d 502.

[73] In re Marriage of Witten, 672 N. W. 2d 768, 776 (Iowa, 2003).

深具个人性的生命选择。”[74]

下面是美国各州采用合同模式的典型判例：

①弗吉尼亚州：York v. Jones[75]

早在前述 York v. Jones 案中，法院就认定冷冻胚胎的协议（Cryopreservation Agreement）是夫妻和医疗机构之间订立的一项寄托合同（a bailment contract），并认为医疗机构的行为构成了对这项寄托合同的违反。

②田纳西州：Davis v. Davis

在前述 Davis v. Davis 案中，田纳西州最高法院即认为：

“我们认为，作为出发点，有关出现紧急情况（如当事人一方或以上死亡、离婚、财政逆转或放弃项目）时未被植入的前胚胎的协议，应当被推定是有效的，并且应当在创造者（progenitor）之间得到执行。这一结论符合下述主张，即提供了产生前胚胎的配子材料的创造者就这些前胚胎的处置保留了决策权。”[76]

不过，尽管该法院有如上认识，它仍然发现当事人之间不存在协议，因而转向了利益衡量模式。[77]

③纽约州：Kass v. Kass[78]

在该案中，一对夫妇在妻子因为产前接触乙烯雌酚而不能怀孕，从而接受了试管受精。他们签署了一项同意书，声明“我们被冷冻的前胚胎（pre-zygote）在没有我们二者的书面同意的情况下不能因为任何目的而脱离储存”。他们还签署了一份同意书，声明：

“倘若我们不再希望启动怀孕或者不能就我们存储的、冷冻的前胚胎的处置作出决定，我们将表明我们愿意处置我们的前胚胎并指示 IVF 项目（选择其一）：

……

（b）我们的冷冻胚胎可以由 IVF 项目为了生物学研究而进行检查，并由其处置用于由其决定并获准的研究调查。”

妻子后来提起了一项婚姻诉讼，要求对前胚胎进行唯一的监护以便进行另一项植入程序，丈夫反对移走这些受精卵及其妻子进一步受孕的尝试。纽约州上诉法院认为，“创造者，或者配子捐赠者之间就其前胚胎的处置达成的协议通常应被推定为是有效的和有

---

[74] Kass v. Kass, 91 N. Y. 2d 554, 696 N. E. 2d 174, 180, 673 N. Y. S. 2d 350(N. Y. 1998).

[75] 717 F. Supp. 421, 425(E. D. Va. 1989).

[76] 842 S. W. 2d 588, 597(Tenn. 1992)(Tennessee).

[77] Ibid., at 598, 603.

[78] 91 N. Y. 2d 554, 696 N. E. 2d 174, 673 N. Y. S. 2d 350(N. Y. 1998).

约束力的,因而在二者之间的任何纠纷中都可以得到执行”。[79] 之后,法院认为,“当事人之间签署的知情同意书明确表明他们共同的意图,即在现有环境下,前胚胎应被捐赠用于 IVF 项目的研究”。

④得克萨斯州:Roman v. Roman[80]

在该案中,一对夫妇在传统的怀孕途径和数次人工受精的尝试失败后进行了试管受精。他们签署了名为“胚胎冷冻知情同意书”的文件,并在其上选择了在离婚时抛弃胚胎。在离婚诉讼后,一审法院判妻子取得对生育 3 枚胚胎的占有。上诉后,得克萨斯州上诉法院发现控制胚胎处分的协议是有效的,并表达了如下意见:

“我们相信,允许当事人在胚胎冷冻前经过相互交流意见、共同表达、自愿决定冷冻胚胎的处置,能够最好地服务于本州的公共政策和当事人的利益。因此,我们认为,满足而这些标准的胚胎协议并不违反得克萨斯州的公共政策。”[81]

因此上诉法院认为,“胚胎协议约定了冷冻胚胎在离婚时应被抛弃”,一审法院不执行该协议属于滥用裁量权。

⑤俄勒冈州:In re Marriage of Dahl & Angle[82]

在该案中,一对夫妇经历了试管受精,并签署了一份“胚胎学试验室标本存储协议”(Embryology Laboratory Specimen Storage Agreement),协议规定:

“在被要求移转胚胎或在本协议终止时,大学被授权和指示按照如下的方式来移转或处分胚胎,且该授权不可撤销:

……

B. 如果客户不能或不愿做出共同授权,他们将指定如下的客户或其他代表享有唯一的和排他的权利授权和指示大学根据本协议的条款来移转或处分胚胎。”

妻子的名字被直接印在了该段落下面被称为“姓名”的空白处,她和其丈夫姓名的首字母就位于被称为当事人同意的空白处,并与前一空白处紧挨。该对夫妻后来决定离婚,但对试管受精后遗留的 6 个冷冻胚胎的处置不能达成协议。俄勒冈上诉法院在审查了相关的判例法后,采用了合同模式来解决争议问题,它认为:

“在 Davis 和 Kass 两案中,法院通过执行创造者关于胚胎的预先指示而赋予了他们的意图以效力,法院因此创设的一般框架是有说服力的。而且,赋予表明当事人处分胚胎之意图的有效协议以效力符合我们的制定法和判例法,它们对婚前协议以及婚姻期间

---

[79] 696 N. E. 2d 174,180.

[80] 193 S. W. 3d 40(Tex. 2006).

[81] Ibid. ,at 50.

[82] 222 Ore. App. 572,194 P. 3d 834,841(Or. Ct. App. 2008).

做出的协议赋予了同样的效力。”[83]

最终，法院认为该对配偶所执行的协议表明了他们的意图是由妻子来决定胚胎的处置。

⑥华盛顿州：In re Marriage of Litowitz[84]

在该案中，一对夫妻决定通过试管受精怀孕，并因此取得由丈夫的精子和卵子捐赠者的卵子产生的5个前胚胎。其中3个被植入给代孕母亲并生出一个孩子，而剩余的2个被冷冻储存在诊所。该对夫妇和诊所签署了一份“同意和授权冷冻胚胎合同”，其中规定：“在我们就自己的前胚胎不能达成共同决定时，我们应向有管辖权的法院就如何合理处置我们的前胚胎申请指示”。他们还在合同中表明，在其前胚胎被冷冻保存5年后，他们希望能将其解冻但不允许让其继续发育。该对夫妻之后离婚，在离婚程序中，丈夫试图将剩余的前胚胎用于收养，而妻子想将其植入给代孕母亲。一审法院基于“子女的最佳利益”(best interests of the child)将这些前胚胎判给丈夫。在上诉时，华盛顿州最高法院认为，因为妻子没有提供用于创造前胚胎的卵子，与之没有生物学上的关联，因此，她对前胚胎享有的权利完全基于合同。法院进一步认为，因为该对夫妇就前胚胎的处置未达成共同决定，由法院根据冷冻合同来决定对其的处置是合理的。法院最终推翻了一审判决，认为根据合同的条款，“剩余的胚胎应被解冻并且不被允许进一步发育”，因为距离冷冻保存这些前胚胎已经过去了5年。

⑦伊利诺伊州：Szafranski v. Dunston[85]

2013年，伊利诺伊州审理了第一起涉及冷冻胚胎处置权的案件。在该案中，作为被告和被上诉人的女方在2010年3月被诊断出患有非霍奇金氏淋巴瘤，并获悉化疗可能会使其丧失生育能力。男方同意捐赠精子和女方提供的卵子一起用于创造前胚胎。2010年3月，双方签署了一份被命名为“辅助生殖知情同意书”的文件。该文件载明，在没有双方同意(如果可能的话)的情况下，不能利用这些胚胎。……在离婚或同居关系消灭的情形，医疗机构将遵守有关这些胚胎的所有权及其他权利的法院命令或和解协议。同时，双方还会见了一名律师，讨论了创造前胚胎的法律意义，该名律师向他们提供了两份文件供选择。一份是共同父母协议(a co-parent agreement)，另一份是精子捐赠者协议(a sperm donor agreement)。3月下旬，女方通过电邮告知该名律师选择了前者。律师向双方提交了一份共同父母协议的草案。该协议的主要目的是保存当事人愿意被确认为

---

[83] 194 P. 3d 834,840.

[84] 146 Wn. 2d 514,48 P. 3d 261,268(Wash. 2002),amended by 53 P. 3d 516(2002).

[85] 2013 IL App(1st)122975;993 N. E. 2d 502;2013 Ill. App. LEXIS 397;373 Ill. Dec. 196.

孩子的法律上的共同父母的意图和合意。该协议还特别载明,双方应尝试参与至少一次试管受精和前胚胎移植的过程,在该过程中,男方应提供精子用于创造前胚胎,并且他同意对孩子承担所有法律义务和监护义务,无论二人的情况发生任何变化。该协议还载明,因试管受精取出和冷冻的卵子应由女方单独控制,如果预期的父母分手,女方将控制对这些前胚胎的处置。协议还进一步载明,男方承认并认可女方可能在经受化疗后不能创造新的健康胚胎,并且明确同意女方应该有机会使用这些胚胎来拥有一个孩子。夫妻两人没有签署这份共同父母协议。4 月,二人分别取出了精子和 8 个卵子,并基于医生的建议对所有 8 个卵子受精,最后有 3 个前胚胎存活。之后,女方就开始了化疗。5 月,男方短信告知女方终止二者之间的关系。2011 年 8 月,男方向法院起诉,试图永久禁止女方使用这些前胚胎,以使自己不被强迫违背意愿地做一个孩子的父亲。而女方也提起反诉,寻求法院赋予其对前胚胎的单独监护和控制权以及使用它们产子的权利。

伊利诺伊州地区上诉法院在充分借鉴其他州的判例、分析总结了前述三种处置模式后,认为解决冷冻胚胎处置权争议最合适的模式是尊重当事人在其在先协议中相互表达的意图,并对前述 Kass 案中表述的合同模式表示了认同。法院认为,尊重当事人的协议不仅允许他们做出自己的生育选择,也为合理的生育计划提供了一定程度的确定性,还能够促进当事人在参与试管受精前认真地讨论其意愿、意图和关注问题。即使当事人后来可能会改变其想法,但这在合同中能够充分地表达出来,而且应该在试管受精程序前加以讨论。这一关注不应允许当事人的犹豫不决来困扰试管受精程序,使其充满情绪和终身的压抑,以及带来不确定性,使他人承受负担。[86]

除了应尊重当事人之间的协议外,法院还引用了前述 Davis 案的表述来说明,在对前胚胎的处置不存在预先的协议时,“当事人使用或不使用前胚胎的相对利益就应当加以衡量”。尽管法院承认这不是解决涉及生育权纠纷的理想途径,但法院援引 Strasser 教授的观点认为,“更糟糕的是赋予一个可能令人反感的前配偶以权力来阻断另一方做父母的机会或指定可能成为父母会付出的代价”。[87] 法院并驳斥了上诉人反对合同模式和利益衡量模式的理由,认为它们毫无根据。特别是,针对上诉人从联邦有关堕胎权的判例法中推出的拒绝成为父母的宪法权利,并从男女平权的角度推出该权利要求使用胚胎时征得男女双方的同意这一观点,法院做出了驳斥。法院认为,“上诉人实际上从女性享有的终止妊娠的宪法权利中为其取得了一项单方禁止使用前胚胎的权利,而不考虑被上

---

[86] 993 N. E. 2d 502,515.

[87] Mark P. Strasser,“You Take the Embryos But I Get the House(and the Business):Recent Trends in Awards Involving Embryos Upon Divorce”,57 *Buff. L. Rev.* 1159,1225(2009).

诉人对胚胎的利益。这一观点是毫无根据的。个人可以放弃其宪法权利,无论是通过合同还是通过其他方式,终止妊娠的权利本身也受到对相关利益进行衡量的限制”。[88] 因此,尊重有关胚胎处置的协议不存在宪法上的障碍,在不存在有关处置胚胎的预先协议时,应当衡量当事人的利益。

但由于该案中的双方当事人都不能提供证据来支持各自就合同模式所持的立场,上诉法院将该事项发回巡回法院重审,要求其使用合同模式来处理。

但美国也有一些州法院认为事先达成的处置协议违反了公共政策。如马萨诸塞州最高法院在 A. Z. v. B. Z. [89]案中基于公共政策拒绝尊重当事人就前胚胎的处置事先达成的协议。在该案中,一对夫妻因为妻子怀孕困难而进行了试管受精。他们签署了一份知情同意书,其中声明,如果他们“分开(separation),(他们)二人同意将这些胚胎……还给妻子用于植入”。二人后来离婚,在他们离婚时,仍存储有一个藏有 4 个冷冻前胚胎的罐子,妻子想使用这些冷冻前胚胎来要更多的孩子,丈夫于是提出申请要求永久禁止其妻子使用这些前胚胎。在上诉时,马萨诸塞州最高法院一开始就怀疑该知情同意书“就夫妻二人产生纠纷时有关前胚胎的处置代表了二者意图”。它特别提及:

“知情同意书的主要目的是向捐赠者解释冷冻的益处和风险,并记录捐赠者在执行该同意书时处置冷冻前胚胎的意愿,以便在捐赠者(作为一个集体,as a unit)不再愿意适用冷冻前胚胎时向诊所提供指引。该同意书并未声明,而且记录也未表明,丈夫和妻子意图将该同意书在他们之后就处置不能达成合意时,作为他们之间有约束力的协议。相反,似乎它仅在于限定作为一个集体的捐赠者和诊所之间的关系。”[90]

而且,法院认为,该知情同意书中的“分离”(separation)的含义在法律上不同于“离婚”(divorce),在这一点上,该知情同意书是含糊不清的,不能假定离婚情形被包括在该知情同意书中。因此,法院拒绝执行该协议。

最后,法院在附带意见(dictum)中还认为:“即使丈夫和妻子就冷冻胚胎的处置达成一项明确而不含糊的协议,对于强迫一个捐献则违背其意愿成为父母的协议我们也不会执行。作为一项公共政策,我们认为,强迫生育并不是一个应受司法执行的领域”。[91]

因此,即使大多数美国法院运用了合同模式,并试图对当事人就前胚胎的处置做出的预先指示赋予效力,但就这些协议是否属于公共利益仍不存在一致的观点。[92]

---

[88] 993 N. E. 2d 502,516.

[89] 431 Mass. 150,725 N. E. 2d 1051(Mass. 2000).

[90] 725 N. E. 2d 1051,1056.

[91] 725 N. E. 2d 1051,1057 - 1058.

[92] Szafranski v. Dunston,993 N. E. 2d 502,510.

除了合同模式内部存在不一致的声音外,对合同模式也存在批评。主要的批评是,它“不足以保护受到危害的个人和社会利益”。其中的担忧有,“对冷冻胚胎的处置决定暗含了对个人身份关键的权利”,而且“关于这些基本的、具有个体重要性的事务,个人有权根据其愿望、价值和信仰做出决定”。“让夫妻就其冷冻胚胎的未来使用达成有约束力的决定,忽视了预计个人在未来对作为父母这样的改变生活的事件作出回应的困难”,而且“将夫妻关于对其冷冻胚胎的未来适用的而决定视为有约束力的合同,削弱了关于家庭、生育和基因联系的力量等重要价值”。[93]

(2)同时合意模式

同时合意模式是基于对合同模式的前述批评而产生的,主张这一模式的代表学者是Carl H. Coleman。[94] 他主张,“在创造胚胎的夫妻未(同时)达成合意前,任何一方都不能将该胚胎赠与其他病人、用于研究或将之销毁”。[95] “实现的指示并不应被视为是有约束力的合同。如果夫妻任何一方对实现作出的处置决定改变主意,其现在的异议将优先于之前的同意。如果夫妻一方撤销了预先的处置决定,而另一方没有,合意原则将不能得到满足,先前达成合意的处置决定就不能被执行。……在夫妻不能达成处置决定时,最妥当的解决办法就是使胚胎保持原状,即继续冷冻储存。和其他可能的处置决定——由乙方使用、捐赠给其他病人、捐赠用于研究或销毁——不同,将胚胎继续冷冻并非是最终的和不可撤销的。通过保持现状,夫妻可能会在之后的时点达成协议”。[96]

在这一模式下,对前胚胎的处置决定应由创造他们的个人来作出,每一方都有权参与决定。尽管这一模式部分失去了合同模式的确定性和可预测性,但它并不要求夫妻预告他们将来对前胚胎的感受。尽管被强制做父母对个人施加了负担,但强制性销毁前胚胎有着同样深远的影响,特别是对那些相信(前)胚胎是人者而言。因此,这一模式不允许未经前胚胎的创造者的同时合意就对之进行处置。[97] 它禁止未经捐赠者双方的签字授权就移转、使用或处置前胚胎。在出现僵局的情形,希望拥有孩子的一方将被阻止这么做,除非另一方当事人改变主意,但是不同意的一方也被禁止捐赠或销毁冷冻胚胎,除非另一方当事人改变主意。前胚胎将被无限期地储存下去,直至双方达成协议。反对销毁

---

[93] In re Marriage of Witten, 672 N. W. 2d at 777(quoting Coleman, supra, at 88 – 89).

[94] Carl H. Coleman, “Procreative Liberty and Contemporaneous Choice: An Inalienable Rights Approach to Frozen Embryo Disputes”, 84 *Minn. L. Rev.* 55(1999).

[95] Ibid., at 110.

[96] Ibid., at 110 – 12.

[97] Bridget M. Fuselier, “The Trouble with Putting All of Your Eggs in One Basket”, 14 *Tex. J. on C. L. &C. R.* 143, 149 – 150(2009).

者应承担储存费用。[98]

唯一适用这一模式的爱荷华州最高法院2003年作出的In re Marriage of Witten[99]案。在该案中，一对夫妻因为妻子不能自然怀孕而进行试管受精。他们签署了一份被称为“胚胎保存协议”的知情同意书，同意书中载明：“作为客户的存储者……理解并同意根据协议被存储的胚胎的容器仅在作为客户的存储者双方签字同意后才能被移转、释放或处置”。在离婚诉讼中，妻子寻求监护这些前胚胎并将其植入给自己或代孕者，但丈夫不愿意妻子使用这些冷冻胚胎并要求做出永久禁止令，禁止任何一方当事人在没有二者书面同意的情况下移转、释放或利用这些前胚胎。在上诉中，爱荷华州最高法院认为司法上执行“配偶间关于其未来家庭和生育选择的协议”违反了公共政策，拒绝采用合同模式，但也并未完全否认预先协议的效力，而是认为“在试管受精开始时达成的协议可执行，并约束当事人，但受限于任何一方当事人在使用或销毁任何被存储的胚胎前改变其有关处置的想法的权利”。[100] 法院又提及了利益衡量检验中的“重大的公共政策考虑”，并最终采用了同时合意模式，即认为，除非夫妻两个达成一个新的同时合意，否则不能使用或处置其前胚胎。反对销毁的一方应承担存储费用。

不过，让夫妻两个达成新的合意在Reber v. Reiss案中被认为是完全不现实的，如果当事人能达成这种协议，就不会上法庭了。[101]

有评论者也认为，“Witten案的观点将诸如丈夫这样的人置于特别强势的地位”。

“例如，法院认为，反对销毁胚胎的一方应承担冷冻胚胎的费用。希望报复前配偶者可能会说，他/她对冷藏胚胎没有兴趣，因此将费用转移给其前配偶。而且，可以想象，这种人会通过暗示他/她可能会在将来某时同意其前配偶使用胚胎而施加持续的精神损害——前配偶考虑到最后可能成为父母的可能性而会持续地处于情感的轮滑上。或者胚胎实际上可能被作为人质——仅在前配偶在财产分割中愿意放弃一些值钱的东西作为回报，或作为对更有利的抚养条件的交换，它们才会被释放使用。”[102]

在这一方面，同时合意模式“在每个创造者个人很想惩罚其很快就是前配偶的人时，给予其一项有力的谈判筹码”，“这是没有意义的，而且可能让个人为了惩罚或获得其他

---

[98] Ibid. ,at 150.

[99] 672 N. W. 2d 768(Iowaa 2003).

[100] In re Marriage of Witten,672 N. W. 2d 768,782(quoting J. B. v. M. B. ,170 N. J. 9,783 A. 2d 707,719(N. J. 2001)).

[101] Reber v. Reiss,42 A. 3d 1131,1135 n. 5(Pa. Super. Apr 11,2012).

[102] Mark P. Strasser,“You Take the Embryos But I Get the House(and the Business):Recent Trends in Awards Involving Embryos Upon Divorce”,57 *Buff. L. Rev.* 1159,1210(2009).

利益而以其前配偶能否作为生物学上有关联的孩子的父母成为要挟物”。[103]

(3)利益衡量理论(the balancing approach)

第三种模式是利益衡量模式,它纳入了同时决定但非合意的模式的理念(the idea of contemporaneous decision-making but not the mutual consent model)。[104] 在这一模式里,法院关注的原则是,更好的规则是“执行在试管受精开始时达成的协议,但这一协议受限于任何一方在使用或销毁任何被储存的前胚胎之前改变主意的权利”。[105] 在当事人于特定案件中不能达成协议时,法院就必须衡量当事人特定的相关利益来决定处置问题。[106][107]

不过在利益衡量的问题上,女权主义学者主张,在孕妇享有堕胎权的时间范围内,女性配子捐赠者对其冷冻胚胎应当享有绝对的控制。她们认为女性对胚胎的利益优于男性的利益,因为试管受精程序要求女性付出更高的体力投入,[108]而男性捐赠者在试管受精过程中并不经历痛苦或遭受身体伤害的风险,因此基于这种不平等的投入,法院应将冷冻胚胎判给希望使用冷冻胚胎而成为基因上的母亲的女性。[109] 如 Judith Daar 教授引用了 Roe v. Wade 及后续判例作为支持,主张在受孕妇女对其胎儿享有绝对权利的时间范围内,女性配子捐赠者有着绝对的权利来移植或销毁冷冻胚胎。[110] 在一方想植入、另一方想销毁时,宪法上的生育权要优于不生育权。[111] 正如在自然受孕发生时,男性丧失其不生育权一样,在他自愿为试管受精提供精子时,他也丧失了该权利。[112] 不过,她也承认,在试管受精的过程中,男性捐赠者会面临自然生殖过程所不会遇到的结果。即在自然生殖过程中,如果男性成为一名孩子的父亲,他的职责仅会存在于较短的时间内。而在试管受精过程中,他可能面临女性配子捐赠者在不确定的时间内迟延植入胚胎的可能。因此,不再有兴趣和女性捐赠者生育的男性可能会面临情感和经济上的不确定状态。为此,Daar 教授提议,只应允许女性捐赠者在一个“医疗上合理的”时间内植入胚胎,而 40 周可能是个比较合理的时间,它接近于自然生殖的期间。如果第一轮植入导致怀孕,她将用尽这 40

---

[103] Ibid. ,at 1225.

[104] In re Marriage of Witten,672 N. W. 2d 768,777(Iowa 2003).

[105] Ibid. ,at 778.

[106] Ibid.

[107] Bridget M. Fuselier,“The Trouble with Putting All of Your Eggs in One Basket”,14 *Tex. J. on C. L. &C. R.* 143,149 - 150(2008 - 2009).

[108] Shirley Darby Howell,“The Frozen Embryo: Scholarly Theories, Case Law, and Proposed State Regulation”,14 *DePaul J Health Care L* 407,416(2013).

[109] Ibid.

[110] Judith F. Daar,“Assisted Reproductive Technologies and the Pregnancy Process: Developing an Equality Model to Protect Reproductive Liberties”,25 *Am. J. L. &Med.* 455,466 - 467(1999).

[111] Ibid. ,at 466.

[112] Ibid. ,at 468.

周,之后不能继续使用剩余的胚胎。如果第一次尝试失败,在40周内,她仍可再试一次。最终,男性胚子捐赠者将会在40周内知道是否怀孕。[113] 她进一步支持愿意将胚胎赠与无子夫妇的一方,只要持反对意见的另一方配偶对该子女不负有法律上的责任。[114]

目前,美国采用利益衡量模式的主要有三个州:[115]

①田纳西州:Davis v. Davis

第一个采用这一模式的州是田纳西州,在前述Davis v. Davis案中,田纳西州最高法院裁决认为,合理的分析要求"衡量争议每方当事人的利益……以便以公平和负责任的方式来解决该争议"。[116] 最后,法院通过衡量,认为丈夫不生育的利益超过妻子将冷冻胚胎赠与他人的利益。

"通常,希望避免生育的当事人会优先,只要另一方当事人有合理的机会能通过使用所涉及的前胚胎之外的其他途径成为父母。如果不存在其他合理的选择,那么应当考虑支持使用前胚胎受孕的观点。不过,如果寻求控制前胚胎的当事人仅旨在将它们捐赠给其他夫妇,反对一方明显就有着更大的利益,从而取得优势。"[117]

但法院也认为,在本案中,"如果(妻子)寻求自己使用前胚胎,案件将更加势均力敌,但仅在她不能通过任何其他合理的途径成为母亲的情况下"。[118] 但若Mary由于年迈无法接受另一次试管受精手术,而上述前胚胎是她成为母亲的唯一机会时,如何实现其生育权,法院判决未做出回应。[119]

最终,法院指示主治医生按照自己的意见继续按常例处理未使用的前胚胎,排除了把他们捐赠他人的可能。1993年5月24日,同一法院命令医生把前胚胎交给Junior,以保障其生育自决权。玛丽随后向美国联邦最高法院提起上诉,但后者拒绝审理。[120]

②新泽西州:J. B. v. M. B. [121]

第二个采用了利益衡量模式的判例是新泽西州的J. B. v. M. B. 案。在该案中,一对夫妇在妻子知悉自己的身体状况是其不孕后经历了试管受精。他们签署了一份知情同意书,声明他们同意"在下列情况下,将对自己身体组织的所有控制权、管理权和所有权

[113] Ibid. ,at 467 – 468.

[114] Ibid. ,at 460.

[115] Szafranski v. Dunston,993 N. E. 2d 502,512.

[116] 842 S. W. 2d 588,591(Tennessee 1992).

[117] Ibid. ,at 604.

[118] Ibid.

[119] 徐国栋:"体外受精胚胎的法律地位研究",载《法制与社会发展》2005年第5期。

[120] 同上。

[121] 170 N. J. 9,783 A. 2d 707,719(N. J. 2001).

让与给IVF项目……[a]根据法院的命令解除婚姻,除非法院明确指明由谁来控制和管理这些组织”。妻子后来起诉离婚,一审法院赋予她销毁生育前胚胎的权利。丈夫提出上诉,认为一审法院应执行他和妻子之间所主张的协议,在他们选择不再给妻子植入前胚胎时,将其捐赠给不孕夫妇。上诉后,新泽西州最高法院采取的规则是,“执行在试管受精开始时达成的协议,但受限于任何一方当事人在使用或销毁存储的前胚胎前就其处置改变想法的权利”。“如果因为一方当事人重新考虑其早先的决定而对处置意见不一,必须评估双方当事人的利益。”[122]通过适用这一规则,法院认为,同意书并未表明夫妻双方对前胚胎处置的明确意图,因为它允许当事人在离婚时获得法院关于处置前胚胎的命令。因此法院转向平衡当事人的利益,认为,如果否定丈夫使用或捐赠前胚胎的机会,他并不会因此丧失生育权,因为他已经“做了父亲,而且能够成为其他孩子的父亲,无论是通过自然生育还是通过试管受精”,但是妻子的不生育权在尝试使用或捐赠前胚胎时就会丧失。[123] 在这种情势下,法院判定,“不应强迫(妻子)违背其意愿成为生物学上的母亲”。[124]

值得注意的是,本案一名法官(Verniero, J.)在其撰写的协同意见(concurring opinion)中认为,“使得本案结果得以达成的同一原则也允许不孕方不顾另一方的反对而主张其使用前胚胎的权利,只要这种使用是唯一的生育途径”。[125][126]

③宾夕法尼亚州:Reber v. Reiss[127]

2012年,宾夕法尼亚州最高法院在Reber v. Reiss一案中也运用了利益衡量模式。

在该案中,一对夫妇因为妻子被检查出患有乳腺癌而需要治疗,为了保存其生育能力而进行了试管受精。丈夫后来提出离婚,妻子则希望植入他们的前胚胎。在平衡当事人的利益后,一审法院基于妻子在不使用前胚胎的条件下无能力成为生物学上的母亲,将前胚胎判给了她。上诉后,宾夕法尼亚州最高法院认为,它不需要决定是否采用某一特定的模式,因为该对夫妇并未签署知情同意书中与离婚时对前胚胎的处置相关的部分,“很明显,该对夫妇就前胚胎并未达成一个同时的合意”。在这种情况下,法院认为,“利益衡量模式是最合适的检验方法”,并得出结论认为,利益衡量的结果倾向于妻子,因为“该对夫妇从未在经受IVF之前达成协议,这些前胚胎可能是该名妻子成为生物学上的母亲的唯一机会以及她成为母亲的最好机会”。[128]

---

[122] Ibid. ,at 719.

[123] Ibid. ,at 717.

[124] Ibid. ,at 717.

[125] Ibid. ,at 720.

[126] Reber v. Reiss,42 A. 3d 1131,1135(Pa. Super. Ct. 2012).

[127] 42 A. 3d 1131(Pa. Super. Ct. 2012).

[128] 42 A. 3d 1131,1136,1142.

在上述的 Reber 和 Davis 两个案件中，法院在适用利益衡量模式时都提及当事人不能生育对其会有利。[129] 但在 J. B. v. M. B. 案中，法院对不孕方违背另一方意愿寻求适用冷冻胚胎的情形，没有表达意见，仅提及在法官进行利益衡量时，收养的可能性是一个考虑因素。[130] 不过，在预先协议表明使用前胚胎需要获得双方当事人的同意时，这些法院都没有赋予一方当事人以植入前胚胎的权利。[131]

尽管利益衡量模式赋予法院在缺乏处置协议时决定谁有权使用前胚胎的决定权，但正如爱荷华州最高法院所提及的，这一模式内部存在不一致(internal inconsistency)：

"类似于那些促使法院避免执行表达了生育选择的合同的关注，公共政策的关注甚至更为强烈地要求我们不应在这一高度情绪化和个人化的领域中将法院作为决策者。然而，这正是基于利益衡量建议的决策框架下所发生的，因为法院必须在当事人无法达成了合意时衡量当事人的相对利益来决定对胚胎的处置。"[132]

2. 美国各州立法就冷冻胚胎的利用和处置所采取的模式

在美国中，对试管受精程序以及对人类胚胎的销毁问题已有制定法的州主要有新罕布什尔州、佛罗里达州、新泽西州、马萨诸塞州、加利福尼亚州和路易斯安那州，而前述路易斯安那州的规定最为全面。[133] 其他州，诸如伊利诺伊州、夏威夷州、得克萨斯州、爱荷华州、罗得岛州、堪萨斯州、密歇根州、纽约州和新达科他州都在更为有限的范围内规定了试管受精，它们对胚胎的销毁或处置没有作出直接规定。[134]

---

[129] Reber v. Reiss, 42 A. 3d 1131, 1140; Davis v. Davis, 842 S. W. 2d 588, 604.

[130] J. B. v. M. B., 170 N. J. 9, 783 A. 2d 707, 720(N. J. 2001).

[131] Szafranski v. Dunston, 993 N. E. 2d 502, 514.

[132] In re Marriage of Witten, 672 N. W. 2d 768, 779.

[133] N. H. Rev. Stat. Ann. § 168 - B: 15(2008); Fla. Stat. § 873. 05(2009); N. J. Stat. Ann. § 26: 2Z - 2(West 2009); Mass. Gen. Laws ch. 111L, § 8(2009); Cal. Health & Safety Code § 125315(West 2009); La. Rev. Stat. Ann. § 9: 121 - 33(2009). Cf. Fuselier, Bridget M., Trouble with Putting All of Your Eggs in One Basket: Using a Property Rights Model to Resolve Disputes over Cryopreserved Pre-Embryos, 14 Tex. J. on C. L. & C. R. 143, Fn. 11(2008 - 2009).

[134] Ky. Rev. Stat. Ann. § 311. 715(West 2008); Ark. Code Ann. § § 23 - 86 - 118, 23 - 85 - 137(2007); Md. Code Ann., Ins. § 15 - 810(2008); 215 Ill. Comp. Stat. 5/356m(2008); Haw. Rev. Stat. § 431: 10A - 116. 5(2008); Tex. Ins. Code Ann. § § 1366. 001 - 07(Vernon 2008); Tex. Fam. Code Ann. § § 160. 102, 160. 706, 160. 754(Vernon 2008); Iowa Code Ann. § 598. 41(West 2009); R. I. Gen. Laws § 27 - 18 - 30(2008); Kan. Stat. Ann. § § 65 - 6701, 6702(2007); Mich. Comp. Laws § 333. 2685(2008); Conn. Gen. Stat. Ann. § § 19a - 32d, 38a - 536, 45a - 771a(West 2009)(note: § § 19a - 32d to 19a - 32g. Transferred to C. G. S. A. § § 32 - 41jj to 32 - 41mm in Gen. St., Rev. to 2015); N. Y. Ins. Law § 3221(McKinney 2009)(repealed 2009); S. D. Codified Laws § § 34 - 14 - 16, 17(2008). Cf. Fuselier, Bridget M., Trouble with Putting All of Your Eggs in One Basket: Using a Property Rights Model to Resolve Disputes over Cryopreserved Pre-Embryos, 14 Tex. J. on C. L. & C. R. 143, Fn. 11(2008 - 2009).

(1)佛罗里达州

佛罗里达州要求委托试管受精的夫妇应当和治疗医生达成一项协议,约定在二者离婚、一方死亡或其他不可预见情形下对该对夫妇的精子、卵子和前胚胎的处置方式:若不存在书面协议,①剩余的卵子或精子将由提供者一方控制;②处置前胚胎的决定权由委托的夫妇共同行使;③委托方中一人死亡的,由存活的另一方控制。[135] 这一规定,分别体现有美国目前各州判例所采用的三种不同模式。

(2)加利福尼亚州

关于胚胎的处置,《加利福尼亚州卫生和安全法典》第125315条规定:

(第1款)医生就不孕治疗后剩余的胚胎的处置应当向患者提供及时、相关和妥当的信息,以使其在充分知情的情况下能够做出自愿的选择。

(第2款)获得信息的患者可以选择保存未被使用的胚胎、将其捐赠给其他人、将之抛弃或将之捐赠用于研究。在提供生育治疗时,医生应向患者提供一份表格,预先提供有关胚胎处置的书面指示。该表格应当指明该医疗机构或存储设施保存胚胎的期限,并且至少就如下情形提供处置胚胎的选择项:

(1)在配偶一方死亡时,应采取如下措施之一来处置胚胎:

(A)由存活的配偶利用;

(B)捐赠用于研究目的;

(C)解冻但不采取进一步的措施;

(D)捐赠给其他配偶或个人;

(E)其他明确声明的处置方式。

(2)在双方当事人死亡或者无配偶的病人死亡时,应采取如下措施之一来处置胚胎:

(A)捐赠用于研究目的;

(B)解冻但不采取进一步的措施;

(C)捐赠给其他配偶或个人;

(D)其他明确声明的处置方式。

(3)在配偶分居或离婚的情形,应采取如下措施之一来处置胚胎:

(A)由女方来利用;

(B)由男方来利用;

(C)捐赠用于研究目的;

(D)解冻但不采取进一步的措施;

---

[135] West's F. S. A. § 742. 17. Disposition of eggs, sperm, or preembryos; rights of inheritance (1993).

(E)捐赠给其他配偶或个人;

(F)其他明确声明的处置方式。

(4)在配偶一方或无配偶的病人经要求或因为没有支付保管费而决定抛弃胚胎时,应采取如下措施之一来处置胚胎:

(A)捐赠用于研究目的;

(B)解冻但不采取进一步的措施;

(C)捐赠给其他配偶或个人;

(D)其他明确声明的处置方式。

(第3款)提供了不孕治疗的医生或其他医疗服务提供者应获得选择在不孕治疗选择将剩余的胚胎捐赠用于研究的个人的书面同意。为了获得知情同意书,医疗服务提供者应就胚胎可能被用于干细胞研究、器官移植研究、其商业利用可能以及移去与胚胎相关的所有标示等情况做出声明,特别是应声明,被捐赠的早期人类胚胎不会被植入女性的子宫,不会存续超过人类多能干细胞导出过程(human pluripotent stem cell derivation process),以及会以对用于研究的所有人体组织而言适当的方式受尊重地得到处理。[136]

上述规定则明显采用了合同模式。

(3)新泽西州

新泽西州法律允许取得和使用人类胚胎干细胞、人类胚胎的生殖细胞以及人类的成体干细胞,包括体细胞核移植,但需要在充分考虑研究的伦理和医疗意义后进行,并应由根据联邦规章运作的机构审查委员会来审查个例。[137]

为病人治疗不孕的医生应向病人提供及时的、相关的和适当的信息使其能够就不孕治疗后尚存的人类胚胎的处置做出知情的自愿选择;他可以选择存储未被使用胚胎,将其捐赠给他人或用于研究目的,或选择其他处置途径,但选择为研究目的而捐赠剩余胚胎者应提供书面同意书。[138]

(4)对胚胎使用方式的限制

新泽西州禁止在明知的情形下出于充分对价来买卖、以其他方式移转或获得或以宣传的方式促进出售或移转人类胚胎的或胎儿的尸体组织用于研究目的,不过可以将其捐赠用于研究目的。所谓的充分对价实质经济收入或获益,但不包括为了移动、加工、处

---

[136] Cal. Health & Safety Code § 125315(2015).

[137] N. J. STAT. ANN. § 26:2Z - 2a(2004). 2014年的新泽西州的一项议案提议增加一款d,禁止将公共资金用于支付上述研究的费用。See 2014 NJ A. B. 2766(NS).

[138] N. J. STAT. ANN. § 26:2Z - 2b(2004).

置、保存、质量控制、存储、移植或植入胚胎或胎儿尸体组织而支付的合理费用。违反者犯有三级重罪。[139]

佛罗里达州法律禁止在明知的情形下出于充分对价(valuable consideration)来买卖人类胚胎或进行宣传,违者犯有二级重罪。[140]

根据马萨诸塞州法律,人类生殖性克隆(human reproductive cloning)被禁止,不能在明知的情形下为此目的而获得胚胎的、配子的或尸体的组织;不能在明知的情形下为了捐赠胚胎用于研究的唯一目的而通过受精的方式创造胚胎,但不禁止为了研究目的通过体细胞核移植、单性生殖或无性生殖的方式来创造移植前的胚胎(a pre-implantation embryo);不能在明知的情形下出于充分对价来买卖、移转或以其他方式获得人类胚胎、配子或尸体组织用于研究目的,但不禁止为了个人将来使用而存储或捐赠配子,或将其配子捐给他人或用于研究,不禁止为了生育目的而使用试管受精技术。[141]

六、结语

冷冻胚胎是一个牵涉法律、医学、伦理诸多领域的纠结问题。一方面,胚胎作为人体基因的携带者,有发育为人的可能;另一方面,人类社会又存在使用胚胎干细胞来进行科学研究、治疗疑难病症的迫切需要。[142] 在人性尊严和生命救治的折冲樽俎间,在英美法上,冷冻胚胎的地位主要被界定为一种处于人和物之间的中间体:一方面要保持对胚胎的人格尊重,另一方面又需要对胚胎进行合理的利用,甚至需要在一定条件下加以处置。江苏省的冷冻胚胎案在一审中采用了特殊之物的定性模式,而二审则采用了中间体的定性模式,与Davis一案中田纳西州最高法院的观点不谋而合。

冷冻胚胎是由男性的精子和女性的卵子经由试管受精而生成的,由此又产生了对其的监护权或处置权之争,尤其在夫妻无法达成一致意见时更是如此。英美法上对该问题也存在诸多讨论,经由国内各州的司法实践,美国判例和学说逐渐发展出三种不同的解决模式,即合同模式、同时合意模式和利益衡量模式。主导的模式仍是合同模式,它更有利于尊重当事人的意思自治并保持结果的确定性,但在无协议的情形,仍需要法院进行个案中的利益衡量。原则上,夫或妻一方的不生育权应当优先,但在另一方无法通过其他途径成为父母的情况下,让其生育权占优可能是更为妥当的选择。

---

[139] N. J. STAT. ANN. § 26:2Z-2c(2004).

[140] FLA. STAT. § 873.05(1987).

[141] M. G. L. A. 111L § 8(2005).

[142] Warnock Report of the Committee of Inquiry into Human Fertilisation and Embryology, 1984, para. 11.14, p. 62.

就冷冻胚胎的处置,我国也有学者建议采用合同模式。他们认为,胚胎的命运应由男女双方共同决定。在双方都健在的情况下,无论其已经结婚抑或已经分手,都不允许一方擅自处分该胚胎,任何一方对胚胎的处分都应征得另一方的同意或授权;双方当事人可以就该胚胎的处分签订协议,在协议中明确约定对胚胎的处理意见或权利的归属及其行使等问题;在一方当事人已经死亡而又没有证据表明其反对另一方当事人处理该胚胎的情况下,应当视另一方当事人已经获得了其授权而允许该当事人处理该胚胎;在双方当事人均已死亡的情况下,除有证据表明双方当事人都反对或有任何一方反对外,该胚胎应当由有关医疗卫生主管机关代表国家来处理。[143]

就江苏的冷冻胚胎案而言,由于死者生前已经签署了知情同意书,表明了双方的共同意愿,若采取美国法主流的合同模式,应由鼓楼医院在冷冻保存期届满后将胚胎丢弃或销毁,亦即对涉案冷冻胚胎的处置权应当归于鼓楼医院。这也是 Warnock 报告所建议的办法。而且按照英国《1990 年人类受精与胚胎法》,冷冻胚胎存储也有最高时间限制,如果超过法律规定的存储时限,也允许冷冻胚胎死亡或被销毁。

如果按照澳大利亚维多利亚省对 Rios 夫妇事件的最后处理办法,鼓楼医院可以将剩余的 4 枚冷冻胚胎交由代孕的方式出生,并由他人收养,但医院仍对胚胎负有较高程度的监护义务或管理职责。由于死者双方的父母仍在,可在孩子出生后交其共同抚养,这也更加符合中国的传统观念和家庭伦理。但由于我国目前尚禁止代孕,[144]因此这一途径在法律上仍属可期而暂不可行之路。

最后,再附带提一下 2012 年山东日照发生的夫妻离婚引发的冷冻胚胎案的归属权之争。[145] 该案恰恰反映了在美国已经发生而在中国即将成为热点的议题。由于该案中当事人与生殖中心签订的协议要求夫妻双方签字后才能进行移植,而再次移植前,夫妻已经离婚。该案中的主审法官认为,处置冷冻胚胎需要夫妻双方"合意",[146]这与美国的主流模式不谋而合,但若当事人无法达成协议,如何处置,尚未见后续报道。美国法上的利益衡量模式可能是一种值得借鉴的做法,在该案中,由于妻子有生育困难,如果其无法再行取卵受精,则支持其生育权可能更为合理。

---

[143] 李善国、倪正茂、刘长秋:《辅助生殖技术法研究》,法律出版社 2005 年版,第 50 ~ 51 页。

[144] 卫生部 2001 年 2 月 20 日颁布的《人类辅助生殖技术管理办法》第 3 条、第 22 条。

[145] 邢玉霞著:《辅助生殖技术应用中的热点法律问题研究》,中国政法大学出版社 2012 年版,第 156 ~ 157 页。

[146] 参见《山东商报》2012 年 5 月 2 日。

英国法上的人体胚胎规制体系

李蕊佚*

目　次

一、引言

1978年7月25日世界首例试管婴儿露易丝·布朗(Louise Brown)在英国诞生。试管婴儿为人类生殖技术的发展开启了新纪元。科学技术造福人类的同时,也引发了越来越多的道德问题和法律问题。如何规制日新月异的生殖技术,成为世界各国不得不面临和解决的法律课题。露易丝·布朗的诞生当时在英国引发了一系列有关体外授精技术的道德和科学的争论。为了回应这些争论,1982年在英国成立的沃诺克委员会(Warnock Committee)首次提出规范人类授精和胚胎学的建议。① 这64条建议主要是针对如何管理人类授精和胚胎学提出的立法建议,对英国1990年制定《人类授精与胚胎学法》②产生了重大影响。《人类授精与胚胎学法》生效后,英国政府多次发起动议重新审视这部法律的规定。2004年在英国政府的发起下,下议院的科学技术委员会对人类生育技术及相关的法律问题进行了调查,并于2005年向下议院提交了一份附带100多条建

---

* 南开大学法学院。

① Para. 1.2 of the Report of the Committee of Inquiry into Human Fertilisation and Embryology July 1984 Cmnd. 9314.

② Human Fertilisation and Embryology Act 1990.

议的报告。[③] 2007 年，科学技术委员会又针对人兽混合胚胎的法律规制问题进一步做了调查。[④]

《人类授精与胚胎学法》经过多次修改，最近的一次修改是在 2008 年。2008 年的这次修改主要确认了：同性伴侣也应该具有合法的父母身份；规制人兽混合胚胎的问题；禁止基于社会原因选择胎儿的性别；对胚胎实验作出了明确的规定；在涉及儿童福利问题时，用"提供支持的家长"（Supportive Parenting）这一概念替换了之前使用的"需要一个父亲"（the need for a father）这个概念。通过不断完善、修改，《人类授精与胚胎学法》现已建立较为完整、成熟的冷冻胚胎规制体系。英国的立法经验可为我国建立相关的制度提供有价值的参考。明确人体胚胎的法律地位是选择采取何种规制体系的基础。例如，将人体胚胎视为"物"，则直接可以适用民法规范相关行为。所以，本文将首先讨论人体胚胎在英国的法律地位，然后相继在文章的第三部分和第四部分介绍英国人体胚胎规制体系的两大核心支柱——人体胚胎的许可制度和"双方同意"的基本原则。

二、人体胚胎的特殊地位

确定人体胚胎的地位是制定相关法律的关键。英国没有制定成文宪法典，所以我们无法从宪法文本上找寻依据，论证人体胚胎在英国的法律地位。但这个问题在沃诺克委员会提交的报告中早有关切。沃诺克委员会提出的第 42 条建议指出，应该通过制定法律肯定人体胚胎具有特殊地位。值得说明的是，沃诺克委员会当时提出这一立法建议的初衷是考虑如何规制用人体胚胎做实验的情况，而不是规制利用人体胚胎帮助人类受孕的情况。[⑤] 沃诺克报告发布后，政府就报告内容进行过两次公众咨询，并在 1987 年发布了白皮书。1989 年，英国政府向上议院介绍了《人类授精与胚胎学法》的法案。上议院同意英国有必要建立规制人体胚胎的法律系统，认为无论是将人体胚胎用于医疗、储存还是研究，都需要对人体胚胎表示适当的尊重。从上议院言及的人体胚胎的几个使用目的（医疗、储存、研究）可见，英国最初制定《人类授精与胚胎学法》的立法原意是保护体外胚胎的特殊地位。上议院还明确肯定，因为人体胚胎具有成为人类生命的潜在可能性，所以应该将人体胚胎作为有尊严的身份加以对待。[⑥]

---

③ Human Reproductive Technologies and the Law, Fifth Report of Session 2004 - 2005, Vol. 1 HC 7 - 1, March 24, 2005.

④ Government Proposals for the Regulation of Hybrid and Chimera Embryos, Fifth Report of Session 2006 - 2007 HC 272 - 1, April 5, 2007.

⑤ Para. 11. 17 of the Report of the Committee of Inquiry.

⑥ Hansard House of Lords Official Report col. 1011, December 7, 1989.

随着科学技术的飞速发展,新的法律问题也不断涌现。下议院于是在2004年对人体胚胎的法律地位重新进行了评估。经评估,下议院提出识别人体胚胎的法律地位存在以下三种可能情况:(1)将人体胚胎作为一个生命对待,所以人体胚胎应该享受完整的人权;(2)人体胚胎是发展成人的一个必经的渐进过程,应该受到一定程度的保护;(3)尽管胚胎具有发展成人的潜在可能性,但其终究不过是一个细胞的集合体,所以不应享有任何权利。经综合分析这三种可能的法律定位,下议院做出结论,尽管科技有了新的发展,社会对人体胚胎的普遍态度可能也发生了变化,但沃诺克委员会采取"渐进过程"定位人体胚胎的法律地位为英国立法提供了牢固的基础。[⑦] 尤其是,沃诺克委员会在采纳这种定位时还建议,在使用人体胚胎之前必须首先仔细评估使用的方式和使用的目的。[⑧] 下议院最终确认,无论是使用人体胚胎协助人类生育还是利用胚胎做研究都具有正当性。当然,《人类授精与胚胎学法》所采纳的人体胚胎的法律地位在实践中并不是毫无争议。即使按照第二种可能定位——主张人体胚胎应该得到一定程度的保护,这个程度的界限在哪里?或者说,应该如何理解"一定程度的保护"?

在2003年一个有关人体胚胎争议的案件中,[⑨]原告主张人体胚胎享有受限制的生命权,且胚胎的生命权与母亲的个人意愿相一致。[⑩] 对于原告的主张,英国国内法院一审、二审判决均予以驳回。初审法院认为,根据英国国内法,胎儿在出生前的任何一个阶段都不可能独立于母体存在,所以胎儿不具有独立的权利或利益;既然胎儿都不能享有生命权,很难理解胚胎如何享有生命权。[⑪] 上诉法院肯定了初审法院的观点,并强调《人类授精与胚胎学法》明确规定,在法定储存期期满后胚胎必须予以销毁;或当配子提供者任何一方不再同意使用胚胎或储存胚胎,胚胎也必须予以销毁。上诉法院认为,既然在法定条件下人体胚胎可以被销毁,由此推断《人类授精与胚胎学法》既没有确认人体胚胎具有绝对的生命权,也没有确认人体胚胎具有受限制的生命权。[⑫]

在本案中,原告的主张似乎与英国法对人体胚胎定位的受一定程度的保护相吻合,即胚胎的生命权受有限的保护。但法院对"受一定程度保护"的理解显然与原告的理解

---

⑦ Para. 28 of Human Reproductive Technologies and the Law, Fifth Report of Session 2004 - 2005, Vol. 1 HC 7 - 1, March 24, 2005.

⑧ Para. 29 of Human Reproductive Technologies and the Law, Fifth Report of Session 2004 - 2005, Vol. 1 HC 7 - 1, March 24, 2005.

⑨ 关于该案的具体分析可参见李蕊佚:"生殖技术的立法规制与生育权的保护",载《判解研究》2009年第1辑。

⑩ Evans v. Amicus Healthcare and others [2004] All E. R. (D) 309 (Jun).

⑪ Evans v. Amicus Healthcare Ltd and others, [2003] EWHC 2161 (Fam). (Evans HC), para. 175.

⑫ Evans v. Amicus Healthcare and others [2004] All E. R. (D) 309 (Jun), para. 107.

不同。按照原告的理解,人体胚胎跟人一样享受完整的基本权利,只是在权利的保护程度上受限制。而英国法院的理解则是具有特殊地位的人体胚胎享有人类的部分权利,即在享有权利的种类上受限制。

英国法律确定的是体外胚胎所享有的法律地位。而其邻国爱尔兰的宪法则明确规定了已经植入母体内的人体胚胎的地位。《爱尔兰宪法》第40条规定,国家负有保护"未出生"生命的宪法义务。[13] "未出生"这个概念包括"正在出生,有可能出生,有能力出生",但无论哪种情况都是在胚胎已经植入母亲的子宫后才发生。[14] 爱尔兰最高法院认为,《爱尔兰宪法》第40条所保障的"未出生"的生命权限定在胚胎已经存在于母体中的这种情况,而且所欲解决的是母亲的生命与未出生胎儿的生命相互存在冲突的情况。[15] 换言之,胚胎在植入母体之前是不受《爱尔兰宪法》第40条保护的。但爱尔兰最高法院同时也强调,人体胚胎有成为人的可能性,进而人体胚胎就具有一种"道德地位",因此使用人体胚胎时不能与"人的尊严"这一概念割裂开,人体胚胎也应该受到尊重。[16]

人体胚胎的地位不仅是一个法律问题,更大程度上是一个哲学问题。可能需要我们先确定人体胚胎的道德地位,再确定人体胚胎的法律地位。从英国法律和爱尔兰宪法的规定来看,体外的人体胚胎与已经植入母体的人体胚胎应区别对待。虽然均为人体胚胎,但植入母体以后就不仅仅是关系胚胎本身的利益,还涉及母体的权利和利益。目前通过宪法直接规定人体胚胎法律地位的国家并不多见。然而,尽管爱尔兰最高法院也肯定了人体胚胎应该受到尊重,但爱尔兰并未制定任何法律明确应当如何尊重人体胚胎,或制定法律规制从事与人体胚胎相关的行为。从这个层面讲,人体胚胎实质上在爱尔兰不具有法律地位。从爱尔兰的状况可以看到,即使宪法有相关的规定,还是需要其他部门法进一步具体规定如何保护宪法确立的人体胚胎的法律地位,否则也没有操作的空间。相反,未制定成文宪法典的英国已经通过普通的法律建立了关于人体胚胎的法律制度。所以,英国的经验具有实践意义。《人类授精与胚胎学法》规制从事与人体胚胎相关的活动主要依靠一个具体制度和一个主要原则:许可制度和"双方同意"。接下来,本文将逐一介绍英国适用于人类授精及胚胎学的规制体系。

---

[13] Art. 40. 3. 3 of the Irish Constitution: "The State acknowledges the right to life of the unborn and, with due regard to the equal right to the life of the mother, guarantees in its laws to respect, and, as far as practicable, by its laws to defend and vindicate that right."

[14] Roche v. Roche [2009] IESC 82 (Sup Ct (Irl)), para. 61, per. Denham J.

[15] Roche v. Roche [2009] IESC 82 (Sup Ct (Irl)), para. 59 and 62, per. Denham J.

[16] Roche v. Roche [2009] IESC 82 (Sup Ct (Irl)), para. 8, per. Murray C. J.; para. 38, per. Hardiman J.; para. 3, per. Fennelly J.; para. 49, per. Geoghegan J.

三、规制体系之许可制度

(一)许可权主体

许可制度的具体施行机构是“人类授精与胚胎学管理局”。[17]该管理局根据《人类授精与胚胎学法》成立。人类授精和胚胎学管理局不是政府部门,但由英国卫生部资助运行。其职责是专门审批与人体胚胎相关的行为,监管英国所有的生育诊所和所有涉及人体胚胎的研究,并向公众提供公正、权威的相关信息。管理局的成员均为某个领域的专家,有医学的专业人士、法律的专业人士、宗教信仰的专业人士、哲学的专业人士等。不仅如此,《人类授精与胚胎学法》要求管理局的主席、副主席和至少一半的成员不得是从事人体胚胎研究或生殖医疗的医生或科学家。[18] 管理局之所以从不同专业领域吸纳专家,旨在确保管理局能作出客观、独立的决定。

只有获得人类授精与胚胎学管理局颁发的许可证的个人或组织才能合法地从事相关行为;或在某些情况下,拥有许可证的个人与第三方订立合同,双方依据这份合同从事相关行为。换言之,未经人类受精与胚胎学管理局许可,任何人不得制造、持有或储存、使用或加工、购买或零售胚胎。[19] 这些构成了法律绝对禁止的事宜。管理局不得签发许可证授权任何人在原条(primitive streak)出现以后还可以持有或使用胚胎,或将人体胚胎植入任何动物体内。[20] 此外,管理局不得签发许可证授权任何人基于社会原因设计任何能够确保胚胎特定性别的实践。[21] 根据《人类受精与胚胎学法》第 41 条的规定,对违反这些绝对禁止性规定的行为将追究刑事责任。

总体而言,管理局的法定职责包括两个方面:监管和建议。首先,管理局必须持续地审查与胚胎相关的信息、胚胎学新近的发展、《人类授精与胚胎学法》所规制的医疗服务和其他行为;其次,在卫生部长要求的情况下就上述事宜向卫生部长提出建议。[22] 除了这两项明确的职责,管理局依法还担负其他一些法定的职责和权力。所有这些职责和权力构成英国法上人体胚胎的保护型规制体系。这些职责和权力可以概括为两大类。

第一类,制定规范的权力和职责。第一,得到许可的医疗中心及其员工在从事受《人类授精与胚胎学法》规制的行为时,需遵守一些普遍原则。所有这些普遍原则都一一列

---

[17] Human Fertilisation and Embryology Authority.

[18] Section 5 and Sch. 1 to the Human Fertilisation and Embryology Act 1990.

[19] Section 3(1),(1A) and(1B) of the Human Fertilisation and Embryology Act 1990.

[20] Section 3(3) of the Human Fertilisation and Embryology Act 1990.

[21] Para. 1ZB of Sch. 2 to the Human Fertilisation and Embryology Act 1990.

[22] Section 8(1)(a) of the Human Fertilisation and Embryology Act 1990.

举在一张清单上,而管理局有责任根据新形势补充和完善这张清单。㉓ 第二,管理局有责任发布一份实践准则,㉔以指导个人或组织恰当地实施经管理局许可授权的行为;以及指导经管理局授权的个人或组织恰当地履行职责。㉕ 第三,管理局有权向所有其颁发许可证的中心签发指示。㉖ 管理局签发的指示包括,经许可的中心应当向管理局提供哪些信息或文件;对在管理局注册的中心所保留的记录,指定了标准格式;授权向英国进口或从英国出口配子及胚胎。对于如何完成这些指示,管理局采取了保留记录和追踪记录的系统,以确保其所掌握的注册信息的稳定性。

从上面三项权力和职责可以看到管理局制定的规范有三种形式:普遍原则;实践准则;指示。三种形式的规范效力依次递减。在管理局的规制体系中,最高位阶的规范即是这些普遍原则。这些普遍原则总结了管理局期待所有经许可的中心应当从事哪些主要行为及从事这些行为的结果。例如,管理局发布的第三项普遍原则声明,经管理局许可的医疗中心在从事得到许可的行为时,必须对胚胎的特殊地位表示尊重。㉗ 此外,需要承担相应责任的个人、注册中心的工作人员以及其他责任承担者通过参照这些普遍原则,也可以了解管理局规制胚胎的最新政策,从而这些普遍原则也成为责任承担者与管理局交流意见的一种方式。实践准则是将抽象的普遍原则细化。实践准则中的每一项指导大纲都涉及一项或多项普遍原则。前两者偏重于规范的抽象性、普遍性,而指示则是具体的指令,强调的是具体如何操作。

第二类,与许可相关的权力和职责。管理局有权对治疗、获得、分配、储存和研究胚胎的行为颁发许可证;㉘在法定条件下,有权改变、暂停或撤销其颁发的许可证;㉙不仅如此,在颁布许可证时,管理局还有权在其颁发的所有许可证上附加一些许可条件。㉚ 基于上述的许可权,管理局就有责任每隔不超过2年检查其颁发许可证的中心。㉛ 检查的具体过程,管理局必须按照其自行总结发布的普遍原则施行。最后,管理局有责任维护欲获得许可证的主体在提出申请时的注册信息。注册信息的内容细到包括,获得许可从事

㉓ Section 8(1)(ca) of the Human Fertilisation and Embryology Act 1990.

㉔ 该准则必须经卫生部长同意。

㉕ Section 25 of the Human Fertilisation and Embryology Act 1990.

㉖ For example, ss. 12(1)(d) - (g), 13(2), 23 and 24 of the Human Fertilisation and Embryology Act 1990.

㉗ Tab 2 of the Code of Practice, 8th edn, issued by the Human Fertilisation and Embryology Authority in July 2009.

㉘ Section 11 of the Human Fertilisation and Embryology Act 1990.

㉙ Section 18, 18A and 19C of the Human Fertilisation and Embryology Act 1990.

㉚ Para. 1(2), 1A(2), 2(2) and 3(6) of Sch. 2 to the Human Fertilisation and Embryology Act 1990.

㉛ Para. 4 of Sch. 3B to the Human Fertilisation and Embryology Act 1990.

与人体胚胎相关行为的主体如何使用从任何一个确定的妇女处获得的胚胎。[32]

(二)许可证上的附加条件

根据《人类授精与胚胎学法》,管理局向一个中心颁发任何一种许可证时,必须附加一些强制性要求。[33] 此外,是否在许可证上进一步添加条件,管理局享有一定的裁量权。[34] 在每一个许可证上附加什么条件,管理局有一个具体可参照的标准。一般来讲,许可证上的大部分条件都与胚胎明确相关。并且,大部分条件都旨在规制如何获取胚胎和跟踪胚胎的现状,以及防止"胚胎市场"的形成和发展。

许可证上的条件包括:要求基于病人的病史和主治特征使用胚胎为病人治疗的临床医生,将其在治疗过程中使用胚胎的正当理由整理成档;[35]禁止获得许可证的中心尝试生产体外形成的胚胎,除非该中心需要储存或使用由此形成的胚胎,或为了向特定的妇女提供治疗服务必须这么做;[36]禁止获得许可的中心尝试通过在治疗过程中分裂胚胎的方式生产体外形成的胚胎;[37]获得许可的中心从特定妇女身体中采离的胚胎只能放置于仓库,如果该胚胎是从该妇女处获取或从许可证所适用的个人或第三方协议所适用的个人处获取;[38]作为上一个条件的必然结果,与使用胚胎治疗的情况不同,中心不得将需要储存的或正在储存中的胚胎供给个人,除非该人是许可证所适用的个人;[39]无论是胚胎还是配子的储存时间都不能超过法定的储存期限,到了储存的最后合法期限,胚胎或配子都允许被销毁;[40]除非经管理局做出的指示授权,任何人或组织都不得出让,或用金钱或其他利益购买配子,人体胚胎或人兽混合胚胎;[41]禁止任何经许可的中心采用新的方法从事经管理局许可的行为,除非他们已经首先告知管理局并且已经得到管理局的同意。[42] 最后这个条件是为了确保管理局能了解新的科技发展。

(三)责任主体的角色和制裁机制

整个许可制度的中心是围绕"责任主体"这一概念。每个许可申请人必须提名一位

---

[32] Section 31 of the Human Fertilisation and Embryology Act 1990.

[33] Sections 12 to 15 of the Human Fertilisation and Embryology Act 1990.

[34] Para. 1(2),1A(2),2(2) and 3(6) of Sch. 2 to the Human Fertilisation and Embryology Act 1990.

[35] Condition T49 of all treatment licences issued by the Authority.

[36] Condition T66 of all treatment licences issued by the Authority.

[37] Condition T67 of all treatment licences issued by the Authority.

[38] Condition T77 of all treatment licences issued by the Authority.

[39] Condition T83 of all treatment licences issued by the Authority.

[40] Condition T79 of all treatment licences issued by the Authority.

[41] Condition T69 of all treatment licences issued by the Authority.

[42] Condition T6 of all treatment licences issued by the Authority.

确定的个人为被许可中心的责任主体。[43] 在管理局考虑是否向申请人颁发许可证时，需评估责任主体候选人的资质，并要求所有的责任主体完成精心设计的训练项目。[44] 责任主体不一定是许可证的持有者。例如，持有许可证的是一个公司，而责任主体必须是一名具体的个人。根据《人类授精与胚胎学法》第 17 条，责任主体担负一系列的法定义务，包括：确保许可证上的条件全部得以遵守；如果发生任何产生严重不利影响的事件及其产生的反应，需及时告知管理局，并提交详细的报告；确保获得许可的中心的工作人员都有良好的品质，并且他们都接受了与之工作相匹配的训练、获取了相应的执业资格；确保中心有适当的经营场址；确保中心拥有适当的设备并采用合适的实践方式从事获得许可的行为；关于保存及处理配子和胚胎事宜，确保已经做出妥善的安排。

关于一个中心是否遵守《人类授精与胚胎学法》、管理局拟定的《实践准则》、许可证上的附加条件、管理局签发的指示，管理局在每一次检查中均要加以考虑。或者其他人也可以提请管理局审查某个中心是否遵守了上述规范。若个人或其他组织欲提请管理局审查，可以根据管理局发布的"遵守和执行政策"，将相关问题提交管理局的许可委员会或研究许可委员会审查。某个中心未能遵守《实践准则》并不自动引发任何后果。但管理局在决定是否变更或吊销一项许可证时，应当考虑该中心是否遵守了《实践准则》。[45] 许可委员会必须根据《实践准则》的规定，判定该中心是否遵守许可证上的条件，并要着重审查中心是否遵守了那些要求其"适当地"或"合适地"进行实践的条件。[46] 责任主体未能履行其依法承担的法定义务是吊销许可证的法定理由。[47]

四、规制体系之"双方同意"原则

在沃诺克委员会的成员看来，存在于母体之外的人体胚胎可能引发一个潜在的问题，即关于胚胎所有权的难题。但成员们认为不宜对人体胚胎所有权这个概念，所以他们建议英国议会在立法时应当确保任何人对人体胚胎均无法享有所有权。[48] 然而，当时委员会没有考虑到，那些储存胚胎以供自己生育使用的男女伴侣应该享有使用和处置这些胚胎的权利，尽管其享有的权利是有限的。委员会的成员们仅在报告中明确表达，希望男女伴侣对如何使用或处置他们共有的胚胎负责任地作出坚定的决定；[49]并进一步建

[43] Section 16(2) of the Human Fertilisation and Embryology Act 1990.

[44] Condition T8 and R7 of standard licence conditions issued by the Authority.

[45] Section 25(6)(b) of the Human Fertilisation and Embryology Act 1990.

[46] Section 25(6)(a) of the Human Fertilisation and Embryology Act 1990.

[47] Section 18(2)(b) of the Human Fertilisation and Embryology Act 1990.

[48] Recommendation 62 of the Report of the Committee of Inquiry, at para. 10. 11.

[49] Ibid.

议,若男女伴侣双方未能达成一致意见,使用或处置胚胎的决定权应当转移到储存胚胎的机构。[50] 但在1990年制定《人类授精与胚胎学法》时,英国议会在这个问题上没有采纳沃诺克委员会的意见。《人类授精与胚胎学法》的任何规定均未明确地涉及所有权这一概念,并且储存胚胎的机关对如何使用或处置胚胎也不具有最终决定权。取而代之,《人类授精与胚胎学法》规定了"双方同意"的基本原则来处理使用和处置胚胎的问题。

"双方同意"中的双方是指形成胚胎的配子提供者,即精细胞和卵细胞的提供者。同意书必须是双方签署的书面文件,且必须具有法律效力。[51] 若提供配子的任何一方撤回同意(反悔),则该同意书失去法律效力。本条规定旨在确保,未经基于人工授精治疗之目的捐赠配子的个人同意,其基因物质不得被他人使用。人工授精本质上是男女双方基于想一起养育孩子的愿望而共同从事的一件事,而不是意在创造一个胚胎供某一方将来使用。[52] 如果没有配子提供者的同意,就意味着孩子的出生完全与父或母一方的明确意愿相违背。因此,英国议会在《人类授精与胚胎学法》中建立"双方同意"的基本原则,目的是在人的尊严和自由的个人意志之间达成一个公正的平衡。[53] 同意书的格式由人类授精与胚胎学管理局统一设置。[54] 个人可从管理局的官网上下载同意书的空白表格,也可以从获得许可的医疗中心领取。

无论是体外授精形成的胚胎,还是从母体中取出的胚胎都不得为任何人基于任何目的使用或接收,除非其拥有合法、有效的"双方同意"书,且严格依据该"同意"书上写明的内容使用特定的胚胎。[55] 如果人体胚胎是在体外形成,有效的同意书必须由形成胚胎的配子提供者双方做出。同意使用胚胎的"双方同意"书必须明确地指出使用目的,如治疗、培训或研究,并且可以附加一些使用的条件。[56] 同意储存胚胎的"双方同意"书则必须明确储存的最长期限,以及签署同意书的双方万一死亡应该如何处理这些胚胎。[57] 只有在一些极为有限的情况下,提供同意书不是法定要求。这些有限情况涉及未成年人经受可能导致其不孕的治疗。为了保障未成年人的最大利益,未成年人达到法定年龄后使用或处置胚胎时不要求其提供双方达成的同意书。[58]

---

[50] Recommendation 62 of the Report of the Committee of Inquiry, at para. 10. 13.

[51] Para. 1 of Sch. 3 to the Human Fertilisation and Embryology Act 1990.

[52] Radhika Rao, "Reconceiving Privacy: Relationships and Reproductive Technology" (1998) 45 *UCLA Law Review* 1077, at 1103.

[53] Evans v. United Kingdom(2007)22 B. H. R. C. 190, para. 89.

[54] 该表格可在管理局的官网上获取。See www. hfea. org. uk.

[55] Para. 6(2) and(3); and 7(1) and(2) of Sch. 3 to the Human Fertilisation and Embryology Act 1990.

[56] Para. 2(1) of Sch. 3 to the Human Fertilisation and Embryology Act 1990.

[57] Para. 2(2) of Sch. 3 to the Human Fertilisation and Embryology Act 1990.

[58] Para. 9 and 10 of Sch. 3 to the Human Fertilisation and Embryology Act 1990.

《人类授精与胚胎学法》允许胚胎被使用前，配子提供者在告知胚胎持有者的情况下可以改变或撤回同意书。这就与美国一些州所采纳的“合同”路径不一样。美国一些州将男女双方签署的同意书视为一份合同。若双方就合同内容发生争议（如是否同意将胚胎植入母体），则最终由法院根据合同法及普通法作出判决。[59] 而英国所采纳的“双方同意”的方式促进了男女双方对接受体外授精的确定性，并将是否愿意为人父母的最终决定权交给了男女双方。[60] 毕竟成立家庭的长远规划属于个人的私生活，所以应该尽量避免由法院在个案中代替个人作出决定。[61] 尽管男女双方不确定未来发生什么事情，但双方均清楚解决争议的途径，即男女任何一方都可能通过撤回同意阻止另一方处置胚胎。较之“合同”路径，“双方同意”这种路径的确尊重了个人的意志。此外，从孩子自身的利益和父母对孩子负责任两个方面考虑，“双方同意”的途径也具有优势。如果孩子是父母双方自愿生育的，自然会享受来自父母双方完整的爱；父母双方也自然会主动对孩子负责任。

然而，尽管“双方同意”这条路径有上述优势，但这也是引发争议最多的规定。由于双方都具有同样的否决权，这条基本原则就忽略了个体的特殊情况。[62] 例如，在 Ewans 诉英国的一案中，女方患卵巢癌，在割除卵巢之前与其男友在医院储存了胚胎。术后因关系破裂，男方撤回之前做出的使用胚胎的同意，女方因此丧失了生育孩子的唯一机会。虽然英国法院和欧洲人权法院都对女方表示了同情，但均认为支持女方成为母亲的权利与迫使男方成为父亲的权利是不可比较的。即使在人权维护上较为激进的欧洲人权法院，最终也放弃其惯常采用的比例原则和利益权衡两种方式；反之选择保持司法谦抑的态度，尊重英国国内立法者在这问题上的判断。[63] 此外，“双方同意”还可能引发的弊端是：一方享有绝对否定权还可能成为，离婚时一方将撤回同意作为筹码向另一方提出无理条件。

虽然“双方同意”这种解决男女双方争议的途径有利也有弊，但假若通过法官根据个

---

[59] 戴维斯诉戴维斯一案是这个方面的基本判例。在该案中，法院虽然发现事实上没有合同存在，但建议此类合同应该被普遍执行。See Davis v. Davis 842 S. W. 2d 588 (Tenn. 1992).

[60] J. Robertson, “Pre-Commitment Strategies for Early Embryos” (2001) 50 *Emory Law Journal* 989; I. Glenn Cohen, “The Right Not to be a Genetic Parent?” (2007 – 2008) 81 *Southern California Law Review* 1115, at 1164.

[61] Andrea Mulligan, “Frozen Embryo Disposition in Ireland After Roche v. Roche” (2011) 46 *Irish Jurist* 202, at 206.

[62] 在发生的争议中，女方多处于不利地位。See Rosie Thornton, “European Court of Human Rights: Consent to IVF Treatment” (2008) 6 International Journal of Constitutional Law 317.

[63] Jacco Bomhoff and Lorenzo Zucca, “The Tragedy of Ms Ewans: Conflicts and Incommensurability of Rights, Evans v. the United Kingdom, Fourth Section Judgement of 7 March 2006, Application no. 6339/05.” (2006) 2 *European Constitutional Law Review* 3, 424.

案的情况主张正义,由此引发的判决不确定性无疑是令人担忧的。是否决定生育以及孩子本身的利益无论如何还是关切个人的私生活。如果从实现正义的比率看,这个问题交由男女双方自己决定比交由法官决定可能更大。通常出现争议是因为男女双方个人关系破裂或感情出现问题。这种情况下双方均可能作出不理性的决定。或许当感情危机消解后,双方还是希望生育一个自己的孩子。为了避免男女双方感情复合但胚胎已被销毁的悲剧发生,英国议会于2008年修改《人类授精与胚胎学法》时增加一条规定,即如果是为了解决男女伴侣的生育问题而储存人体胚胎,即使提供配子的一方收回同意书,该胚胎还可以继续被合法地储藏12个月,以防配子提供者又改变主意。[64]

五、结论

人体胚胎的问题涉及的专业知识方方面面:除了法学,医学、哲学、宗教等学科都不得不考虑。整个欧洲对胚胎的科学定义或法律定义都未达成共识。因此,欧洲人权法院在受理诉讼时认为,各成员国在如何规制人体胚胎这个问题上享有宽泛的裁量权。[65] 在英国,人体胚胎既不享有绝对的生命权,也不享有受限制的生命权。但是,从《人类授精与胚胎学法》建立的保护型规制体系可见,人体胚胎在英国法律上具有特殊的地位。而这一特殊的法律地位,源于议会立法时确认了胚胎具有发展成人的潜在可能这一观点。总的来讲,使用胚胎生育和研究的自由必须与社会利益相平衡,而不是损害社会利益。因此,一方面国家的法律可以允许使用人体胚胎进行人类繁殖或进行科学研究;另一方面,国家对此行为也应当予以适当的道德监管,使得胚胎的特殊地位不受侵害。[66] 这也是为何英国最终建立的规制体系是一种保护型的规制体系:既在一定程度上保护了人体胚胎的特殊地位,同时也确保国家能够严格地控制胚胎的使用以及规制这个领域内开展的所有活动。

---

[64] Para. 4 of Sch. 3 to the Human Fertilisation and Embryology Act 1990.

[65] Evans v. United Kingdom(2007)22 B. H. R. C. 190, para. 81 and 82.

[66] Para. 46, 50 of Human Reproductive Technologies and the Law, Fifth Report of Session 2004 – 2005, Vol. 1 HC 7 – 1, March 24, 2005.

法制化途中的人工胚胎法律地位

——日本法状况及其学说简评

周江洪*

目　　次

“无锡冷冻胚胎案”所引发的人工胚胎的法律地位问题，再次引起学界和实务界的关注。然而，人工胚胎问题，涉及生命伦理问题，不仅关涉各国的法制度问题，也与各国的文化背景息息相关；各国因此所采取的法政策亦会面临诸多不同。美国*JMP*(*the Journal of Medicine and Philosophy*)杂志在其2004年8月刊中就曾对ES细胞研究的欧美各国的法政策及其规制展开了讨论，①其核心问题也是“人类胚胎”的道德定位问题，并对各国的法政策状况做出了评析，各国差异甚多。

关于胚胎的法律地位，“无锡冷冻胚胎案”两审法院都做出了判断。其中，一审判决认为，“胚胎作为其生命延续的标志”，“施行体外受精—胚胎移植手术过程中产生的受精胚胎为具有发展为生命的潜能，含有未来生命特征的特殊之物，不能像一般之物一样任意转让或继承，故其不能成为继承的标的”；而二审判决认为，“胚胎是介于人与物之间

---

* 浙江大学光华法学院教授。基金项目：教育部新世纪优秀人才支持计划、“国家特支计划”青年拔尖人才的部分成果之一。

① 该期杂志刊载了 Christine Hauskeller, Howard J. Curzer, Alexandre Mauron and Bernard Baerstschi, Giobanni Maio, Jan P. Beckmann, Tanja Krones and Gerd Richter 等人的6篇文章，就人类胚胎的各国法政策进行了评析。

的过渡存在,具有孕育成生命的潜质,比非生命体具有更高的道德地位,应受到特殊尊重与保护”。同样地,随着生命科学技术的发展,人工胚胎的法律定位问题,也引起了日本医学界、法学界和政策制定机关的极大关注,并展开了热烈的讨论。本文仅就日本的相关情况做一简单介绍,以供今后我国制定相关法政策时批判或参考。

一、人工胚胎法律地位的“软法”化倾向

(一)关于人工胚胎的立法探索

总体上来说,日本关于生殖辅助医疗方面的法制度化,虽然也做出了诸多努力,但仍然没有关于生殖辅助医疗方面的法律,远远落后于诸多发达国家。[②] 1998 年 10 月 21 日,原厚生省的厚生科学审议会先端医疗技术评价分会设立了“生殖辅助医疗技术专门委员会”,并于 2000 年 12 月 28 日提出了《通过精子、卵子、胚胎的提供等进行生殖辅助医疗的理想状态的报告书》。日本厚生省和法务省根据该报告书设立了各自的审议会,力争在 3 年之内完善相关的法律制度。2003 年 4 月 28 日,厚生省提出了《生殖辅助医疗分会报告书》;[③]法务省则于 2003 年 7 月 15 日提出了《关于通过精子、卵子、胚胎的提供等生殖辅助医疗出生的子女的亲子关系的民法特例法纲要试拟稿》。但是,两者都未能最终向日本国会提出法案。此后,日本学术会议于 2006 年 12 月 21 日设置了生殖辅助医疗理想状态研讨委员会,并发表了对外报告《以代孕为中心的生殖辅助医疗的课题》,该报告指出应当对代孕进行法律上的规制,原则禁止代孕,[④]但亦未能形成法律。与此相关,关于克隆技术、干细胞研究等生物科学技术的发展,使得生命伦理的问题也日益突出,也迫使日本厚生省、文部省、内阁府综合科学技术会议生命伦理专门调查会等诸多机构对辅助生殖技术相关的生命伦理、法政策等持续做出探讨。但至今为止,都尚未能形成法律。

---

② 南貴子:“生殖補助医療の法制度化における課題”,载《愛媛県立医療技術大学紀要》第 8 卷第 1 号(2011 年 12 月)第 16 页。

③ 该报告书虽然并未能最终成为法律,但其涉及了与“无锡冷冻胚胎案”中相关的问题,即人工胚胎的冷冻保存问题。依该报告书,精子、卵子的保存期间以 2 年为限;胚的保存期间以 10 年为限;但是,精子、卵子及胚胎提供者的死亡得到确认时,对该精子、卵子及胚胎实施废弃。报告书全文参见 http://www. mhlw. go. jp/shingi/2003/04/s0428 - 5a. html#1 - 1,2015 年 3 月 5 日访问。

④ 该报告指出了代孕的 5 点问题:(1)代孕的医学影响尚不明确,危及胎儿和母体的可能性不小;(2)接受代孕的女性的“自我决定”,并不限于充分了解了身心负担及其风险的基础上且在未受外在压力等的影响下作出的自主意思;(3)难以否定对出生子女造成的身心影响,违反“子女福祉”原则;(4)以营利为目的或支付了对价之情形,存在“女性的商品化”的侧面;(5)医疗实践中,因怀胎者与委托人之间所希望的医疗并不相同等原因,要进行合适的医学判断非常困难。给予上述理由,该报告书指出原则上要禁止代孕,但同时也允许在特定对象领域进行临床试验。

关于胚胎的法律地位,日本法现行法上并没有作出明确规定。日本关于人类胚胎的唯一法律,是2000年制定的“关于人类相关克隆技术等的规制的法律”(以下简称“克隆技术法”,最新修改是2014年5月1日)。虽然该法的目的在于“考虑到克隆技术的发展可能对人之尊严的维持、人之生命及身体安全的确保及社会秩序的维持产生重大影响”,“通过采取措施禁止克隆胚胎移植于人或动物体内,对克隆胚胎的作成、受让及进口作出规制,以及其他合适手段,防止克隆人及杂交个体及类似个体的生成,以促进与国民生活、社会相协调的科学技术的发展”,但在该法中也对“胚胎”、“生殖细胞”、“未受精卵”、“胚性细胞”、“人类受精胚胎”、“胎儿”、“人类克隆胚胎”等诸多概念下了定义,并在其“附则”第2条规定“在本法施行后三年以内,政府根据综合科学技术会议等关于人类受精胚胎作为人之生命的萌芽的处理方案的研讨结果,同时斟酌本法实施状况、克隆技术等的变化等,在对本法规定作出讨论的基础上,依其结果采取必要的措施”。也就是说,至少在目前的日本法律中,虽然其语义不是十分明确,“人类受精胚胎”是作为“人之生命的萌芽”加以对待的。在这点上,与我国“无锡冷冻胚胎案”的部分表述类似,如一审判决中的“受精胚胎为具有发展为生命的潜能”以及二审判决书中的“具有孕育成生命的潜质”等表述。

当然,上述法律也对胚胎、人类受精胚胎、胎儿等做出了定义。依该法律,胚胎指的是“细胞或细胞群,且存在着经人体或动物胎内的发生过程得以成长为一个个体的可能性、胎盘开始形成前的细胞或细胞群”;人类受精胚胎指的是“人之精子和未受精卵受精后所生之胚胎”;胎儿指的是“人或动物胎内的细胞群,且存在着经胎内的发生过程得以成长为一个个体的可能性、在胎盘形成开始后的细胞群,且包括胎盘及其他附属物”;人体克隆胚胎指的是“存有核之人类体细胞与人类除核卵相融合(通过受精以外的方法将复数的细胞合成为一个细胞等)形成的胚胎”。从此等定义可以看出,在日本现行法律上,虽然并没有对人类胚胎的法律属性做出特别界定,但人类胚胎至少与普通的人体细胞以及胎儿相区别,且存在着人类受精胚胎和人类克隆胚胎之分。

此外,较近的与人体胚胎具有一定相关性的法律则是2013年通过的《关于确保再生医疗等的安全性的法律》(以下简称《再生医疗安全法》)。虽然该法律并没有直接提及人体胚胎,但因该法律涉及再生医疗技术相关的“细胞”,与人体胚胎也有一定的关系。日本厚生省2014年根据该法律制定的《再生医疗安全法实施细则》第7条规定了从事再生医疗应当对再生医疗中使用的细胞的妥切性做出确认。其中第10项和第11项对人类受精胚胎的提供作出了规定。也就是说,“接受人类受精胚胎的提供之情形,在得到该细胞提供的同意后至少30天以内,不得用于人的胚性干细胞的树立,而应在医疗机构保管该细胞,以确保该细胞提供者得以撤回其同意的机会”;“接受人类受精胚胎的提供之情形,应满足以下要件:(1)因生殖辅助医疗之目的作成的受精胚,且目前不存在用于该目的之预定;就该受精胚的销毁,确认了提供者的意思;(2)冷冻保存中的人类受精胚胎;(3)不包括冷冻保存期间在内,受精后14日之内的受精胚胎"。因此,该实施细则虽然没有直接规定胚胎的法律地位,但亦对胚胎的提供作出了特别的规定,反映出人体胚胎区别于普通人体细胞之特殊性。

(二)以人类胚胎的研究利用为中心的行政指导

除此之外,日本并没有法律对胚胎的法律地位作出规定,更多的是通过文部省、厚生省等发布的行政指导或协会自律的方式加以规范。前者主要集中在胚胎研究的相关领域,主要的有《关于从事人类受精胚胎作成的生殖辅助医疗研究的伦理指导》(2013年修改)、《关于人类ES细胞的树立的指导》(2014年修改)、《人类ES细胞的分配及使用的指导》(2015年修改)、《从事从人类IPS细胞以及人类组织干细胞作成生殖细胞研究的指导》(2013年修改)、《以人为对象的医学研究伦理指导》(2014年公布)、《关于利用人类干细胞的临床研究的指导》(2013年修改,因《再生医疗安全法》的实施于2014年废止)等诸多行政指导。但上述行政指导更多的是与胚胎细胞的研究利用相关的行政指导,日本尚不存在生殖辅助医疗相关的法令或行政指导。[⑤]

从理论上来说,对于生命科学等迅速发展的领域来说,为确保研究的合理性,采用得以随时修订的行政指导的方式而不是僵化的法律规制的方式,也就是说,采用"软法"规制的方式可能更为合适。但事实上,有学者指出,之所以未能制定法律,原因之一在于应当予以遵守的规范本身并不明确。[⑥] 不仅如此,此等所谓的"软法",对实施研究的程式和遵守事项等作出了较之通常的法律更为具体细致的规定,且对于研究现场的从事者来说此等"指导"多被认为是与法律具有同等的权威而加以遵守,其事实上对研究者的举手投足都产生了很大的束缚,其拘束力并不比法律要低。[⑦]

但是,诸多行政指导也仅仅对人类胚胎用于研究时的处理方式作出了规定而已。[⑧] 以《关于从事人类受精胚胎作成的生殖辅助医疗研究的伦理指导》为例,该指导对应如何

---

⑤ 米村滋人:"特殊医療行為法(5):生殖補助医療",载《法学セミナー》第717号(2014年10月)第99页。

⑥ 当然,也有学者指出,在日本,除了器官移植,其他生命伦理问题并没有成为社会问题或政治问题,而生命伦理相关立法的协调和合意形成,又存在诸多困难,只好暂时采用行政指导等方式来处理。不仅如此,法学专家与医学相关者之间的意识和考量因相互了解不够而存在诸多不同,加之生命科学和医学的进步日新月异,相关问题更是变得多样而复杂,更进一步加剧了完备法制的困难性(川崎政司:"ヒト組織等の医学的利用に関する法の整備の方向性",载《慶応法学》第29号(2014年)第100～103页)。

⑦ 辰井聡子:"生命倫理と刑法",载《ジュリスト》第1396号(2010年3月15日)第95页。

⑧ 此外,上述诸多行政指导中都规定了书面的"知情同意"要求,并确保在一定条件下提供者得以撤回其"知情同意"。

对待人类受精胚胎作出了规定。依该指导第3章的规定,人类受精胚胎的作成,限于研究实施之必要且最小限之范围内;且其得以操作的期间限于原始线条(原条)出现前的期间,且在受精胚胎作成后14天内未能形成原条的受精胚,亦不得进行操作;禁止将研究作成的受精胚胎移植于人体或动物胎内,且不得在拥有得以移植人类受精胚胎设备的室内从事研究;不得将作成的人类受精胚胎移送其他机构;研究终止时或上述得以操作期间经过时应立即废弃此等人类受精胚胎。此等规定,亦仅限于对人类受精胚胎的特殊处理方式的特别指导,且限于研究领域,并未对胚胎的法律地位做出指导。

(三)人体胚胎法律地位的判例法理阙如

在日本司法实践中,亦未能就人类胚胎的法律地位确立相关的判例法理。与人类胚胎相关的日本最高院判例,多是涉及人工受精后出生的孩子地位问题,其中著名的案例有涉及配偶利用亡夫冷冻精子人工受精死后怀胎出生的孩子与亡夫之间的父子关系认定的判例(以下简称"日本冷冻精子案")⑨和涉及配偶利用在美国的第三人代孕出生后的母子关系认定的判例(以下简称"日本代孕案")。⑩ 前者从现行日本民法的解释入手,否定了其父子关系;但同时也认为,是否肯定此种情形的父子关系,应通过立法予以解决;今井功法官在该案补充意见中也提道,"是否肯定精子提供者死亡后利用冷冻保存精子的受精,若加以肯定,需具备什么条件"等,都需要对医疗法制、亲子法制等做出探讨,以完善相关法制。后一判决则坚持现行法上的母子关系以怀胎出生为准的解释,否定了卵子提供者与代孕出生孩子之间的母子关系;但该判决也同时指出,代孕是医学上得以想定的问题之一,应从出生后孩子的福祉、希望存在遗传基因联系的期望及社会一般伦理对于委托其他女性出生的伦理感情等角度探讨如何完善医疗法制、亲子法制。两者虽然都涉及冷冻精子、人工受精胚胎等,但都没有成为案件的争点,亦未对人工受精胚胎的地位作出判断。

(四)辅助生殖技术实践领域的自主规制

事实上,关于人工胚胎以及辅助生殖技术的运用等,日本主要是通过医学界或医疗集团的自主规制加以规范,或者是通过设置于医院内部的伦理委员会予以规制。例如,日本产科妇人科学会的"会告"和日本医师会的职业伦理都明确禁止代孕。⑪ 关于人工胚胎的操作等,亦存在一些此等自主规制,如日本产科妇人科学会、日本生殖医学会、日

---

⑨ 最判平成18年9月4日判タ1227号120页(2007年2月15日)。

⑩ 最判平成19年3月23日判タ1239号120页(2007年7月15日)。

⑪ 资料来源 http://www.jsog.or.jp/statement/html/announce_13FEB2008.html,2015年3月5日访问;日本医师执业伦理则,资料来源 http://dl.med.or.jp/dl-med/teireikaiken/20080910_1.pdf,2015年3月5日访问。

本生殖辅助医疗标准化机构等团体亦都提供了辅助生殖医疗方面的指引和相关的伦理指导。因此等自主规制亦是日本生殖辅助医疗领域的"重要规范"之一,以下就此做一简单介绍。

例如,日本产科妇人科学会的"关于人类胚胎及卵子的冷冻保存与移植的见解"中就对会员明确了人类胚胎及卵子冷冻保存的要求。其要求,"实施冷冻保存及其移植时,实施机构应当对被实施者预先说明……并取得其同意,并将其书面文书加以保管"(书面知情同意);"冷冻卵子归属于该卵子来源的女性;冷冻胚胎归属于两配子来源的夫妇;该女性或夫妇委托实施机构保管该冷冻卵子或冷冻胚胎";"冷冻胚胎的保存期间,不超过实施对象作为夫妇持续的期间,且不超过采卵女性的生殖年龄;冷冻胚胎或冷冻卵子融解后植入采卵女性体内,且每次手术实施都需取得实施对象夫妇或女性的书面同意";"实施本手术时,应当依所定的格式向本医学会作出报告并备案"等。⑫ 而对于受精卵的研究操作等,则要求有独立于诊疗或医疗行为的知情同意书。⑬ 此外,该学会也禁止从事胚胎提供的生殖辅助医疗,不管是配子双方所取得的胚胎还是不孕治疗后剩余胚胎,既不得移植于别的女性,也不得参与移植或为胚胎提供进行斡旋。⑭ 此外,该学会还发布了关于未受精卵及卵巢组织的采集、冷冻、保存的伦理见解,关于非配偶者之间人工受精的伦理见解,关于辅助生殖医疗中多胎防止的伦理见解,人类体外受精、胚胎移植临床应用范围之伦理见解等诸多生命伦理见解,要求各会员予以遵守。⑮ 与生殖辅助医疗相关的另外一个学会则是日本生殖医学会,其也发布了诸多"指引"或"声明",要求其会员予以遵守。⑯

在具体实践中,实施辅助生殖技术的医疗机构会根据日本产科妇人科学会的要求,对实施对象实施告知并取得其同意。其告知书或承诺书都会告知冷冻保存的期间及其费用,其内容包括"夫妇离婚之情形,或者是夫妇一方死亡之情形、妻子的年龄超过了女性生殖年龄、失踪之情形,遵循日本产科妇人科学会的会告,依伦理之妥当方法(对冷冻

---

⑫ "ヒト胚および卵子の凍結保存と移植に関する見解"(2014年6月修改),资料来源 http://www.jsog.or.jp/ethic/hitohai_201406.html,2015年3月5日访问;日本医师会发布的《医师执业伦理指针》也规定,体外受精及胚胎移植实行向日本产科妇人科学会的备案和报告制度,资料来源 http://dl.med.or.jp/dl-med/teireikaiken/20080910_1.pdf,2015年3月5日访问。

⑬ "ヒト精子・卵子・受精卵を取り扱う研究に关する见解"(2013年修改),资料来源 http://www.jsog.or.jp/ethic/H25_6_hitoseishiranshijyuseiran.html,2015年3月5日访问。

⑭ "胚提供による生殖补助医疗に关する见解",资料来源 http://www.jsog.or.jp/about_us/view/html/kaikoku/H16_4.html,2015年3月5日访问。

⑮ 资料来源 http://www.jsog.or.jp/ethic/index.html,2015年3月5日访问。

⑯ 其内容多与产科妇人科学会的内容保持一致,且其未涉及人工胚胎的保存问题,此处不再赘述,资料来源 http://www.jsrm.or.jp/guideline-statem/index.html,2015年3月5日访问。

胚胎、冷冻受精卵、冷冻卵子)予以废弃”。[17] 也就是说,在日本辅助生殖实践中,除非难以确认夫妻双方或一方的死亡,依此等知情同意,冷冻胚胎在夫妻一方或双方死亡后都会被废弃,而不会产生“无锡冷冻胚胎案”一样的情形。当然,将来也不排除有医生违反学会要求而出现类似情形的可能。例如,虽然日本产科妇人科学会一直禁止代孕等,但仍有医生从事代孕而被学会除名。[18]

综上,日本法律上虽然存在关于胚胎、胎儿等诸多定义规定,但对于人工胚胎的法律地位并没有作出特别规定。日本诸多立法努力虽涉及人工胚胎,但都未能实现法制化。判例法理上虽然对代孕、死后出生等涉及辅助生殖技术的领域做出了判断,但亦只涉及亲子关系的判断,并未涉及人工胚胎的法律地位问题。对于胚胎移植、胚胎的研究利用及生殖辅助技术的规制,更多的是来自所谓“软法”的规制,虽然该规制方式受到学界的诸多批评,[19]但目前仍然主要通过行政指导、学会团体的自主规制等方式加以规制。辅助生殖医疗实践中则通过知情同意的方式对冷冻胚胎的保存和废弃作出事先的告知同意,进而避免夫妻死亡后的冷冻胚胎归属问题。

二、“人体组成部分”相关学说背景下的人工胚胎

日本法律上,虽然不存在赋予胚胎“人”之地位的规定,但在民法、刑法等解释论上通常认为,作为来源于人类的细胞,应与通常的“物”加以区别对待。[20] 总体上而言,关于胚胎的法律地位,日本学界的讨论多将其置于罗马法以来的“人”、“物”二分的框架中予以讨论,近年来则出现了从行为视角予以讨论的学说,具体分析时,则多将其与胎儿、身体的组成部分相比较而展开分析。

首先是与胎儿的对比。关于胎儿,日本法律上多有特殊保护,如民法中赋予胎儿在特定情形的损害赔偿请求权及继承权;刑法上则有堕胎罪的保护;以及母体保护法上关

---

[17] 参见ミューズレディスクリニック“受精卵(胚)、卵子凍結説明書”,资料来源 http://www. muse-lc. jp/taigai/pdf/jusei2014. pdf,2015 年 3 月 5 日访问。夫妇一方死亡情形的胚胎废弃,亦可参见医療法人社团暁慶会ハラメディカルクリニック的知情同意书,资料来源 http://www. haramedical. or. jp/news/documents/pdf/tempoEMBRYOFREEZEagreement. pdf,絹谷産婦人科“胚凍結保存の同意書”,资料来源 http://www. kinutani. org/haitouketudouisho. pdf,2015 年 3 月 5 日访问。

[18] 米村滋人:“特殊医療行為法(5):生殖補助医療”,载《法学セミナー》第 717 号(2014 年 10 月)第 101 页。该医生被除名后,虽然不属于任何学会,但仍然从事着同类医疗活动,且该医生曾进行了数例代孕手术。该事件的发生,也显示了日本有必要进行国家层面的立法。

[19] 古川俊治:“科学技術の研究・開発に関する規範定立についての一考察——医療技術を例として”,载《ジュリスト》第 1369 号(2008 年 12 月)。

[20] 出自日本内阁府综合科学技术会议生命伦理专门调查会 2004 年 7 月 23 日报告“ヒト胚の取り扱いに関する基本的考え方”,资料来源 http://www. 8. cao. go. jp/cstp/tyousakai/life/haihu39/siryo5 - 1 - 1. pdf,2015 年 3 月 5 日访问。

于人工流产的规定等。从这些规定来看,虽然并未将胎儿视为完整意义上的“人”,但亦并非物。如前所述,日本法律上虽然对胎儿与胚胎做出了定义上的区分,但对于体内受精胚胎,多认为将其作为胎儿加以保护也不会有什么障碍。问题在于体外受精胚胎。一般认为,并不能将体外受精胚胎作为胎儿加以对待。[21]

其次是与身体的组成部分或人体组织加以对待。较之胚胎,日本民法学界在人体组织方面的讨论更为广泛,但亦并不充分。从理论上来说,胚胎作为生殖细胞的结合,亦属于一种特殊的细胞或细胞群,关于人体组织的相关学说,对于胚胎的讨论亦具有一定的启示意义。这里亦稍加介绍。

关于人体组织的讨论,主要有“人”、“物”二分的研究进路和“行为”进路的区分。前者关注人体组织的私法性质;后者则更多地关注人体组织的可处分性及可让与性问题。

关于人体以及人体由来的分离物,其性质如何及应当成立何种权利,大体上有三种学说。一是所有权说,二是人格权说,三是所有权人格权统合说。[22] 所有权说认为,作为所有权客体的“物”,通常应当具备有体性、支配可能性和非人格性。据此,人体本身因难以满足非人格性要件而不能作为所有权客体意义上的“物”,但就其分离物而言,足以构成所有权的客体,只不过该所有权受到公序良俗等的限制。依该学说,人体组织自其分离时开始成为由来者的所有物,此后的法律关系原则上依所有权法理予以解决。我妻荣、几代通等主张该学说,近年来,支持该学说的学者也不少。人格权说则认为,所有权说无法应对因研究目的而使用人体分离物的情形,应当以人格权来统合,以赋予提供者“目的外使用的停止侵害请求权”。也就是说,依所有权说,人体分离物的使用、移转等依通常的法律行为理论即可,只不过其受制于公序良俗的限制,且其法律行为的事后撤回或解除,虽然与通常的物有所不同,但需具备特定的条件才得以撤回或撤销;而人格权说则更接近于侵权法上的“受害人同意”的构成,并不适用法律行为总则的规定,其同意的撤回亦更为便捷,原则上允许面向将来的撤回同意。所有权人格权统合说则认为,并不能否定人体组织本身属于客观意义上的“物”,但同时亦包含了特定的人格价值,得以同时成立所有权和人格权。该学说包括两种观点:或认为就财产部分和人格部分分别成立所有权和人格权,就其财产部分肯定其可让与性,而就其人格部分,则肯定提供人的控制权;或认为成立一个兼具所有权和人格权性质的单一的融合权利。

---

[21] 本山敦:“精子・卵子・胚の所有と管理”,载《NBL》第742号(2002年8月1日)第26页。

[22] 关于三种学说的整理,未特别注明的,均出自米村滋人:“医師法講義第21回・ヒト組織・胚の法的地位1”,载《法学セミナー》第720号(2015年1月)第95页。另参见西希代子:“ヒト組織の医学的利用に関する法的・倫理的諸問題:民事法学の立場から——ヒト組織提供行為の私法的性質を中心として”,载《慶応法学》第29号(2014年)第44~45页。

当然,也有学者一方面主张身体或身体的组成部分为“物”,但在归属关系上将其定位为人格权领域,主张人的身体构成“人格权”的客体。该学者认为,作为“人格媒介”的身体,本身就是“物”,只不过是需要特殊对待的特殊的物。但将其界定为“物”,并不妨碍在其上构建人格权。人体由来物质本身虽然是有体物,有其财产的利益,但源于人的尊严的法律特别对待决定了其存在人格利益。而身体本身,并不像人体由来物质一样存在着财产利益和人格利益的共存,其财产利益并不被认同,而仅剩下人格利益。也正因为如此,完全可以考虑存在着以有体物(尤其是身体这一特殊的有体物)为对象的人格权。㉓

从上述讨论可以看出,日本学界对待人体组成部分的态度基本上是围绕人物二分的传统民法理论而展开。即使将其定位为物,要么将其作为特殊的所有权来考虑,要么直接将其作为人格权,两者都无法否认人体组成部分所内涵的人格因素,需对其加以特殊对待。但上述学说都没有直接针对人体胚胎做出定位。

实际上,就胚胎而言,其与通常的人体组成部分存在着很大不同。在人体组成部分中,既有如同头发、母乳等一样的容易再生且其分离通常不会损害人体本身健康的分离物,亦存在人体器官等不宜再生且其分离通常会损害人体本身健康的分离物。前者作为所有权的客体加以对待,不会有什么大的问题,也符合日常的社会现实;而后者即使将其作为所有权客体对待,也会有受到公序良俗(包括身体的不可侵性等公序良俗)等的制约;而血液、细胞等用于生物医学研究目的时,通常会涉及人体遗传信息等特定的人格信息,进而可能借鉴个人信息保护法等人格权领域的最新发展,对其许可及对第三人的提供等做出严格控制。也就是说,即使就人体的组成部分而言,因所涉及的公序良俗各异,使用目的各异,即使将其定位为“物”,也需要根据不同的情况做出不同的考虑。而对于胚胎而言,其存在孕育成生命的可能,人之尊严的尊重更是显得必要,其法律定位也就更为困难。

当然,也有学者认为,精子、卵子、胚胎等得以发展成独立人格的人体组成部分,其并不同于遗体、遗骨等过去人格的遗留物,两者并不能同等对待,进而明确否定胚胎得以成为所有权或继承权的标的。㉔ 事实上,在“无锡冷冻胚胎案”中,一审法院虽然肯定了冷冻胚胎的“物”的属性,但将其定位为一种不具有可让与性的特殊的物,进而否定了其得以成为继承的标的,与该学说类似。

然而,笔者认为,无论是将其定位为所有权的客体还是人格权的客体,其权利行使都

㉓ 吉田克己:“身体の法的地位(二)”,载《民商法雑誌》第149卷第2号(2013年)第136页以下。

㉔ 本山敦:“精子・卵子・胚の所有と管理”,载《NBL》第742号(2002年8月1日)第25页。

会受到严格的限制。实际上,将其定位为物还是介于人与物之间的特殊存在,若都需考虑其间的人之尊严,其法律地位并不会有本质的不同。关键的问题在于如何控制胚胎相关的处分。在这点上,从区别于财产处分角度阐述“处分人体相关权利”的“行为”进路亦值得注意。该进路不同于人物二分的传统进路,而是从行为角度去探讨人体及其组成部分的处分合法性及其限制问题。该进路认为,虽然人体的处分多需同意要件,但仅具备同意要件并不充分;尚因不同的人体处分而需具备特定的要件,如危险性与受益之间的均衡、医学必要性或者是他人治疗利益的存在、无偿性及匿名性要求等,都构成了作为“身体公序”的人之尊严的必要要求。而且,关于人体处分的同意,其与通常契约中的同意并不相同,得以随时撤回其同意。㉕ 当然,该作者也认为,以行为为中心探讨人体处分相关的法律构造,并不否定人体及其分离物的性质决定对于人或物的概念的再构成的积极意义,并不否认应当继续分析人体及其分离物的性质决定对于人体处分法律框架的影响。㉖

从上述讨论也可以看出,日本学说中并未对人工胚胎的法律地位做出特别讨论。套用米村滋人教授的话来说,其现状是,“关于人体胚胎的法律关系,处于问题梳理不够、且并非轻易得以下结论的状况。一方面,人体胚胎亦得以用所有权加以衡量的观点值得考虑,但另一方面,仍然有必要对各个具体的情形加以缜密的研讨。其详细的法律关系,仍然有待今后学说的展开”。㉗ 当然,依人体组成部分相关学说的进路,若非要认定其具体的法律性质,其很有可能被定位为一种特殊的物。但是将其作为所有权的客体还是作为人格权的客体,则会出现分歧。但因涉及生命萌芽的问题,若定位为所有权的客体,其事实上的处分或法律上的处分亦会受到人之尊严这一公序良俗的限制,并不能成为完整意义上的所有权,而仅可能成为特殊目的的所有权(日本学说中曾就遗体发展出了供瞻仰、埋葬等特定目的的所有权的概念)。若将其定位为人格权,则其处分原则上被禁止,且对于后续使用等,提供者具有更多的控制权,但为了医学研究目的等必须发展出若干例外规则,如前述学说中以同意为中心构建的许可规则。

事实上,在“无锡冷冻胚胎案”中,两审法院的说理,与日本的学说状况具有相似之处。一审法院以人物二分为进路,虽然肯定了冷冻胚胎得以成为特殊的物,但否定了其得以成为继承的标的;而二审法院则回避了这一性质决定,而是从涉案胚胎的相关权利归属上来论证,将其定位为“人与物之间的过渡存在”这一模糊的“中间地位”后,更多的

㉕ 櫛橋明香:“人体の処分の法的枠組み(8)”,载《法学協会雑誌》第131卷第12号(2014年)第2570页。

㉖ 櫛橋明香:“人体の処分の法的枠組み(8)”,载《法学協会雑誌》第131卷第12号(2014年)第2606页。

㉗ 米村滋人:“医師法講義第21回・ヒト組織・胚の法的地位1”,载《法学セミナー》第720号(2015年1月)第97页。

是从监管权和处置权行使等行为角度对案件做出了判断,回避了冷冻胚胎是否得以构成继承的标的这一性质判断。而且,从判决来看,法院也只是肯定了双方父母的监管和处置,并未说明医院是否应移交冷冻胚胎,更是凸显了法院对于这一性质决定的模糊处理。

三、结语

综上,日本法律上将人类受精胚胎作为"人之生命的萌芽"予以对待,但并没有对人工胚胎的法律地位作出特别规定;判例法理上亦只涉及亲子关系的判断,并未涉及人工胚胎的法律地位问题。目前主要通过行政指导、学会团体的自主规制等方式对受精胚胎的生殖辅助医疗使用、研究利用等加以规制。而知情同意书的普遍使用,在一定程度上避免了夫妻死亡后的冷冻胚胎归属和监管问题。另外,日本学说也未能就受精胚胎的法律地位做出充分的讨论,其讨论的焦点多集中于人体的组成部分这一人体相关的更大的主题方面。但此等学说的发展也为未来关于人工胚胎的性质决定或行为规制提供了一定的方向性。其基本的方向性是,无论将其作为所有权的客体予以对待还是将其作为人格权的客体加以对待,受精胚胎所内在的人之尊严的尊重,构成了其权利行使的限制。在具体行使方式上,以同意为中心兼顾其他要件的行为规制模式的探讨,对于今后的理论发展和实践具有一定的积极意义。

当然,就人之尊严这一模糊的身体公序而言,其在各国的情形中可能并不会相同。日本曾有学者指出,一方面是对人类胚胎的道德地位的尊重,但另一方面,也不应忽视胚胎保护与生殖领域其他法律问题,特别是与中止妊娠之间的关系。[28] 在我国,如何结合社会意识和国家政策将中止妊娠的法律定位与胚胎的法律地位加以综合衡量把握,也可能是今后理论研究和政策制定过程中须加以衡量的重要问题之一。[29]

---

[28] 堀田義太郎:"ヒト胚の道徳的地位をめぐる論争状況",载《医療・生命と倫理・社会》第4号(2005年3月)第76页。

[29] 以日本的学说讨论为例,与基督教传统深厚的国家不同,在日本,对于生殖辅助医疗本身的批评并不多,而更多的是从"子女的福祉"、女性的"自我决定"等法律视角探讨生殖辅助医疗技术([日]米村滋人:"特殊医療行為法(5):生殖補助医療",载《法学セミナー》第717号(2014年10月)第99页)。

从不法使人出生（Wrongful life）之损害赔偿诉讼看比较法案例

詹森林*

目　　次

一、前言

比较法研究，不应仅限于各国及地区法条规定及学说理论之比较，而应包含甚至特别强调各国及地区法院裁判之比较，①始能真正显现比较法之功能，并确实收取比较法之

* 台湾大学傅斯年纪念讲座教授。

① 朱晓喆："比较民法与判例研究的立场和使命"，载《华东政法大学学报》2015 年第 2 期。

价值。比较法之著作上,已有不少专文②及专书③,深入探讨各国及地区法院于裁判时,如何参考及使用外国法院之裁判。

鉴于此,本文特以不法使人出生(wrongful life)在各国及地区法院裁判之情形,说明比较法案例之研究。

二、尊重生命、保护胎儿、不法使人出生

尊重他人生命,乃道德及伦理基本要求,故不得无故杀害他人致剥夺其生命,亦不得无故伤害他人致侵害其身体或健康,亦属天经地义,其实不待法律明文规定。

至于各国及地区民法通常仍就不法侵害他人生命、身体或健康之情形,制定相关条文,其立法目的,仅在于:

1. 宣示加害人应就此行为负赔偿责任。

2. 明定加害人赔偿责任相关事项,尤其是“得请求赔偿之权利人”及该权利人“得请求赔偿之项目”,以杜加害人与被害人之间可能之争议。例如,

(1)中国《侵权责任法》第2条、第6条及第16条分别明定:“侵害民事权益,应当依照本法承担侵权责任。本法所称民事权益,包括生命权、健康权……”、“行为人因过错侵害‘他人’民事权益,应当承担侵权责任”、“侵害‘他人’造成人身损害的,应当赔偿医疗费、护理费、交通费等为治疗和康复支出的合理费用,以及因误工减少的收入。造成残疾的,还应当赔偿残疾生活辅助具费和残疾赔偿金。造成死亡的,还应当赔偿丧葬费和死亡赔偿金”。

(2)《德国民法典》第823条第1项规定:“凡故意或过失不法侵害‘他人’生命、身体、健康……者,应就因此所生损害,对该‘他人’负赔偿责任。”④

(3)《法国民法典》第1382条规定:“人之任何行为造成‘他人’损害者,就造成该损

---

② Goff, "Comparative Law: The Challenge to the Judges", in: Markesinis (ed.), *Law Making, Law Finding and Law Shaping: The Diverse Influences*, 1997, pp. 37 - 41; Stanton, "Comparative Law in the House of Lords and Supreme Court", *Common Law World Review*, 42 (2013), pp. 269 - 296; Kötz, Der Bundesgerichtshof und die Rechtsvergleichung, in: Canaris/Heldrich/Hopt/Roxin/Schmidt/Widmaier (Hrsg.), 50 Jahre Bundesgerichtshof, Festgabe aus der Wissenschaft, Bd. II, 2000, 825, 832.

③ Drobing, van Erp (eds.), *The Use of Comparative Law By Courts*, 1999; Markesinis, *Always on the Same Path, Essays on Foreign Law and Comparative Methodology*, 2001; Canivet, Andenas and Fairgrieve (eds.), *Comparative Law before the Courts*, 2005; Bobek, *Comparative Reasoning in European Supreme Courts*, 2013; Andenas and Fairgrieve (eds.), *Courts and Comparative Law*, 2015.

④ 《德国民法典》第842条至第845条进一步规定不法侵害他人身体或健康时,被害人得请求赔偿因而丧失或减少之劳动能力及不法侵害他人生命时,被害人得请求赔偿之丧葬费及第三人得请求赔偿因而丧失或减少之扶养费。

害有过错之人,应负赔偿责任。"⑤

(4)《瑞士债务法》第 41 条规定:"不法加损害于'他人'者,不论其为故意或出于过失,应对该'他人'负赔偿义务。"⑥

(5)《日本民法典》第 79 条规定:"故意或过失侵害他人任何权利或法律上保护之利益者,负赔偿因此所生一切损害之责任。"

(6)我国台湾地区"民法"第 184 条第 1 项前段、第 192 条至第 195 条第 1 项前段分别规定:"因故意或过失,不法侵害'他人'之权利者,负损害赔偿责任"、"不法侵害'他人'致死者,对于支出医疗及增加生活上需要之费用或殡葬费之人,亦应负损害赔偿责任。被害人对于第三人负有法定扶养义务者,加害人对于该第三人亦应负损害赔偿责任"、"不法侵害'他人'之身体或健康者,对于被害人因此丧失或减少劳动能力或增加生活上之需要时,应负损害赔偿责任"、"不法侵害'他人'致死者,被害人之父、母、子、女及配偶,虽非财产上之损害,亦得请求赔偿相当之金额"、"不法侵害'他人'之身体、健康……被害人虽非财产上之损害,亦得请求赔偿相当之金额"。

然而,对任何人而言,何为"他人",并非毫无疑义,故有待法律明文规定。就此,涉及法律上如何规范"人"之问题。

对此问题,近代各国及地区民法从民事权利能力(Rechtsfähigkeit)着眼,以界定法律上得享有生命权与身体权、健康权之"人"。例如,我国《民法通则》第 9 条规定:"公民从出生时起到死亡时止,具有民事权利能力,依法享有民事权利,承担民事义务";《德国民法典》第 1 条规定:"人之权利能力,开始于出生完成之时";《法国民法典》第 8 条规定:"所有法兰西人民,均享有民事权利";⑦《瑞士民法典》第 11 条及第 31 条第 1 项分别规定:"所有人均享有权利能力。准此,于法律限制范围内,所有人具有同等之权利与义务资格"、"人格,开始于活胎出生之时,并于死亡时终止";《日本民法典》第 3 条第 1 项规定:"私权之享有,开始于出生";⑧我国台湾地区"民法"第 6 条规定:"人之权利能力,始于出生,终于死亡。"

由此可知,各国及地区均以"出生"作为享有权利能力之条件。换言之,自然人因出

---

⑤ 本条英文翻译为:"Any act whatever of man, which causes damage to another, obliges the one by whose fault it occurred, to compensate it."

⑥ 《瑞士债务法》第 45 条及第 47 条进一步规定不法侵害他人生命或身体时,被害人所得请求之丧葬费、丧失之扶养费、丧失或减少之劳动能力及慰抚金。

⑦ 本条英文翻译为:"Every French person enjoys civil rights."

⑧ 非常值得一并注意者,《日本民法典》第 3 条第 2 项明定:"除应予适用之法律、规则或条约另有规定外,外国人得享有私权。"(本条项之英文翻译为:Unless otherwise provided by applicable laws, regulations or treaties, foreign nationals shall enjoy private rights.)

生而享有生命权、身体权及健康权。

唯应一并注意者,亦有若干立法例,明定尚未出生之“胎儿”,得于出生前,提前享有权利能力或享有请求损害赔偿及继承之权利。例如,《瑞士民法典》第31条第2项及第544条分别规定:“胎儿在出生前,以将来活产为条件,享有权利能力”、“胎儿自受胎时起,以活产者为条件,有继承之权利;有保护其利益之必要时,由儿童保护机构提供援助。胎儿死产者,在继承之程序上,不予考虑”;我国台湾地区“民法”第7条及第1166条第1项分别规定:“胎儿以将来非死产者为限,关于其个人利益之保护,视为既已出生”、“胎儿为继承人时,非保留其应继分,他继承人不得分割遗产”;我国《继承法》第28条规定:“遗产分割时,应当保留胎儿的继承份额。胎儿出生时是死体的,保留的份额按照法定继承办理”;《日本民法典》第721条、第886条分别规定:“胎儿,关于损害赔偿之权利,视为既已出生”、“关于继承,胎儿视为既已出生。前项规定,如胎儿为死产时,不适用之”。

综上所述,民法对于自然人之保护,原则上以出生为条件,但胎儿虽尚未出生,如其将来系属活产,则仍受民法保护。因此,对于已经活产出生之自然人,若不法侵害其生命、身体或健康,即构成侵权行为,而应对其因而发生之损害,负赔偿责任。

然而,前述施行或已超过200年,⑨或亦达80年以上之民法规定,⑩于最近二三十年来,却面临如何妥善处理“不法使人出生”(wrongful life)而生损害赔偿之难题。

所谓“不法使人出生”(wrongful life),⑪系指胎儿于出生之前,因遗传因素或基因突变,已经患有先天疾病,而负责产前检查之医生,于产前检查时,却未发觉,甚至经胎儿之父母特别询问,或进行特别检验后,医生仍错误告知胎儿之身体及健康均属正常,导致胎儿虽属活产出生,但自出生时起,终生受先天疾病之苦。该活产出生之幼儿(以下称原告),遂就其因该疾病所产生之医疗及照顾等相关必要费用,甚至连同精神损害赔偿金,请求医生、其他相关检验人员及医院诊所(以下称被告),负赔偿责任。

---

⑨ 《法国民法典》自1804年3月21日起施行。

⑩ 台湾地区“民法”自1929年10月10日起施行。

⑪ Wrongful life,已经成为通用名称,但有学者指出,此一用语,不仅笨拙尴尬,而且易生误解(awkward and confusing)。胎儿之身体或健康之受损,并非因出生而导致,而系于母体中业已存在,故应改称 prenatal harm(产前伤害),较为妥适。参见 van Dam, *European Tort Law*, 2nd ed. (2013), 708 - 1. 唯本文作者认为,prenatal harm 一语,亦有过于概括之嫌。例如,怀孕中母亲因他人过失所致之车祸而受伤,并因而导致腹中之胎儿亦受伤时,此种情形之胎儿所受损害,亦属 prenatal harm,但胎儿于车祸后,如为活产出生,则得请求车祸肇事者负赔偿责任,学说实务并无任何争议,与 wrongful life 之胎儿于活产出生后,得否请求过失之医生赔偿损害,学说实务争论不休,显有不同。

三、问题所在

在不法使人出生之案例,原告所提之损害赔偿请求,是否应予准许,对各国法官而言,涉及下列主要问题:

第一,原告之身体或健康不完整,并非被告行为所造成,而系其自己先天疾病所导致,故原告请求损害赔偿,在原告所受损害与被告行为之因果关系上,应如何认定?

第二,原告与被告之间,并无契约关系,故被告对于原告是否负有任何义务?

第三,损害赔偿之方法,有以回复原状为原则者,[12]而所谓"回复原状",系指"如无加害行为,被害人将有之处境"(the situation in which the victim would have been, had the tort not been committed)。由于不法使人出生之案例中,父母通常向负责产检之医生表示,如胎儿有先天疾病,则请医生以堕胎或其他方式,使胎儿死产,不要出生。因此,倘若允许不法使人出生案例之原告请求损害赔偿时,则被告所应负责回复之原状为:"原告根本未出生"。然而,倘若原告根本未出生,则原告为何又能请求赔偿?[13]

四、各国裁判情形

不法使人出生之损害赔偿请求案件,世界各地,数量甚多,但仅少数法院准许原告之请求,[14]多数法院则予驳回。[15] 兹先叙述英国、德国、法国法美国之判决内容,再比较其异同。

在英国,wrongful life 之指标性案例为 McKay and Another v. Essex Area Health Authority。[16] 该案原告之母亲于怀孕初期罹患德国麻疹,负责产检之医生虽对原告母亲进行血液检验,却未诊断原告母亲之病情,导致原告于出生时罹患重病。英国上诉法院(Court of Appeal)于 1982 年 2 月 19 日之判决中强调,医生对原告母亲负有义务,告知其感染德国麻疹及征询其是否愿意进行堕胎;但医生对于原告并不负有终止其生命之义务。因此,法院驳回原告损害赔偿之请求,因为该请求违背公序良俗且侵犯人之生命之尊严。此外,法院指出,由于在"不存在之生命的价值"(此乃原告如未出生时,应有之状态)与"残障之生命的价值"(此乃原告于出生后,现有之状态),二者之间,无法比较其差

---

⑫ 《德国民法典》第 249 条,《奥地利民法典》第 1323 条、第 1325 条、台湾地区"民法"第 213 条。

⑬ Stathopoulos, Schadensersatz und Persönlichkeitsschutz des behinderten Kindes, Festschrift für Canaris zum 70. Geburtstag, 2007, Bd I, S. 1213, 1229.

⑭ 美国各州法院判决并未一致。

⑮ 欧洲各国法院,多数驳回残障儿童请求损害赔偿之诉,但荷兰最高法院(Dutch Hoge Raad)于 2005 年 3 月 18 日之判决,允许残障儿童之损害赔偿请求。另外,西班牙法院亦曾判准残障儿童胜诉。van Dam, *European Tort Law*, 2nd ed. (2013), 708 – 2, footnotes 144, 145.

⑯ [1982] 2 All ER 771(CA).

异,故裁判上亦无法认定原告究竟受有如何之损害。[17]

在德国,wrongful life 之指标性案例为联邦最高法院(BGH)1983 年 1 月 18 日之判决。德国联邦最高法院驳回原告之请求,其主要理由为:"人生命……乃最高阶知法益,绝对值得维护。没有任何一个第三人有权判断生命之价值。基于此项理由,大家均公认,维护病人或重伤者生命之义务,与对将被维护之生命之判断,不相关连"。[18] 值得注意者,德国联邦最高法院在其判决中,曾引用前述英国上诉法之 McKay and Another v. Essex Area Health Authority 判决。

在法国,2002 年为重要分水岭。2002 年以前,法国法院不仅就所谓之 wrongful birth 案例,准许原告之父母请求损害赔偿,而且就 wrongful life 案例,法国最高法院(Cour de casssasion)在 2002 年 7 月 13 日之 Purruche 请求赔偿事件,亦判决医生应对原告负赔偿责任。该案,原告 Purruche 之母亲于产检时,经医生告知其对德国麻疹可以免疫,但于怀孕期间却仍感染,原告于出生后,出现与先天性麻疹有关之神经和感官问题。法国最高法院允许原告就其因此发生之心理、身理残障,请求被告赔偿损害。本案判决经公布后,不少学者强烈批判,认为该判决违反宪法对于人之生命所认可之尊严,亦有反对意见认为该判决判定残障人士在社会上没有地位。此外,医界表示医学技术无法精确判断怀孕中之残障情形,该判决使医生们感受不知如何向孕妇建议堕胎与否之沉重压力。有鉴于反对声浪非常强烈,法国议会于 2002 年通过法案,明定任何人不得基于出生之事实,而请求赔偿,纵使其出生即为残障,亦然。不过,该法案遭批评为医界与立法者间之不当勾结,将医生之责任转嫁于社会大众。而且,依据该法案,不仅原告(出生即为残障之儿童)不得请求赔偿,而且该儿童之父母亲,亦仅得就其心理上之痛苦请求赔偿,其余损害则一概不得主张。另外,该法案虽规定应设立特别基金,以填补父母因照

---

⑰ 关于在决定 wrongful life 残障儿童损害赔偿之请求有无理由时,是否须比较"不存在之生命的价值"与"残障之生命的价值",尚有争议。有学者认为,法律上应予填补之损害,并非原告之"残障生命",而系维系其残障生活所需之费用。生而残障之儿童,其生命之价值,与正常人生命之价值,并无不同,无须比较。参见 van Dam,*European Tort Law*,2nd ed.(2013),708 - 2。

⑱ BGHZ 86,240,241:Das menschliche Leben, das nach Abschluß der Nidation auch den Nasciturus umfaßt (BVerfG aaO S. 37), ist ein höchstrangiges Rechtsgut und absolut erhaltungswürdig. Das Urteil über seinen Wert steht keinem Dritten zu. Daher ist auch anerkannt, daß die Pflicht, das Leben eines Erkrankten oder schwer Verletzten zu erhalten, nicht von dem Urteil über den Wert des erhaltbaren Lebenszustandes abhängig gemacht werden darf. 英文翻译,参见 Markesinis and Unberath,*The German Law of Tors, A Comparative Treatise*,4th ed.(2002),p. 161:[Human life, which at the conclusion of implantation includes also the fetus, is a legally protected interest of the highest order deserving absolute protection. No third party may determine its value. For this reason it is recognized that the duty to save the life of a sick person or one who is seriously injured must not be made to depend upon a judgement as to the value of the life to be save.] 本判决之英文评论,请见,Stolker,"Wonderful life: The Limits of Liability and Beyond",43 *International and Comparative Law Quarterly*(1994),p. 521.

顾残障儿童所需之庞大费用,但该基金之设置,却耗时甚久始完成。⑲

在美国,纽泽西州最高法院于1984年之判决中,⑳原告之母亲于怀孕原告初期罹患德国麻疹,但原告母亲并不确知此事,遂向被告询问。被告因过失而就原告母亲进行检验,并就检验结果错误解读原告母亲于孩童时期已经罹患德国麻疹,故原告母亲及腹中之原告均有免疫力。被告前述之过失解读与告知导致原告出生后患有重大伤残。原告母亲主张,倘若被告正确解读及告知,则其必定终止怀孕而选择堕胎。原告起诉请求被告赔偿其出生即有残障所导致之痛苦(damage for pain and suffering),并赔偿其终生所需之特别费(damages for the extraordinary expense incurred through whole life)。本案法院允许原告关于终生所需之特别费用之赔偿请求,但驳回原告关于出生即有残障所导致之痛苦之赔偿请求,其主要判决理由为:法院从前驳回原告及其母亲损害赔偿之请求,部分理由在于法院从前认为无法比较"有残障之生命的价值"(value of life with impairments)与"不存在之生命的价值"(value of non-existence of life itself)之差异。此外,从前法院判决驳回原告及其母亲请求之时,怀孕妇女是否享有堕胎之权利,尚属未定。今日,怀孕妇女之堕胎权既然已经确立,则原告母亲之损害赔偿请求(cause of wrongful birth)及原告自己之损害赔偿请求(cause of wrongful life),即均有理由。但关于原告所得请求赔偿之损害,法院认为应限于为维持其生活所需之特别费用,至于原告另外请求赔偿因生而残障所造成之痛苦,法院仍以"有残障之生命的价值"与"不存在之生命的价值",无从比较其差异,而驳回之。㉑

五、方法论上之观察

(一)案例选择

比较法研究,应强调各国案例之比较,固如前述。但是,如何挑选案例,则有待进一步之说明。依据著名比较法学者 Markesinis 之看法,其应考虑之因素如下。㉒

第一,应选择在所有法系(指成文法系及不成文法系而言)均曾经法院裁判之案例。

第二,所挑选之案例,应显现不同法系相互间之相异与相同之事项。

---

⑲ van Dam, *European Tort Law*, 2nd ed. (2013), 708 - 2. 并参见王泽鉴著:《侵权行为法》,2012年版,第180~181页。

⑳ Procanik v. Cillo, 97 N. J. 339(1984).

㉑ 法院判决理由全文如下:"This Court finds that there is no rational way to compare a lack of existence with the pain and suffering of Plaintiff's impaired existence in order to all recovery for his emotional distress or diminished childhood. However, this Court does find that recovery of the cost of extraordinary medical expenses is recoverable by either the parents or the infant, but not both. The infant can wait until his majority to recover medical expenses."

㉒ Markesinis, "Reading Through a Foreign Judgment", in: Markesinis, *Always on the Same Path, Essays on Foreign Law and Comparative Methodology*, 2001, p. 80.

第三,所挑选之案例,应显示不同法制背景,如何影响法院推理之风格及其最后之判决结果。由此,有时并可看出法律移植(legal transplant)之危险。

第四,所挑选案例,其法院裁判之论理方法,不因属于归纳方式或演绎方式,而有差异。

第五,所挑选案例,应足以显示法律人所使用之法律概念,至少在比较不同法系所获得之判决结果上,有何不具重要性之情形。

依据前述标准,以不法使人出生之残障儿童得否请求损害赔偿,非常适合作为比较法之案例研究对象。理由为:

第一,此类案件,世界各国法院均曾有判决,成文法系(欧洲、亚洲),不成文法系(英国、美国、澳洲)等,皆然。

第二,各国对于残障儿童损害赔偿之请求,有允许者,有驳回者。在允许之国家中,有属于成文法系(如法国最高法院在2002年前之判决、荷兰法院、㉓西班牙最高法院㉔等),亦有属于不成文法系(如美国加州上诉法院㉕及纽泽西州最高法院㉖)。在驳回之国家中,有属于成文法系(如德国最高法院、法国2002年以后、葡萄牙最高法院及意大利最高法院㉗),亦有属于不成文法系(如英国上诉法院、㉘美国纽约州法院、㉙加拿大安大略法院、㉚澳洲 High Court of Australia㉛)。由此可知,关于 wrongful lige 残障儿童损害赔偿之请求,是否应予允许,与受诉法院是否属与成文法系,或不成文法系,并无当然关连;法官于审理当时,其推论方法系属于归纳方式或演绎方式,亦无绝对影响。

(二)对外国法院裁判之引用态度与方法

研究比较法案例,应特别注意观察被比较之不同国家裁判,系如何参考及引用其他国家之法院裁判。

1.形式引用:已有结论,再列举外国裁判

有些判决,虽在判决中引用其他国家法院之裁判,但其在作此引用之前,其实已经先

㉓ Koziol/Steininger(eds.),*European Tort Law*,2006,CR 11.

㉔ Koziol/Steininger(eds.),*European Tort Law*,2006,CR 12.本案简单事实为:医生于对原告怀孕之母亲进行产检时,因过失未发现当时患有唐氏症,母亲因而生下原告。令人惊奇者,西班牙最高法院在该判决中,甚至允许原告之姐姐得请求赔偿。

㉕ Curlender v. Bio-Science Laboratories,106 Cal. App. 3d 811(1980).

㉖ Procanik by Procanik v. Cillo,97 N. J. 339(1984).

㉗ Perry,"It's a wonderful life",93 *Cornell Law Review*(2008),pp. 329,343.

㉘ McKay v. Essex Area Health Authority [1982] 2 All ER 771(CA).

㉙ Sheppard-Mobley v. King,4 N. Y. 3d 627,797 N. Y. S. 2d 403,830 N. E. 2d 301(2005).

㉚ Bovingdon v. Hergott,2008 ONCA 2,290 D. L. R. (4th)126.

㉛ Harriton v. Stephens [2006] HCA 15,226 CLR 52,226 ALR 391. High Court of Australia,其中文文义为澳洲高等法院,但其功能等同于其他国家之最高法院,不仅为一般诉讼案件之最终审法院,且享有对澳洲议会所制定法律之违宪审查权,及对澳洲宪法之解释权。

依据自己国家之法条规定或/及自己国家之相关裁判先例,而决定判决之结论。换言之,引用其他国家法院之裁判,并不影响其已决定之结论。此时,外国法院裁判对于本国法院裁判之影响力,当然非常有限。依据德国学者考据,德国法官引用外国裁判或外国法规时,即常有此种情形。[32] 换言之,德国联邦最高法院引用外国法或外国法院裁判,目的经常仅在于用来支持自己之判决结论,有时甚至联邦最高法院先以其他方式获得结论后,才引用外国法作为该结论之辅助工具或附带叙述而已。[33]

本文所述之德国联邦最高法院1984年判决 wrongful life 之残障儿童不得请求损害赔偿一案,[34]该判决就原告之请求部分,首先检视德国有无先前既有相关裁判之后,[35]虽然立即引述英国上诉法院1983年之 McKay and Another v. Essex Area Health Authority 及美国加州上诉法院1980年之 Curlender v. Bio-Science Laboratories 两件判决,但在引用该二判决之前,却先强调:"外国法院之裁判,在可见范围内,曾在英国及美国被作成;但由于法律基础不同,该外国裁判对本国法而言,其重要性仅属有限"。[36] 而且也仅说明该二判决之结果,并未对该其实乃不同结果二判决(英国上诉法院驳回残障儿童之诉;而美国加州上诉法院允许之),为任何评述及取舍。[37]

2. 实质引用:未下结论前,先参考外国裁判

反之,有不少比较法上具指标性之判决,在其理由中,系先引用外国法院裁判,再就其欲处理之问题,决定判决之结论。此种情形,外国法院裁判对于本国法院裁判之影响力,即具关键之功效。

英国法院在引用外国法院之裁判时,通常不仅列举外国裁判,而且详细探讨外国裁判之内容,[38]甚至在深入分析外国法院裁判之后明白表示,基于英国普通法之立场,拒绝

---

[32] Dölle, Der Beitrag der Rechtsvergleichung zum deutschen Recht, in: Hundert Jahre Deutsches Rechtsleben (Festschrift Deutscher Juristentag), Band 2, 1960, S. 19, 34; Aubin, Die Rechtsver-gleichende Interpretation autonom-internen Recths in der deutschen Rechtssprechung, RabelsZ, 458, 459; Markesinis/ Fedtke, Engaging with Foreign Law, 2009, p. 173.

[33] Kötz, Der Bundesgerichtshof und die Rechtsvergleichung, in: Canaris/Heldrich/Hopt/Roxin/Schm idt/ Widmaier(Hrsg.), 50 Jahre Bundesgerichtshof, Festgabe aus der Wissenschaft, Bd. II, 2000, 825, 835.

[34] BGHZ 86, 240.

[35] 依据德国联邦最高法院本件判决检视结果,在该判决之前,德国仅有下级法院就 wrongful life 之请求有无理由,作成驳回之判决(含两件高等法院裁判),最高法院则尚无相关裁判。

[36] 原文为:"Ausländische Entscheidungen, die aber schon wegen der verschiedenen Rechtsgrundlagen nur beschränkt für das inländische Recht Bedeutung haben können, sind, soweit ersichtlich, in England und in den Vereinigten Staaten ergangen."

[37] Markesinis and Unberath, *The German Law of Tors, A Comparative Treatise*, 4th ed. (2002), p. 178.

[38] Fairchild v. Glenhaven Funeral Services Ltd., [2002] UKHL 22. 首席大法官 Lord Bingham 在该判决中,引用法国、美国、加拿大、澳洲、挪威等国法院之裁判。

采用外国法院裁判之看法。[39]

美国法院之判决,亦属如此。以前述审理 wrongful life 之美国纽泽西州最高法院 Procanik by Procanik v. Cillo 判决而言,该判决除引述自己法院从前相关判决外[40],并十分详尽叙述其他州法院[41]相关裁判。在美国,wrongful life 损害赔偿案件,属于州法院管辖,而非联邦法院管辖,故各州法院于审理此类案件时,如引用参考其他州法院裁判,即相当于成文法系国家法院引用其他国家法院裁判。

3. 综合评析

基于上述观察,明显看出,德国法院在引述其他国家法院之裁判时,态度消极保守,在 BGHZ40,240 之 wrongful life 案件中,基本立场更是排斥外国法院裁判之参考价值。反之,英美法院对于外国法院裁判之引用,则不仅普遍而且深入,而且不预设立场,经常采用外国法院裁判之理由及结论。

此项差异,或许与成文法系及不成文法系之传统,有根本关连。在成文法系,各国之民法典,几乎均明定法官应依据法律处理民事争讼,[42]故法官通常依据明文法条裁判案件,引用本国其他法院之裁判,已非绝对必要,引用外国法院之裁判,更是经常造成多余负担。反之,在不成文法系,依循裁判先例(stare decisis),乃法官裁判准则,引用外国法院裁判,自然习以为常。

(三)异同比较

1. 基本问题之提出

各国法院在审理 wrongful life 案件时,不论其为成文法系或不成文法系,首先考虑

---

[39] White v. Jones [1995] UKHL 5. Lord Goff 在判决中,经详细说明德国法院采取之"附保护第三人作用之契约"见解,但认为该见解与英国契约法上之契约应以"约因"(consideration)为要件,严重背离,故不予采用。

[40] Berman,80 N. J. 421,(1979);Schroeder v. Perkel,87 N. J. 53,71(1981);Gleitman v. Cosgrove,49 N. J. 22 (1967).

[41] Becker v. Schwartz,60 A. D. 2d 587,400 N. Y. S. 2d 119(1977);Park v. Chessin,60 A. D. 2d 80,400 N. Y. S. 2d 110(1977);Becker v. Schwartz,46 N. Y. 2d 401,411,413 N. Y. S. 2d 895,900,386 N. E. 2d 807,812 (1978);Turpin v. Sortini,31 Cal. 3d 220,643 P. 2d 954,182 Cal. Rptr. 337(1982)(overruling in part Curlender v. Bio-Science Laboratories,106 Cal. App. 3d 811,165 Cal. Rptr. 477(1980))[Other courts have uniformly found that the problems posed by the damage issues in wrongful life claims are insurmountable and have refused to allow the action on behalf of the infant. See,e. g. ,Gildiner v. Thomas Jefferson Univ. Hosp. ,451 F. Supp. 692,694(E. D. Pa. 1978)(applying Pennsylvania law);Moores v. Lucas,405 So. 2d 1022,1025(Fla. Dist. Ct. App. 1981);Eisbrenner v. Stanley,106 Mich. App. 357,308 N. W. 2d 209,211 - 13(Ct. App. 1981);Speck v. Finegold,497 Pa. 77,439 A. 2d 110(1981)(evenly divided court affirming 268 Pa. Super. 342,408 A. 2d 496,508(1979));Dumer v. St. Michael's Hosp. ,69 Wis. 2d 766,233 N. W. 2d 372,375 - 76(1975).] See Procanik by Procanik v. Cillo,at 350.

[42] 《瑞士民法典》第 1 条前段规定:"法无明文时,法官应依照习惯法裁判"、台湾地区"民法"第 1 条前段规定:"民事,法律未规定者,依习惯"。《法国民法典》第 4 条甚至规定:"法官借口法律没有明文、含混不清或不完备,而拒绝裁判者,得依拒绝裁判罪追诉之。"

的第一个问题均为:负责产检之医生固然对于怀孕之母亲负有义务,但产检医生对于母亲腹中之胎儿,是否亦负有义务?[43]

此外,对所有国家法官而言,另一难以处理之问题为:纵使认定负责产检之医生对于母亲腹中之胎儿,亦负有侵权责任法或契约法上义务,[44]又应如何认定原告出生即有残障,是否为损害?

值得注意者,对于前述两项问题,不论成文法系或不成法系,多数国家法院均持否定见解。就此,宪法对于民法之影响,应并注意。详言之,各国法院在决定 wrongful life 之残障儿童得否就终生受困于先天残障之苦,请求损害赔偿时,均曾考虑该儿童母亲有无选择堕胎之权利。理由在于:残障儿童母亲皆主张,倘若产检医生正确告知腹中胎儿有先天残障,将选择堕胎以终止怀孕。美国各州法院在审理 wrongful life 时,早期判决均以妇女没有堕胎之权利,故即使胎儿先天残障,其母亲仍只能选择生产。因此,胎儿不得以出生后有先天残障为理由,而请求有过失之产检医生负赔偿责任。但自从美国联邦最高法院在 Roe v. Wade 案件判决妇女有堕胎之权利后,[45]有些州之法院即据以改判 wrongful life 之残障儿童得向产检医生请求损害赔偿。前述纽泽西州最高法院 Procanik by Procanik v. Cillo 判决,即系如此。

2. 法政策之考虑

英美法院法官在判决时,经常以法政策(policy consideration)为原告请求应否允许之关键理由。基于"水闸门理论"而不允许受有纯粹经济损失之被害人请求损害赔偿,即为最著名之例子。[46] 反之,在成文法系,法官之基本信念为法政策乃立法问题,不应由法官决定,故裁判理由不应诉诸法政策。

然而,有趣味者为,在 wrongful life 案件,残障儿童损害赔偿之请求有无理由,英美

---

[43] 美国纽泽西州最高法院 Procanik by Procanik v. Cillo 判决 at 348:[In the present case, the plaintiffs do not allege that the negligence of the defendant doctors caused the congenital rubella syndrome from which the infant plaintiff suffers. Neither do plaintiffs claim that the infant ever had a chance to be a normal child. The essence of the infant's claim is that the defendant doctors wrongfully deprived his mother of information that would have prevented his birth. Analysis of the infant's cause of action begins with the determination whether the defendant doctors owed a duty to him.]德国联邦最高法院亦提出相同问题,BGHZ 86,240,250.

[44] 英美国家多从侵权责任法观察,论述产检医生对于母亲腹中之胎儿是否亦负有义务;德国则从契约(尤其附保护第三人作用之契约)角度着眼。

[45] 410 U. S. 113,93 S. Ct. 705,35 L. Ed. 2d 147(1973).

[46] 英国部分,以英国上议院之 Caparo Industries plc v. Dickman [1990] UKHL 2(会计师签证案)及由 Lord Denning 主笔之上诉法院 Spartan Steel & Alloys Ltd. v. Martin & Co(Contractors)Ltd [1973] 1 QB 27(挖断电缆案)最为著名。美国部分,请参见 Bernstein, Civil Liability for Pure Economic Loss under American Tort Law, 46 *Am. J. Comp. L. Supp.* 111(1998);O'Brien, Limited Recovery Rule as a Dam: Preventing a Flood of Litigation for Negligent Infliction of Pure Economic Loss, 31 Ariz. L. Rev. 959(1989)中文部分,参见王泽鉴著:《侵权行为法》,2012 年版,第 375 页。

法院法官固然考虑法政策因素,德国法院亦不例外。美国纽泽西最高法院在 Procanik by Procanik v. Cillo 判决中,即屡次坦言:"Notwithstanding recognition of the existence of a duty and its breach, policy considerations have led this Court in the past to decline to recognize any cause of action in an infant for his wrongful life"、"Underlying our conclusion is an evaluation of the capability of the judicial system, often proceeding in these cases through trial by jury, to appraise such a claim. Also at work is an appraisal of the role of tort law in compensating injured parties,... In brief, the ultimate decision is a policy choice summoning the most sensitive and careful judgment."德国联邦最高法院在 BGHZ 40,240 案件中,亦明白指出:"本庭毋宁认为,在如同本案之此类案件中,已经面临临界点,而且已经超过法律请求规范可承受的范围"。[47]

六、结论

为彰显比较法裁判研究功能,本文以困扰许多国家之 wrongful life 损害赔偿诉讼为例,观察英美法院及德国法院如何引用及参考外国法院裁判。

基于成文法系及不成文法系之法官,应分别依法律明文及裁判先例判决,故就世界各地屡次发生,而且关键案例事实完全一致之 wrongful life 案件,英美法院当然环顾其他国家相关裁判,以为自己裁判之参考及依据。此类引用,乃实质引用,可借由外国法院裁判,不仅充实法律视野,更可反思本国法规及裁判。至于德国,联邦最高法院于第一次审理实,固因其自己尚未曾作过裁判,从而引述英美法院之裁判,但仅是形式引用,并非真正藉以建构判决理由及结论。

中国大陆及台湾地区,皆属成文法系,法官裁判,亦以成文法规为主要依据,引用最高法院裁判,固然常见,但引用其他国家及地区法院裁判,则属稀少。案件繁重、语文限制,皆为主因,而有待法学研究者之协助。如何促使法官于审理案件时,重视其他国家及地区法院相关裁判之价值,实为法律学者迫切之任务。

---

[47] Vielmehr hält der Senat dafür, daß in Fällen wie dem vorliegenden überhaupt die Grenzen erreicht und überschritten sind, innerhalb derer eine rechtliche Anspruchsregelung tragbar ist.

不问祭祀问继承

——祭祀公业和释字第728号解释

陈荣传*

目　　次

一、绪言

祭祀公业,系以祭祀祖先为目的所设立的独立财产,渊源于南宋时的"祭田",乃汉人社会的独特习尚。① 台湾民风淳厚,崇拜祖先的习俗相当普遍,根据调查,从郑成功渡海来台之后开始有祭祀公业的设立,②而据统计,日本据台初期(1907年),全台共有22199个祭祀公业;日本据台后期(1935年),有10677个祭祀公业,目前仍有8000余个,拥有之土地即达64000余笔,土地面积逾13900公顷。③ 由上述统计可知,台湾地区现有的祭祀

---

* 台北大学终身荣誉特聘教授。

① 台湾的祭祀公业系前清或日据时期先民离乡背井之际,为怀念其原乡祖先,而由子孙集资购置田产,以其收益作为祖先祭祀时之备办及聚餐费用,其意义是使祖先有"血食",后代子孙聚集"吃祖",充分显示当时台湾先民社会慎终追远、尊祖敬宗优良传统美德。祭祀公业的简要说明,资料来源"内政部"网站 http://www.moi.gov.tw/dca/02sacrifices_001.aspx,2015年4月14日访问。

② 段盛豊:《祭祀公業》,载《台湾民事习惯调查报告》,2014年10月6版3刷,第738页。

③ "内政部"2012年8月16日内授中民字第1015036552号函,引自释字第728号解释陈新民大法官协同意见书。

公业成立的时间均相当久远,成立之初所依据的法源,属于传统的习惯法,其内容与现代化的成文民法,在形式及实质上均不相同,如何从传统祭祀礼俗过渡到现行"法律规范",其彼此之间应如何折冲及调整,实属重要。

对于祭祀公业,台湾地区原来并未以专"法"予以规定,但在"法规"中仍承认其存在的事实及其有效性,并针对个别问题设有若干规定,④在司法实务上,由于涉及习惯法的适用,许多特别的问题都经由"最高法院"以裁判予以决定。⑤ 后来,鉴于"传统农业社会结构解体,人际关系疏离,以致派下为争夺祀产而诉讼不断,且祭祀公业设立悠久,受日据影响以致宗谱阙如、系统不明、权利主体认定不易",2007 年 12 月 12 日乃制定"祭祀公业条例"(2008 年 7 月 1 日施行),其"立法理由"总说明并指出,在土地资源稀有的情形下,祭祀公业之土地资源甚多未能有效利用,部分税赋无法征收,借本条例予以正视并妥善解决。⑥

本文拟以祭祀公业派下员决定的相关规则为中心,探讨有关祭祀的习惯的正当性,及其与祭祀公业的法律之间的关系,在"我爱其礼"的传统价值和"我爱其羊"的财富归属之间,调配并决定其平衡点。⑦

二、台湾地区"最高法院"相关判例与日据时期相关法制

祭祀公业的原始功能,多半是要借保留祀产的方法,以达到鼓励祭祀的目的。祭祀公业因此同时包含"祭祀"及"财产"二个不同的面向,在现代法律的架构之内,财产面向是法律的规范重点,至于祭祀,则只被认为宗教或习俗上的关系,并不属于法律规范的范围,享祀者和祭祀者之间的关系,其本身并不是法律关系,享祀或被祭祀的"权利",不能以法律的手段给予保护及实现。所以,即使有族规、家规或规约为基础,祭祀者或派下员在法律上也没有祭祀的"义务"。台湾地区"最高法院"在许多场合之所以将"法律"挡在祭祀公业的门外,可能就是这个缘故。⑧ 祭祀公业的设计,因为涉于祀产的财产关系,乃增强了祭祀关

---

④ 例如,"都市更新条例"第 12 条第 5 款、"地政士法"第 21 条第 4 款、"遗产及赠与税法"第 16 条第 3 款、第 20 条第 3 款、"促进产业升级条例"第 28 条第 1 项但书、"促进产业升级条例施行细则"第 41 条第 1 项但书、"区段征收实施办法"第 23 条等。

⑤ 陈荣传:"'最高法院'裁判对祭祀公业法制现代化的影响",载"最高法院"学术研究会编:《"最高法院"学术研究会丛书(十):法律史与民事司法实务》,2005 年 6 月,第 255 ~ 310 页。

⑥ 王泰升、曾文亮、陈昭如、黄诗淳、陈立夫等教授曾于 2014 年 7 月 12 日,以"从法律史观点论'祭祀公业条例'的制定及施行"为题举行研讨会,发言记录可参见"台湾法律史学会 2014 年度春季研讨会",载《台湾法学杂志》2015 年第 264 期。

⑦ 本文初稿曾以"直把继承当祭祀:祭祀公业法制的现代化"为标题,发表于《第 3 届比较民商法与判例研究两岸学术研讨会》(2015 年 4 月 25 ~ 26 日于上海财经大学举行),该文之部分内容经改写成为本文。

⑧ 民事习惯在诉讼实务上,有习惯法及事实上习惯等二种,其应适用的法则并不相同。请参阅郑玉山:"民事习惯在司法实务上之运用",载"最高法院"学术研究会编,同注 5,2005 年 6 月,第 59 ~ 168 页。

系在民事习惯以外的法律意义。

台湾的祭祀公业多设立于清代,依当时法律,祀产乃是独立于一般财产之外的特别财产,为祭祀的目的而被保存与管理,如与现代的法律制度模拟,似与独立于家族成员的法人的财产相当,也类似于依信托行为交付给受托人的信托财产。在日据时期,既存的祭祀公业均被认为合法存在的法人,台湾的许多土地在日据时期登记为祭祀公业所有,也是因为祭祀公业乃是享有权利能力的法人所致。台湾光复以后,“最高法院”在 1950 年度台上字第 364 号判例中,认为台湾将祭祀公业视为法人之习惯,光复后即不得适用,祭祀公业也不再具有法人地位,至于原来登记在祭祀公业的祀产,则认为是派下员全体公同共有。

“最高法院”认为祭祀公业财产属于派下员公同共有的见解,与祭祀公业不由祭祀的子孙继承的设立目的抵触,也产生新问题。因为一般的公同共有,对于其公同共有人及各公同共有人的潜在应有部分,相关规范均设有明文规定,如共同继承人对于其共同继承的遗产(“民法”第 1151 条)、订定共同财产制的夫妻对于其共同财产(“民法”第 1151 条)、合伙人对于其出资及其他合伙财产(“民法”第 1151 条),都有明确规定,而作为祭祀公业祀产的权利主体的派下员及其派下权,只能依据内容经常引起争议的习惯法予以决定,问题并未真正获得解决。

在对于派下员资格的认定并无明文规定可据时,“最高法院”裁判认为应以旧有的习惯为准。[⑨] 不过,习惯究竟应优先于“法律”,或仅具补充“法律”的功能,因时而异,[⑩]而因祭祀公业而发生的法律事实,原则上应依该法律事实发生时的“法律”为准,所以旧有的习惯如果还曾经有变动,还是应该以法律事实发生时的旧习惯为准。当然,关于同一事项的习惯法,也可以因时而异,如何予以确定,也是一大难题。由于祭祀公业的争议多为财产关系,应适用现代民法的物权规则予以决定,但其财产关系须依祭祀关系而定,而祭祀关系所涉及的旧习惯本身具有变动性,所以法院在现代法律和传统习惯错综复杂的关系中,交错适用互相冲突的祭祀规范与继承法及物权法等现代法则,实非易事。

---

⑨ 例如,“最高法院”1995 年度台上字第 442 号民事判决谓:“有关祭祀公业及其派下权,在我现行‘民法’并无规定,自应依‘民法’第一条规定依习惯审理;台湾地区确有如上诉人所举之‘依台湾习惯,纵令某人过房于他房,如其目的在于祭祀,而非为出嗣者,即系所谓一子双祧,并不丧失其本房遗产继承权’之事实,换言之如系‘出嗣’者,即丧失其本房遗产继承权(按应包含派下权继承权)。”

⑩ 学者认为日本殖民地台湾是透过特别立法(亦即律令,作为法之适用的直接法源)来排除日本民法之适用,让习惯对于台湾人的亲属继承事项,不是“补充性”,而是“优先性”的法源,但在中华民国“民法”之内,在地习惯对于法律已无优先性。王泰升:“论台湾社会上习惯的国家法化”,载《台大法学论丛》,2015 年第 44 卷第 1 期。

"最高法院"对于既存的祭祀公业,否定其原有的法人资格及权利能力之后,一方面以继承法上的公同共有作为其物权关系的架构,另一方面继续以旧习惯中的祭祀规范,处理享祀人和派下员的关系,由于"祭祀习惯"规范和继承法或公同共有的法则之间,有相抵触之处,看似已有解决方案,其实并非合理。⑪ 在此种情形下,祭祀公业如何再转型,只能仰赖新立法的擘划了。

三、台湾地区"祭祀公业条例"相关规定的探讨

(一)背景

2007 年台湾地区"祭祀公业条例"(以下简称"本条例")的制定,主要是为解决祭祀公业当前实务上所面临的问题,尤其是祭祀公业土地地籍管理问题。关于其"立法目的",第 1 条规定:为祭祀祖先发扬孝道,延续宗族传统及健全祭祀公业土地地籍管理,促进土地利用,增进公共利益,特制定"本条例"。第 3 条对于几个重要的名词,都设有定义。例如,祭祀公业为"由设立人捐助财产,以祭祀祖先或其他享祀人为目的之团体";设立人为"捐助财产设立祭祀公业之自然人或团体";享祀人为"受祭祀公业所奉祀之人;派下权为"祭祀公业或祭祀公业法人所属派下员之权利";派下员为"祭祀公业之设立人及继承其派下权之人";派下全员为"祭祀公业或祭祀公业法人自设立起至目前止之全体派下员";派下现员为"祭祀公业或祭祀公业法人目前仍存在之派下员"。此等定义系整理自习惯法,对于习惯法原则的成文化,具有重要的意义。

"本条例"基于维护并延续祭祀公业固有宗族传统特性,解决其与现行法律体系未尽契合之问题,乃创设"祭祀公业法人"的法人新类型,作为转型之用,但祭祀公业未依"本条例"第 21 条规定向主管机关登记为祭祀公业法人者,依"最高法院"见解,仍不失为非法人团体,在诉讼上有当事人能力。⑫ 祭祀公业法人属于特殊性质的法人,其与财团法人及社团法人均不相同,也适用不同的法律。不过,新设立之祭祀公业,应依"民法"规定成立社团法人或财团法人。("本条例"第 59 条第 1 项)换言之,祭祀公业法人系为保存传

---

⑪ 本文作者在"祭祀公业条例"的制定以前,曾在"最高法院"建议实务界将祭祀公业的法律问题,统一就祀产的归属予以规范,全面依继承的规定予以处理。作者的发言记录,请参阅:"法律史与民事司法实务研讨会记录",载"最高法院"学术研究会编,同注 5,第 36 页、第 42 页。

⑫ "最高法院"2008 年度台上字第 2070 号民事裁定。"最高法院"2008 年 8 月 12 日 2008 年度第 2 次民事庭会议决定:以祭祀公业为当事人者,法院作裁判书,应依下列方式记载:(1)祭祀公业经登记为法人者,应依记载法人之例,载为"○○法人某祭祀公业",并列管理人为其法定代理人。(2)祭祀公业尚未登记为法人者,应按非法人团体之例,载为"某祭祀公业",并列管理人为其法定代理人。(3)诉讼已系属于本院者,在原审关于祭祀公业之记载,系以管理人自己名义为祭祀公业任诉讼当事人之方式记载,祗须当事人栏内予以改列,藉资更正,不生当事人能力欠缺之问题。

统所为之特别规范,如有需新设立祭祀公业实不得再以旧制组织存在,以免继续衍生男系继承及公同共有财产处分困难之问题,新设立者须视其设立之型态,以人(宗亲)为主则成立社团法人,以财产为主则成立财团法人。

严格而言,“本条例”仅适用于既存的“真正”祭祀公业,此后为达到与设立祭祀公业相同的目的,而依“民法”成立的社团法人或财团法人,即应适用社团法人或财团法人的规定,已非昔日依习惯法成立的祭祀公业了。此种设计体例,其实是回到日据时期的原则,即将台湾的祭祀公业视为一种习惯法的法人或特殊法人。“最高法院”上述判例被废止,其相关法则在适用近70年之后被彻底推翻。此一经验,值得有关机关引以为鉴。

祭祀公业的设立及存在,是因为有独立的祀产,设立人认为只要有祭祀人及祀产存在,即可以祀产诱导祭祀者依礼祭祀。“本条例”制定的背景,是祭祀公业不具权利能力,派下成员无法完全具体确定,但在土地登记实务上,却有不少土地登记为祭祀公业所有。为确定登记名义的祭祀公业背后的真正权利人,“本条例”采取“以地找人”的方式,在施行后先透过“祭祀公业之申报”(第6~20条)、“祭祀公业法人之登记”(第21~29条),确定或创设祭祀公业土地的所有人,建构出新的权利主体的系统,再对于权利主体不明的祭祀公业土地,以强制标售的方式移转给新的所有人,释出并变更原为祭祀公业土地,使其成为一般的土地。此种方式,实为霹雳手段,虽有利于经济发展及土地利用,但是否漠视祭祀公业设立的本旨及祭祀祖先的文化传统,仍值得检讨。

(二)男系子孙继承宗祧的原则

祭祀公业包含祭祀的关系人和祀产,祀产如为法人的财产而非派下员得直接支配,派下员的派下权性质上将偏重于身份权的成分,但由于“最高法院”认为祭祀公业并非法人,祀产为派下员公同共有,派下权乃成为对于祀产的潜在应有部分,也因此被认为具有财产权的性质。[13] 由于涉及祀产的相关利益,设立人的子孙经常对于派下员资格的确认、派下员得否自由处分其派下权、派下员处分其派下权的效力如何等,发生不少争议并诉请法院裁判。[14]

---

[13] 祭祀公业派下的房份,系就抽象的总财产而言,而非对个别的公同共有物,学说上称为公同共有的潜在应有部分。请参见谢在全著:《民法物权论》(上),2014年9月6版,第426页;王泽鉴著:《民法物权》,2014年3月2版5刷,第323页;陈荣传著:《民法物权实用要义》,2014年10月,第78页。

[14] 日据时期的台湾“高等法院”日籍法官姉齿松平曾指出,祭祀公业就其以祭祀祖先、维持家族制度的功能言,固属善良风俗之一种,实则为争执祭祀公业剩馀财产之管理权而涉讼者层出不穷,观其在法庭上之斗争丑态,令人感叹。加之,有关祭祀公业的管理经营习惯如何,亦甚暧昧,有待裁判上予以补充,更待立法规范之。姉齿松平:《祭祀公业并台湾ニ于ケル特殊法律ノ研究》,第3页起。孙森炎大法官于21世纪初,仍有相同的感叹!请参阅孙森炎:“从‘最高法院’判决认识台湾旧惯”,载“最高法院”学术研究会编,同注5,第332页。

祭祀公业派下成员的认定，与家族制度的建立息息相关。X 男、Y 女结婚成立单一家庭之后，关于祖先的祭祀，要可能有四种选择：(1)不祭祀祖先；(2)同时祭祀 X 男及 Y 女的祖先；(3)祭祀 X 男的祖先；(4)祭祀 Y 女的祖先。在宗教自由的前提下，不祭祀祖先固然是一种选择，如选择要祭祀，对于受祀者似乎也有选择自由。但除非完全出于自己的崇拜，或一己的喜好，而与他人完全无涉，既未涉及他人对于受祀者的情感，也不期待他人或后代子孙效仿，否则，即须符合一套让所有利害关系都能接受的逻辑。

如果选择要祭祀，而且希望能上溯远祖，同时祭祀 X 男及 Y 女的祖先似非可行，因为在此种架构下，上一辈将包含 X 男的父 XX、母 XY、Y 女的父 YX、母 YY，再上一辈将包含 X 男的祖父 XXX、祖母 XXY、外祖父 XYX、外祖母 XYY、Y 女的祖父 YXX、祖母 YXY、外祖父 YYX、外祖母 YYY，以此类推(暂不考虑养父母的因素)，每人应祭祀的祖先的数量，将依其上溯的世代(N)，呈现 2 的等比级数，其数量可能多达 2 的 N 次方之数。以上溯第 10 代的祖先而言，可能即有 1024 位之多，众多的远祖，必然让祭祖者欠缺确定的崇拜对象，最后也放弃对祖先的祭祀。采取单一系统(父系、母系中选择其一)的祭祀习惯，上溯到第 10 代祖先仍为 1 人(加其配偶其实是 2 人)，上溯到第 80 代祖先也仍然单纯、明确，免除对众多的祖先“无所适从”的困扰，乃其优点。

由上述分析可知，如祭祀的对象要上溯远祖，并使祭祀体系单纯明确，单一系统乃是必要的选择，无论采取父系或母系的宗谱祭祀，都可以达到相同的目的。祭祀公业系依有关祭祀的旧习惯所设立，此等旧习惯中关于祭祀的规则，基本上是从“祭祀祖先”及“宗祧继承”的角度决定派下成员，父系或母系的单一系统乃是必要的选择，而现代法律着重在权利义务的继承，不问祭祀何人及宗祧由何人承担。此两种规范之间究应如何协调？现代法律的光芒如何照进这条神秘的时光隧道？均颇值得重视。

“祭祀公业条例”施行前已存在之祭祀公业，其派下员如无规约可依时，究应如何确定，常发生争议，实务上一般是依旧习惯予以决定。[15] 旧习惯因采单一系统的父系原则，“本条例”第 4 条第 1 项后段乃规定：祭祀公业“无规约或规约未规定者，派下员为设立人及其男系子孙(含养子)”。从决定祭祀者及享祀者的角度而言，此一旧习惯或法律规定乃是出于选择单一宗谱所生的结果，似难谓为不当。男系子孙包含养子的规定，扩大男系祭祀者的范围，也有助于被收养人融入养家，值得肯定。台湾早期的养子分为同

---

[15] 例如，“最高法院”于 2001 年度台上字第 678 号民事判决谓：“查祭祀公业系以祭祀祖先为目的而设立之独立财产，其设立须有享祀人、设立人及独立财产之存在。设立人非必享祀人本人或其第二代子孙，且享祀人亦未必系设立人自己之祖先。享祀人仅系公业所祭祀之祖先，并非公业之所有人，又公业之派下权之取得，原则上以祭祀公业之设立人及其继承人为限，纵为享祀人之后裔，非当然取得派下权。”

姓有血缘关系之过房子与异姓无血缘关系之螟蛉子二种,日据时期之户籍簿上曾分别予以载明,但光复后户籍上对于过房子与螟蛉子已不加区别,一律载为养子;而依据台湾民事习惯调查报告记载,有关养子对于养家之亲属关系,均与亲生子女相同,如以继嗣为目的而收养者,并承继养家之宗祧,肯定养子均得为派下员的原则,也有助于法律关系及祭祀关系的简化。⑯

(三)女子生有冠母姓男子的例外

对于"派下员无男系子孙"的情形,为避免动辄形成无人祭祀的情形,"本条例"第4条第2项规定:"派下员无男系子孙,其女子未出嫁者,得为派下员。该女子招赘夫或未招赘生有男子或收养男子冠母姓者,该男子亦得为派下员"。换言之,女子原来在结婚后纳入夫家祭祀宗谱的原则,形成一项重要的例外,即与其招夫或赘婿留在本家祭祀,其男系儿子也传承"娘家"的香火,纳入该女子所属的祭祀宗谱之中,传下该女子祖先的香火。此一原则是曾经司法确认的祭祀习惯的原则,其目的在补充男系主义的不足,即在不妨害其他家族宗祧祭祀的情形下,避免女子所属家族断嗣,故在维持宗祧体系上具有正面的意义。

"本条例"施行前已存在的祭祀公业多设立于民国成立以前,依当时法制,祭祀公业祀产并非自然人的遗产,其派下权的继承并不适用一般遗产继承的法则,其派下员的资格系依照宗祧继承的旧习惯所决定。上述规定是基于尊重传统习俗及法律不溯既往之原则,重述习惯法的规则。不过,释字第728号解释理由书中指出,"祭祀公业条例"第4条第1项后段的规定,系以性别作为认定派下员之分类标准,而形成差别待遇,第2项及第3项等部分,已有减缓差别待遇之考虑,且第5条亦已基于性别平等原则而为规范,"但整体派下员制度之差别待遇仍然存在",因而要求有关机关与时俱进,于兼顾对女性积极保护义务之意旨及法律安定性原则,视社会变迁与祭祀公业功能调整之情形,就相关规定适时检讨修正。

"大法官"解释的上述理由,基本上符合性别主流主义。不过诚如上述,祭祀祖先如果不分男系、女系,每人承担双系宗祧的结果,第4代祖先即可能多达16系宗祧,实难以追溯远祖,故除非仅祭祀近几代的祖先,在男系(父系)或女系(母系)之间选择其一,实

---

⑯ "最高法院"1997年度台上字第1154号判决谓:"依台湾祭祀公业之继承习惯,其男系子孙所得享有之派下权,应无因其系婚生或收养而有所不同。前开院字第八九五号解释,系就'祭产,不属于遗产,非养子女所应继承'等为立论,初未涉及祭祀公业之派下权,且系于1933年4月间,对当时'大陆地方'之情形所为之解释,非针对台湾省特有之祭祀公业习惯为解释,亦难予以模拟适用。至本院1931年上字第1580号判例所示:'养子不能继承宗祧,系属强行法规……'云云,系指同一人既有婚生子,又收养第三人为养子,该养子无宗祧继承权而言,与本件苏茂旺无婚生子,收养苏凤眼为养子,继承其香火者有间。况现行法已无'继承宗祧'之明文,该判例尤无再予援用之余地。"参见《"最高法院"民事裁判书汇编》第28期,第520~524页。

乃必需。祭祀没有直接、现实的利益,如果不能单纯化,将对于子孙构成认祖归宗的负担,也难以形成代代相传的习惯。因此,遗产继承的平等原则对于祭祀及认祖归宗的规范,似非可以当然比附援用。

"本条例"施行以前,派下权的继承,原则上是依祭祀习惯决定,得否依派下员订定的规约排除特定人的继承权,理论上非无商榷余地。即使祭祀公业是根据旧习惯所设立,派下权的继承,也应以派下员死亡时的法律或习惯规范为准,并不当然应以设立祭祀公业时的旧习惯法为准。值得注意的是,纵使应适用习惯法予以决定,如该习惯法违反公序良俗或不合时宜,亦应依"民法"第 2 条的规定而不予适用。[17]

传统的祭祀习惯如确实有违反两性平等原则之处,固应不予适用,以维持法律的整体一致性。[18] 但传统的祭祀习惯的规范功能与继承法并不相同,采取男系(父系)为主、女系(母系)为辅的制度,或采取女系(母系)为主、男系(父系)为辅的制度,乃是为祭祀远祖的必要选择,即使其与形式的两性平等原则不同,在维持家族制度的原则下,似不应完全予以否定。

(四)继承人承担祭祀的标准

祭祀公业的传统习惯法,基本上采单系宗祧继承的制度,[19]目的在于维持家族谱系的单纯,其与遗产继承的原则不同,乃根源于出发点的差异。派下权的继承究竟应按宗祧继承或遗产继承的法则,在派下子孙为祀产的利益分配,而就派下员的资格在法院争讼时,确实并非易事。"祭祀公业条例"第 5 条因此规定:"本条例"施行后,祭祀公业及祭祀公业法人之派下员发生继承事实时,其继承人应以共同承担祭祀者列为派下员。

上述条文扬弃以父系为主的祭祀习惯,改采民法继承编的男女平等原则,从祀产继

---

[17] 在"最高法院"1981 年度第 22 次民事庭会议中,"民一庭提案:祭祀公业之派下权是否为单纯之财产权,得依一般继承之规定,由其继承人继承?讨论意见:甲说:祭祀公业之派下权,为财产权之一种,自得依一般继承之规定,由享有派下权人之被继承人之继承人,依法继承其派下权,不受男女,或姓氏之拘束。乙说:祭祀公业之继承,依从习惯,系以享有派下权之男系子孙或奉祀本家祖先之女子及从母姓之子孙为限,一般女子或不从母姓之子孙(例如招赘婚之子女系从母姓),向无派下权,即不得继承祭祀公业财产(参照'司法院'院字第六四七号解释),故民法所定一般遗产之继承,于祭祀公业财产之继承,不能为全部之适用。以上两说,以何说为当?请公决。决议:采乙说。"此项决议之内容与"最高法院"1982 年度台上字第 4869 号判决相同,黄立教授认为其所引据的习惯,排除女性继承人,显然违反善良风俗,与"民法"第 2 条规定之目的显相违背。请参见黄立著:《民法总则》,2001 年 1 月 2 版 2 刷,第 41 页。

[18] 妇女对派下权的继承权,在旧有习惯上向来被否定,形成现代法制的不合理现象,论者迭有批评。见段盛丰:同注 2,第 821 ~ 822 页;郭松涛:"台湾妇女遗产继承权及祭祀公业派下权探讨",载《司法周刊》2002 年第 1082 期。

[19] 祭祀公业派下权的继承问题,在"本条例"施行以前,司法实务上常就其被继承人的认定及继承人的认定,发生争议。其详请参阅陈荣传:"民事习惯与祭祀公业派下权",载《私法学之传统与现代(中)——林诚二教授六秩华诞祝寿论文集》,2004 年 4 月,第 464 ~ 471 页。

承的角度而言,固属进步,其宣示关于宗祧继承的旧习惯法,在本条例施行后即正式走入历史,也具有深刻的时代意义。不过,祭祀公业毕竟是为祭祀祖先而设立,本条以祭祀为基础,决定继承人得否列为派下员的标准,相信未来对于祀产利益的争夺,将不再单纯地争执血统或性别,而是"祭祀"事实的有无,以及是否已达到"共同承担祭祀"的程度,继承人为了祀产的利益,也可能会出现蓄意阻止其他继承人参与祭祀祖先活动的情形。如何确定派下员并端正礼俗,预料将有新的考验。

(五)派下权与规约自治

关于祭祀公业的问题,日据时期本来可以按法人的规定,重新予以清理,并纳入法人的规范架构之中,但因当时未将其转化为依法律成立的法人,反而承认其为习惯上的法人,故相关争议的重点,通常是在管理祀产及处分祀产的管理人应为何人。[20] "最高法院"前述判例否认其为法人,并认祀产为派下员公同共有之后,争议的焦点自然集中在:何人得为派下员?各自的派下权所占的比例多少?等问题。

1. 祀产管理处分的自治

"最高法院"上述判例认为祀产是派下员公同共有的财产,在"土地法"增订第 34 条之一以后,派下员如凝聚 2/3 派下份额,或派下份额及派下员人数均达 1/2 的同意,即得处分祀产,故派下成员势必要自成一个团体,而以自治的规约,决定祀产管理及处分事宜。在这种情形下,除非相关规则上已准备要否定祭祀公业的派下员的团体组织,而依一般社团法人或非法人团体的规约自行决定其社员或成员,否则派下员仍然应该依祭祀的习惯规范予以决定,而不应由派下员任意订定规约,自由决定派下员资格的取得及丧失。

不过,实务上似乎将祭祀公业和一般的非法人团体同视,认为祭祀公业的派下员资格,不再是依习惯规范或设立祭祀公业时原始规约为依据,相反,派下员如依民主原则决定订定规约,无论其内容与祭祀的习惯是否完全符合,均以规约为准。派下成员本来是以习惯法为依归的祭祀团体,其派下成员是以祭祀习惯后来演变成为祀产的管理及处分团体,并依私法自治的原则订定规约,以决定相关问题,甚至连派下员的认定及资格的取

---

[20] 例如,在"最高法院"2000 年度台上字第 1134 号民事判决中,依日据时期之系争土地台账记载,系争土地部分于日据时期即已登记业主为系争祭祀公业,当事人对于上诉人对系争祭祀公业是否有派下权发生争议。原审审理结果认为上诉人对于系争祭祀公业之派下权不存在,"最高法院"废弃原审判决,并指出:"按祭祀公业如由享祀人之子孙共同出资设立者,其设立人及其男性继承子孙,固均有派下权。惟祭祀公业如非由派下子孙共同设立,而系其族亲或他人捐赠设立以供享祀人之派下子孙祭祀者,则仅该享祀人之祭祀子孙始得为派下员",从而原审应就系争祭祀公业是否属于赠送字性质之公业,详予查明。关于本判决相关问题的评释,请参阅曾文亮、黄丞仪:"民间习惯与祭祀公业派下资格认定——试从法律史观点评'最高法院'2000 年台上字第 1134 号判决",载《台湾本土法学杂志》2002 年第 41 期。

得及丧失，也都由规约自治决定。不过，派下成员是祭祀公业的核心要素，理应依祭祀的传统及习惯决定，如果派下员是私法自治所产生，其实已经不是原汁原味的祭祀公业，也可能产生新的争议出来。

2. 派下成员认定的自治

“本条例”对于派下员的认定，基本上采取派下员自治原则，而非“设立人自治”原则，规定以规约或章程中的记载为准，故“本条例”施行之后，派下权的取得及丧失，在已申报的祭祀公业，乃其规约应记载事项（第15条第2款），在祭祀公业法人，乃其章程应记载事项（第24条第5款）。根据此等规定，原来依习惯法决定的派下员，此后应以规约或章程的约定为准，原来适用的习惯法似已无用武之地。

对于既存的祭祀公业的派下员，“本条例”也采取相同原则，于第4条第1项前段规定：“本条例”施行前已存在之祭祀公业，其派下员依规约定之。依此一规定，祭祀公业派下员所订定的规约或章程，其记载内容如有不当之处，是否具有绝对效力，或得以其违反法律的强制或禁止规定（“民法”第71条）或公序良俗为理由（“民法”第72条），而认定为无效，实值得研究。

祭祀公业派下员的女儿、养女、赘婿等，在祭祀习惯规范并未单独列为派下员，但“祭祀公业条例”第4条第3项规定：“派下之女子、养女、赘婿等有下列情形之一者，亦得为派下员：一、经派下现员三分之二以上书面同意。二、经派下员大会派下现员过半数出席，出席人数三分之二以上同意通过”。此一规定属于习惯规范改革的创制，如果理解为对祀产的继承，基本的问题不大，但如从派下员承担传承香火及祭祀祖先的责任角度观之，依此一方法取得派下员资格者，其传承香火及祭祀祖先的责任，有可能与其配偶的祭祀责任竞合，例如，在X夫与Y妻的家庭中，其子（女）当然双祧（X宗祧加Y宗祧），往后孙辈更形成交互兼祧众多祭祀公业的复杂谱系，颇值得注意。

3. 祭祀公业徒留其名

祭祀公业在法律上引起的问题，其实都直接或间接与祀产相关。如果祭祀公业设立时，限制设立人捐助的祀产以供祭祀所需的范围为限，在其永久存续的过程中，会减少许多派下子孙之间的争议。在“本条例”施行以前，派下权的性质就等于是对祀产的潜在应有部分，但因受祭祀习惯的规范，并不当然适用一般财产权的处分自由原则。

因此，“最高法院”2010年度台上字第1943号民事判决中，就派下员得否将其派下权让与无祭祀关系的外姓之人的问题，“最高法院”很正确地指出：“祭祀公业系为祭祀祖先之目的而设立，其财产为全体派下之公同共有。祭祀公业之派下权不得让与派下以外之第三人，以防患祭祀公业派下权为外姓子孙取得，而使祭祀祖先之行为中断，违背设立之意旨。且祭祀公业之派下权，兼具身分权之性质。派下权乃派下员对于祭祀公业所有权利及义务之总称,派下员祭祀祖先之义务应不得出售或让与。则‘祭祀公业条例’施行前,未定有规约之派下权得否由全体派下员同意,允许原非派下员之人取得派下权,即非无疑”。[21]

派下员的资格在祭祀习惯上具有两个重要意义,一是确认为祭祀公业的派下子孙,可以对列祖列宗行祖先的祭祀之礼;二是将来往生之后,得列入祭祀公业牌位之内,受子孙祭祀。为图祀产,而祭祀他人之祖先,并非祭祀习惯所许,非属派下而购买派下权者,也不能取得派下员资格,而主张为派下子孙。“祭祀公业条例”施行之后,派下权的取得及丧失,应以规约或章程及“本条例”的规定为准,原来适用的祭祀习惯将无用武之地,派下权将成为纯粹的财产权,而与宗祧关系脱节。祭祀公业徒留其名,立法者无论是否见识及此,对照其在“本条例”第1条所揭“祭祀祖先发扬孝道,延续宗族传统”的意旨,实属讽刺,如造成宗族冲突或毁弃祖业祠堂等结果,必将成为无可弥补的遗憾。

四、释字第728号解释的评析

(一)案例事实及争点

在“最高法院”2000年度台上字第963号民事判决中,甲之父丙生前为祭祀公业吕万春的派下员,甲为长女,于1959年7月10日招赘夫丁,目的在共同传承吕家香火甚明,其于1963年1月8日生育从母姓之子乙,亦确实已达传承香火祭祀祖先的目的。甲如“出嫁”,其所生之子将传承夫家的香火,将成为夫家祭祀公业的派下员,不得作为娘家祭祀公业的派下员,故无疑义,但因甲是招赘结婚,传承娘家香火,其子非传承赘夫家的香火,也不得作为赘夫家祭祀公业的派下员,按理甲应与丙的其他儿子共享派下权的利益。但因祭祀公业吕万春于1986年7月31日制定之管理章程第4条前段记载:“登记在案派下员亡故时,其直属有权继承人公推一名为代表继任派下员,惟依照政府有关规定,凡女子无宗祠继承权。”丙于2000年8月2日死亡后,甲的宗祠继承权被否定,传承吕家香火的乙也被排除在该祭祀公业的派下员系统之外。

---

[21] “最高法院”1989年度台上字第1989号判决谓:按祭祀公业派下权之丧失,其原因有二:1. 基于派下员之意思,得由其自行让与派下权,即“归就”之意思,但以同一祭祀公业之派下员为限;不能让与于派下以外之他人(见前“司法行政部”编著“台湾民事习惯调查报告741、755页”。2. 非基于派下员之意思,如派下员死亡等,依习惯由其男系之男性子孙继承,倘无男性子孙时,女子招赘或未招赘而生有男子或收养男子从其本姓者,亦可继承)。(《“最高法院”民刑事裁判选辑》第10卷第3期,第7页。)祭祀公业派下权的处分问题,在本条例施行以前的司法实务上,有三种不同见解,即处分禁止说、公同共有说、内部效力说。请参见陈荣传:“民事习惯与祭祀公业派下权”,载《私法学之传统与现代(中)——林诚二教授六秩华诞祝寿论文集》,2004年4月,第459~464页。

上述例中的甲、乙在诉讼败诉确定后，声请大法官解释。[22]“司法院”大法官于2015年3月20日作成释字第728号解释，认为“祭祀公业条例”第4条第1项前段上述规定并未以性别为认定派下员之标准，虽相关规约依循传统之宗族观念，大都限定以男系子孙（含养子）为派下员，多数情形致女子不得为派下员，但该等规约系设立人及其子孙所为之私法上结社及财产处分行为，基于私法自治，原则上应予尊重，以维护法秩序之安定。是上开规定以规约认定祭祀公业派下员，尚难认与保障性别平等之意旨有违，致侵害女子之财产权。[23]

本号解释的主要依据，是私法自治，而且是派下员的自治，对于以自治的方式形成的规约或章程，既未提醒其内容仍得受司法审查，对于祭祀公业的派下员，也未指出是由祭祀关系的习惯法决定，重点在传承家族的香火，其规则与继承法公平分配遗产的规则，本不相同。在本解释之后，祭祀公业派下员争取祀产的战场，相信将由派下员资格的确认，转移到规约或章程的内容决定。规约或章程的内容，如果未能限制在“重述”或“转化”祭祀的习惯规范，即使是以祭祀公业法人之名或祭祀公业的形态存续，这些团体必将与祭祀公业渐行渐远，呈现出“不重祭祀重祀产”的特质。

（二）家族谱系与人格尊严

本文以为，祭祀公业规约或章程的订定行为亦为法律行为，其内容应受司法审查，对于不得以规约或章程订定的事项，如仍予以订定，固应认为无效；对于得以规约或章程订定的事项，如订定的内容违反法律的强制或禁止规定或公序良俗，依法亦应属无效。故祭祀公业的规约或祭祀公业法人的章程，得否就派下权的继承予以订定，乃首应判断的问题；如派下权的继承得由规约或章程予以订定，是否侵害特定人的身分权或财产权，[24]

---

[22] 声请人吕碧莲（赘婚）为祭祀公业吕万春派下员吕进荣之长女，声请人吕家升为吕碧莲之子（从母姓）。吕进荣受声请人等抚养，唯另有3子均无男嗣。吕进荣与2子先后亡故，仅馀三子吕学川1人。依祭祀公业吕万春管理章程（1986年7月31日订定）第4条前段规定，登记在案派下员亡故时，由直属继承人公推1名代表继任派下员，唯依政府有关规定，凡女子无宗祠继承权，致仅由吕学川继任派下员。声请人等不服，循序争讼败诉后，认上开管理章程规定违宪，声请解释。

[23] 本解释公布后引起学者广泛讨论，许玉秀教授“主持私法自治vs.性别平等——从释字728论祭祀公业条例之合宪性”座谈会，会中与谈人林明昕教授、陈昭如教授、约翰逊林教授及官晓薇教授等发言之记录，载《台湾法学杂志》2015年第270期。

[24] 在派下员除招入赘婿的女儿外，尚有其他儿子的情形，女儿得否继承派下权的问题，在实务上常须由法院以判决确定习惯法的内容。例如“最高法院”2003年度台上字第846号民事判决，即维持原审判决关于习惯法的下列见解：（1）“祭祀公业系以祭祀祖先为目的而设立，依前清、日据时期及台湾光复后之祭祀公业习惯，其派下员向以男系子孙为限，除非另行约定，女子不得与男系同论，出嫁女子之子孙自不得为派下。奉祀本家祖先之女子及从母姓之子孙得为祭祀公业之继承，亦以家无男子（兄弟）即无男系子孙可继承派下权为前提”。（2）“依日据时期及光复后台湾继承制度，招婿对于招家之财产，原则上无继承权，且招婿入赘于女家，当然丧失其对本生家财产之继承权。至于招婿之子女，视其冠姓而定，如冠母姓者，继承其母之遗产”。

及其是否违反两性应属平等的基本法律原则,则为次一层次的问题。

在前述"最高法院"2000 年度台上字第 963 号民事判决中,甲为长女,招赘夫丁,生育从母姓之子乙,确实已达传承香火祭祀祖先的目的,但因祭祀公业的章程约定凡女子无宗祠继承权,甲、乙遂均被否认为派下成员。法院判决系以规约自治已在法律明文规定为依据,但本文以为此种理由并非可取。本判决中的甲尚有其他兄弟得以传承香火,甲招赘夫依祭祀习惯是否即与男子同视,乃本案的问题焦点。因为如甲无任何兄弟,其依祭祀习惯招赘夫所生从母姓之男子原可传承香火并任派下员,此一资格及权利如竟被章程剥夺,依祭祀习惯也不得传承赘夫家的香火并任派下员,坐令甲的后代无树可依,此种章程侵害人格尊严,自难谓为适法。

祭祀习惯应该使每人都归属于某一家族大树(family tree)之下,生为该家族之人,有权参与祭祀,死后为该家族之亡灵,有资格为家族上接受祭祀;或归父家,或归母家,各依习惯所定。如祭祀习惯只许男性有树可依,否定女性归树之权,该习惯即与公序良俗相违;如祭祀公业的章程,对于依祭祀习惯未属任何其他家族树系之成员,任意剥夺其归属原本家族大树之权,也应认为其约定或决定违反公序良俗而无效。

五、结论

祭祀公业的设立年代通常已甚久远,派下子孙已繁衍甚多,并历经多次继承或移转,法律关系本来就很复杂。在祭祀公业为独立的法人,并具有公益性质的时代,派下权所代表的祭祀义务比财产权的成分多,派下成员的资格较不易发生争执,在祭祀公业被定性为以派下成员为权利主体的祀产以后,派下权的财产权成分已远超过祭祀义务,难怪派下子孙以争派下员资格为名,为祀产利益屡屡在法院争讼。这些祭祀公业的设立者在设立公业时,如预见法律将如此发展,并滋生偌多的法律争议,料将为不同的评估与设计。

祭祀是慎终追远的心灵活动,能直接带来的现实利益,非常有限。特定的财产,尤其是大量高价值的不动产,如专为祭祀而保存,而发展经济的企业却无地可用,其经济上的不效率,自属可议。台湾追求经济发展的压力,目前虽十分紧迫,但在"财富才是主流"的全球浪潮中,民间也一直保留着守护中华文化的传统力量;"人心不古"的现代台湾社会中,"尔爱其羊,我爱其礼"的古代思维,如何落实在"尔爱其礼,我爱其羊"的现实人生,目前正牵动着社会发展的走向。

祭祀公业最初是为祭祀祖先而设,其所有的土地或财产,一直与设立人的一般遗产分离而作为祀产,并非依继承法的规定由继承人继承。日据时期日本法院将祭祀公业视为习惯法上法人,"最高法院"1940 年台上字第 364 号判例否定其法人资格,将旧习惯法上的祭祀公业，转换为祀产在现行民法上的公同共有财产，当时在实务上实应有全面的配套转换措施。由于其在法律上并无独立的法律人格，诉讼上虽然以非法人团体的形态解决当事人能力的问题，但由于其在一方面仍作为不动产权利的登记名义人，作为其团体成员的真正权利人，则一直游移在法律和习惯法之间，而无法完全确定，在依据旧有习惯判断派下成员的情形下，不但形成“新权利适用旧习惯”的现象，也造成旧习惯和新法制之间的龃龉。

“祭祀公业条例”的施行，为祭祀公业开启了法人化的新时代。其“立法理由”虽指出，“就维持宗族之意识、发扬崇祖睦亲之传统习惯及土地经济而言，祭祀公业自有其时代背景并具重要意义与价值”，但该“条例”的内容在整理地籍的主轴中，其实已呈现出明显的“去祭祀化”倾向。派下权被财产权化的结果，显示“祀产迷得众人醉，直把继承当祭祀”的现象普遍。

汉人传统上以宗祧继承人为遗产继承人的习惯，已不合时宜；在已经制定继承的法律规范，不再依宗祧继承的法则决定遗产继承的情形下，宜否继续保留祀产依祭祀规范决定其受益人的方式，在法律政策上实值得探究。传统的祭祀规范在少子化及文化多元的今天，已不得不改革创新。如何从文化传统的角度理解祭祀传统，守住慎终追远的那一点坚持，并从人性尊严及两性平等原则角度，提出祭祀规范现代化的方案，已经是我们无可回避的课题。

责任保险中的连带责任承担问题

——以机动车商业三责险条款为分析样本

韩长印*

目　次

一、问题的提出

2006年10月，吕某为其小轿车向某保险公司投保了交强险、商业三责险等险种，保险期间内，吕某驾驶的保险车辆与案外人王某驾驶的二轮摩托车相撞，造成第三人贾某受伤。交通管理部门认定吕某负事故的次要责任、王某负事故的主要责任；法院判决吕某、王某分别承担30%和70%的责任，两人并对贾某承担连带责任。吕某应受害人贾某的请求依判决向受贾某连带履行全部赔偿责任后向保险公司提出索赔，索赔金额包括其代王某连带承担的赔偿责任。但保险公司依据保险合同中的"按责赔付"条款仅对属于吕某的责任份额进行了理赔，吕某遂将保险公司诉至法院。

一审判决支持了被保险人吕某的诉讼请求。但二审法院认为，"所谓责任保险，是指以被保险人对第三者依法应负的赔偿责任为保险标的的保险，相关生效民事判决已经确

---

* 上海交通大学凯原法学院教授，博士研究生导师。本文写作中德文资料的收集和整理得到了科隆大学法学院沈小军博士的帮助，特此致谢。本文系作者主持的国家社科基金重点项目"我国机动车三责险改革问题研究"的阶段性成果，项目编号：14AFX019。

定吕某对受害者贾某承担30%的赔偿责任，故某保险公司只需对该部分赔偿责任进行理赔，至于吕某连带承担了王某70%的责任，其完全可以根据民事判决确定的连带责任向王某行使追偿权。其就王某应负的赔偿责任向某保险公司主张理赔，缺乏法律和合同依据，本院不予支持"，遂对一审判决作出了改判。①

上述案例以及有关责任保险的其他同类案件，大都涉及被保险人内外有别的两个责任范围，即对外的连带责任以及对内的按份责任或比例责任，保险公司对此都会依照保险合同中约定的"保险人依据被保险人在事故中所负的事故责任比例，承担相应的赔偿责任"条款（以下简称"按责赔付"条款），主张只承担比例责任而拒绝承担连带责任。当事人就此争议的焦点集中在：被保险人因连带责任所承担的超出自身责任比例的赔偿部分是否属于（机动车商业三责险等）责任保险的保障范围。②

问题的严重性在于：一则，司法实务界对此类案件的处理结果迥然有异，同案不同判的现象十分突出，③进而诱发了机动车商业三责险当事人根据不同法院审理此类案件态度的不同而择地起诉（forum shopping）问题；④二则，司法实践中此类案件并不鲜见，⑤甚至可以断定，几乎所有机动车商业三责险的一般保险条款都会对承保范围进行限制，因为2012年3月14日中国保险行业协会颁布的2012版《中国保险行业协会机动车辆商业保险示范条款》（以下简称"车险行业条款"）第23条规定："保险人依据被保险机动车

---

① 上海市第一中级人民法院（2009）沪一中民三（商）终字第891号民事判决书，载中国保险行业协会组织编：《保险诉讼典型案例年度报告》（第2辑），法律出版社2010年版，第474页。

② 也有论者将这里的"按责赔付"解释为按照致害人与受害人之间的事故比例进行赔付，并对违反按责赔付条款的做法进行了专文批判。参见何桂兰等："关于交强险事故赔偿责任比例赔付问题的探讨"，载《上海保险》2011年第7期。本文认为，本案语境中"按责赔付"的内涵至为明显，系指共同致害人之间的按则赔付，故对致害人与受害人之间的过失相抵略去不提。

③ 无独有偶，上海市第二中级人民法院审理了一起相似的案件，却得出了截然不同的判决结果，该案的一、二审法院均判决保险公司承担全部的连带赔偿责任。参见上海市第二中级人民法院（2008）沪二中民三（商）终字第416号民事判决书，载中国保险行业协会组织编：《保险诉讼典型案例年度报告》（第1辑），法律出版社2009年版，第461～464页。同处一地的两家中级人民法院对相似的争点问题作出的迥然不同的两种判决可能会给当事人带来令人困惑的既判力预期。

④ 这或许正是2013年6月8日施行的最高人民法院《关于适用〈中华人民共和国保险法〉若干问题的解释（二）》第20条针对一些保险公司的分公司接受投保而由总公司签发保单的案件，专门确定分公司拥有诉讼主体地位及其所在地法院享有管辖权的原因。该条规定："保险公司依法设立并取得营业执照的分支机构属于《中华人民共和国民事诉讼法》第四十八条规定的其他组织，可以作为保险合同纠纷案件的当事人参加诉讼。"

⑤ 截至2013年6月底，在北大法宝案例数据库中，先以"商业三责险"为关键词搜索，再以"连带责任"为关键词在结果中搜索，共发现96件同类案例；如以"责任保险"作为案由，以"连带责任"作为全文关键词搜索，共发现20个同类案例（案例截至2013年7月16日）。有些案例，如（2011）芜中民抗字第0001号，系围绕争点问题提起抗诉而经过再审的案件。

一方在事故中所负的事故责任比例，承担相应的赔偿责任。”⑥

具体归纳此类案例判决理由的分歧，⑦可以发现两种不同的裁判思路。

赞同保险公司承担全部责任或者连带责任的理由主要包括：其一，责任保险的保险标的是被保险人对第三者依法应负的赔偿责任。对第三人依法承担的连带责任，无疑应当归入责任保险的保障范围之内。其二，相关责任保险合同在一般保险条款中并未排除连带责任的责任形式。其三，即使当事人各方对一般保险条款有不同解释，即“被保险人的事故责任比例”既可以解释为被保险人与受害人之间的责任比例，又可以解释为被保险人与其他共同致害人之间的责任比例，那也应当根据一般格式条款的解释原则做出对保险人不利的解释，也即这里的比例责任限于被保险人与受害第三人之间的比例责任，而不能指向被保险人与其他共同致害人之间的比例责任。其四，保险公司承担保险责任之后，享有对其他共同侵权人的追偿权。

主张保险公司按责任比例承担保险责任的理由主要包括：其一，保险合同条款已经约定保险人承担的责任范围仅限于被保险人在连带责任内部按照事故责任比例所应承担的赔偿责任，依照合同自由原则，该项约定应当得到当事人的尊重。其二，保险合同条款中没有约定由保险公司承担被保险人的连带责任。其三，依据对价平衡原则，保险公司不应当承担连带责任。“保险合同依据约定的保险事故发生的概率寻求保险费与保险赔偿金的平衡，无视法律与合同条款将保险人的合同义务扩大化，令其承担超出费率对价的保险责任，有违公平。”⑧

那么，责任保险中的保障范围是否应当将被保险人的连带责任包括在内？此类纠纷所涉条款能否适用不利解释等规则加以解决？未来的责任保险合同条款能否依据“对价平衡”等原则明确无误地将连带责任排除在外？究竟应当如何确定责任保险的保障范围

---

⑥ 该条接着规定：“被保险人或被保险机动车一方根据有关法律法规规定选择自行协商或由公安机关交通管理部门处理事故未确定事故责任比例的，按照下列规定确定事故责任比例：被保险机动车一方负主要事故责任的，事故责任比例为70%；被保险机动车一方负同等事故责任的，事故责任比例为50%；被保险机动车一方负次要事故责任的，事故责任比例为30%。”“涉及司法或仲裁程序的，以法院或仲裁机构最终生效的法律文书为准。”2012年版该条款是在2007版《机动车商业保险行业基本条款（A款）》第24条的基础上增加第3项，即“涉及司法或仲裁程序的，以法院或仲裁机构最终生效的法律文书为准”演变而来。

⑦ 以下两种不同观点的归纳主要参见下述案例的判决理由：浙江省杭州市萧山区人民法院（2012）杭萧商初字第3722号民事判决书、浙江省杭州市萧山区人民法院（2011）杭萧商初字第2787号民事判决书、江苏省苏州市中级人民法院（2011）苏中商终字第0035号民事判决书、河南省郑州市中级人民法院（2011）郑民四终字第342号民事判决书、浙江省慈溪市人民法院（2011）甬慈商初字第917号民事判决书、广西贺州市中级人民法院（2012）贺民二终字第48号民事判决书、广东省佛山市中级人民法院（2010）佛中法民一终字第782号民事判决书。

⑧ 引自广东省佛山市中级人民法院（2010）佛中法民一终字第782号民事判决书中上诉人的上诉理由部分。载中国保险行业协会组织编：《保险诉讼典型案例年度报告》（第3辑），法律出版社2011年版，第538页。

进而实现责任保险与责任层次的有效对接？本文拟对这些问题展开讨论。

二、责任保险中"责任"的内涵解释

责任保险作为财产保险的一个类别，是一种消极保险，其所保障的保险标的或者被保险人的损失，表现为被保险人对第三人承担的民事赔偿责任。但与作为第一方保险的积极保险意义上的被保险人损失不同，积极保险的损失是被保险人现有财产或者财产价值的减少或者损失，而消极保险的损失是被保险人所负担的债务或者费用的产生或者增加，是作为被保险人对其他人承担的责任或者垫付的费用。因此，责任保险无所谓保险价值的概念，也无所谓在保险合同订立时根据保险金额与保险价值的对比而判定损失是否存在以及损失大小多少，其所谓"损失"就是被保险人对第三人承担的最终赔偿责任或者第一层次的垫付责任，并据此确定保险人最终承担的责任，因而责任保险仅仅适用财产保险应当贯彻的损失填补原则。这也是责任保险作为第三方保险的突出表现。⑨

（一）连带责任的对内"责任"份额

有理由认为，前述2012年版"车险行业条款"第23条"按责赔付"的规定，系根据被保险人在侵权行为中的过错大小，以及由此产生的与共同致害人之间的责任份额来对责任保险的保障范围做出的限制，是保险公司进行风险管理并对被保险人的侵权行为加以预防和遏制的一种手段。从这个角度来看，此类条款是值得肯定和提倡的。何况，在成立连带责任的场合，各"加害人"的行为对损害的发生都具有因果关系，让其中的一部分承担全部赔偿责任并不公平。因此，在加害人内部，应依据一定的标准对责任进行分配。如果法律没有特别规定或者当事人另行约定，在连带责任内部，似应根据加害行为原因力的大小以及过错的程度分配相应的责任。

但设定上述条款存在这样一种危险，就是混淆了共同致害人之间有关连带责任的"责任"份额与被保险人对受害第三人的外部责任两个概念。合同所订立的条款是保险公司与被保险人之外的共同致害人之间最终的责任分摊比例，但保险公司却把该类条款当作保险公司对共同侵权受害人承担连带责任的代替方式。

（二）责任保险的对外"责任"方式

众所周知，连带责任是多数人责任中的责任之一。"多数人责任牵涉债权人与债务人以及债务人之间两个层面的关系，正确辨别使用不同类型的并存责任，对于确保债权人合法权益、平衡债务人损益分配具有十分重要的意义"；"法律对多数人责任及多数人之债有两个层面的功能设定，以体现权利救济在对象、次序、程度方面不同的价值考量和

⑨ 详见韩长印："我国交强险立法定位问题研究"，载《中国法学》2012年第5期。

技术考量。第一个层面解决债权人与债务人之间的权利义务配置,即多数人之债的对外效力……第二个层面则解决债务人之间的权利义务分配,即多数人之债的对内效力。”⑩

固然,如果合同条款对赔偿责任的限制并不与被保险人致害行为的过错大小对接起来,单纯与受害人获得赔偿、进而与作为被保险人的致害人得以转移的风险多少相互对接,其结果除了减轻事故发生后保险人自身的赔偿责任外,对致害人和受害人均有害而无益,最终会使得预防和遏制被保险人侵权行为的目的落空,责任保险条款所预期的预防过错的初衷就异化为规避责任的结果了。但法律上设定连带责任的目的在于突出对受害第三人的利益保障,未必基于致害人的过错大小。

显而易见,责任保险中的责任是对第三人的责任,共同致害人之间只有责任的分担问题。责任保险应当转移的是对第三人的责任,也就是外部责任,是第一位的责任。该种责任几乎都属于法定的责任,⑪并且本身具有法律的公示效果。而共同致害人内部的责任分担并非责任保险对受害第三人的责任,与其说那是责任,毋宁说是对责任的原因力或者责任的过错进行的划分。实际上,现代侵权立法在过错和责任的对应关系上似乎变得有些模糊了,⑫甚至可以说,侵权行为人的过错可能并非责任产生的唯一原因,损害赔偿责任的划分,一部分开始依靠技术性处理的方法和技巧,而不再单纯遵从民事法律规范所主要依循的严格的行为过错本位了。问题在于,责任保险所要转移的恰恰是对第三人的责任,而不是转移与共同致害人之间就责任份额产生的抗辩风险。

此外,责任保险所转移的责任危险除了被保险人对第三人应当承担的民事赔偿责任外,⑬还往往可以包括被保险人因受第三人之请求而为抗辩所产生的必要费用。⑭ 此处所谓的抗辩等费用无疑不是指向与其他共同致害人相互之间产生的抗辩费用。由此也可以佐证责任保险的基本内涵并不着眼于共同致害人之间,而在于被保险人于受害第三人之间。

---

⑩ 李亚成:“多数人责任体系的检讨与重构”,载王卫国主编:《民商法新观察》,中国政法大学出版社 2008 年版,第 246 页、第 251 页。

⑪ 有学者指出,民事责任可分为过失责任、无过失责任与危险责任。前两种责任具有非难加害人的含义,而危险责任则着重于社会生活的共同需要性。参见曾世雄:《资源本位论——民法设计与民法运作》,台湾元照出版公司 2013 年版,第 265 ~ 268 页。因而,在事故伤害人那里,无所谓作为被保险人的责任大小轻重。

⑫ 交强险中无责赔付、互撞免赔协议的做法实际上就在一定程度上模糊了责任险与意外险、三责险与第一方保险的界限;又如旅行社责任险中安全关照义务运用得过于宽泛的话,实际上就赋予了旅行社责任险以旅客意外伤害保险的保障功能。

⑬ 关于责任保险保障功能的独特性表现,将在后文专门论述。

⑭ 我国《保险法》第 66 条规定:“责任保险的被保险人因给第三者造成损害的保险事故而被提起仲裁或者诉讼的,被保险人支付的仲裁或者诉讼费用以及其他必要的、合理的费用,除合同另有约定外,由保险人承担。”

因而,从责任及相关抗辩的逻辑指向上讲,责任保险中的责任只能解释为被保险人对第三人的责任,其责任范围取决于受害第三人的选择(是否向被保险人主张连带责任)。这一点,可从下文对责任保险制度功能的进一步考察中得到印证。

三、责任保险的制度功能与责任范围对接

(一)责任保险的"摆脱不利"功能与责任范围对接

第一,责任保险独特的"摆脱不利"功能及独特的赔偿方式,会影响到责任保险范围的界定问题。

关于责任保险系单纯提供金钱赔付功能,还是提供"脱离不利"("责任免除"或者"恢复原状")的保障功能,⑮保险法立法和理论上经历了一个变化的过程。比如,德国早期判例认为,投保人对保险人享有的是一种金钱给付请求权,其数额由被害人所遭受的损害决定。但是,在这种情况下,该金钱请求权可能会被投保人向其他债权人质押、让与和典当。因此,这种纯粹的一般债权上存在的变价可能性违背了受害人的利益。直到1909年,德国帝国法院的一则判决率先认定,为保护受害人的利益,应将投保人所享有的权利看作是责任免除请求权(Befreiungsanspruch),因此,可以排除其他债权人对保险金额主张权利。⑯ 必须承认的是,帝国法院的这一认识并非来自法律条文的文义,而是从责任保险的本质中推导出来的。⑰ 不过,承认责任免除请求权对投保人和被保险人的利益都具有重大意义。甚至,原则上投保人并不能请求保险人向自己支付保险金(而应由保险人直接对受害第三人承担责任)。因为,这种请求与责任保险的本质无法兼容。⑱只有在投保人已经实际承担损害赔偿责任后,才对保险人享有支付请求权。而在被害人的损害赔偿请求权业已发生既判力的判决确定后,投保人可以请求保险人直接向被害人支付保险金。⑲

根据责任保险的赔偿内容为"脱离不利请求权"也即"责任免除请求权"的观点,如果投保人或被保险人对受害人应当承担连带责任,假如保险人只支付被保险人在连带责

---

⑮ 有学者把责任保险的"责任免除功能"相对应的被保险人之请求权翻译为"脱离不利请求权"。"脱离不利请求权"的主要目的即在于使被保险人恢复到保险事故未发生此不利前的状态,因此责任保险应属恢复原状,而非金钱给付。保险人即便将金钱给付于被保险人,也不外乎偿还被保险人为保险金代垫之数额而已,和其他财产保险人给付金钱于被保险人并无不同。参见江朝国著:《保险法基础理论》,中国政法大学出版社2002年版,第370页。

⑯ RGZ 70,257.

⑰ Günter Bauer,Die Kraftfahrtversicherung,6. Aufl. 2010,Beck Verlag,München Rn. 749.

⑱ BGHZ 10,154,161.

⑲ Günter Bauer,Die Kraftfahrtversicherung,6. Aufl. 2010,Beck Verlag,München Rn. 752,753.

任中的分担份额,则被保险人对受害人的赔偿责任实际上并未被免除,保险人因责任保险合同所负担的义务也就没有完全履行。而且,按照责任保险的一般原理,赔偿责任业经法院判决认定时,被保险人完全可以请求保险人直接向受害人支付保险金。可以肯定的是,如果投保人与保险人之间对责任保险的保障范围没有做出特别限制,责任保险应当涵盖被保险人对受害人的全部责任形式,包括连带责任。

进一步说,如果保险人与投保人之间约定,保险人仅对被保险人在连带责任内部的责任份额承担责任,那么,假如承认被保险人的直接请求权,或者保险合同中约定了受害第三人的直接请求权,[20]保险人遭遇受害人的赔偿请求时,保险人能否以其与被保险人之间"按责赔付"的内部约定,来对抗被保险人对受害第三人应当承担的连带责任呢?答案无疑是否定的。[21]

第二,是否将连带责任界定为责任保险的责任范围这一看似不是问题的问题,也可以从比较法的视野得到一定的印证。

尽管侵权责任方式以及由此产生的连带责任的适用条件等,在比较法上大同小异,但在责任保险的责任范围方面,要想从比较法上找出与我国"按责赔付"条款相似的资料和素材,并非易事。原因或许就在于这些问题在不少国家都不成为问题。尽管如此,还是有立法例对此作出了明确但又不同于我国做法的规定。

例如,《韩国商法典》第682条规定,已根据受害人的直接请求权履行赔偿义务的保险人,可对除被保险人外的其他保险事故责任人(与被保险人共同实施不法行为的其他第三人及该其他第三人的保险人)行使代位权。[22] 这是立法上明确责任保险应当承担多数人共同侵权连带责任,并同时承认保险人承担连带责任之后的追偿权的典型立法例。

再如,2009年9月16日欧洲议会和理事会通过的《欧盟2009年机动车责任保险指令》(有关机动车责任保险以及该责任保险义务履行的第2009/103/EC号指令)"鉴于"部分第29项也指出,"为了确保机动车事故受害人得到适当的保护,成员国不应允许保险公司依赖免赔率对抗受害方"。该指令尽管是对各成员国的要求,但其旨趣无疑是为了防范各成员国保险公司竞相通过免赔率等方式降低对机动车交通事故受害人的保障程度而作出的规定,无疑是对定型化保险合同条款自由度的限制。

又如,我国台湾地区"强制汽车保险责任法"第34条第1款第1项规定:"肇事汽车全部或部分为被保险汽车者,受害人或受益人得在本法规定之保险金额范围内,请求各

[20] 我国《保险法》第65条第1款规定:"保险人对责任保险的被保险人给第三者造成的损害,可以依照法律的规定或者合同的约定,直接向该第三者赔偿保险金。"

[21] 关于条款中能否排除连带责任的约定,将在后文专门分析。

[22] 崔吉子、黄平著:《韩国保险法》,北京大学出版社2013年版,第198页。

被保险汽车之保险人连带给付保险金。"台湾地区2005年6月发布实施的"强制汽车责任保险承保及理赔作业处理办法"第14条规定:"同一汽车交通事故牵涉数汽车时,依下列规定处理:……(三)车外第三人得向各应负给付义务之保险人连带请求保险给付。""事故汽车部分为被保险汽车,部分为本法第四十条第一项所定之汽车者,㉓请求权人得依据二辆或三辆以上汽车交通事故,参照前款规定请求应负给付义务之保险人(或)与财团法人汽车交通事故特别补偿基金(以下简称特别补偿基金)连带为给付。""同一汽车交通事故牵涉数汽车导致人员伤亡,受理强制险理赔申请之保险人应尽速通知其他车辆之承保公司或特别补偿基金确认有无重复理赔情形。"㉔尽管台湾地区的该项规定是针对交强险作出的,但考虑到我国大陆现实生活中,绝大多数购买交强险的投保人几乎都会同时购买商业三责险,为贯彻机动车强制险与商业险同样作为责任保险的相通属性,商业三责险中应当有其适用余地。㉕

值得一提的是,最高人民法院《关于审理道路交通事故损害赔偿案件适用法律若干问题的解释》(法释〔2012〕19号)第21条第3款规定:"多辆机动车发生交通事故造成第三人损害,其中部分机动车未投保交强险,当事人请求先由已承保交强险的保险公司在责任限额范围内予以赔偿的,人民法院应予支持。保险公司就超出其应承担的部分向未投保交强险的投保义务人或者侵权人行使追偿权的,人民法院应予支持。"其中"保险公司就超出其应承担的部分向未投保交强险的投保义务人或者侵权人行使追偿权的,人民法院应予支持"的规定,实际上隐含着保险公司有义务承担连带责任的寓意。但一方面,这是在交强险的语境下要求保险公司承担垫付责任,而后行使清偿后的代位追偿权;㉖另一方面,司法解释还是不无含蓄地省去了保险公司对受害人承担连带责任的法律用语。

第三,按照责任保险的一般原理,保险人负有代被保险人向受害第三人进行抗辩的义务,如果保险人承担此项义务,能否通过抗辩来推脱连带责任的承担呢?尽管,被保险人对受害第三人享有的抗辩,保险人得代为行使;问题是,基于连带责任的民事责任基础,被保险人显然不能对第三人主张按份或者比例责任的抗辩,相应地,保险人在代替被

㉓ 我国台湾地区"强制汽车责任保险法"第40条第1项规定的车辆包括:(1)事故汽车无法查究;(2)事故汽车为未保险汽车;(3)事故汽车系未经被保险人同意使用或管理之被保险汽车;(4)事故汽车全部或部分为无须订立本保险契约之汽车。

㉔ 逻辑上,也只有各保险人都需承担连带责任的场合,才可能产生重复理赔问题。

㉕ 实际上,以笔者之设想,我国机动车三责险未来立法的出路,在于实现交强险与商业三责险的立法合一,届时两种赔付方式的差异将不复存在。参见前引9,韩长印文。

㉖ 清偿代位是指非应终局负担债务之人清偿债务后,以法律之规定,所发生的"法定债权移转"。参见叶启洲著:《保险法专题研究》(一),台湾元照出版有限公司2007年版,第331页。

保险人对受害人的抗辩中,如果不混淆抗辩权行使的对象,是不能主张比例责任的抗辩的。

(二)责任保险的责任保障对象与责任范围对接

前已述及,责任保险,又称第三者责任保险,属第三方保险,是指当被保险人依法对第三人承担民事赔偿责任时,由保险人对被保险人承担补偿责任或者直接对第三人承担赔偿责任的保险。[27] 可见,责任保险是通过转嫁风险和损失的方式由保险人承担被保险人依法应对第三人承担的民事赔偿责任。[28] 与一般损害保险下被保险人本身系受害人不同,责任保险下的被保险人系加害人,"受害人对被保险人之损害赔偿请求权"的行使,即为责任保险所保障的对象。[29]

责任保险作为财产保险的一种,其直接功能在于填补被保险人因对第三人承担赔偿责任而遭受的损失,[30]在此意义上,责任保险为纯粹的填补损害的保险,系被保险人分散其赔偿责任的一种方法。人们曾经认为,为被保险人提供"摆脱不利"或者责任免除的功能保障是责任保险的唯一功能,尽管责任保险在保障加害人的赔偿能力上也间接的具有保护受害人的功能,然而,这只是被视为责任保险意外的衍生作用而已,[31]"到了 20 世纪它则成为旨在主要保护受害人的一种社会政策工具"。[32] 随着责任保险制度的广泛推行,其价值取向和立法目的已经从注重保护被保险人的利益,发展为注重保护受损害的第三人的利益,保障受害第三人利益已经公认为责任保险的间接功能。在交强险等强制责任保险制度中,保障受害人利益甚至已经成为责任保险的首位目标,它可以使社会上潜在的、不特定的社会成员不同程度上得到保险的保障。

虽然我们习惯上把责任保险当作第三方保险,但准确地说,其兼有第一方保险的性质,责任保险的保障对象既包括受害第三人,也同时包括被保险人自身。责任保险作为第三方保险的保障功能表现在直接保障受害第三人的利益,而作为第一方保险的保障功

---

[27] 我国《保险法》第 65 条第 4 款规定:"责任保险是指以被保险人对第三者依法应负的赔偿责任为保险标的的保险。"

[28] 韩长印、韩永强编著:《保险法新论》,中国政法大学出版社 2010 年版,第 292 页。

[29] 江朝国:"被保险人与其他加害人之共同侵权行为问题",载《月旦法学杂志》2009 年第 5 期。

[30] 责任保险所填补的损失一般包括以下五个部分:加害人支付给受害人的赔偿金;事故发生后,加害人为了损害的防止、减轻所花费的必要费用;应急处理所需要的费用;诉讼费用;加害人为了协助保险公司而支出的费用。参见岳卫:"受害人的直接请求权与损害赔偿请求权",载李劲夫主编:《保险法评论》(第 1 卷),中国法制出版社 2008 年版。从损失填补的内容看,其保障致害人的目的非常明显。

[31] Sieg, Ausstrahlungen der Haftpflichtversicherung, 1952, Versicherungswissenschaftlicher Verein, Hamburg S. 58 ff.

[32] [德]格哈德·瓦格纳主编:《比较法视野下的侵权法与责任保险》,魏磊杰等译,中国法制出版社 2012 年版,第 117 页。

能在于，将被保险人最终实际应当承担的赔偿责任转移给保险公司。为此目的计，应当承认被保险人连带责任作为责任保险保障范围的合理性，并在保险人对致害第三人的追偿落空时，由被保险人进而由保险公司承担相应的风险，而不是由受害第三人或者被保险人承担致害第三人无力赔偿的风险。唯此，方才符合责任保险直接救济受害第三人、间接减轻被保险人经济负担的宗旨与目的。

四、“按责赔付”条款排除连带责任的具体解释

对免责条款的内涵作出解释的前提是免责条款具有法律效力。后文的研究将表明，责任保险中的“按责赔付”条款将因构成“意外条款”而应排除在合同条款之外，因而不存在解释问题。这里，基于我国立法并不存在关于“意外条款”效力的明确规定，本文拟退一步先对“按责赔付”条款作出解释，也就是说，假定该条款不因构成“意外条款”而丧失其拘束力，是否能够对其作出符合投保人或者保险人意愿的解释。

法理上，对免责条款进行解释的共同规则主要包括：不得违反契约主要目的规则、不利解释规则、不得将免责约款之合意视为自甘冒险规则、非为企业合理化经营所必须之免责约款应从严控制规则。[33] 鉴于“不得违反契约主要目的”的解释规则可以通过前文关于责任保险的“摆脱不利”功能和受害人保障功能的论述中得到论证，此处不再赘述。以下分别运用其他三项解释规则对“按责赔付”作出解释，看是否能够得出排除连带责任的结论。

（一）“按责赔付”与不利解释规则

根据“按责赔付”条款的文义，我们可以轻而易举地发现该条款可能包括如下两种解释：(1)被保险人与共同致害人之间，依其主观过错程度和行为的原因力不同，就自己的责任份额对受害第三人所应承担的按份比例责任，并且这种“按责赔付”的约定可以对抗被保险人甚至受害第三人。(2)在被保险人因共同侵权行为而被受害人请求承担连带责任时，先由保险人替代被保险人向受害第三人承担全部赔偿责任，但保险公司通过向共同致害人的代位追偿最终只承担被保险人与共同致害人之间，根据内部责任划分最终应当由被保险人承担的那部分责任比例或份额。[34] 显然，保险人赞同第一种解释，被保险人

---

[33] 刘宗荣著：《免责约款之订人契约及解释》（第二篇），台湾财团法人保险事业发展中心 1986 年印行。下文分析总体上参考了该文关于解释方法的内容。

[34] 甚至还有第三种解释，即保险人根据被保险人与受害第三人（并非其他共同致害人或者致害第三人）之间按照各自的过错程度所分配的责任份额而对受害人承担的一定比例的责任。比如，被保险机动车一方对事故的发生负主要事故责任，受害人本身对事故的发生负次要责任，从而被保险人承担了 70% 的损害赔偿责任。

主张第二种解释。被保险人更愿意主张这种约定只能用来对抗其他共同加害人,不能对抗被保险人。

法理上,如果保险条款的用语并非明白无误,并且保险条款缺少对该“按责赔付”条款可能包括的全部内涵的全面列举,并在全面列举的基础上列明保险责任的范围类别,进而排除除外不保或者构成免赔约款的责任份额,那么,解释上无疑应当作出不利于保险人的解释。原因在于,格式条款的使用人享有对条款用语和事先拟定条款的选择权,因此,其应当承担因自己表述不清而产生的风险和责任,[35]具体到上述条款,应当适用第二种解释。[36] 如果允许将责任保险中的赔偿责任解释为直接侵权产生的比例责任,实际上变相限缩了责任保险的责任比例和范围。

(二)“按责赔付”与不得视为自甘冒险解释规则

主张保险人仅承担被保险人内部按份责任的理由之一,在于“合同自由”,即该条款得到了投保方的同意,而经投保人签字同意的条款,依据合同意思自由原则应当得到司法的尊重。按照该解释规则的要求:一方面,免除或者限制被保险人责任的条款不应当因为投保方的签字同意而视为“自甘冒险”;另一方面,保险人就免责条款对投保方的警示以及说明本身也不得解释为“自甘冒险”。何况,前述“按责赔付”条款是中国保险行业协会推出的在全国范围内得到普遍适用的格式条款,其影响力远远大于个别保险公司个案中的格式条款,如果把对格式条款的签字同意视为对“霸王条款”的自甘冒险的话,那么全国数以亿计的机动车投保人都将会成为“自甘冒险”格式条款的受害人。

(三)“按责赔付”与从严控制非必须免责约款解释规则

有学者指出,免责条款就其功能而言可分两类,一是“企业合理化经营所必须之免责约款”,二是“非为企业合理化经营所必须之免责约款”。第一类约款存在的目的在于避免企业遭受偶发或无法负担之损失,一方面维护企业之合理经营,另一方面兼顾投保方的利益,使其能以合理的负担获得对价之实益,因而通常仅仅将战争、地震、洪水、暴动等重大危险事故排除在责任范围之外,此为保险公司合理经营所必须,因为此类危险的损失常非保险公司所能负担。第二类约款往往在于排除或者限制保险公司以法律或者以契约本身应当承担的责任,保险公司若不当地利用其经济上的优势地位,通过此类约款谋取不平衡的利益时,自应从严控制。[37]

---

[35] Hellwege, Allgemeine Geschäftsbedingungen, 2010, Mohr Siebeck Verlag, Tübingen S. 510 ff.

[36] 不过,如果条款的用语并非使用保险的“专业用语”,而是使用了一般用语,此时就应当采用限制解释(或严格解释)的方法,使得免责的标的被限制在最小范围之内。但显然,本文研讨中的条款无疑在使用专业用语。

[37] 前引33,刘宗荣文。

毫无疑问,被保险人与其他共同致害人之间对受害第三人依法应当承担连带赔偿责任时,该连带责任属于可转移至保险公司承担的风险类别。此类风险的移转无损于保险公司的合理化经营,并且对于保险公司扩大业务经营的规模有明显助益。加之,投保方自始抱有向保险公司转移此类风险的内在需求,且与责任保险的产品设计初衷完全吻合。实际上,“债务人所负之责任愈重,其仰赖于责任保险,以分化其风险者,亦愈为殷切”,㊳故而没有理由将该连带责任的风险承担解释在保险公司的责任范围之外。

进一步说,按照保险法设置免责条款的基本法理,保险公司的除外责任条款除巨灾条款外,大都建立在预防道德危险发生的逻辑基础之上,被保险人连带责任的承担也多经由立法或者司法程序确定,㊴且因受害人的选择性请求而产生(单独或者同时向被保险人、致害第三人主张连带责任或者按份责任),额外辅之以保险人对共同致害人的追偿权,难谓被保险人承担连带责任存有任何道德危险而需加以排除的必要性。如果保险人设置“按责赔付”条款的目的既不在防范被保险人道德危险的发生,又不在与被保险人之间建立风险共保机制以强化被保险人的风险意识,那么,除了不能使受害人以及被保险人获得保险保障而减轻自己的赔偿责任外,怕是难以解释出其他任何正当目的的。

需要强调的是,对“按责赔付”条款作出如上解释,并不是本文的最终结论,本文的重点在于探究未来的责任保险格式条款能否基于所谓的对价平衡原则明确地将连带责任的承担排除在外。

五、责任保险的免责限制与代位追偿

(一)责任保险免除连带责任的效力分析

不可否认,连带责任制度与保险制度具有紧密的联系,责任保险发展初期,两者是共生共长的关系,但发展到一定阶段,两者出现了此消彼长的交集态势:一则保险制度能分担连带债务人的责任;二则保险人全面承担连带债务人的全部义务可能又不堪重负,保险危机极有可能出现。也就是说,连带责任的广泛实施会产生“深口袋”问题,对某些资金雄厚的连带责任人而言并不公平。㊵ 那么,这能否成为保险公司排除责任保险中连带责任的理论依据呢?对此,我们可从责任保险中“按责赔付”条款的性质以及格式条款中免责条款的限制两方面视角做出分析。

㊳ 刘宗荣著:《新保险法:保险契约法的理论与实务》,2011 年,自版第 2 版,第 403 页。

㊴ 即便被保险人自愿与受害第三人进行和解、直接向第三人赔偿等,除非系对他人实施急救,一般不得剥夺保险人的参与权。参见[美]肯尼斯·S. 亚伯拉罕著:《美国保险法原理与实务》,韩长印等译,中国政法大学出版社 2012 年版,第 658 页注释 3。

㊵ 阳雪雅著:《连带责任研究》,人民出版社 2011 年版,第 112 页、第 126 ~ 127 页。

由于责任保险法律关系非常复杂,很难像一般合同那样由双方当事人经过多次磋商而达成一致意见,实践中,通常是由保险人提出合同条款,投保人概括地予以接受,或者至少绝大部分的条款都是由保险人制定的。这是因为一般交易条款(系指格式条款,下同)具有理性化、漏洞填补以及将风险和负担转移给他方当事人的功能。[41]因此,保险合同中常有很多保险人用来限制或免除自己责任的条款,责任保险中的"按责赔付"即属其一。然而,这种条款发生效力是以已经订入保险合同且不违反法律对格式条款内容控制的规定而沦为无效为前提的。

1."意外条款"的效力排除

法理上,当免责条款就该法律行为的种类而言构成所谓的"意外条款"(surprising clauses)时,允许将其排除于契约内容之外。所谓意外条款,是指格式条款如此不常见,以至于合同相对人根本无法预料到它的存在。将意外条款排除在合同内容之外的理由在于,"定型化约款是作为规范当事人日常交易之权利及义务之用,相对人必然期待该定型化约款所载之约款适好涵盖该契约书所涉及之特定法律行为(交易种类)之各方面"。[42]其目的在于,保护顾客不因概括的同意表示而让根据总体情况无法预料的条款成为合同内容。[43] 需特别注意者,只要该约款的存在于该法律行为而言属于"异常",便足以构成"意外条款",与该约款本身是否公平无关。[44]反而言之,格式化免责约款纵令经"公平性检验"证实其为公平,亦未必生效,因为若该约款存在于该法律行为显示出"异常"而非他方当事人所能预料,则该约款自始无从生效。[45]

判断格式条款是否属于"意外条款",应综合考虑条款在客观上是否不常见(ungewöhnlich)以及顾客在主观上是否感到惊讶(überraschend)来进行判断。[46]结合责任保险的合同属性及法律属性来看,正如我国有关检察机关在此类案件的抗诉意见中所言,被保险人投保第三者责任险的目的是降低和分散风险,如发生损害结果,则合理期待在保险限额范围内得到赔偿,[47]这也是责任保险应当具备的基本保障功能。这里,投保人

---

[41] Neuner/Wolf, Allgemeiner Teil des Bürgerlichen Rechts, 10. Aufl. 2012, Beck Verlag, München § 47 Rn. 3.

[42] 前引33,刘宗荣文。顺便说明的是,刘宗荣教授将该类条款译为"异常条款",该种译法可能更突出条款内容相对于格式合同本身更显反常的事实状态;本文采纳"意外条款"译法,该种译法或许能够凸显此类条款相对于格式合同接受方的主观期待更显意外。关于意外条款的规定可见《德国民法典》第305c条第1款。

[43] Neuner/Wolf, Allgemeiner Teil des Bürgerlichen Rechts, 10. Aufl. 2012, Beck Verlag, München § 47 Rn. 38.

[44] 前引33,刘宗荣文。

[45] 总体参见前引33,刘宗荣文。

[46] Vgl. Ulmer/Brandner/Hensen/Schäfer, AGB-Rcht, 11. Aufl. 2010, Dr. Otto Schmidt Verlag, Köln § 305 c Rn. 11 ff.

[47] 杨良胜、黄飞:"被保险人承担的连带责任保险公司不应赔偿",载《人民司法》2011年第8期。

对责任保险保障范围的合理期待应当包括，自己因共同侵权行为而被受害人请求承担全部赔偿责任时，能够获得责任保险的保障。因此，"按责赔付"与责任保险对被保险人的责任免除功能存在明显的冲突，可以肯定此类条款客观上是不常见的"意外条款"。

学理上，对格式条款的内容在主观上是否感到惊讶取决于两个判断因素：[48](1)该约款脱逸该法律行为所属法律典型之程度；(2)免责条款的提供方提请他人注意或者方便他人注意的方法。以前者而论，法律行为所属法律典型原为该法律行为通常可以期待之权利义务之分配规定，若免责约款脱逸此种"权利义务分配之类型"甚远，证明该免责约款之存在非相对人始料所及，应当列为"意外条款"。具体到连带责任而言，由于其内部的责任份额在个案中因共同加害人之间的关系不同而差异很大，无法事先预料，我们不能期待投保人在一般责任保险之外还会另行订立一个保险合同来保障自己因承担全部连带责任而无法向其他共同侵权人追偿的情形，也就是不能期待被保险人为实现某一项保障需求而分别订立"按份责任"和按份之外的溢额"连带责任"的两份合同。此外，保险公司承担第三者责任保险，并不导致赔偿义务的扩大，因其有权向致害第三人追偿，并且其能运用职业上的优势，最大限度地向其他致害人追偿。[49] 即便有追偿不能的风险或者追偿费用的支出，也可纳入保费厘定的范围中去，而不是在没有公开费率厘定因素的情况下，一概将连带责任加以排除。申言之，对于合理期待责任保险应该包括因约定保险事故发生所引起的全部责任时，可以肯定"按责赔付"的约定是令投保人感到意外和惊讶的。

由此可见，"意外条款"是判断定型化保险合同的首要控制手段，这也是保险法上合理期待原则的基本要求。按照合理期待原则，[50]首先，应当否认保险人在保险合同中的任何非合理优势；其次，投保人或者预期受益人对保险合同条款的合理期待即使未包含于保单的承保范围，也应当得到满足。[51] 免责条款一旦构成"意外条款"，保险产品就会丧失其必要的保障功能。在免责条款构成"意外条款"的情况下，即便与"意外条款"所免除的保险危险相对应的保险费费率因素没有纳入各该保险产品的费率厘定基础之内，也

---

[48] 前引 33，刘宗荣文。

[49] 前引 47，杨良胜、黄飞文。

[50] 1970 年，美国保险法学者基顿(Keeton)教授在总结美国从 19 世纪 40 年代到 20 世纪 60 年代保险案例的基础上，于《哈佛法律评论》发表了《保险法上存在的与保单条款相冲突的权利》的著名文章，提出了一项新的保险法原则——合理期待原则。See Robert E. Keeton, "Insurance Law Rights at Variance with Policy Provisions" (Parts Ⅰ and Ⅱ), 83, *Harv. L. Rev*, 1970, p. 961. 这一原则包含了一种新型的优先保护保险消费者权益的法律理念，即"法院重视并尊重被保险人以及受益人对保险合同条款的客观合理期待，即使保单中严格的条款术语并不支持这些期待"。参见樊启荣："美国保险法上'合理期待原则'评析"，载《法商研究》2004 年第 3 期。另见韩长印、易萍："交强险中恶意肇事的保险垫付责任"，载《法学》2010 年第 10 期。

[51] 前引 50，Keeton, pp. 963 – 64.

不应当允许保险公司以“对价平衡原则”作为抗辩。[52]换句话说,对于“意外条款”,“对价平衡原则”没有适用的余地。

2.“按责赔付”条款的效力控制

对格式条款的内容进行控制的核心问题在于,通过法院适用法律,否定那些不适当的、明显违背合同正义的条款的效力。[53]在德国,即便该脱逸法律典型之条款并非异常,但如果该条款与所欲变更或者排除之法律规范的基本原则不能并容时,该格式免责条款也会因不公正而沦为无效。

根据我国《合同法》第40条规定,格式条款具有本法第52条和第53条规定情形的,或者提供格式条款一方免除其责任、加重对方责任、排除对方主要权利的,该条款无效。[54] 又根据2013年6月8日实施的最高人民法院《关于适用〈中华人民共和国保险法〉若干问题的解释(二)》(法释〔2013〕14号)第9条规定,保险人提供的格式合同文本中的责任免除条款、免赔额、免赔率、比例赔付或者给付等免除或者减轻保险人责任的条款,可以认定为《保险法》第17条第2款规定的“免除保险人责任的条款”。据此,前述有关“按责赔付”的条款当可解释为《保险法》第17条第2款规定的免责条款。

投保人投保责任保险的主要目的在于分散自己的责任风险,这种责任风险也应包括因共同侵权行为所发生的全部连带责任,特别是无法向其他共同侵权人行使追偿权时可能遭受的损失。因为这是一种法定责任,并且被保险人具有通过责任保险转移危险的基本诉求。以德国法为例,《德国民法典》[55]第307条第2款第1项规定,一般交易条款(格式条款)与其排除适用的法律规定的重要的基本思想冲突的,无效。该款第2项规定,一般交易条款使用人的对方当事人根据合同性质所享有的主要权利或负担的主要义务被

---

[52] 对价平衡原则又称给付反给付均等原则,日本学界又称收支相等原则,是指所收取的保险费与所承担的风险或者保险金的给付相当。参见汪信君、廖世昌:《保险法理论与实务》,台湾元照出版有限公司2010年版,第5页。根据对价平衡原则,确定的保险金额应当对应确定的保费标准,保险金额的提高有可能相应增加投保人的保费负担。问题是,过低的责任限额是否能达到转移被保险人事故风险的目的,以及是否在受害人的权益保障和被保险人的保费负担之间达到合理的平衡,这本身也是考虑保险限额时不可忽略的问题。何况,我国保险费的厘定因素并没有在立法中或者相关的保险产品信息中明确地反映出来,保险责任限额在费率结构中的占比也无从考究。参见前引9,韩长印文。

[53] Neuner/Wolf, Allgemeiner Teil des Bürgerlichen Rechts, 10. Aufl. 2012, Beck Verlag, München § 47 Rn. 50.

[54] 有学者指出该条款缺少“显失公平”的保险条款内容控制要素,因而应当修改为:“保险契约格式责任条款若违背诚实信用原则的规定而不合理地不利于投保人或被保险人的,无效。有疑义时,条款若有下列情形之一,推定有不合理的不利益:(一)该约款与保险法的基本原则不符合且规避该基本原则,或(二)该约款限制了从保险契约本质所发生的重要权利或义务,致使契约目的之达成被破坏。”见温世扬、武亦文:“论保险契约责任条款的实体控制”,载《月旦民商法》2010年总第28期。

[55] 《德国民法典》第307条以下条文中对一般交易条款的内容控制作了非常详细的规定,其中第308条和第309条列举了很多种具体情形,而第307条则是一般交易条款无效的一般规则。

严重限制，以致危及合同目的实现的，该一般交易条款无效。根据前文的论述，“脱离不利请求权”是责任保险最重要的功能，相应地，投保人对保险人所享有的“脱离不利请求权”是投保人根据责任保险合同性质所享有的主要权利，如果这种权利被格式条款加以不当限制，必将危及投保人订立责任保险的目的实现，因此，保险人提出的这种“按责赔付”约定属于限制对方当事人主要权利的免责条款，应当归于无效。

（二）连带责任的承担与代位追偿权的跟进

前已述及，民法上连带责任的立法目的虽然旨在为受害人提供相应的保障，但其原理只是暂时让一方责任人先承担起另一方的责任，由此实现另一方责任人无力清偿时的风险转移；在制度设计层面，它从来没有要求预先赔付一方永久地承担超过其份额的责任，而是赋予其追偿权。[56] 那么，在责任保险中如何确立代位权的行使对象呢？毕竟第一方保险中，保险事故系由第三人造成，保险人在向被保险人赔付之后可以当然地移转取得被保险人对第三人的损害赔偿请求权。而责任保险作为第三方保险，被保险人为致害人，第三人为受害人，保险人代被保险人向受害第三人赔偿之后，不得以受害第三人对被保险人的请求权作为代位权的行使对象。

正如有学者指出的，保险代位之客体，并不以直接之损害赔偿请求权为限，保险人对受害人为给付后，被保险人倘若享有其他请求权，例如对共同侵权行为之其他加害人有内部分担之求偿权，[57]在超过被保险人应分担之范围内，亦得成为保险人代位之客体。[58]我国《保险法》第60条规定，“因第三者对保险标的的损害而造成保险事故的，保险人自向被保险人赔偿保险金之日起，在赔偿金额范围内代位行使被保险人对第三者请求赔偿的权利”，从条文来看，该条也没有限定损害的发生完全由第三人造成，因此或可认为，保险人因承担被保险人的全部连带责任，就超过被保险人在连带责任内部的分担份额，可以向其他共同加害人行使追偿权。

被保险人对第三人因汽车交通事故的发生享有请求权之情形，系出现于受害人因汽车交通事故受有损害，而应负责之人除被保险人外，尚有其他应负连带赔偿责任之共同侵权人，受害人依规定得直接向保险人请求给付，此履行得视为被保险人损害赔偿之一部分，而被保险人赔偿义务之履行，致他连带赔偿义务人之责任免除，被保险人得向他连带赔偿义务人行使求偿权。[59]此谓责任保险中保险人行使代位权的特殊性所在，如果没有

---

[56] 夏元军：“船舶碰撞连带责任与海事赔偿责任限制的冲突与协调”，载《法学杂志》2010年第4期。

[57] 我国台湾地区“民法”第281条第1项规定：“连带债务人中之一人，因清偿、代物清偿、提存、抵消或混同，致他债务人同免责任者，得向他债务人请求偿还各自分担之部分，并自免责时起之利息。”

[58] 前引29，江朝国文。

[59] 前引29，江朝国文。

共同致害人的存在,没有被保险人代其他共同致害人对受害第三人承担连带责任,责任保险中就不存在此种意义上的保险代位追偿权。

那么,保险人为何试图将全部连带责任的承担从保险条款中加以排除呢?主要原因在于保险人顾及承担连带责任之后代位追偿权有落空的可能以及行使追偿权的额外费用支出。此时会产生保险人利益与被保险人利益何者需要在责任保险中优位考虑的问题。

其实,连带责任问题的核心和实质在于,"由谁承担部分债务人给付不能的风险责任以保证债权实现成本更为公平合理,与刑事责任以惩罚为核心功能的责任一次分配原则不同,以补偿性为其主要功能的民事(多数人)责任可以进行二次分配,以体现其设定价值考量上的差异","第一次分配解决债权人与作为一个整体的全体债务人之间的权利义务归属,责任再分配环节解决的是债务人内部的责任最终归属,债务人在第一次责任分配后因履行程度不一而形成的相对失衡,在终局责任分配环节可求得绝对的平衡"。[60]假如被保险人购买责任保险后,由于与其他人共同造成交通事故进而需要承担连带责任时,基于保险条款的"按责赔付"条款,尚需准备一笔承担超过事故比例的连带责任赔偿准备金,并在承担连带责任之后承担向"致害第三人"追偿落空后的风险,被保险人购买责任保险以实现转移责任风险的投保目的无疑会大打折扣。机动车商业三责险法律关系中受害人获得赔偿障碍之一,就在于责任与保险分离原则下,被害人对保险人无直接请求权,以及不健全保险关系下保险人援用保险关系之抗辩对抗被害人的问题。[61] 两相权衡,保险公司排除连带责任以减轻自身责任负担的合同利益,应当让位于责任保险制度本身应当具备的转移被保险人责任风险的合同利益。

实际上,为使受害人得到最全面的保障,同时也保障那些承担了全部连带责任的加害人一方就其超出自己责任份额部分所享有的追偿权能够实现,最好的办法是尽可能扩大机动车的投保比率。如果发生交通事故的机动车各方都有交强险或者商业三责险存在,受害人可以请求各责任保险人承担连带责任。[62] 在这种情况下,无论是任一被保险人还是任一保险人承担全部连带责任后,对其他责任保险人的追偿权都将能得到充分的保障。

---

[60] 前引 10,王卫国书,第 257 页。

[61] 前引 26,叶启洲书,第 293 页。

[62] 因为根据德国联邦最高法院的判例,共同侵权行为人的责任保险人之间存在连带债务关系,vgl. BGH VersR 1978,843. 其依据是,基于简化各责任人之间的求偿关系的实际考虑,类推适用《德国民法典》第 426 条、第 254 条的规定,vgl. OLG München VersR 2002,1289。

不动产物权登记生效制度的实践困境与未来出路

董学立　王　隽*

目　次

一、问题的提出

不动产物权登记生效制度,是指不动产物权的变动以登记手续的完成作为物权变动的生效要件,未经办理登记,不发生不动产物权的变动的法律制度。在采行不动产物权登记生效制度的国家,这一制度的贯彻和实施在司法实践中引发了一些令人困惑的问题,如在中国大陆的司法实践中出现了这样的问题:“房屋买卖合同有效且价款已全部支付,买受人也实际占有该房屋,但未办理产权过户登记手续,此时买受人对该房屋是否享有物权?其所享有的权利是否可以对抗法院的强制执行?”以及诸如此类等问题,导致了司法实务界的棘手和法学理论界的争鸣。① 再如,中国台湾地区的司法实践中也出现了这样的难

* 董学立,南京财经大学教授;王隽,山东德衡律师事务所二级律师。本文系国家社科基金项目“动产担保物权一元化立法研究”(13BFX093)和教育部人文社会科学研究规划基金项目“统一动产担保法立法研究”(12YJA820015)的阶段性研究成果。

① 梁慧星:“民事审判实务中的若干问题”,资料来源中国法学网,2014 年 5 月 31 日访问。

题:依据台湾地区“民法”第759条的规定,“非因法律行为,于登记前已取得不动产物权者,应经登记,始得处分其物权”。同时,台湾地区“最高法院”认为,在自己出资建筑房屋的情形,得因建筑之事实行为而取得房屋所有权。至于违章建筑,主管机关为便于行政管理,设有须声请合法建造执照的制度,如未依规定声请并合法,则于建筑物完工后,即不得办理建筑物第一次所有权登记。此时,房屋所有权虽属于出资兴建的原始建筑人,但因未领有建造执照,该房屋即为所谓“违章建筑”而不得办理初始权属登记。依据该“法”第758条第1项之规定:“不动产物权,依法律行为而取得、设定、丧失及变更者,非经登记,不生效力。”所以,在对“违章建筑”进行买卖的情形,因“违章建筑”不能办理第一次所有权登记,其买卖也就无从办理所有权变更登记手续。上述民法规定并没有杜绝现实生活中对“违章建筑”的买卖,此情景之下,买受人获得的是一项什么样的不动产物权?司法实践颇感困惑。②

总之,不动产物权登记生效制度作为一项被诸多国家采取的一项依法律行为变动不动产物权的制度,必定有其制度得以被选择的比较合理性:与不动产物权登记对抗主义相比,在逻辑体系、交易安全保护、处理权利冲突、交易自由以及税负征收等方面,该制度都有着相对于登记对抗主义更胜一筹或者至少不弱于登记对抗主义的优势。③ 但与此同时,不动产物权登记生效制度衍生的弊端也如文始所述,其贯彻和实施在实践中引发了一些制度设计之初未曾预料并难以解决的问题,这些问题给司法实践和法学理论提出了难题,需要我们认真对待并加以回答:探究问题实质,分析解决之道,回归登记制返璞真,探索解决问题的新思路。

二、不动产物权登记生效制度在司法实践中的困境表现与现有解决之道

(一)不动产物权登记生效制度在中国司法实践的困境与解决之道

在我国,不动产登记生效制度在司法实践中遇到的问题主要表现在以下几个方面:(1)房屋买卖合同有效且价款已全部支付,买受人也实际占有该房屋,但未办理产权过户登记手续,此时买受人对该房屋是否享有物权并得以对抗法院的强制执行?(2)房屋买受人几年前入住,但是没有拿到产权证,现在房屋毁损了,他没有办法证明自己是实际权利人,政府基于灾毁房屋的救助利益应该给谁?(3)抵押人未经抵押权人同意出卖抵押物,买受人支付了房款且已经占有房屋,因为抵押权的存在而未办理产权过户登记,抵押人(出卖人)仍然是该房屋的名义所有人,这种情形,抵押权人申请拍卖该房屋,人民法院

② 许政贤:“台湾‘最高法院’法官造法案例的浅析——以违章建筑事实上处分权为例”,载《2014年第二届比较法与判例研究两岸学术研讨会论文集》,上海,2014年4月26~27日。

③ 张家勇:“不动产物权登记效力模式之探究——兼评《中华人民共和国物权法(草案)》的相关规定”,载《法商研究》2006年第5期。

是否准予拍卖?

对不动产物权登记生效制度在我国司法实践中出现的上述诸多问题,学者给出如下回答:④针对第一种情况,学者认为,如果仅从《物权法》第14条的规定看,因为没有办理产权登记,其物权变动未生效,应当肯定买受人还没有取得房屋的所有权。虽然买受人不享有所有权,但是买受人享有“占有”,他是该房屋的合法占有人。正是对“合法占有”的理解和论述,学者解决了保护买受人的法律依据——买受人基于有效的买卖合同和出卖人的交付行为,而占有自己所购买的房屋,属于“有权占有”,而“有权占有”是受法律保护的一种合法财产利益。既如此,这种占有是可以对抗法院的强制执行的——法院强制执行的对象是被执行人(债务人)自己的财产,即被执行人享有所有权的财产——如果某项财产(动产、不动产)不在被执行人自己的占有之下,而在第三人的占有之下,则法院强制执行的是被执行人对于该第三人占有之下的财产的返还请求权。⑤ 至此,问题的判断标准就逻辑地转化成了“出卖人(被执行人)对该房屋有没有返还请求权”。基于前述逻辑推理,学者给出的结论是:人民法院应当驳回强制执行申请,因为被执行人对于该房屋不享有返还请求权。对于“为什么没有返还请求权,就不能强制执行?”学者又进一步论证认为:因为出卖人的全部利益都已经实现了,他基于买卖合同把房屋卖了,收取了房款,其财产价值已经全部实现。所有权虽然没有过户给买受人,但这种情形出卖人的所有权仅仅是名义上的,不是真正的所有权,名义所有权没有实际的利益。这是法律采取登记生效主义立法模式的必然结果。名义所有权人,对于该房屋应不享有占有、使用、收益和处分的权能,不享有返还请求权,其所有权名义仅仅是一个“空壳”。法院对于该房屋不能强制执行,对于申请执行人(出卖人的债权人)也没有任何损害,该房屋的全部财产价值已经包含在被执行人的财产之中了。⑥

笔者认为,学者以现有立法规定的“不动产物权登记生效制度”为论证的逻辑前提,论证出了未经变更登记手续的不动产物权的买卖归属问题。一方面,学者认为买受人不享有所有权,但基于有权占有可以拒绝返还占有,因而法院没有权力强制执行;另一方面,学者又认为买受人享有“事实上的所有权”,出卖人现有“名义上的所有权”。对于其所言“名义上的所有权”、“事实上的所有权”终究是什么,学者进一步认为:“名义所有权人,对于该房屋已经不享有占有、使用、收益和处分的权能,不享有返还请求权”。⑦ 至

④ 关于不动产物权登记生效制度在司法实践中的困境与解决之道,司法界以及法学界对此有许许多多的回答。梁慧星教授的回到具有典型性和代表性,本文以梁慧星教授的解答为研究素材,阐述本人的学术主张。

⑤ 梁慧星:“民事审判实务中的若干问题”,资料来源中国法学网,2014年5月31日访问。

⑥ 同上。

⑦ 梁慧星教授在其演讲中并没有提到“实质上的所有权”一词,该词是笔者根据其文义推演得出的。

此,可以总结学者的论证之逻辑和论证结论,得出如下认知:买受人的有权占有即有权拒绝返还,亦即买受人所享有的事实上所有权,是其得以对抗法院强制执行的"法宝"。这个"法宝"的得出具有以下两个特点:一是以维护"法的安定性"为论证前提,即在不突破现有法制体系的前提下,寻求保护买受人的法律依据——依据不动产物权登记生效制度,买受人不享有所有权;依据占有制度,买受人受占有制度保护——以此解决了基于形式逻辑推理造成的不公平——依据不动产物权登记生效制度,买受人不享有所有权,因而不受物权保护的形式逻辑结局。二是以维护法的"适用的正当性"为论证诉求,即在论证中提出了基于合法有权占有,而使得买受人享有了"事实上的所有权"以及出卖人享有了"形式上的所有权"的新理论——大陆法系向来采单一的、绝对所有权概念——"形式上所有权"与"实质上所有权"的提出又突破了现有法制体系。所以,学者在论证买受人应受保护的理由上使用了不同的法学方法。

学者将"合法有权占有"作为保护买受人的充分条件,并将这一"充分条件"适用到后面二题中的谁可以获取"灾毁房屋救助款"以及"抵押物买受人"的保护问题上来。对于房屋的"合法有权占有"者而言,"合法有权占有"房屋的原因不仅有房屋买卖一种情况,其他原因情况还有诸如租赁、借用等。对于租赁以及借用者而言,在灾毁房屋的救助款发放到他们手中,肯定是于法无据。所以,"合法有权占有"不足以成为房屋占有人获得救助利益的充分条件,即在"因为没有办理产权过户登记,他是不是所有权人难以证明,但他对毁损房屋的占有事实状态的容易查明"的情况下,尚不能以此"合法有权占有"亦即"对毁损房屋的占有事实状态的容易查明",而轻而易举地获得救助款。问题的实质是"合法有权占有"的原因,即学者在文中也言及的"出卖人因(基于房屋买卖关系)收取房款和交付房屋对于该毁损房屋已经没有任何利益",才是人民政府应当将补助发放到毁损房屋占有人手中的充分理由。但从题二的解答中的论述来看,读者容易误入仅凭"合法有权占有"而不顾合法有权占有的原因,即可以获得救助款的错误结论。因此,对题二,学者在答疑中或许自己十分明确,但文字表述尚有不足,因而是需要再予进一步明确的问题。

同样,学者也把"合法有权占有"这一买受人得以受到保护的充分条件,适用到了对题三的论证上,并认为:基于同一理由,抵押人出卖抵押房屋,买受人依据买卖合同和出卖人(抵押人)的交房,已经取得对该房屋的合法有权占有,出卖人(抵押人)对于该房屋没有返还请求权,法院不得对该房屋强制执行(强制拍卖),而应当驳回抵押权人执行抵押权的申请。殊不知,看似形式结构一致的法律关系,其实内里机制完全不同——在题一中,要求对买受人占有房屋强制执行的是出卖人的一般债权人,而在题三中,要求对买受人"合法有权占有"房屋进行拍卖的是该房屋上事先存在着的抵押权。而依据我国

《物权法》第 14 条的规定，该所谓的抵押权必定是早先已经完成登记公示的抵押权，即该不动产抵押权完成了其生效的必要条件——登记。不动产物权登记所具有的公示公信效力，在物权变动的各方利益冲突中，必然要发挥制度应有的作用——对于登记之后的交易第三人，先登记物权优先于后登记物权以及未登记物权。所以，对于抵押物的买受人而言，尽管其也支付了全款，也尽管其也已经"合法有权占有"了标的物，但如果其在交易中没有做到《物权法》第 191 条的规定，即抵押人没有做到"将转让所得的价款向抵押权人提前清偿债务或者提存"，或者受让人没有做到"代为清偿债务消灭抵押权"的，登记在先的抵押权当然可以优先于在后的买受人的"事实上所有权"。对于登记在先的抵押权而言，买受人"合法有权占有"抵押物即受到保护的理解，极易诱发抵押人与买受人之间的道德风险，也是对不动产物权登记生效制度的极度颠覆。

所以，"合法有权占有"尚不足以成为不动产物权登记生效制度下，保护买受人的充分条件。此正如梁教授在文后所总结的："以买受人是否基于有效合同付清全款并占有标的物为判断标准。""亦即最高人民法院给予民事执行查封、扣押、冻结财产解释第 37 条所谓'已经支付全部价款、实际占有标的物、且没有过错'的标准。"恰恰是在"没有过错"这一条件上，对于题三中已经公示在先的抵押权而言，买受人如果从事了没有完成《物权法》第 191 条规定的事项的买受行为——"将转让所得的价款向抵押权人提前清偿债务或者提存"，"代为清偿债务消灭抵押权"，即应当是此民法上的此所谓"有过错"。但对于题一的买受人而言，即使其知悉出卖人的一般债权人的债权存在，也尚不能构成此所谓"有过错"。所以，将"合法有权占有"作为不动产物权登记生效制度下保护买受人的充分条件，尚不能被全盘接受。在某些情况下，合法有权占有的原因如题二，亦即合法有权占有是否存在民法上的"过错"如题三等，也需予以一并考虑。

（二）不动产物权登记生效制度在中国台湾地区司法实践中的困境与解决之道

在中国台湾地区，不动产物权登记生效制度在司法时间中的困境，即前文所言违章建筑所有权的移转问题。台湾地区"最高法院"认为，违章建筑所有权的转移，亦应依"民法"第 758 条规定，否则将导致一项评价矛盾，即合法建筑所有权的移转，应依"民法"第 758 条规定办理登记，始生效力，而违章建筑所有权的移转，却无须办理同条规定所指的登记，即发生效力，从而造成鼓励违章建筑的恶果。[⑧] 违章建筑虽因无法登记而不得依法移转所有权，但因具有相当经济价值，在交易市场上往往成为买卖标的。有问题的是，如出卖人依"民法"第 348 条第 1 项规定，履行其法定义务时，固得交付违章建筑予

⑧ 林诚二："论违章建筑事实上处分权之移转"，载《物权与民事法新思维——"司法院"谢前副院长在全七秩祝寿论文集》，台湾元照出版有限公司 2014 年版，第 2 页。

买受人,但因无法履行同法第758条第1项要件,致有关使买受人取得建物所有权的义务,将陷入无法履行的困境。虽然如此,在交易市场上,此类交易所在多有,遂产生以法律评价规范妥适评价的必要。基于上述背景,台湾地区"最高法院"逐渐发展出所谓的"事实处分权"的概念,认为违章建筑原始建筑人取得所有权后,固无法以登记方式移转所有权,但得将该屋是"事实上处分权"转让。此种借由实务间接创设的概念,属于法官造法作用的表现,固有其便利之处,同时也引发相关疑义。⑨

"事实上处分权",是台湾地区"最高法院"为解决实务中违章建筑之不动产物权买卖而提出的一个新概念。如何理解这一概念?依据台湾地区"最高法院"的司法判决,需要我们从以下几个方面进行解析:⑩一是固守不动产物权登记生效制度。台湾地区"最高法院"向来固守民法物权编的基本规定,认为房屋所有权包括违章建筑的变更,均应适用"民法"第758条、第759条的规定,同时,台湾地区"最高法院"并认为,出卖人告知买受人买卖标的属于违章建筑,仅生危险负担转移予买受人后,如政府机关命令拆除,不负担保责任,至其他瑕疵担保责任,仍不因此免除。⑪ 至于买受人于买受违章建筑房屋后,如该房屋遭法院查封,台湾地区"最高法院"认应区别出卖人是否属于执行债务人,以决定买受人得否提起异议之诉。换言之,违章建筑房屋如非债务人所有,却遭执行法院误予查封时,买受人因不能登记,只能代位原所有人提起异议之诉,但若该房屋为债务人所有,买受人虽买受在先,亦无排除强制执行的权权利。⑫ 二是违章建筑出卖人行使所有权受到限制。台湾地区"最高法院"认为,违章建筑物虽为地政机关所不许登记,但非不得以之为交易之标的,原建筑人出卖该建筑物时,依一般法则,既仍负有交付其物于买受人之义务,则其事后以有不能登记之弱点可乘,又随时随意主张所有权为其原始取得,诉请确认,势将无以确保交易安全,故此种情形,即属所谓无即受确认判决之法律上利益,应予驳回。准此,原始建筑人于买受人债权人查分该屋时,既不得主张确认所有权,亦不得基于申请而前期撤销查封。⑬ 三是承认违章建筑"事实上处分权"的转让。有关事实上处分权的法律定位,虽无明文根据,但因未经登记房屋的转让在交易上屡见不鲜,台湾地区"最高法院"无法忽视此种社会生活事实,遂于1967年年度第2次民事庭庭长会议中达成共识:"违章建筑之让与,虽因不能为移转登记而不能为不动产所有权之让与,但受

⑨ 许政贤:"台湾'最高法院'法官造法案例的浅析——以违章建筑事实上处分权为例",载《2014年第二届比较法与判例研究两岸学术研讨会论文集》,上海,2014年4月26~27日。

⑩ 同上。

⑪ 台湾地区"最高法院"1946年台上字第689号判例。

⑫ 台湾地区"最高法院"1948年台上字第209号判例。

⑬ 台湾地区"最高法院"1950年台上字第1236号判例。

让人与让与人间如无相反之约定,应认为让与人已将该违章建筑之事实上处分权让与受让人"。[14] 此一明白承认事实上处分权的见解,具有非常重要的意义,日后陆续出现数则肯定事实上处分权的判决。从此以后,事实上处分权已籍由实务上承认而取得法律上的稳定地位。

然"事实上处分权"究为何种权利,其与所有权有何差异,不无疑问。至于事实上处分权的法律根据,似属未明。唯于台湾地区"民法"第765条规定,所有人在法令限制范围内,得自由使用、收益、处分所有物,并排除他人干涉,似为其解答提供指引。但在学理上,处分有事实上处分与法律上处分之别。此之"处分",究是限指"事实上处分"还是亦包括"法律上处分",并非无疑。依据台湾地区"最高法院"的见解,拆除房屋为一种事实上处分行为,对于未办理所有权第一次登记的建筑物,须有事实上处分权之人,始得予以拆除。但似未能推论出,事实上处分权仅包括拆除房屋等物质或有形变造行为,至使用、收益等原属所有权人权能事项皆不包括在内,否则,违章建筑原始建筑人于转让事实上处分权后,仍得使用、收益违章建筑,自非妥适。准此,台湾地区有学者认为,台湾地区"最高法院"所指事实上处分权,在内涵上似与台湾地区"民法"第765条所指所有人权能颇为相近,至少包括占有、使用、收益、事实上处分及部分法律上处分。[15] 其与所有权人权能的最大差异,在于法律上处分权的部分欠缺,亦即因其无法登记,故须经登记始生效力的物权行为,即无法为之。[16] 但仅凭这一点差异就认为其不是所有权,也不无疑问。

三、不动产物权变动公示以及公示生效制度的璞真意义

不动产物权登记生效制度,定有其被各国及地区立法采行的制度合理性,但其也毋容置疑地存在立法者预料到的或者未曾预料到的缺陷。在现有的法律制度环境下,不动产登记生效制度在中国大陆出现的在预设条件下未办理登记手续的房屋买受人的保护问题,以及在台湾地区出现的违章建筑买受人权利的属性问题,就是该制度缺陷之实例。对此制度在实践中遇到的问题,法学学说与司法判例都表达了自己的观点和判断。在大陆,学者给出的解答是买受人的"合法有权占有"亦即"实质上所有权"的取得,是其受到法律保护的依据;在台湾,台湾地区"最高法院"认为,违章建筑买受人获得的是"事实上处分权"。回视并总结我国大陆和台湾地区关于不动产物权登记生效制度的司法困境与

---

⑭ 台湾地区"最高法院"1967年度第2此民事庭庭长会议决定(一)。

⑮ 林诚二:"论违章建筑事实上处分权之移转",载《物权与民事法新思维——"司法院"谢前副院长在全七秩祝寿论文集》,台湾元照出版有限公司2014年版,第4页。

⑯ 许政贤:"台湾'最高法院'法官造法案例的浅析——以违章建筑事实上处分权为例",载《2014年第二届比较法与判例研究两岸学术研讨会论文集》,上海,2014年4月26~27日。

应对措施,我们不难发现,这些应对措施都是在严格遵守不动产登记生效制度的逻辑前提下,以维护法的安定性为法律解释之宗旨,而提出的问题解决方案。但这些问题解决方案本身又具有相当的不足:(1)虽然作为问题逻辑前提的不动产登记生效制度被严格遵守,但作为问题逻辑结果的解决方案本身却突破了现有法律体系和法学理论,因为不论是"实质上所有权",还是"事实上处分权",其都不是大陆法系现有的法律制度和原有法学概念,这些新概念的提出,其本身就搅乱了法的安定性;(2)这些新概念在证成和解决相关问题的时候,也显得捉襟见肘,因为不论"实质上所有权",还是"事实上处分权",其与"所有权"到底相差有几?学说不一,难圆其说。这些新概念对不动产登记生效制度遭遇困境的释解,有隔靴搔痒之感且终不得解决,法的适用的妥当性也难以谋达。所以,我们认为,对不动产登记生效制度在司法实践中出现的相关问题的解决,还不如回到问题的逻辑前提中去,以对物权公示和公示生效制度的研究,破解不动产物权公示生效制度的制度构成和制度目的,为回答相关问题找到更为理想的依据。

我们确信,就不动产物权与不动产物权登记公示之关系的历史来看,不动产物权的存在应该是早先于不动产物权登记公示制度的产生。这一不可争辩的史实告诉我们,不动产物权在相当长的一段历史区间内,不论是其之享有还是其之变动,都是无须登记公示制度的。那么,后来是什么力量把不动产物权与不动产物权登记公示制度捏和在一起,甚至被一些国家的立法择取为不动产物权登记生效制度的安排?该制度对交易安全与财产效率的贡献是主要原因。首先,不动产物权登记制度的建立,对交易安全提供了极大保护:在农耕经济时代,不动产物权交易稀疏且交易基本上在熟悉人群中进行,交易信息的充分,使得交易安全问题难以滋生;而在商品经济时代,不动产物权交易频繁且其交易大都在陌生人群中进行,交易信息的不对称,使得交易安全问题日渐突出,不动产物权登记制度为陌生人群的交易安全保护提供了制度基础——不动产物权归属之证明、变动之外观,全然仰赖于不动产物权登记制度且一目了然。其次,不动产物权登记制度的建立,对不动产物权使用效率的提升大有助益:在不动产物权登记制度的辅佐下,不仅不动产所有权之归属和变动,且不动产用益物权之创设和变动,以及不动产担保物权之创设等,都可以借助于不动产物权登记制度而得以汇聚到某一不动产之上,不动产物权之效率得以极大提升。

我们知道,就不动产物权与不动产物权登记公示的效力类型来看,有不动产物权登记生效和不动产物权登记对抗之别。一些国家的不动产物权立法采行不动产物权登记生效制度,一些国家的不动产物权立法采行不动产物权登记对抗制度。这一法制现象告诉我们,在比较法视野里,不动产物权的变动与不动产物权登记采行何种效力类型之间的关联是一种可选性制度关联。对于上述不动产物权和不动产物权登记关系之不可争辩的事实来讲，法律对不动产物权交易安全和经济效率的追求，在各个国家是永恒不变的法律主题。但这一法律主题的实现，却没有使得各个国家全然采行不动产物权公示生效制度。不动产物权登记对抗主义在许多国家的采行，足以证明了不动产物权登记对抗主义也能满足人们对交易安全和财产效率的追求。在不动产物权登记对抗主义法制下，在交易相对人之间，不动产物权的变动无须登记要件的参与，不动产物权登记要件的参与实现的是对交易第三人的对抗效力——不动产物权已经登记者，得以对抗交易第三人。这样的制度安排，使得不动产物权登记制度在交易领域，得以实现对交易安全的关怀；在非交易领域，也得以实现对不动产物权使用效率的追求。所以，从上述不动产物权登记制度的从来之“无”以及“后”存于物权，到此之不动产物权登记制度可分为“登记生效”和“登记对抗”，两相比较，不动产物权登记生效制度在实现交易安全和财产效率的之时，有“用力过猛”和“过犹不及”之嫌——不动产物权登记对抗主义法制下，就不仅曾发生不动产物权登记生效制度下的困境，且丝毫也没有耽搁对交易安全和财产效率的追求。

我们认为，不动产物权登记公示甚至可以不是物权行为的生效要件。即使在不动产物权变动采行物权行为形式主义的国家如德国，其也不可能全然一致的贯彻物权行为的形式主义法制。如《德国民法典》第 873 条第 2 款规定：“在登记前，仅在已将意思表示做成公证证书，或已向土地登记处作出意思表示或已在土地登记处提出意思表示，或权利人已向相对人交付符合《土地登记法》规定的登记许可证时，当事人才受合意的约束。”⑰这一规定明确昭示了在当事人之间具有效力的物权合意与物权合意登记公示形式的分离。⑱ 因此之故，物权行为理论构成中的形式主义要求不得不被大打折扣。⑲ 较次之者，如《日本民法典》关于不动产物权变动采行公示对抗主义，但日本法学理论界关于“物权变动的合意”终究是物权意思还是债权意思，其争论时间久矣且势均力敌。如果“物权意思说”成立，则物权意思与登记对抗的立法结合实证了物权行为无须形式要件即可成立的主张。再次之者，笔者还主张物权意思与公示对抗的结合可以成为物权变动公示立法主义的“第四条道路”。⑳ 诚如是，则物权意思与公示生效仅仅是一种立法选择结果，而非是唯一的立法选择对象。物权意思与公示对抗也可以结合为一种物权变动的立法模式。

综上所述，不动产物权登记生效制度作为可以被选择的制度选项中的一个制度选

⑰ 《德国民法典》(第 2 版)，陈卫佐译注，法律出版社 2006 年版，第 322 页。

⑱ 孙宪忠：“交易中的物权归属确定”，载《法学研究》2005 年第 2 期。

⑲ 董学立：“也论交易中的物权归属确定”，载《法学研究》2005 年第 5 期。

⑳ 董学立：“论《物权法》确立的物权变动新模式”，载《法学论坛》2011 年第 4 期。

择,当为一定的立法目的而设。既如此,在不动产物权登记生效制度的司法实践中,对其司法解释也需要在该制度的设立目的范围内进行。任何超设立目的的司法解释,都可能会把这项制度本身毁掉。今天,我们在司法实践中遇到的难题以及对该难题捉襟见肘的解决之道,就是例证。

四、解决不动产物权登记生效制度在实践中困境的新思路

回顾中国大陆和中国台湾地区不动产物权登记生效制度在司法实践中遇到的困境,不能发现,其发生困境的关系领域多是在交易相对人之间,如在中国大陆,其发生司法实践困境的关系领域是在没有办理登记要件的买卖当事人之间;在中国台湾地区,其发生司法实践困境的关系领域是在违章建筑的买卖当事人之间。正是由于现行立法规定了不动产物权变动登记生效制度,所以,这一法律制度实施的结果就是,买受人未经登记当不能获得所买受不动产的所有权。这一完全符合现行法律制度形式演绎逻辑的结论,却完全不能适应现实生活本身,造成了法律制度实施的不公平,迫使理论家和司法者不得不在不动产物权登记生效制度之外——或者借助于“合法有权占有”制度,或者新创“事实上处分权”概念,来谋求内心公平正义观念的法律制度证成。我们把这种司法过程中对法律的解释适用,定性为以维护法的“安定性”为前提的司法。遵从这一价值目标的司法解释得出的判决结果在几近完全正确的同时,却又不得不在另一方面显露马脚:其推理证成所借用来的法律制度或者新创的法律概念等,要么是解释力有限,如“合法有权占有”制度在其他类似案例中的说服力彰显不足,以及“事实上处分权”概念对现有法律体系的负面冲击等。所以,与其以维护法的“安定性”为前提,因而衍生出些许的缺憾,还不如在不动产物权登记生效制度的制度目的范围内对该项制度进行目的性限缩解释,以省却制度借用和概念新设带来的诸多不足。

所谓“在不动产物权登记生效制度的制度目的范围内进行目的性限缩解释”,即相对于以维护法的“安定性”为前提而言,笔者在这里所主张的以实现法的“妥当性”为目的的司法解释。从上文关于不动产物权登记制度的产生时序、立法主义、立法选择以及立法现实来看,保护交易安全是不动产物权登记生效制度设立的主要目的之一。因此,对该项制度的解释和适用,也须在其为交易安全的制度目的范围内进行,不可以过度解释和适用该项制度,以防止超目的的解释和适用对整个法律制度体系的负面冲击。如果没有一个交易安全尤其是一个善意的交易第三人需要保护,我们就再也找不到除了制度“安定性”价值之外的其他任何理由,来阻却不动产物权在当事相对人之间的变动。在中国大陆即上文提及的当事人有物权变动的意思,且出售人已经获得了对价,并买受人已经现实的入住,只是没有完成登记手续,在这种情况下,如果还要拘泥于形式要素而不顾当

事人的实质意愿,就不仅仅是超制度目的的解释,也是对私法自治精神的倒行逆施;在中国台湾地区即上文提到的违章建筑物所有权的转移,尽管其也因为没有初始登记而不能办理不动产物权变动登记,但只要当事人之间确有不动产物权变动的意思,就足可以认定买受人获得了该违章建筑的所有权。

那么,不论是在中国大陆还是在中国台湾地区,在法律规定了“不动产物权登记生效制度”的前提下,没有完成登记生效要件的所谓不动产物权变动,买受人获得所有权是一种什么样态的“所有权”呢?笔者认为是“事实所有权”。笔者不是“事实所有权”这一概念的首倡者。孙宪忠教授、常鹏翱教授于《法学研究》2001 年第 5 期发表的《论事实物权与法律物权的区分》一文,首提“事实物权”亦即“事实所有权”概念。以笔者的阅读范围而论,孙宪忠教授、常鹏翱教授似应是“事实物权”以及“事实所有权”这一概念的首倡者。孙宪忠教授、常鹏翱教授认为,所谓“事实物权”,是指在不存在交易第三人的情况下能够对抗法律物权的物权,事实物权的权利主体也称为真正权利人。当事人具有真实的进行物权变动的意思表示,但表现该意思的形式不是典型的不动产物权登记或者动产交付形式,而是其他的形式,只要该形式为法律所允许,物权出让人虽然具有法律物权人的名义,但物权取得人得到的是与法律物权有同等意义的事实物权。比如,房屋买卖的双方当事人具有真实的移转房屋所有权的意思表示,由于客观原因没有办理所有权变动登记,但出卖人将自己的房屋权属证书交付给了买受人,或者将交易指定的房屋交给了买受人,则买受人取得了事实上的房屋所有权,当事人可以据此补办登记手续。对于违章建筑所有权的转移而言,道理同样适用:出售人虽因违章不能办理建筑物所有权的初始登记,但其享有该建筑物的所有权应无异议。在当事人双方就违章建筑的所有权转移意思确认无疑的情况下,不能办理移转登记,不能阻却买受人获得该违章建筑的所有权。买受人获得违章建筑的所有权即此所谓“事实所有权”。因为本没有初始登记,所以也不会有“补办登记”之义务。

所以,买受人获得的所有权是“事实所有权”,该“事实所有权”可以对抗出售人。基于同样的道理,其不可以对抗已经办理登记的交易第三人。所以,我们对大陆学者所提案例中的题三案例的裁定认为不妥。

五、结语

从应然的角度讲,法律制度本应可以实现制度详尽、体系完备、逻辑自足;从实然的现况看,法律制度从来都没有达到过上述预定目标。法律制度的形式表达与法律制度的设计目的之间,具有表里关系。观其表而不明其里,习于法的文义解释、惯于法的形式推理、惰于法的“安定性”操作,而不是执于法的目的实现、著于法的实质正义、勤于法的

"妥当性"实现,是我国当前司法工作面临的突出问题。不动产物权登记生效制度是众多可以被选择的登记效力制度之一,当有其合理性、价值度,但也不可避免的有与其他登记效力制度相比的缺陷。该制度在中国大陆和中国台湾地区司法实践中遭遇的难题,就是该制度缺陷的表征。对不动产物权登记生效制度是习惯于法的"安定性"解释,还是执着于法的"妥当性"适用,其司法判决结果虽相差无几,但对整个法律制度体系的冲击破坏却俨然不一。相比之下,"事实所有权"概念远比"事实上处分权"概念,以及远比"合法有权占有"制度,对不动产物权登记生效制度在司法实践中的不足的接济,更能维护法律制度体系的和谐一致,更能有效解决实际问题。

输血致害责任归责原则实证研究

董春华*

目　次

一、问题的提出

围绕血液是否是产品以及输血致害责任的归责原则问题，学界曾展开过激烈的争论。争论的逻辑在于：血液若属于产品，其致害自然应该适用产品责任相关规则，适用无过错责任毋庸置疑；若血液不属于产品，则其致害不属于产品责任调整范畴，责任归责原则为过错责任原则。故学界对输血致害责任存在过错责任说和无过错责任说两种观点。前者以梁慧星、郭明瑞、侯国跃等为代表："该条规定并不意味着将血液纳入产品范畴适用无过错责任，不合格血液致害仍属过错责任"；①后者以王利明、杨立新、张新宝为代表："《侵权责任法》第59条是将血液纳入产品范畴，对其致害适用无过错责任"。②

---

* 华东政法大学科学研究院副研究员，法学博士。本文系上海市社科规划课题一般课题："输血感染病毒侵权责任实证研究——以上海、河南为研究对象"(2014BFX009)阶段成果。

① 梁慧星："论《侵权责任法》中的医疗损害责任"，载《法商研究》2010年第6期；郭明瑞："简论医疗侵权责任的立法"，载《政法论丛》2008年第6期；侯国跃："输血感染损害责任的归责原则和求偿机制"，载《社会科学》2014年第2期；刘宇等："医疗产品责任问题的探讨"，载《中国医院》2013年第5期；卢军锋、邵振："医疗产品缺陷的侵权责任归责原则研究"，载《中国药房》2013年第9期。

② 王利明著：《侵权责任法研究》(下)，中国人民大学出版社2011年版，第414页；杨立新、杨震："有关产品责任案例的中国法适用"，载《北方法学》2013年第5期；张新宝、任鸿雁："我国产品责任制度：守成与创新"，载《北方法学》2012年第3期。

出现如此大的分歧,主要原因在于《侵权责任法》第 59 条[③]将血液与药品、消毒药剂、医疗器械置于同等位置,受害人依据该条进行救济时适用同一规则。凸显的问题是:第 59 条对输入不合格血液致害的规制到底是何种归责原则?其对输血致害司法实践是否有影响?产品责任无过错原则在输血致害领域是否有优势?

为了回答以上问题,笔者以"输血 + 丙肝"和"输血 + 艾滋病"为两组关键词,[④]通过北大法意网中国司法案例数据库(http://www.lawyee.net),收集整理了 140 件典型的输血致害责任案件作为研究标本。这些标本案例是在排除管辖权异议案例基础上形成的。河南省输血致害问题较突出,该领域的案件数量在标本案件中占有较大比例,其判决也因此极具研究价值。《侵权责任法》实施前的标本案例有 106 件,实施后的标本案例有 36 件。[⑤]

标本案例所覆盖地域和各省案件量(单位:件)见图 1:

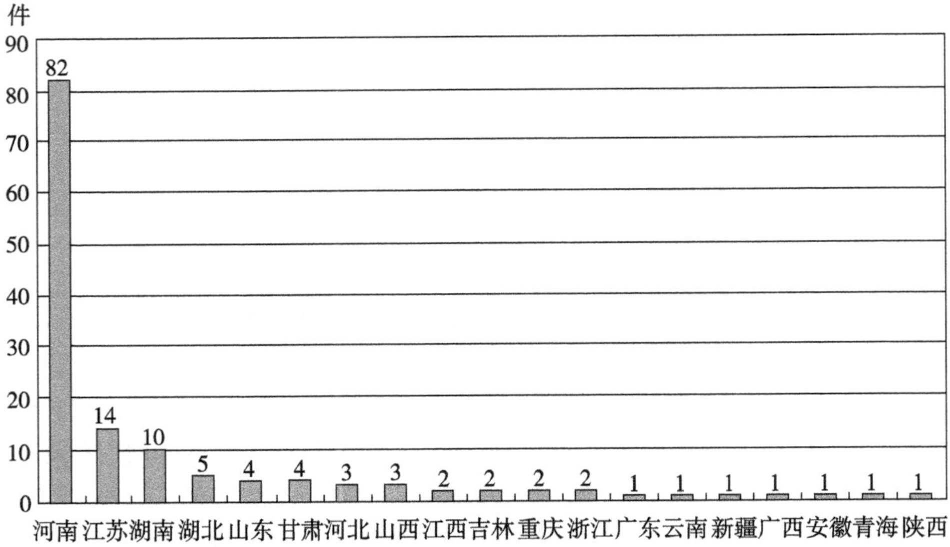

图 1

③ 《侵权责任法》第 59 条规定:因药品、消毒药剂、医疗器械的缺陷,或者输入不合格的血液造成患者损害的,患者可以向生产者或者血液提供机构请求赔偿,也可以向医疗机构请求赔偿。患者向医疗机构请求赔偿的,医疗机构赔偿后,有权向负有责任的生产者或者血液提供机构追偿。

④ 笔者研究后发现,因输血感染病毒导致伤害的情况,丙肝和艾滋病占 99% 以上,故以"输血 + 丙肝"和"输血 + 艾滋病"为两组关键词搜索案例。特别是感染丙肝致害占有更大的比例,如江苏省血液中心 2005 年至 2010 年输血医疗纠纷案例统计,8 件输血感染案例 100% 为感染丙肝病毒(HCV)。参见蔡新华、唐荣才、项汉城:"从输血医疗纠纷案件中的举证责任倒置看血站业务档案管理的重要性",载《临床输血与检验》2011 年第 3 期。

⑤ 本文标本案例排除了上海市同类判决,主要因为笔者搜集的 39 件上海案例中,无论《侵权责任法》适用前还是适用后,99% 判决书的判决结果、判决语言都相同,这与上海市在输血感染病毒领域的政策等因素有关,其对本文争点考察并无意义,故不将其列入考察范畴。

本文以《侵权责任法》2010 年 7 月 1 日的实施为分界点,将标本案例分为两组进行比较,以观察该法实施前后输血致害领域司法判决采纳的归责原则是否有变化,有多大程度的变化,分析归责原则对该领域原告胜诉率是否有影响,有多大程度的影响,并探讨产品责任无过错原则到底是否有优势。在此基础上,对《侵权责任法》立法条文进行反思,进而指导未来输血致害领域的司法实践。

二、输血致害责任归责原则的数据统计

归责原则是据以确定行为人承担民事侵权责任的理由、标准或决定性的根本要素。"侵权法归责原则是法律责令当事人就自己的侵权行为或者应由自己负责的他人侵权行为、自己管理的物件或者应由自己负责的他人管理物件致人损害承担民事责任的核心依据。"⑥输血致害责任归责原则的分歧,是血液本身的特殊性,以及输血致害是血液与医疗行为"合谋"的结果所致,一般医疗侵权行为的归责原则向来并无争议。标本案例所显示的司法实践,对输血致害责任的归责原则到底持何种态度?《侵权责任法》的实施是否对其态度和做法产生影响?笔者依据过错责任原则、公平责任原则以及无过错责任原则的分类进行统计,试图发现该领域司法实践对不同归责原则的取向,及不同归责原则对原告胜诉率的影响。

(一)《侵权责任法》实施前司法实践中输血致害责任的归责原则

学界通常认为,《侵权责任法》实施前,因血液是否属于产品的争论以及血液中心的公益性,使得输血致害责任归责原则通常依据一般医疗侵权责任的归责原则,来追究医疗机构或者血液中心的责任。司法实践是否也持此态度,表 1 对《侵权责任法》实施前的 106 件标本案例进行了统计分析:

表 1

<table>
<tr><th>归责原则</th><th>百分比</th><th>结果</th><th>百分比</th></tr>
<tr><td rowspan="2">过错责任原则</td><td rowspan="2">88(83%)</td><td>胜诉</td><td>58(54.7%)</td></tr>
<tr><td>败诉</td><td>30(28.3%)</td></tr>
<tr><td>公平责任原则</td><td>11(10.38%)</td><td>补偿</td><td>11(10.38%)</td></tr>
<tr><td rowspan="3">无过错责任原则</td><td rowspan="3">1(0.9%)</td><td>胜诉</td><td>1(0.9%)</td></tr>
<tr><td>败诉</td><td>0(0.0%)</td></tr>
<tr><td>补偿</td><td>0(0.0%)</td></tr>
</table>

⑥ 徐祖林:"侵权法归责原则的论争及其解析",载《法律科学》2007 年第 6 期。

续表

归责原则	百分比	结果	百分比
无输血关系或调解	6(5.66%)	败诉	6(5.66%)
总计	106(100%)	胜诉	59(55.66%)
		败诉	36(33.96 %)
		补偿	11(10.38%)

分析以上数据可以发现:《侵权责任法》实施前,过错责任原则是输血致害责任的主要归责原则,且在适用过错责任原则的案例中,原告的胜诉率占有相当的比例,为案件总量的54.7%;有一定数量的案例适用公平责任原则,占有10.38%,该种案件中的原告通常获得一定补偿;1件案例采纳无过错责任原则,占0.9%,原告胜诉。5件无输血关系的案例和1件调解的案例,并未进入至考察归责原则的阶段,且原告均为败诉。

公平责任原则是否为归责原则,学界仍存争议。⑦ 不管公平责任原则是否为归责原则及其性质如何,实际上其要以当事人是否存在过错为前提。该规则最早见于我国《民法通则》第132条:当事人对造成损害都没有过错的,可以根据实际情况,由当事人分担民事责任。《侵权责任法》第24条再次确认:受害人和行为人对损害的发生都没有过错的,可以根据实际情况,由双方分担损失。可见,公平责任适用的前提是当事人双方均无"过错",这仍离不开对过错的考察和判定。

无过错责任只有一件,占有极少比例。但该处无过错责任与侵权法的无过错责任存在区别。侵权法中的无过错责任是指不问行为人是否有过错都要承担责任的归责原则,而非在考察行为人无过错后,仍要其承担责任的归责原则。"龚某与海军414医院、南京市红十字血液中心"⑧案二审法院认为,因科学技术条件产生的漏检,不应该由输血者承担,应由南京血液中心与解放军414医院承担,采纳了无过错责任原则,但该无过错责任是在确定被告无过错的前提下确定的,与侵权法的无过错责任存在区别。

以上数据可知,《侵权责任法》实施前,过错责任原则是输血致害责任的主要归责原

---

⑦ 对于公平责任的性质,有3种观点:公平责任并不是侵权责任法的一项归责原则(杨立新著:《侵权责任法》,法律出版社2010年版,第57页);公平责任为侵权责任法的辅助原则(王利明著:《侵权责任法研究》(上卷),中国人民大学出版社2010年版,第278~279页);公平责任具有归责原则的内在品格但又不同于归责原则(王宗涛:"侵权法上公平责任的适用:立法与司法的比较研究——对《侵权责任法》第24条之理解",载《海峡法学》2011年第2期)。关于公平责任性质的深入探讨,参见郭明瑞:"关于公平责任的性质及适用",载《甘肃社会科学》2012年第5期。

⑧ 南京市中级人民法院。该案在北大法意中国案例数据库中并无民事判决书编号,该案判决书在北大法意的网址为:http://www.lawyee.org/Case/Case_Display.asp? ChannelID = 2010100&RID = 16173&keyword = 南京市红十字血液中心 + 。

则，公平责任原则也占有一定的比例，无过错责任占有极少比例。但无论过错责任原则、公平责任原则还是无过错责任原则，都以过错的判定为基础，都离不开对医疗机构和血液中心是否有过错的判定。从原告胜诉率来看，以过错责任原则为主要归责原则的输血感染病毒致害纠纷，其原告总胜诉率为55.7%，超过半数，这在民事诉讼中是相当可观的数据。

（二）《侵权责任法》实施后司法实践中输血致害责任的归责原则

《侵权责任法》第59条明确将血液纳入规制范畴，且与药品、消毒药剂、医疗器械致害适用相同规则，学者的“输血致害责任适用无过错责任原则”的观点即来源于此。《侵权责任法》实施后，输血致害领域司法实践适用的归责原则有无变化，原告胜诉率有无变化，表2对《侵权责任法》实施后的34个标本案例的数据进行了统计分析：

表2

归责原则	百分比	结果	百分比
过错责任原则	30(88.2%)	胜诉	22(64.7%)
		败诉	8(23.5%)
公平责任原则	3(8.8%)	补偿	8(8.8%)
无过错责任原则	0(0.0%)	胜诉	0(0.0%)
		败诉	0(0.0%)
		补偿	0(0.0%)
政策原因驳回	1(2.9%)	败诉	1(2.9%)
总计	34(100%)	胜诉	22(64.7%)
		败诉	8(23.5 %)
		补偿	3(8.8%)

分析以上数据可以发现：《侵权责任法》实施后，标本案例中有30件案例适用过错责任原则，占案件总数的88.2%，原告胜诉率占案件总数的64.7%；标本案例中有3件案例适用公平责任原则，占案件总数的8.8%，原告均得到了一定的补偿；没有标本案例采纳无过错责任原则。1件案例因政策原因被驳回起诉，⑨并未进入至考察归责原则的阶段。

⑨ 张振江、郝姣与平顶山市第一人民医院[河南省平顶山市中级人民法院(2013)平民三终字第822号]案法院认为，艾滋病问题已成为社会问题，政府部门对该问题已采取了社会救济、行政救济等多种形式的救济措施，对艾滋病患者的损害赔偿案件已经通过政府等部门的各种救助渠道解决，此类案件法院暂不予受理。

以上数据可知,《侵权责任法》实施后,过错责任原则仍是输血致害责任的主要归责原则,公平责任原则仍占有一定的比例,无过错责任反而缺失。与《侵权责任法》实施前相同,采纳过错责任原则与公平责任原则的标本案例,都以当事人是否有过错为判定的前提。从原告胜诉率来看,仍以过错责任原则为主要归责原则的输血感染病毒致害纠纷,其原告总胜诉率为64.7%,为绝对半数,这在民事诉讼中是更为可观的数据。

(三)《侵权责任法》实施前后统计数据的比较

与《侵权责任法》实施前的数据相比较,《侵权责任法》实施后,输血致害责任领域归责原则中,适用过错责任原则的比例有所上升,由原来的83.96%上升至后来的88.2%;公平责任的比例有小幅下降,由原来的10.38%下降至8.8%;无过错责任则由原来的0.9%下降为0.0%。原告胜诉率由实施前的55.7%上升至64.7%。

原告的胜诉率上升了9个百分点,过错责任原则的采纳率提高了4.2个百分点,该数据虽然不能说明"过错责任原则的采纳率与原告胜诉率成正比",但至少说明,原告胜诉率在过错责任原则之下也维持在相当的水平,过错责任原则对原告获得救济有很大的积极作用。

而出乎意料的是,《侵权责任法》实施后,没有法院采纳产品责任意义上的无过错责任,且两组数据都显示,无过错责任在输血致害责任领域几乎不发生作用,更谈不上对原告胜诉率的明显冲击。"无过错责任原则是指在法律有特别规定的情况下,以已经发生的损害结果为价值判断标准,与该损害结果有因果关系的行为人,不问其有无过错,都要承担侵权赔偿责任的归责原则。"[10]我国《侵权责任法》第7条也明确无过错责任是"不问过错",[11]而非双方当事人都无过错后责任的判定和分担。本标本案例中的1例无过错责任原则也不属于产品责任意义上的无过错责任。故输血致害责任领域司法实践,从未采纳过产品责任意义的无过错责任。

实证数据得出的结论是:无论是《侵权责任法》实施前还是实施后,过错责任原则都是输血致害责任的主要归责原则。该结论与《侵权责任法》第59条的规定,到底是一致还是相左?过错责任说还是无过错责任说更有说服力?

三、《侵权责任法》第59条归责原则的文本分析

(一)分歧的来源:《侵权责任法》第59条

《侵权责任法》实施前,学界和实务界对输血感染病毒致害责任的归责原则争议都不

---

⑩ 杨立新著:《侵权法论》,人民法院出版社2013年版,第191页。

⑪ 《侵权责任法》第7条规定:行为人损害他人民事权益,不论行为人有无过错,法律规定应当承担侵权责任的,依照其规定。

大，有些省高院甚至对输血感染丙肝这一典型领域的归责原则明确作出指示，如江苏省高级人民法院在《2001年全省民事审判工作座谈会纪要》[12]中提出："输血感染丙肝案件实行过错责任归责原则。血站或医疗机构未尽法定义务，对患者的健康造成损害的，应由过错方承担赔偿责任；均有过错的，明确各自过错的程度及应赔偿的份额，并判决双方连带承担赔偿责任。血站和医疗机构均履行了法定义务，对患者的健康受到损害没有过错的，血站、医疗机构应当给予患者一定的经济补偿"。该《纪要》明确了输血致害责任的一般归责原则为过错责任原则，特殊情况下适用公平责任原则，还贯穿适用了比较过错责任。这一规定对江苏省各级法院判决输血致害案件发挥了指导作用，也代表了江苏省主流法院对输血致害责任归责原则的观点，标本案例所涉江苏省的14个案例数据分析也印证了这一点。

《侵权责任法》第59条是学者观点分歧的来源，原因在于不合格血液致害与缺陷药品、消毒药剂、医疗器械致害，适用同一条文的同一规则。缺陷药品、医疗器械等被公认为医疗产品，医疗产品存在缺陷致害适用《产品质量法》与《侵权责任法》规定的无过错责任，已无争议。不合格血液与这些医疗产品并列，依逻辑也应适用产品责任法上的无过错责任。

针对第59条的该种设计，梁慧星教授提出，"第59条增设受害患者'向医疗机构请求赔偿'的规定，目的在于方便受害患者行使求偿权，并未改变缺陷产品损害和输血感染损害两类侵权案件的归责原则和最终的侵权责任承担者。对于缺陷医疗产品损害案件，由生产者承担无过错责任，销售者承担过错责任；对于输血感染案件，由血液提供者承担过错责任"。[13] 王利明教授则认为："该条明确了血液属于产品的范畴，医疗机构应当对输入不合格的血液导致的损害承担产品责任。"[14]还有其他学者针对条文本身得出相同的结论，[15]还有学者认为是"将医疗产品责任准用于输入不合格血液致害的情形"。[16]

笔者赞同梁教授观点，鉴于"不合格血液"与"缺陷药品、消毒药剂、医疗器械"存有本质区别，即使第59条血液致害与药品、消毒药剂、医疗器械致害适用同一规则，仍不能说明输血致害即采纳无过错责任。

---

[12] 苏高法〔2001〕319号，2001年10月18日江苏省高级人民法院审判委员会第65次会议讨论通过。

[13] 梁慧星："论《侵权责任法》中的医疗损害责任"，载《法商研究》2010年第6期。

[14] 王利明著：《侵权责任法研究》（下卷），中国人民大学出版社2011年版，第411页。

[15] 如侯国跃认为"我国《侵权责任法》第59条就血液致害和医疗产品致害规定相同的归责规则"，参见侯国跃："输血感染损害责任的归责原则和求偿机制"，载《社会科学》2014年第2期。

[16] 王竹："论医疗产品责任规则及其准用——以《中华人民共和国侵权责任法》第59条为中心"，载《法商研究》2013年第3期。

（二）本质区别："不合格"血液与"缺陷"药品、消毒药剂、医疗器械

严格意义上，产品责任法中的"不合格"不等同于"缺陷"。合格与否涉及是否符合相关技术性标准，缺陷与否则除了涉及是否符合技术性标准，还会涉及是否符合消费者期待等，还包含未违反技术性标准仍存在不合理危险的状况。

1. 判定"不合格"血液的动态标准

当事人证明血液是否合格时，离不开对血液中心采血、血液检测以及医疗机构输血行为是否有过错、是否违反相关规定的判定。这些规定包括《献血法》、《医疗机构临床用血管理办法》、《传染病防治法》、《血站管理办法》等，它们的规范对象通常是医疗机构和血液中心的行为。如在举证血液是否合格时，通常的举证内容为"发血记录、献血记录、血液检测记录、原辅材料记录（采血袋记录、检测试剂记录）"，⑰这些记录是对血液中心行为的记录，实际仍然是在证明血液中心的行为有无过错。"证明行为是否有过错恰恰又是过错责任原则与产品责任无过错责任原则的本质区别所在，前者关注被告的行为，后者关注产品的缺陷状态。"⑱

除了上述动态标准，不合格血液的判断更是一个专业的医学判断。"'不合格'系无偿献血过程中医学检查判断的结果，应当根据《献血者健康检查标准》规定的'献血者血液检验标准'进行判断，主要是指血液在采血阶段的不合格，包括在血比重筛选中不合格，或者丙氨酸氨基转移酶、乙型肝炎病毒表面抗原、丙型肝炎病毒抗体、艾滋病病毒抗体和梅毒螺旋体抗体试验呈阳性，或者未达到甲型肝炎治愈要求以及在疟疾高发地区检出疟原虫的血液。"⑲这些标准貌似相对客观，但仍离不开对血液中心采血、血液检测行为的判断。

即使是并无争议的"血液制品"，其缺陷判断也离不开对血液中心行为的判断，⑳更何况仍存有争议的"血液"不合格的判断。

2. 判定"缺陷"药品、消毒药剂、医疗器械的静态标准

我国《产品质量法》第46条规定："本法所称缺陷，是指产品存在危及人身、他人财

⑰ 蔡新华、唐荣才、项汉城："从输血医疗纠纷案件中的举证责任倒置看血站业务档案管理的重要性"，载《临床输血与检验》2011年第3期。

⑱ 董春华著：《缺陷医疗器械侵权责任实证研究》，法律出版社2013年版，第55页。

⑲ 王竹："论医疗产品责任规则及其准用——以《中华人民共和国侵权责任法》第59条为中心"，载《法商研究》2013年第3期。

⑳ 如"袁彦秋与徐州市中心医院、徐州市红十字血液中心"案（江苏省徐州市中级人民法院（2013）徐民终字第1957号）所涉产品为血液制品，法院由此选择适用产品责任，但在判断"袁彦秋体内的医疗产品（血液制品）是否是合格的血液制品、是否存在感染丙肝的缺陷"这一问题上，仍依据血液中心是否提供相关检测报告等涉及血液中心行为的证据，血液制品最终被判定为不合格产品，被告承担责任。

产安全的不合理的危险;产品有保障人体健康和人身、财产安全的国家标准、行业标准的,是指不符合该标准。"学界对此也存在不同理解。对于该条文的理解,一为单一标准说:该法确立了单一的缺陷认定标准,即产品存在危及人身、财产安全的不合理危险,国家标准、行业标准只不过是认定是否存在不合理危险的参考要素。二为双重标准说:无论产品是否具有不合理危险,或是不符合国家标准、行业标准,都可认定存在缺陷。笔者认为,"该条文所规定标准并不属于双重标准。所有的产品只要存在危及人身、财产安全的不合理危险就是缺陷产品,但如果有了国家标准、行业标准,只有违反这样的标准才属于不合理危险"。㉑

无论哪种观点,产品致害无非包含两种情况:产品违反国家标准、行业标准致害;产品未违反国家标准、行业标准仍然致害。第一种情况:违反国家标准、行业标准致害,违反国家标准、行业标准即具有缺陷。国家标准、行业标准该些技术性标准是由标准化主管机构批准发布,在全国、行业范围内适用的统一的技术要求。这些技术性标准的核心就是"技术指标"。每一项通用技术标准都是以具体技术指标为内容。㉒ 第二种情况:产品未违反国家标准、行业标准,仍存在不合理危险被认定为缺陷。我国产品责任法中大多数法院认定该种情况不存在缺陷,只有极少数法院依据消费者期待标准认定产品存在缺陷。"消费者期望标准指若产品不能提供一般人有权期望的安全,则该产品为存有缺陷。"㉓尽管其是一种主观标准,但并不涉及对侵权人行为的判断。故缺陷药品、消毒药剂、医疗器械的判断标准主要是静态的标准,其关注的是一种状态,而非行为是否有过错。

(三)法院如何在输血致害领域适用第59条

第二组数据统计结论是标本案例中并未有法院适用产品责任法中的无过错责任。但笔者并未否认有法院确实依据《侵权责任法》第59条进行判决,标本案例中有2则案例直接引用了第59条,但为何在数据统计时,却未将其统计为无过错责任?下文将分析该2则案例如何适用该条文,及其未被认定为产品责任意义上无过错责任的缘由。

1."李素娟与宝丰县人民医院、宝丰县卫生防疫站"㉔案

该案法院明确引用了第59条"因输入不合格的血液造成患者损害的,患者可以向生

㉑ 董春华著:《中美产品缺陷法律制度比较研究》,法律出版社2010年版,第127页。

㉒ 如医疗器械的相关标准的技术指标非常具体详细,近期批准发布的医疗器械技术标准公告如关于批准发布YY/T 0090-2014《子宫刮匙》等120项推荐性医疗器械行业标准的公告(第30号),关于批准发布YY0006-2013《金属双翼阴道扩张器》等104项医疗器械行业标准的公告,关于批准发布《纸和纸板尘埃度的测定》等89项国家标准的公告,关于批准发布《铝锭》等320项国家标准和33项国家标准样品的公告。可见,医疗器械的技术指标所涉指标主要是静态的指标。

㉓ 董春华著:《中美产品缺陷法律制度比较研究》,法律出版社2010年版,第71页。

㉔ 河南省平顶山市宝丰县人民法院民事判决书(2011)宝民初字第1070号。

产者或者血液提供机构请求赔偿,也可以向医疗机构请求赔偿。患者向医疗机构请求赔偿的,医疗机构赔偿后,有权向负有责任的生产者或者血液提供机构追偿。"但它同时提出:"当事人对自己的主张有责任提供证据加以证明,没有证据或提供的证据不能证明其主张成立的,应承担不利后果。宝丰县卫生防疫站不能提供有效证据证明向宝丰县人民医院提供了合格的血液而承担赔偿责任,宝丰县人民医院疏于检验,应与宝丰县卫生防疫站承担连带责任。"

该判决表明法院利用第59条进行判决有两个目的:(1)将证明血液中心行为有过错,转变为证明血液不合格;(2)解决了医疗机构与血液中心之间的责任分担。该法院采纳第59条从未试图适用产品责任意义的无过错责任。而输血致害领域标本案例的判决显示,证明血液是否合格又必然回归至对医疗机构、血液中心行为的判断,也与产品责任意义的无过错责任毫无关联。

2."郅艳霞诉宝丰县人民医院"[25]案

该案法院陈述判决依据时指出:"行为人因过错侵害他人民事权益的,应当承担侵权责任。"而后同样完全引用了第59条,但引用该条文目的并非意图适用产品责任的无过错责任,法院只是最后提出:"宝丰县医院现未提供充分有效的证据用以证明其为郅艳霞所输血液为合格血液,宝丰县医院在承担赔偿责任后,可以向血液提供机构追偿。"可见,与前一案例相同,该案被告败诉原因在于其不能举证血液合格,而第59条的功能仅仅在于分配医疗机构与血液中心的责任。

以上两则案例的法院直接应用了《侵权责任法》第59条,但其引用和判断非但未表明该条文的"产品责任的无过错责任",恰恰说明该条文是为了方便受害人受偿,是医疗机构与血液中心责任分配的依据。其要求医疗机构和血液中心举证血液合格的举措,恰恰是其与产品责任案件举证存在本质区别的体现。况且,32个标本案例只有2则案例直接引用该条文,且是同一法院。

因此,《侵权责任法》第59条的条文及司法实践都未表明,输血致害责任属于产品责任的无过错责任。依笔者浅薄之见,第59条包含以下含义:(1)不合格血液致害的判定,比缺陷药品、消毒药剂、医疗器械的判断要求低,即血液只有不合格才会追究医疗机构、血液中心责任,而后者有时即使合格仍可被认定为有缺陷。主要原因在于不合格血液致害纠纷的难点是因果关系的确定,与药品、消毒药剂、医疗器械有很大差别。相当比例的受害人难以证明甚至不知晓感染病毒与输血的因果关系,这与病毒致害的潜伏期有很大关联,但后者致害则没有该明显特点。(2)条文语言与《产品质量法》、《侵权责任法》第

---

[25] 河南省平顶山市宝丰县人民法院民事判决书(2013)宝民初字第1292号。

43条如出一辙,并不表明其即属于产品责任的无过错责任。关于《产品质量法》的产品责任体系,学界主流观点是:"第41条是针对生产者的产品侵权责任,第42条是针对销售者的产品侵权责任,第43条是方便消费者起诉及生产者、销售者各自追偿的依据"。[26]《侵权责任法》第59条复制了第43条的语言,只是方便受害人救济,并对医疗机构与血液中心之间责任分担和追偿作出规定。上述案例的法院判决也说明该条文的主要功能是方便受害人,并对医疗机构和血液中心责任做出分配。这也回应了,为何法院在《侵权责任法》实施后仍恪守过错责任原则的缘由,这实际上并非是对立法的误读和抗争,而是对立法的合理解读。故笔者认为,《侵权责任法》第59条对不合格血液致害的规定仍属过错责任原则,该法实施后的司法实践也印证了这一点,该条文也无须修改。[27]

四、输血致害无过错责任是否有优势

学者对《侵权责任法》第59条输血致害责任归责原则的解读,观点截然相反。持产品责任无过错责任说的学者认为,第59条的无过错责任是受害人的福音,因为不问侵权人是否有过错的无过错责任,终归比证明侵权人有过错才能得到救济的过错责任有优势。输血致害无过错责任是否真是受害人的福音?

在侵权法的发展过程中,过错理论曾被认为是社会的进步,它"确立个人自由的界限,使个人得以预见责任产生的可能性,从而进行自我约束和控制,既保障本人自由,也保障他人自由"。[28] 它的目的也是"为了平衡社会利益,并最终确保所涉及的各种社会利益的平衡发展,避免某种社会利益的实现以损害其他社会利益作为代价"。[29] 从历史发展来看,过错责任是一种具有生命力的责任基础,其在侵权领域仍发挥主导作用,是侵权责任的一般归责原则,而无过错责任经过百年发展也只不过在为数较少的特殊领域占有一席之地。与输血致害过错责任相比较,输血致害无过错责任,究竟在多大程度上有利于受害人获得救济?

(一)关于举证规则

我国产品侵权责任领域并未适用特殊举证规则,受害人的举证责任包括:产品存在缺陷、人身财产受到损害、二者存在因果关系。2002年实施的最高人民法院《关于民事

---

[26] 董春华:"论销售者产品责任抗辩事由——以《产品质量法》第41条3项抗辩事由为视角",载《商业研究》2015年第1期。

[27] 尽管侯国跃认为,输血致害责任应为过错责任原则,但建议将第59条修改并分解,将输入不合格血液致害单独规定,并删除医疗机构和血液中心的追偿条款的规定。参见侯国跃:"输血感染损害责任的归责原则和求偿机制",载《社会科学》2014年第2期。

[28] 董春华著:《中美产品缺陷法律制度比较研究》,法律出版社2010年版,第151页。

[29] 张民安著:《过错侵权责任制度研究》,中国政法大学出版社2002年版,第19页。

诉讼证据的若干规定》第4条第6项规定:因缺陷产品致人损害的侵权诉讼,由产品的生产者就法律规定的免责事由承担举证责任。有学者认为,此规定为产品责任的举证责任倒置。笔者认为,此项规定并非产品责任举证责任倒置,生产者的免责事由由其自行证明是理所当然,受害人没有证明被告免除责任的义务,此项规定纯属画蛇添足。将不合格血液致害适用于未采纳特殊举证规则的产品侵权责任,受害人的证明义务即是:"输入的血液不合格,医疗机构输入的血液造成了损害,血液不合格与患者的损害之间存在因果关系"。[30] 即使《侵权责任法》第59条用"不合格血液"代替了"缺陷血液",受害人证明血液不合格也并非易事。更加难以证明的是不合格血液与感染病毒之间存在因果关系,从标本案例来看,90%以上案例的因果关系是依据医疗鉴定来确定的,即便如此,在确定输血与感染病毒的因果关系中,绝大多数司法鉴定的结论是"既不能排除输血感染病毒的因果关系也不能确定其因果关系",标本案例中因果关系的确定基本都是依据因果关系的推定,在未采纳推定因果关系的案例中,原告基本都是以不能证明因果关系而败诉。

若将输血致害责任定位一般医疗侵权责任,尽管归责原则适用过错责任,《侵权责任法》也大大弱化了举证责任倒置规则的影响,但《侵权责任法》实施后的司法实践仍大胆采纳举证责任倒置规则,原告的举证责任大大减轻,其对原告胜诉率的影响远远大于归责原则对原告胜诉率的影响,归责原则在输血致害领域的苛责中并未发挥核心作用。

(二)关于抗辩事由

我国产品侵权责任抗辩事由规定于《产品质量法》第41条第2款。[31]《侵权责任法》未规定产品责任抗辩事由,"依据《侵权责任法》第5条的规定,生产者可以援引《产品质量法》第41条规定主张免责"。[32] 依据第3项抗辩事由,将血液投入流通时的科学技术水平尚不能发现其缺陷的,生产者可不承担责任。这被称为"发展风险抗辩",英美法系称为"工艺水平抗辩"。140个标本案例中,22件案例涉及发展风险抗辩,分为两种情形:(1)窗口期导致无法发现病毒而致害。"窗口期"是指人体感染病毒后到外周血液中能够检测出病毒抗体的这段时间,窗口期内即使进行病毒抗体检测也无法检出,有3件案例涉及该种情况。(2)1993年7月1日开始实施卫生部颁布的《采供血机构和血液管理办法》,要求采血时对丙肝病毒抗体进行检测,这使之前的输血感染丙肝病毒的案例涉及

---

[30] 王利明著:《侵权责任法研究》(下卷),中国人民大学出版社2011年版,第416页。

[31] 《产品质量法》第41条第2款规定:生产者能够证明有下列情形之一的,不承担赔偿责任:(1)未将产品投入流通的;(2)产品投入流通时,引起损害的缺陷尚不存在的;(3)将产品投入流通时的科学技术水平尚不能发现缺陷的存在的。

[32] 张新宝、任鸿雁:"我国产品责任制度:守成与创新",载《北方法学》2012年第3期。

发展风险抗辩,有19件案例涉及该种情况。从标本案例数据统计来看,22件案例中,有17件认可发展风险抗辩,法院据此认定医疗机构或血液中心不存在过错,占77.3%;5件案例法院认定即使科技水平无法发现病毒,医疗机构或血液中心仍然依据公平责任承担一定的赔偿责任,占22.7%。可见,一方面,发展风险抗辩在输血感染病毒的司法实践中具有较大的适用空间;另一方面,发展风险抗辩的适用却阻碍了受害人的救济,发展风险抗辩的采纳率越高,原告的胜诉率越低,而是否认可发展风险抗辩与归责原则并无关联。

王利明教授却认为,"根据《侵权责任法》第59条的规定,即便在现有科学技术的条件下,医疗机构无法检测出血液是否合格,但只要造成了损害后果,医疗机构仍然要承担责任,这实际上是在输血感染的情况下否定了发展风险抗辩"。[33] 杨立新教授也提出:"根据《侵权责任法》第59条的规定,在血液不合格的情况下,只要造成患者损害,医疗机构就应当承担责任,而不能以发展风险(即依据现有科学技术不能发现和避免的缺陷)作为抗辩事由。"[34]笔者认为,第59条并不能表明其是对发展风险抗辩的否认,该条文来源于《产品质量法》、《侵权责任法》第43条。即便是第43条,其用意主要在于方便消费者救济,并规定生产者与销售者的责任分配,并不能否认《产品质量法》第41条生产者的3项抗辩事由的适用。《侵权责任法》第59条既然是产品责任在医疗领域的特殊化,其同样不能否认《产品质量法》3项抗辩事由的适用。前述观点只承认第59条是产品责任,却否认产品责任抗辩事由的规定显然不妥,其只想利用产品责任的无过错责任,却不认可产品责任其他相关规则,特别是抗辩事由,这势必会打破产品责任原本的平衡,长远来看不利于产品安全的提高和消费者利益的保护。

因此,若输血致害采产品责任意义的无过错责任,则意味着必然采纳产品责任中的发展风险抗辩,而这对窗口期输血致害纠纷的解决有害无利,更不利于无过错输血情形的受害人。

(三)关于诉讼时效

诉讼时效是权利人请求人民法院以强制程序保护其合法权益而提起诉讼的法定有效期限。我国《民法通则》第135条规定:"向人民法院请求保护民事权利的诉讼时效期限为二年,法律另有规定的除外。"第137条同时规定:"从权利被侵害之日起超过二十年,人民法院不予保护。"《产品质量法》第45条第2款规定:"因产品存在缺陷造成损害要求赔偿的请求权,在造成损害的缺陷产品交付最初消费者满十年丧失;但是,尚未超过明示的安全使用期的除外。"可见,产品侵权责任最长诉讼时效通常为10年,一般民事侵

---

[33] 王利明著:《侵权责任法研究》(下卷),中国人民大学出版社2011年版,第413页。

[34] 杨立新、杨震:"有关产品责任案例的中国法适用",载《北方法学》2013年第5期。

权最长诉讼时效为20年。据此,若不合格血液致害适用产品侵权责任,则应适用10年最长诉讼时效,即受害人输血满10年后丧失救济请求胜诉权。而10年最长诉讼时效应用于不合格血液致害,对受害人救济是致命的打击。

标本案例显示,与其他侵权责任相比较,输血致害责任的最大特点是所感染病毒潜伏期限长,通常是输血几年甚至20年损害才开始凸显,这就涉及诉讼时效的问题。140个标本案例中,发现损害距离输血超过10年期间的有80个案例,占57.1%,只有1则案例因为超过20年最长诉讼时效期间而被拒绝。这说明,若输血致害适用产品侵权责任相关规则,至少有57.1%的这些超过10年期间的案例,还未进入实质规则的判断,原告就被宣判死刑了。因此,产品侵权责任10年的特殊的最长诉讼时效,恰恰是导致输血致害原告败诉的致命点。

综上,将输血致害责任纳入产品侵权责任范畴,意味着其在归责原则、举证规则、抗辩事由、诉讼时效等方面都要采纳产品侵权责任相关规则。而以上分析显示,输血致害采纳产品侵权责任举证规则、抗辩事由、诉讼时效等相关规则,更不利于受害人获得赔偿。相反,目前司法实践采纳的过错责任原则及其特殊的举证规则等配套制度,更有利于受害人,保持了超过绝对半数的原告胜诉率,笔者认为这是司法实践坚持采纳过错责任原则的原因。故《侵权责任法》第59条不合格血液致害仍属过错责任原则,这与司法实践是一致的,输血致害产品责任意义的无过错责任更不利于受害人。

论定金与违约金的适用关系

——以《合同法》第116条的实务疑点为中心

姚明斌*

目　次

一、引言:《合同法》第116条的实务疑点

在我国现行法上,定金一方面属于典型的债权担保形式;①另一方面又具有违约责任承担方式的品格。② 后一种定位也要求立法针对定金与同为违约责任的违约金之间的适用关系作出规定。有别于早期最高法院对二者并行适用所持的开放态度,③《合同法》第

* 华东政法大学法律学院博士后研究人员,法学博士。

① 改革开放后的早期民事立法侧重强调定金的担保形式角色,比如在1982年《经济合同法》中定金位于第二章"经济合同的订立和履行"(第14条),在1986年《民法通则》中则位于第五章"民事权利"第二节"债权"(第89条第3项)。1995年《担保法》第2条第2款更是明确把定金定位为与保证、担保物权并列的典型担保形式。

② 1999年《合同法》将定金规定在第七章"违约责任"中,这一违约责任定位多被后续的规范更新(如2003年最高人民法院《关于审理商品房买卖合同纠纷案件适用法律若干问题的解释》、2012年最高人民法院《关于审理买卖合同纠纷案件适用法律若干问题的解释》)所遵循。

③ 最高人民法院《关于在审理经济合同纠纷案件中具体适用〈经济合同法〉的若干问题的解答》(法(经)发〔1987〕20号)第8条第4项认为:"定金与违约金的性质不同。定金是一种担保方式,而违约金是对违约的一种制裁和补偿手段。所以合同的一方可以在对方违约时既要求对方偿付违约金,又要求按定金罚则处理定金问题,只要法律和法规没有相反规定,就应当予以保护,但并用的结果应以不超过合同标的价金总额为限。"

116条(以下简称第116条)规定"当事人既约定违约金,又约定定金的,一方违约时,对方可以选择适用违约金或者定金条款",明确采取二者择一适用的规范立场。就其实务运作,笔者随机抽取了50则相关二审终审判决(其中32则来自最高法院和13个省级高院)做初步观察,发现裁判机关基本上较为稳定地遵行着前述规范立场。然而细加检视,仍可发现若干适用上的疑义。比如,择一适用规则所指向之定金和违约金的具体类型为何?④ 交易主体有没有通过不同类型设计而特别约定并行适用的空间?⑤ 违约金的限制规则,如司法酌减,对定金的适用可有影响?⑥ 等等。

第116条看似针对定金与违约金的适用关系做了立法决断,审判实务也有意遵循,但若交易实践所催生的适用疑点尚未得到清晰、准确的梳理,相关裁判即便表面"合法",仍可能囿于内在法理的不足而影响结论的妥当性。有鉴于此,本文尝试围绕第116条在交易和审判实践中的适用疑点,系统整理我国现行法下定金与违约金适用关系的规范构造。

二、既定的立场:违约定金与赔偿性违约金的择一适用

(一)适用范围与构成要件

根据第116条"当事人既约定违约金,又约定定金的,一方违约时,对方可以选择适用违约金或者定金条款"的文义,在一方违约后,守约方享有两项权利:一为违约金请求权,一为根据定金罚则没收已收受定金或者要求违约方双倍返还已给付的定金。在不考虑过错要件和不可抗力等免责事由的情况下,适用定金罚则的权利一方面系于有效的定金合同;另一方面由于是"一方违约时"才产生的权利,说明定金合同所防范的,应是包括实际发生之违约形态在内的违约行为。故而,这里的定金旨在担保债务顺利履行,应属违约定金。此亦符合定金作为违约责任承担方式的体系定位。依《担保法》第90条后段,该违约定金合同自实际交付之日起生效。此其一。

同理,违约金请求权的产生,系于两项前提,一为有效的违约金约定,二为实际发生了违约金约定所涵盖的违约行为。有疑义的是,这里的违约金是限于赔偿性违约金,还是也包括惩罚性违约金?第116条之所以采择一适用立场,目的在于避免造成过度赔偿,⑦而依目前之有力学说,惩罚性违约金系并行于法定违约责任尤其是损害赔偿责任的

---

④ "四川千卓影视文化传播有限公司等与王代隆著作权转让合同纠纷上诉案",四川高院(2010)川民终字第479号民事判决书。

⑤ "武汉楚都房地产有限公司与武汉易初莲花连锁超市有限公司租赁合同纠纷再审案",湖北省高级人民法院(2008)鄂民监一再终字第00006号民事判决书。

⑥ "唐均贵与乌鲁木齐市米东区长新煤矿经营合同纠纷上诉案",新疆维吾尔自治区乌鲁木齐市中级人民法院(2010)乌中民四终字第231号民事判决书。

⑦ 胡康生主编:《中华人民共和国合同法释义》,法律出版社2009年版,第187~188页。

类型,赔偿性违约金则是对损害赔偿总额的预估,[⑧]故应认为第116条中与违约定金互斥的,乃主要发挥损害赔偿功能的赔偿性违约金,并不包括惩罚性违约金。此其二。至于后者与违约定金有无并行适用的空间,下文将予以详论。此外,实践中常见“因违约解除合同后,守约方可没收定金及预付款”之约定,没收预付款的实质,在于剥夺合同解除后违约方的价款返还请求权,属于失权约款,具有和违约金类似的督促履约和简化赔偿功能,[⑨]其与违约定金的适用关系至少也属于第116条类推适用的范围。比如在“鲁昌顺(北京)商贸有限公司与北京双利达物流有限公司买卖合同纠纷上诉案”中,法院就指出没收定金和没收预付款之间只能择一适用。[⑩]

其三,“一方违约时”不仅产生了守约方适用定金罚则的权利,还产生了违约金请求权。假设定金合同和违约金约定所指向的违约形态并无交集,比如定金合同指向履行不能,违约金指向履行迟延,一方履行不能或履行迟延时,仅可能引发一种权利,不存在选择的问题。有观点认为第116条之规范含义在于“如果违约行为属于定金条款所针对的情况,可选择适用定金条款;如果违约行为属于违约金条款所针对的情况,则可选择适用违约金条款”,[⑪]显系误解。反言之,只有当定金合同和违约金约定各自涵盖的违约形态存在交集,且实际发生的违约行为落入该交集中,才可能引发第116条两种权利并存的法律效果。比如在“山西银鑫钢铁集团有限公司与山东翔龙实业集团有限公司买卖合同纠纷上诉案”中,两审法院均强调不能并行适用的,是“针对同一违约行为”的定金和违约金条款。[⑫]

故而,第116条的构成要件包括:(1)当事人约定了违约定金,且定金已交付;(2)当事人之间存在有效的赔偿性违约金约定;(3)定金合同和违约金约定各自涵盖的违约形态存在交集;(4)实际发生了该交集中的一种违约行为。要件(3)、(4)也可结合表述为实际发生了定金和违约金针对的同一违约行为。

(二)选择权的行使与效果

1. 选择权及其主体

第116条的择一适用立场,表明守约方的两项权利存在选择性竞合关系,取得一项

---

⑧ 王家福主编:《中国民法学·民法债权》,法律出版社1991年版,第250页(梁慧星);崔建远著:《合同法》(第2版),北京大学出版社2013年版,第379页;韩世远著:《合同法总论》(第3版),法律出版社2011年版,第658页;陈小君主编:《合同法学》(第2版),高等教育出版社2009年版,第287页(易军)。

⑨ Vgl. Staudinger Kommentar/Rieble,2009, § 339 Rn. 369.

⑩ 北京市第二中级人民法院(2007)二中民终字第15465号民事判决书。

⑪ 全国人大法工委研究室编写组:《中华人民共和国合同法释义》,人民法院出版社1999年版,第185页。

⑫ 山东省高级人民法院(2011)鲁商终字第197号民事判决书。另可参见张忠野:“论私法自治下定金罚则的有限适用”,载《政治与法律》2012年第9期。

选择权。该选择权的主体为守约方,若其为定金给付方,可以选择要求对方双倍返还定金或给付违约金并退还定金;若其为定金收受方,可以选择没收定金,或退还定金并要求对方给付违约金,若二者均以金钱为形式,可以主张抵销。

唯应注意的是,诉讼中守约方往往为图周全而并行主张违约金和适用定金,对此法院应予以释明,而不能直接代为选择。⑬ 在"梁谓标等与缪晓明等房屋买卖合同纠纷申请再审案"中,守约方同时主张约定的100万元违约金和50万元定金,法院却认为违约金"过分高于其损失,且有违民法公平原则之要求……根据本案的实际情况,支持……按定金罚则主张定金较为适宜",⑭似有越俎代庖之嫌。

此外,是否尊重守约方的选择,有时还取决于能否准确解释当事人的约定。比如在"广州市正佳企业有限公司与广州市东悦酒店有限公司租赁合同纠纷再审案"中,合同定金为200万元,并明确约定"若甲方违约需赔偿双倍定金及退回定金和赔偿乙方实际损失",甲方违约后乙方诉请返还定金并赔偿双倍定金共计600万元。一审法院以定金罚则限于双倍返还为由,只支持返还400万元。二审法院则认为,双方对违约责任已为明确约定,乙方的诉请系选择适用违约金条款,从尊重自治角度,应予支持。⑮ 其实,"需赔偿双倍定金及退回定金"之用语,已表明约定的是守约方作为定金给付方,可以不适用定金罚则(退回定金)并以双倍定金为数额主张违约金,定金于此还发挥了作为违约金计算单位的作用;诉请"三倍返还"看似突破了定金罚则,实乃选择违约金而不适用定金罚则。一审法院对此未能准确辨明,其仅支持双倍返还的结论实质上是在代替守约方选择适用定金罚则;二审法院予以纠正,诚值赞同。

2. 选择权的行使时点

选择权的行使以存在选择对象,即两项权利已经产生为前提。第116条规定"一方违约时,对方可以选择适用违约金或者定金条款"也表明,原则上应在一方违约后,守约方才有选择的可能。在"四川千卓影视文化传播有限公司等与王代隆著作权转让合同纠纷上诉案"中,违约方提出守约方已收受违约定金,表明已选择了适用定金罚则,不能另行选择主张违约金;法院则认为,"非违约方对违约定金的选择,其时间点应在定金条款生效并且相对方违约之后……(定金)收取行为只是意味着定金条款的生效,并不等同于合同法意义上的选择适用定金条款"。⑯ 故而,守约方事先收受定金并不构成对定金罚

---

⑬ 类似的释明要求,可参见上海市高级人民法院《关于民商事审判中涉及当事人主张违约定金与损害赔偿请求若干问题的解答》第3条第2项。

⑭ 广东省高级人民法院(2009)粤高法民一提字第26号民事判决书。

⑮ 广东省高级人民法院(2008)粤高法审监民再字第155号民事判决书。

⑯ 四川省高级人民法院(2010)川民终字第479号民事判决书。

则的选择适用。

但是,若守约方在对方违约前明确表示未来只适用定金罚则或违约金条款,并与对方达成合意,则属于合同内容的意定变更,自无不可。此外,守约方在对方违约后受领了违约金,应构成选择违约金责任的默示意思表示,[17]受领完成时选择权因行使而消灭,也就不能再行退回违约金而主张适用定金罚则。

3.选择权行使的效果

基于选择性竞合关系,"在选择权被行使后,选择权人不得再变更其选择,纵使其所选择之权利后来并未能贯彻其法律效果亦然",[18]故守约方一旦选择一项权利,另一项权利即消灭。如果选择了违约金,则不仅排除了定金罚则的适用,在无特别约定的情况下,由于系赔偿性违约金,也就排除违约金所涵盖利益范围的损害赔偿。

若守约方选择适用定金罚则,由于《担保法》第91条和最高人民法院《关于适用〈中华人民共和国担保法〉若干问题的解释》(以下简称《担保法司法解释》)第121条明定"定金的数额由当事人约定,但不得超过主合同标的额的百分之二十"且"超过的部分,人民法院不予支持",在无特别约定的情况下,违约定金应作为最低损害赔偿额的预定,[19]守约方可举证损害实际超过违约定金,并就超出的损害要求补充赔偿。在"山西银鑫钢铁集团有限公司与山东翔龙实业集团有限公司买卖合同纠纷上诉案"中,法院即明确指出"定金作为最低损害赔偿数额的预定,具有填补损害的功能。在约定的定金不足以赔偿守约方损失时,守约方可以要求适用定金并要求赔偿超出定金的实际损失,但其要求的总额不能超过实际损失额"。[20] 最高人民法院《关于审理买卖合同纠纷适用法律若干问题的解释》第28条规定"买卖合同约定的定金不足以弥补一方违约造成的损失,对方请求赔偿超过定金部分的损失的,人民法院可以并处,但定金和损失赔偿的数额总和不应高于因违约造成的损失",亦采此立场。[21] 准此,则选择定金可保留补充损害赔偿请求权,似比选择违约金更有利;但在约定的违约金高于定金时,选择违约金虽排除损害赔偿,却可免于举证损害而获得高于定金的赔偿,相比选择定金尚须证明超出部分的损

---

[17] 选择之债情况下的类似认定,参见史尚宽著:《债法总论》,中国政法大学出版社2000年版,第271页。

[18] 黄茂荣著:《法学方法与现代民法》(第5版),法律出版社2007年版,第208页注[2]。

[19] 前注8,韩世远书,第671页。

[20] 山东省高级人民法院(2011)鲁商终字第197号民事判决书。另可参见"广州市正佳企业有限公司与广州市东悦酒店有限公司租赁合同纠纷再审案",广东省高级人民法院(2008)粤高法审监民再字第155号民事判决书;"辽宁省沈阳轻工业品进出口公司诉河南省镇平县玉器有限责任公司买卖合同纠纷案",河南省高级人民法院(2002)豫法民二终字第145号民事判决书。

[21] 另可参见上海市高级人民法院《关于民商事审判中涉及当事人主张违约定金与损害赔偿请求若干问题的解答》第2条第1项。

害而言,反属良策。当然,若当事人明确约定违约定金作为损害赔偿总额之预定,在未构成诸如格式条款因排除相对方主要权利而无效等情况时,选择适用定金罚则即排除损害赔偿请求权。

综上,第116条的择一适用立场中,更具体的规范意涵应该是:当事人针对某一嗣后实际发生的违约行为,同时约定了有效的违约定金合同和赔偿性违约金;一方违约后,守约方可以选择适用定金罚则或主张违约金;无特别约定时,选择前者仍可举证超过定金的损害并要求补充赔偿,选择后者则再无损害赔偿的权利,定金返还予给付一方。进一步的问题是,符合该条构成要件时,当事人可否特别约定违约定金与赔偿性违约金并行不悖?甚至,可否同时主张约定的违约定金和惩罚性违约金呢?

三、可能的空间:违约定金与违约金的并行适用

(一)违约定金与赔偿性违约金的特约并用

第116条的择一适用立场,是否会完全排除当事人特别约定违约定金与赔偿性违约金并行适用的效力?目前的司法实践极为谨慎,罕见的支持态度亦是以旧法为据。[22] 但是学理上也有观点指出,第116条属于任意性规范,并行适用之特约只要数额上不是过高,也是有效的。[23]

合同法作为意思自治贯彻得较为全面的民事法域,以任意性规范为主,设立强制性规范则应提供法政策理由,前述学理观点符合此一规范配置的逻辑。但以任意性规范为依据,似只能化解一部分疑惑;因为在格式条款场合,即便是任意性规范,若其基本价值判断为格式条款所背离,依旧会导致后者无效,进而呈现出类似于强制性规范的品格。[24] 故而,特别约定违约定金和赔偿性违约金并行不悖的格式条款是否有效,囿于尚未辨明第116条的规范意旨,诉诸其任意性规范属性也难有明确答案。笔者认为,既然从文义逻辑上难以推断,则应求诸历史、目的及体系解释。

在《合同法》的历次草案中,定金与违约金的适用关系规范始见于1995年5月全国人大法工委在专家草案基础上拟定的《合同法(试拟稿)》第75条:"当事人不得在合同

---

[22] 比如在"柳州市土锅酒业有限责任公司与柳江县古泉酒厂侵权赔偿纠纷再审案"中,由于涉诉合同成立于1998年,法院根据前述1987年《经济合同法解答》第8条第4项支持了定金与违约金的并用。参见广西高院(2003)桂民再字第2号民事判决书。

[23] 王利明著:《合同法研究》(第2卷),中国人民大学出版社2011年版,第752~753页。认为择一适用立场具有强制性的观点,参见耿林著:《强制规范与合同效力》,中国民主法制出版社2009年版,第239页。

[24] 这种规范逻辑也被称为格式条款法领域任意性规范的典范功能。Vgl. Kötz, Dispositives Recht und ergänzende Vertragsauslegung, JuS 2013, S. 289 ff. 另可参见杜景林:"合同规范在格式条款规制上的范式作用",载《法学》2010年第7期。

中既约定违约金又约定定金。当事人既约定违约金又支付定金的,一方违约后,另一方只能选择一种承担责任的方式。”及至1997年9月,法工委草拟的《中华人民共和国合同法(征求意见稿)》剔除了包括适用关系规范在内的定金规则,理由是“定金主要是合同担保的一种方式。……规定在合同法违约责任一章不适当。”[25]但1998年提交全国人大常委会的三审稿又以第114条规定“当事人既约定违约金,又约定定金的,一方违约时,对方可以选择适用违约金或定金条款”,[26]并最终确立为现行《合同法》第116条。其立法本意,在于“赋予守约方适用选择权,能够起到保障其合同利益,补救其违约损失的作用。但如果允许守约方并用违约金和定金条款,其一是对补偿守约方遭受的损失并无必要,其二是违约金与定金并用,其数额可能远远高于因违约所造成的损失,既加重了对违约方的惩罚,也可能使守违方获得的补偿高于其所受的损失,这是与合同的公平原则相悖的”。[27] 可见,第116条最终并未如1995年《合同法(试拟稿)》第75条前段般,明定当事人“不得”在合同中既约定违约金又约定定金。那么,允许特别约定违约定金与赔偿性违约金并行不悖,是否就违反了第116条的立法初衷呢?

依笔者所信,这里依然涉及合同解释的问题。违约定金原则上属于最低损害赔偿额预定,赔偿性违约金则系损害赔偿总额的预定,已如前述。当合同特别约定两者并行适用,若解释为损害赔偿的最低额与总额的预定叠加,则当事人预定损害赔偿的范围确实超出了完整赔偿原则的限制,其中就最低额预定部分构成双重赔偿。比如,合同中特别约定了并行不悖的30万元违约定金和100万元赔偿性违约金,应认为预估的最低损害为30万元,预估的全部损害为100万元,若允许守约方经特约而同时主张二者共130万元,则超出了预估全部损害的范围(100万元)。然而,若将特约中的赔偿性违约金解释为守约方因违约而遭受的“超出定金部分之损害”的赔偿预定,则两项预定范围恰可共同构成对损害赔偿总额的预定。既然违约定金可与超出部分的补充损害赔偿并行适用,特约其与该项损害赔偿之预估并行亦无不可。显然,违约定金与赔偿性违约金的特约并行,至少存在不违背第116条立法本意的解释路径。

反对者或会指出,在上述例子中,运用两种解释思路的结果均允许守约方获得130万元,依旧超出了预估的损害总额100万元;如果法律效果并无差异,则所谓不同的解释路径未免只是文字游戏。笔者认为,违约金特有的司法酌减规则(《合同法》第114条第2

---

[25] 全国人大常务会法制工作委员会民法室编著:《〈中华人民共和国合同法〉及其重要草稿介绍》,法律出版社2000年版,第166页。

[26] 崔建远:“整体·基点·度”,载崔建远主编:《民法九人行》(第2卷),金桥文化出版(香港)有限公司2004年版,第141~143页。

[27] 前注7,胡康生书,第187~188页。

款后段)于此是重要的校正机制,且不同的解释路径直接决定了不同的酌减效果。理由在于,司法酌减系以实际损失的幅度为基础(最高人民法院《关于适用〈中华人民共和国合同法〉若干问题的解释(二)》第 29 条第 1 款),若对前述并行适用之特约采第二种解释路径(违约金作为超出定金部分之损害的赔偿预定),则酌减违约金时参照的基础是违约损害超出定金的部分,而非全部违约损害,酌减基准小于第一种解释路径,酌减结果也会相对较低,恰恰更符合第 116 条的规范本意。[28] 在上述例子中,假设实际的违约损害为 50 万元,若将 100 万元违约金解释为损害赔偿总额预定,则在酌减时应以 50 万元为基础酌减;若将其解释为超出定金部分的损害赔偿额的预估,酌减参照的基础应为实际损害 50 万元扣除定金 30 万元,为 20 万元,相应的酌减结果也会低于以 50 万元为酌减基础的情况。而且,即便约定了替代法定违约责任的赔偿性违约金,若数额低于或高于缔约时可预见的可能损害幅度,说明该违约金中仍蕴含有部分限制责任或督促履约的意图,允许其与违约定金经特别约定而并行适用,则赔偿性违约金与可能损害的比例关系及其蕴含的当事人意图,亦可继续作用于司法阶段,是为尊重自治的体现。

需要注意的是,由于第 116 条以合同同时约定违约定金和赔偿性违约金为构成要件,所以二者的并行适用,应限于当事人特别约定,不仅要同时约定违约定金和赔偿性违约金,且对二者的并行适用关系亦须有明确的约定。

(二)违约定金与惩罚性违约金的特约并用

第 116 条以违约定金和赔偿性违约金的适用关系为调整对象,未涉及违约定金与惩罚性违约金之间的关系。若当事人针对同一违约行为既订立了违约定金合同,又约定了与法定违约责任并行不悖的惩罚性违约金,此约定是否有效?二者可否并行适用呢?

笔者认为,惩罚性违约金以督促履约为主要功能,违约之前,违约定金和惩罚性违约金系债务履行的双重担保,[29]既然法律允许对同一债务之履行同时附加保证、担保物权等多种担保手段,自没有否定同时约定违约定金和惩罚性违约金的理由;更重要的是,在违约之后,违约定金系对违约所造成履行利益损害的最低赔偿额预定,惩罚性违约金则是附加于履行利益赔偿之外的独立给付负担,二者利益指向不同,亦非无并行适用的正当性。唯应注意的是,惩罚性违约金同样有根据《合同法》第 114 条第 2 款后段酌减的可能,且其功能定位决定了酌减时应侧重考察债务人违约行为的规模及主观过错。

---

[28] 这种酌减思路亦可见于戴孟勇:“惩罚性违约金、违约金责任与定金”,载崔建远主编:《民法九人行》(第 2 卷),金桥文化出版(香港)有限公司 2004 年版,第 184 页。

[29] 定金的历史比违约金更为古老。有观点认为,古巴比伦法上的违约金不如后来罗马法上那么发达,或许是因为定金在当时已是流行的交易工具,发挥了一定的担保功能。Vgl. Knütel, Stipulatio Poenae, 1976, S. 11 ff.

学说上,还有观点根据违约定金能否并行于法定违约责任尤其是损害赔偿责任,进一步区分“惩罚性违约定金”和“赔偿性违约定金”,并认为除了赔偿性违约定金和赔偿性违约金遵循第116条择一行使外,惩罚性违约定金可以和两类违约金并行,赔偿性违约定金可与惩罚性违约金并行。㉚ 也有商榷意见质疑该区分在立法论和解释论方面定位模糊,㉛认为惩罚性违约定金和惩罚性违约金功能相同,不应并行。㉜

笔者认为,对违约定金再做“惩罚性/赔偿性”之区分,虽非完全注目于现行法规范,但涉及对交易中可能之约定的解释,若将法律行为尤其是合同作为广义法源,㉝则该区分并未丧失解释论的品格。但上述精细的区分,鲜见运用于审判实务,㉞“惩罚性定金”在裁判文书中的零星身影,亦属典型的误用。㉟ 而且,即便约定了这种惩罚性违约定金,定金给付方于对方违约后可在法定违约责任之外要求双倍返还定金,其多获得的一倍定金实与单纯的惩罚性违约金无异,若允许其与惩罚性违约金经特约而并行适用,则系对同一违约行为在法定违约责任之外附加了双重给付负担,这即便有当事人合意为基础,亦非无依公平原则检讨之余地。

(三)针对不同违约行为之违约定金与违约金的并用

上述讨论,均以违约定金和违约金指向同一实际发生的违约行为为前提,当事人还可将违约定金和(赔偿性或惩罚性)违约金分别配置于不同的违约事由之上,如果不同的违约形态均实际发生了,此时不应排斥违约定金和违约金的并行适用。㊱ 但是,若不同违约事由造成的损害存在重叠部分,则应做相应扣除,以免造成双重赔偿。㊲ 而且,这种并

㉚ 依之,则第116条之定金应限缩解释于赔偿性违约定金的范围内。参见前注8,韩世远书,第670页。

㉛ 前注28,戴孟勇文,第185页。

㉜ 申卫星:“疑义相与析”,载崔建远主编:《民法九人行》(第2卷),金桥文化出版(香港)有限公司2004年版,第167页。

㉝ 关于合同的法源地位,参见前注18,黄茂荣书,第14页。

㉞ 罕见的适用要点,可见于上海市高级人民法院《关于民商事审判中涉及当事人主张违约定金与损害赔偿请求若干问题的解答》第3条第3项:“如果当事人在合同中明确约定违约定金与违约损害赔偿责任可并处的,这种约定属于当事人对违约责任承担方式的意思自治,只要该约定不违反法律、行政法规强制性规定,应属有效。但是,如果两种责任并用,将导致当事人之间利益明显失衡的,相对方有权申请法院予以适当减少。人民法院可以按照公平原则和诚实信用原则,适当调整违约方的损害赔偿数额。”

㉟ 比如在“三亚新奥电梯设备有限公司与海南创开实业有限公司买卖合同纠纷上诉案”中,一审法院判决违约的定金给付方在丧失已给付定金之外,再行给付一倍之定金,谓之以“惩罚性定金”,后为二审法院所纠正。其实,法理悖谬之外,其所谓“惩罚性定金”与学说上并行于法定违约责任的“惩罚性违约定金”亦所指非一。参见海南省三亚市中级人民法院(2008)三亚民二终字第9号民事判决书。

㊱ 崔建远著:《合同责任研究》,吉林大学出版社1992年版,第257页;前注23,王利明书,第752~753页;前注12,张忠野文,第131页。另可参见上海市高级人民法院《关于民商事审判中涉及当事人主张违约定金与损害赔偿请求若干问题的解答》第2条第2项。

㊲ 前注28,戴孟勇文,第184页。

行适用关系并不在第 116 条的适用范围内。

四、别样的互动:解约定金与违约金的适用关系

(一)解约定金的功能

《担保法司法解释》响应交易与司法实务之需求,在《担保法》违约定金规则的基础上,又规定了立约定金(第 115 条)、成约定金(第 116 条)和解约定金(第 117 条)。立约定金作为缔约义务之履行担保,实乃预约意义上的违约定金。[38] 成约定金是基于当事人约定而作为主合同生效的条件,与合同生效后不履行产生的违约金无涉,但实践中当事人有时会以一笔金钱兼作成约定金和违约定金,[39]甚至将全部定金作为整个合同的违约定金,并约定分期给付,再以其中一期定金作为某个补充协议的成约定金。[40] 这两类定金与违约金的关系,应遵循上文的适用思路,构成《合同法》第 116 条适用范围的扩张。

相形之下,解约定金的适用则大异其趣。依《担保法司法解释》第 117 条前段,定金给付方可以根据约定以丧失定金为代价而解除主合同,定金收受方可以双倍返还定金为代价而解除主合同。所以,解约定金系当事人基于明确约定,通过自愿承受适用定金罚则之不利后果换取摆脱合同关系的机会,属于以定金罚则的适用为条件约定了单方解除权,[41]也是针对合同解除而生之信赖利益赔偿额的预定。而且,由于《担保法》第 91 条的 20% 限额规则应只适用于《担保法》所规定的违约定金,对《担保法司法解释》涉及的包括解约定金在内的其他定金类型并无限制效力,故解约定金可定位为解除合同所生损害赔偿总额的预定,而非最低额预定。[42] 解约定金赋予一方摆脱合同关系的可能,违约定金则是合同拘束力的确保手段,二者功能背道而驰,那么对具体约定的准确辨识,就显得尤为重要。

(二)解约定金的辨识

实践中,常见将定金罚则的适用与合同解除做捆绑约定的条款,如"一方违约,守约方有权解除合同,并有权没收定金(或要求双倍返还定金)";就该类定金的性质,应结合

---

[38] 前注 8,韩世远书,第 672 页。

[39] "武汉宝安房地产开发有限公司诉武汉美洲房地产开发有限公司土地使用权转让合同纠纷案",湖北省高级人民法院(2000)鄂民初字第 5 号民事判决书;"四川亚联高科技股份有限公司与如皋市双马化工有限公司技术转让合同纠纷上诉案",江苏省高级人民法院(2010)苏知民终字第 0024 号民事判决书。

[40] "广州市天河仓市场发展有限公司与广州汽车博览中心、广州市博灏汽车贸易有限公司、广州体育学院租赁合同纠纷案",最高人民法院(2006)民二终字第 163 号民事判决书。

[41] 前注 17,史尚宽书,第 512 页。

[42] 前注 8,韩世远书,第 672 页。主张对违约定金废除 20% 限额规则并采损害赔偿总额预定立场的观点,可参见中国民法典立法研究课题组:《中国民法典草案建议稿附理由 · 合同编》(上册),法律出版社 2013 年版,第 261 页(韩世远)。

违约金定金和解约定金的不同功能,遵循下述思路予以辨析:定金伴随违约解除合同时,若适用定金罚则的获利方为合同解除权人,该定金为违约定金,该解除权为约定或法定的违约解除权,解除权人限于守约方;若适用定金罚则的获利方为合同解除权人的相对方,该定金为解约定金,该解除权为解约定金条款约定的解除权,解除权人可以是守约方,也可以是违约方。[43] 由于《担保法》和《合同法》以违约定金为规范模型,故解约定金应限于当事人明确约定。[44] 那么,在前述条款下,守约方既可解除合同,还可适用定金罚则而获利,应属违约定金,而非解约定金。

反过来,若约定违约方可在承受适用定金罚则之不利后果的同时解除合同,依上述思路似应认定为解约定金,但在实务中仍应具体分析。比如,在"武汉楚都房地产有限公司与武汉易初莲花连锁超市有限公司租赁合同纠纷再审案"中,租赁合同约定定金500万元分三期给付,且"楚都公司……6个月未能解除违约状态,视为楚都公司单方面解除合同,楚都公司收取的定金应双倍返还给易初莲花公司,并赔偿易初莲花公司由此造成的经济损失(不可抗力除外)"。但楚都公司在收受首期100万定金后拒收第二期定金,并起诉主张合同已解除。一审和二审再审中,法院均援引《担保法司法解释》第117条,认为楚都公司是自愿承受解约定金罚则而解除合同,应双倍返还定金。[45] 笔者认为,这里的关键并不在于根据系争条款,违约方可否自愿承受定金罚则之适用效果而解除合同,而在于守约方是否有权通过承受适用定金罚则之不利而解除合同。该案中,定金罚则的适用不仅与解除有关,还以楚都公司违约持续6个月为前提。对于守约方(易初莲花公司)而言,其并无根据该定金条款以放弃已给付定金为代价而解除合同的权利,故不构成解约定金,而系违约定金;最后楚都公司双倍返还的定金,实因其达到约定的违约程度,满足适用违约定金罚则的约定要件,而非作为单方解除权的对价。[46]

（三）解约定金与违约金的并用及抵扣

解约定金的上述辨识机理,直接影响到解约定金与违约金的适用关系。学说上有观

---

[43] 类似的见解,可参见前注12,张忠野文,第130~131页。

[44] 比如北京市高级人民法院《关于审理房屋买卖合同纠纷案件适用法律若干问题的指导意见(试行)》(京高法发〔2010〕458号)第23条第1款规定:"当事人在房屋买卖合同中对定金性质约定不明的,不应视为解约定金。"

[45] 湖北省高级人民法院(2008)鄂民监一再终字第00006号民事判决书。

[46] 该案进一步的疑义是,系争条款是否约定了违约方的单方解除权? 笔者认为存在两种可能的解释路径:其一,违约行为达到约定程度,视为违约方发出了合意解除中的要约,守约方有权承诺而形成合意解除;其二,违约行为达到约定程度之事实系于违约方之意志,该事实发生自然产生合同解除的效力,属于合同效力附解除条件,且该解除条件为随意条件。若采第二种解释,出租方怠于履约并坐等约定条件成就即可自动摆脱合同关系,承租方毫无还手之力。结合该案系商业地产租赁之事实,从诚信解释考虑,应采第一种解释,即肯认承租方尚有决定拒绝解除要约,维持合同关系进而要求继续履行的空间。

点认为,基于解约定金解除合同,有别于因违约而解除合同,适用定金罚则时并不存在违约及违约金请求权,也就不存在并用问题。[47] 对此,有学者补充认为,若违约方在违约后自愿承受定金罚则之适用(放弃已给付定金或双倍返还已收受定金)而解除合同,对守约方而言,其既可以依定金罚则没收之定金或要求违约方双倍返还定金,也可以就违约行为主张违约金,二者存在并行不悖的适用关系。[48]

以赔偿性违约金为例,由于解约定金合同约定的解除权,亦可为违约方所用,其以承担适用定金罚则之不利后果为代价而摆脱合同关系,仍应承担违约引发的赔偿性违约金,否则解约定金将会异化为违约方逃脱违约金责任的"暗门"。对此现行实务已有所确认。[49] 但应予补充的是,由于解约定金预定了合同解除所生信赖利益损害的范围,而信赖利益又是履行利益的成本,[50]当违约金指向全部履行利益时(比如,违约金专为履行不能而设),倘允许并行适用解约定金和违约金,在信赖利益部分构成双重填补,逻辑上并用的结果应以履行利益为限。具体而言,当解约定金高于违约金,即预估的信赖利益损失高于预估的履行利益损失,依完整赔偿原则,只能以履行利益损失的预估即违约金为限;当解约定金低于违约金,即预估的信赖利益损失低于预估的履行利益损失,根据完整赔偿原则仍应以违约金为限。可见,逻辑上虽有可能并行适用,法律效果上仍应只限于适用赔偿性违约金。当然,如果同时约定的是惩罚性违约金与解约定金,违约方以适用定金罚则为代价解除合同时,惩罚性违约金与解约定金并行不悖,守约方若另有履行利益损害赔偿请求权,应在其中扣除解约定金部分。

另外,在约定了解约定金和违约金且守约方解除合同时,应分情况考察。若违约情事尚未满足约定或法定违约解除权的发生要件,违约金请求权虽已产生,但守约方只能求诸适用定金罚则,方可解除合同。由于合同解除不影响违约金责任,守约方可主张违约金,但也须承担定金罚则的适用效果(丧失已给付定金或双倍返还已收受定金)。若违约情事已满足约定或法定违约解除权之产生条件,守约方欲解除合同存在两种方案:一为行使约定或法定的违约解除权,违约金不受影响,定金罚则亦不适用,解约定金由收受

---

[47] 前注 8,韩世远书,第 671 页。

[48] 前注 28,戴孟勇文,第 184 ~ 185 页;前注 8,崔建远书,第 401 页;蔡永民、高志宏:"试论违约责任中定金、违约金、赔偿损失的竞合与适用",载《甘肃政法学院学报》2004 年第 1 期。

[49] 比如北京市高级人民法院《关于审理房屋买卖合同纠纷案件适用法律若干问题的指导意见(试行)》(京高法发〔2010〕458 号)第 23 条第 1 款规定:"房屋买卖合同中同时约定了解约定金和违约金,当事人一方已构成违约的,在约定条件成就时解约定金处罚与违约金可以同时适用。"

[50] 履行利益的计算是假设合同能够正常履行的状态,而在正常履行时,信赖利益是实现履行利益所必须支出的成本,而且根据赢利推定原则(Rentabilitätsvermutung),履行利益应大于或至少等于信赖利益。对此的深入分析,可参见许德风:"论合同法上信赖利益的概念及对成本费用的损害赔偿",载《北大法律评论》2005 年第 2 辑。

方返还予给付方;二为通过适用定金罚则,行使解约定金的约定解除权,此时违约金亦不受影响,但守约方应承受适用定金罚则之不利后果。对此,守约方在解除时有选择自由,结果上看显然第一种方案更为有利。若守约方在诉讼请求中同时要求违约方给付违约金并返还已收受的解约定金,或者违约方主张就解约定金部分应适用定金罚则(在承担违约金责任的同时没收已收受的解约定金或要求守约方双倍返还已给付定金)而遭异议时,应认为守约方采取的是第一种方案,行使了约定或法定的违约解除权。若同时约定的是惩罚性违约金与解约定金,守约方解除合同时,二者适用关系亦无不同,且另有主张违约损害赔偿的可能。[51]

五、未尽的疑义:司法酌减对违约定金的类推适用?

(一)司法酌减类推的必要性疑义及其澄清

现行法对违约定金和违约金分别设置了不同的特别限制规范,违约定金不得超过主合同标的额的20%(《担保法》第91条),过分高于违约损害的违约金则可基于违约方的申请而做司法酌减(《合同法》第114条第2款后段)。虽然定金未在司法酌减规则的文义范围内,但若守约方根据第116条选择适用定金罚则,违约方可否主张约定的定金过分高于违约损害,而应类推适用司法酌减呢?

对此学理上存在肯定意见,[52]司法实践亦不乏对违约定金直接做司法酌减者,[53]但在诸如"唐均贵与乌鲁木齐市米东区长新煤矿经营合同纠纷上诉案"中,法院则认为违约定金应遵循20%限额规则,不适用司法酌减规则。[54] 有学者进一步指出,既然合同法在司法酌减问题上对定金和违约金区别对待,考虑到定金与实际损失并无直接联系,且根据《担保法司法解释》第120条,定金罚则限于根本违约时方能适用(第1款),在部分履行场合还"应当按照未履行部分所占合同约定内容的比例"适用(第2款),加上已有20%限额规则,对违约方的保护已较为充分,没有必要适用司法酌减规则。[55]

上述见解系遵循体系观点发掘否定司法酌减必要性的理由,具有重要的教义学意

---

[51] 顺带提及,违约定金与解约定金的关系,类似于违约金与解约金的关系,故而解约金与违约定金的适用关系,可比照解约定金与违约金的上述思路处理。

[52] 前注12,张忠野文,第132页。从立法论角度构造违约定金司法酌减规则的意见,可参见前注42,中国民法典立法研究课题组书,第260页以下(韩世远)。

[53] 比如在"张志闯诉三门峡市正信置业经纪有限公司房屋买卖纠纷案"中,买卖合同约定以总价款之20%为定金,法院认为明显过高,酌减为15%。参见河南省湖滨区人民法院(2009)湖民二初字第234号民事判决书。

[54] 新疆维吾尔自治区乌鲁木齐市中级人民法院(2010)乌中民四终字第231号民事判决书。

[55] 前注23,王利明书,第753~754页。

义,但也不乏再做追问的空间。首先,违约定金的20%限额规则并不构成类推适用司法酌减的障碍,因为20%的计算基准为主合同标的额,个案中后者与损害幅度并无绝对的相关性;假设涉诉合同标的额较大,但是实际的违约损害很小,满足20%限额的违约定金依然有远超实际损害的可能。其次,若合同明确约定定金罚则适用于非根本违约之事由,是否意味着违约方可以未造成根本违约为由,拒绝对方适用定金罚则的主张?事实上,如果将《担保法司法解释》第120条第1款理解为定金罚则仅限于根本违约场合适用,那么部分履行未导致合同目的不能实现时,依第1款定金罚则压根不应适用,又何来根据第2款依部分履行的比例减少定金?若是因此而将第2款限缩适用于部分履行且导致合同目的不能实现的情况,则实践中大量部分履行纠纷又将逸出定金罚则的适用范围。为了解决这一矛盾,应当认为《担保法司法解释》第120条第1款并非强制性规范,而是约定不明时的解释性规范,隶属于任意性规范范畴,当事人完全可以特别约定不以根本违约为适用前提的违约定金。是以,既有的违约定金限制规则,也不足以充分否定个案中定金与违约损害相去甚远时,适用司法酌减的必要性。相反,在笔者看来,类推适用的正当性还有其正面理由。

(二)司法酌减类推的正当性与适用要点

合同法对违约金特设司法酌减规则的理由,在于违约方在允诺违约金时通常会自信能依约行事,也无法完全准确预估未来违约造成的损害,一旦实际损害与约定金额相去甚远,恪守自治的效力有时反而有违实质公平。对违约定金可否类推适用,就取决于违约定金是否存在类似的利益格局和衡量情境。违约方若系定金给付方,违约后丧失已给付定金的状态类似于上文所述的失权约款,而针对失权约款恰恰存在类推违约金规则的空间。违约方若系定金收受方,违约后不仅要返还收受的定金,还须以之为额度再做一倍的支出,与事先约定违约金更是无实质差异。此一功能类推思路,亦可印证于德国法的处理。德国民法典立法过程中一度考虑对违约定金专设酌减规则,但未被二草委员会所采纳,理由在于判例表明,一旦定金发挥了违约金的功能,法官自然会根据已有的违约金酌减规则予以调整,无须另设明文,[56]学说亦肯认这种类推适用的合理性。[57] 此其一。

实践中守约方选择适用定金罚则的动机,或在于约定的违约定金高于赔偿性违约金,或是因为守约方乃定金收受方,定金已是囊中之物,选择违约金反有对方无力清偿之

---

[56] Münchener Kommentar/Gottwald,2007, § 338 Rn. 1. 亦有观点认为定金通常与合同标的额存在相关性,但在极端不公平时,仍应适用司法酌减。Staudinger Kommentar/Rieble,2009, § 338 Rn. 3.

[57] Medicus/Lorenz,Schuldrecht I:Allgemeiner Teil,20. Aufl. ,2012,S. 273 Rn. 543. 奥地利法和瑞士法肯认违约定金可类推适用款违约金司法酌减规则的意见,参见 Kurzkommentar zum ABGB/Bollenberger,2007, § 909 Rn. 3;Basler Kommentar:Obligationenrecht I/Ehrat,2007, § 158 Rn. 5.

虞。在前一种情况,较低的违约金尚且应受司法酌减之规制,较高的违约定金若不能酌减,则有评价矛盾;在后一种情况,司法酌减以债务人保护为职志,未给付的违约金尚且有酌减余地,已给付的定金若不能酌减,亦有评价矛盾。此其二。

在约定的违约定金和赔偿性违约金均过分高于违约损害的情况下,若不允许对违约定金做类推酌减,债权人可以通过选择适用定金罚则而规避酌减,进而获得不合理的超额赔偿。若此,则第 116 条的择一适用立场,反而引发了有悖其规范目的的效果,有失妥当。[58] 此其三。

可见,违约定金在功能上与违约金具有一定同质性,决定了对其类推适用司法酌减的正当性。当然,在适用时还应顾及违约定金本身具体规则的体系效应,而做若干限制。比如,实际给付的定金超过主合同标的额 20% 时,应以 20% 为限考虑司法酌减,盖超过部分并无定金效力,自非酌减的对象。又如,实际给付的定金少于或多于约定时,依《担保法司法解释》第 119 条前段,以实际给付的额度为准,再考虑司法酌减。再如,虽然《合同法司法解释(二)》第 29 条第 1 款明定"合同的履行情况"系酌减时权衡的因素之一,但《担保法司法解释》第 120 条第 2 款规定定金罚则依部分履行比例适用,系针对违约定金的直接规定,应优先适用;根据未履行部分确定定金数额后,再考察是否符合司法酌减的构成要件;若符合,为了确定酌减幅度而做综合衡量时,则不应再考虑部分履行因素,否则会造成同一事实的二次评价。[59] 最后,解约定金在功能上与违约金、违约定金南辕北辙,不应类推适用司法酌减规则。

六、结论:定金与违约金适用关系的三层构造

《合同法》第 116 条所确立的定金与违约金择一适用立场,为我国审判实践所遵循,但相关适用细节也开放出不少实务疑点。本文以之为基础,围绕第 116 条的适用,系统梳理了定金与违约金适用关系的规范内涵,于此还可进一步结合相关论点与第 116 条立场的关系,整理形成以下三层规范构造:核心层,为第 115 条择一适用立场的规范内涵,即当事人针对某一嗣后实际发生的违约行为,同时约定了有效的违约定金合同和赔偿性违约金,一方违约后形成两项权利的选择性竞合状态,守约方可行使选择权选择适用定金罚则或主张违约金;无特别约定时,选择前者仍可举证超过定金的损害并要求补偿赔偿;中间层,第 116 条的规范目的并未封闭经由特别约定形成违约定金与赔偿性违约金

---

[58] 史尚宽先生亦认为,以定金名义预定显高于损害的金额,构成隐藏行为和酌减规避,应依台湾"民法"第 87 条第 2 项认定为预付之违约金而直接酌减,或不以定金合同无效,但准用违约金酌减规则。参见前注 17,史尚宽书,第 516 页。

[59] 姚明斌:"违约金司法酌减的规范构成",载《法学》2014 年第 1 期。

甚至惩罚性违约金并行适用的空间;外围层,解约定金虽与违约金功能相悖,但当其为违约方所用时,逻辑上存在解约定金与违约金并行适用的空间,应根据二者赔偿对象的关系,而做必要的抵扣。此外,对于违约定金,在兼顾相关特别规定的同时,也存在类推适用违约金司法酌减规则的可能与必要。

图书在版编目(CIP)数据

比较民法与判例研究. 第2卷 / 詹森林,朱晓喆主编
. —北京:法律出版社,2016.3
ISBN 978-7-5118-9225-6

Ⅰ. ①比… Ⅱ. ①詹… ②朱… Ⅲ. ①民法—比较法
—研究 Ⅳ. ①D913.04

中国版本图书馆 CIP 数据核字(2016)第048141号

责任编辑/刘文科　　**装帧设计**/李　瞻

出版/法律出版社　　**编辑统筹**/财经出版分社
总发行/中国法律图书有限公司　　**经销**/新华书店
印刷/北京京华虎彩印刷有限公司　　**责任印制**/吕亚莉

开本/720毫米×960毫米　1/16　　**印张**/20.75　**字数**/383千
版本/2016年3月第1版　　**印次**/2016年3月第1次印刷

法律出版社/北京市丰台区莲花池西里7号(100073)
电子邮件/info@lawpress.com.cn　　**销售热线**/010-63939792/9779
网址/www.lawpress.com.cn　　**咨询电话**/010-63939796

中国法律图书有限公司/北京市丰台区莲花池西里7号(100073)
全国各地中法图分、子公司电话:
第一法律书店/010-63939781/9782　**西安分公司**/029-85388843　**重庆公司**/023-65382816/2908
上海公司/021-62071010/1636　**北京分公司**/010-62534456　**深圳公司**/0755-83072995

书号:ISBN 978-7-5118-9225-6　　**定价**:59.00元

(如有缺页或倒装,中国法律图书有限公司负责退换)